法治能依法平等保护各类市场主体产权和合法权益，保护产权就是保护生产力。

法治能规范政府和市场的边界，尊重市场经济规律，在法治框架内调整各类市场主体的利益关系。

只有完善制度、加强监管，才能构建起统一开放、竞争有序的市场体系，打造出公平公正的竞争环境。

"法治是最好的营商环境"——2019年2月25日，习近平总书记主持召开的中央全面依法治国委员会第二次会议深刻阐述这一重要论断。党的十八大以来，以习近平同志为核心的党中央全面推进依法治国，以更有力的法治举措推动营商环境不断优化，中国经济正释放新的制度红利。[1]

---

[1]《法治是最好的营商环境》，载中华人民共和国中央人民政府网，https://www.gov.cn/xinwen/2019-05/05/content_5388646.htm?eqid=f2a4c36800402eb3000000026460daa0，访问时间：2023年11月21日。

高等法律职业教育系列教材
审定委员会

主　　任	万安中
副主任	李忠源
委　　员	陈碧红　黄惠萍　刘　洁　顾　伟　刘宇翔
	刘树桥　李定忠　罗光华　李　栋　侯　伟
	周　亮　刘晓云　谢乐安

高等法律职业教育系列教材

商法原理与实务
（第二版）

SHANGFA YUANLI YU SHIWU

主　编○黄惠萍　欧超荣

副主编○杨　曼

撰稿人○（以撰写内容先后为序）
　　　　杨　曼　黄惠萍　廖纪源
　　　　欧超荣　朱文博　王桂玲

中国政法大学出版社

2024·北京

声　　明　　1. 版权所有，侵权必究。

　　　　　　2. 如有缺页、倒装问题，由出版社负责退换。

图书在版编目（ＣＩＰ）数据

商法原理与实务/黄惠萍，欧超荣主编.—2版.—北京：中国政法大学出版社，2024.4
ISBN 978-7-5764-1398-4

Ⅰ.①商…　Ⅱ.①黄…②欧…　Ⅲ.商法－中国　Ⅳ.①D923.99

中国国家版本馆CIP数据核字(2024)第062878号

出　版　者	中国政法大学出版社
地　　　址	北京市海淀区西土城路25号
邮　　　箱	fadapress@163.com
网　　　址	http://www.cuplpress.com（网络实名：中国政法大学出版社）
电　　　话	010-58908435(第一编辑部) 58908334(邮购部)
承　　　印	保定市中画美凯印刷有限公司
开　　　本	787mm×1092mm　1/16
印　　　张	21.75
字　　　数	438千字
版　　　次	2024年4月第2版
印　　　次	2024年4月第1次印刷
印　　　数	1~5000 册
定　　　价	69.00元

总序 Preface

高等法律职业化教育已成为社会的广泛共识。2008年，由中央政法委等15部委联合启动的全国政法干警招录体制改革试点工作，更成为中国法律职业化教育发展的里程碑。这也必将带来高等法律职业教育人才培养机制的深层次变革。顺应时代法治发展需要，培养高素质、技能型的法律职业人才，是高等法律职业教育亟待破解的重大实践课题。

目前，受高等职业教育大趋势的牵引、拉动，我国高等法律职业教育开始了教育观念和人才培养模式的重塑。改革传统的理论灌输型学科教学模式，吸收、内化"校企合作、工学结合"的高等职业教育办学理念，从办学"基因"——专业建设、课程设置上"颠覆"教学模式："校警合作"办专业，以"工作过程导向"为基点，设计开发课程，探索出了富有成效的法律职业化教学之路。为积累教学经验、深化教学改革、凝塑教育成果，我们着手推出"基于工作过程导向系统化"的法律职业系列教材。

《国家（2010~2020年）中长期教育改革和发展规划纲要》明确指出，高等教育要注重知行统一，坚持教育教学与生产劳动、社会实践相结合。该系列教材的一个重要出发点就是尝试为高等法律职业教育在"知"与"行"之间搭建平台，努力对法律教育如何职业化这一教育课题进行研究、破解。在编排形式上，打破了传统篇、章、节的体例，以司法行政工作的法律应用过程为学习单元设计体例，以职业岗位的真实任务为基础，突出职业核心技能的培养；在内容设计上，改变传统历史、原则、概念的理论型解读，采取"教、学、练、训"一体化的编写模式。以案例等导出问题，根据内容设计相应的情境训练，将相关原理与实操训练有机地结合，围绕关键知识点引入相关实例，归纳总结理论，分析判断解决问题的途径，充分展现法律职业活动的演进过程和应用法律的流程。

　　法律的生命不在于逻辑，而在于实践。法律职业化教育之舟只有驶入法律实践的海洋当中，才能激发出勃勃生机。在以高等职业教育实践性教学改革为平台进行法律职业化教育改革的路径探索过程中，有一个不容忽视的现实问题：高等职业教育人才培养模式主要适用于机械工程制造等以"物"作为工作对象的职业领域，而法律职业教育主要针对的是司法机关、行政机关等以"人"作为工作对象的职业领域，这就要求在法律职业教育中对高等职业教育人才培养模式进行"辩证"地吸纳与深化，而不是简单、盲目地照搬照抄。我们所培养的人才不应是"无生命"的执法机器，而是有法律智慧、正义良知、训练有素的有生命的法律职业人员。但愿这套系列教材能为我国高等法律职业化教育改革作出有益的探索，为法律职业人才的培养提供宝贵的经验、借鉴。

2016 年 6 月

第二版说明 Instruction

基于高等法律职业教育办学理念，以培养高等法律职业教育技能型、应用型人才的需要，我们于2013年编写了《商法原理与实务》教材。随着国家对公司、证券、保险等商事法律制度的不断完善，2018年，我们对《商法原理与实务》教材作了修改补充。2022年，党的二十大报告提出"营造市场化、法治化、国际化一流营商环境"。习近平总书记强调，"法治是最好的营商环境"。为营造良好营商环境，保护市场主体合法权益、促进创业创新、维护市场秩序，国家相继修改、颁布了多项商事法律法规。如2019年，最高人民法院发布《关于适用〈中华人民共和国企业破产法〉若干问题的规定（三）》；2019年，最高人民法院发布《关于适用〈中华人民共和国公司法〉若干问题的规定（五）》；2019年，国务院发布《优化营商环境条例》；2019年，全国人大常委会修订通过了《中华人民共和国证券法》；2020年，全国人大通过《中华人民共和国民法典》；2020年，国务院发布了《企业名称登记管理规定》；2021年，国务院发布了第一部统一规范各类市场主体登记管理的行政法规——《中华人民共和国市场主体登记管理条例》；2022年，中国证券监督管理委员会发布了《上市公司独立董事规则》；2022年，国家市场监督管理总局发布了《中华人民共和国市场主体登记管理条例实施细则》；2023年，国家市场监督管理总局发布了《企业名称登记管理规定实施办法》；2023年12月29日全国人民代表大会常务委员会第七次会议第二次修订通过了《中华人民共和国公司法》（自2024年7月1日起施行）等。根据教学的需要，参考最新的立法、司法解释等对本教材进行再次修订，调整了内容的结构，增删相关内容、案例等。本次修订融入党的二十大精神，融入习近平新时代中国特色社会主义思想，特别是习近平法治思想。让学生通过学习本教材能更好地为推进法治化营商环境建设、维护公平竞争环境服务。

本教材由黄惠萍、欧超荣任主编，杨曼任副主编。本教材分为7单元，各单元、各项目撰稿人如下：

黄惠萍：单元一项目三、四、五；单元二

杨　曼：单元一项目一、二；单元三；单元四

欧超荣：单元五

朱文博：单元六

王桂玲：单元七

廖纪源（广东南方福瑞德律师事务所合伙人 专职律师）：单元二案例

本次编写由黄惠萍、欧超荣统稿，不当及错漏之处，真诚欢迎读者和专家批评指正。

《商法原理与实务》教材编写者
2024年3月

前言
Foreword

《商法原理与实务》隶属广东司法警官职业学院高等法律职业教育系列自编教材。本教材的编写基于高等法律职业教育办学理念，以培养高等法律职业教育技能型、应用型人才为目标，以工作过程为导向，以法律职业岗位典型工作任务为驱动。本教材在内容设计上，体现理论知识的"必需、够用、新颖"和实操技能的"必备、精炼、实用"；在理念上突出法律职业技能的培训，强化实践性教学理念。

本教材采取"教、学、练、训"一体化的编写模式，以实际案例导出问题，根据基本原理设计相应的"情境训练"，将基本原理与实操训练有机地结合，同时设置了"法条链接""拓展学习""拓展阅读"等专栏，以拓宽学生的知识面。在编排形式上，打破了传统篇、章、节的体例，以法律应用过程设计教学单元。本教材分为六个教学单元：单元一"商法基本原理认知"；单元二"公司法律实务"；单元三"证券法律实务"；单元四"保险法律实务"；单元五"票据法律实务"；单元六"破产法律实务"。

本教材自2013年出版投入教学以来，取得了良好的效果和社会影响。2013年，我国拉开了全国范围商事制度改革的序幕，2015年国家确定持续推进商事制度改革，营造有利创业创新的市场环境。随着我国商事制度发展和改革力度的不断增大，为规范商事主体和商事行为，国家相继修改公司、证券、保险等商事法律制度。为此，本书编者本着与时俱进的态度，及时对相关部分加以修订。

本教材由黄惠萍、杨曼任主编，欧超荣任副主编。各单元具体分工如下：

  杨　曼：单元一　项目一、二、三；单元三
  黄惠萍：单元一　项目四、五、六；单元二
  欧超荣：单元四
  朱文博：单元五
  王桂玲：单元六

  本教材在编写过程中，参阅和借鉴了国内外相关学者、专家的研究成果和文献资料，对此向原作者致以诚挚的感谢！本教材的编写也得到了学院领导、法律系主任及教研室教师的大力支持和帮助，在此也向他们表示衷心的感谢！

  编者在编写工作中虽尽心尽力，但不当、错谬在所难免，真诚欢迎读者和专家对本教材提出批评和建议。

编　者

2017 年 11 月

目录 Contents

单元一　商法基本原理认知 … 1

- 项目一　商法概述 … 2
- 项目二　商事主体与商事行为 … 9
- 项目三　商事登记 … 19
- 项目四　商业名称 … 34
- 项目五　商事账簿 … 47

单元二　公司法律实务 … 54

- 项目一　公司与公司法概述 … 56
- 项目二　公司的一般规定 … 68
- 项目三　有限责任公司 … 100
- 项目四　股份有限公司 … 119

单元三　合伙企业与个人独资企业法律实务 … 141

- 项目一　合伙企业 … 142
- 项目二　个人独资企业 … 160

单元四　证券法律实务 … 165

- 项目一　证券与证券法 … 166
- 项目二　证券市场主体工作实务 … 174
- 项目三　证券发行规则 … 186

项目四　证券交易规则 …………………………………… 193

单元五　保险法律实务 …………………………………… 205
　　项目一　保险与保险法 …………………………………… 206
　　项目二　保险合同的履行 ………………………………… 215
　　项目三　人身保险 ………………………………………… 230
　　项目四　财产保险 ………………………………………… 241
　　项目五　保险业监管 ……………………………………… 251

单元六　票据法律实务 …………………………………… 259
　　项目一　票据与票据法 …………………………………… 260
　　项目二　票据的基本制度的认知 ………………………… 266
　　项目三　汇　票 …………………………………………… 280
　　项目四　本　票 …………………………………………… 292
　　项目五　支　票 …………………………………………… 297

单元七　破产法律实务 …………………………………… 303
　　项目一　破产与破产法 …………………………………… 304
　　项目二　破产的工作实务 ………………………………… 310
　　项目三　破产宣告和破产清算 …………………………… 327

附　录　商事法律、法规、司法解释 …………………… 337

参考文献 …………………………………………………… 339

单元一

商法基本原理认知

知识目标

1. 认识商法，掌握商法的基本原理、基本制度、基本原则。
2. 掌握商事登记、商业名称、商事账簿的基本知识。

能力目标

本单元的能力目标是培养学生运用商法基本原理处理商事关系的能力。通过本单元的学习，使学生能够判断商事关系、识别不同类型的商事主体及其责任形式，并能掌握处理商事登记、商事账簿等法律实务的技能。

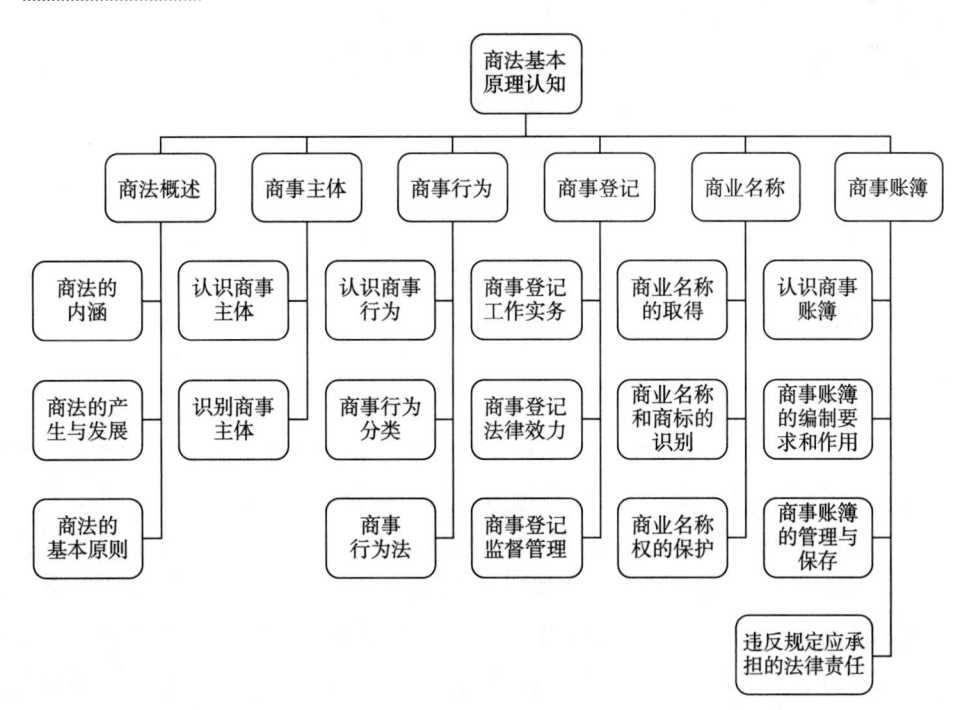

内容结构图

```
                        商法基本
                        原理认知
    ┌──────────┬──────────┬──────────┬──────────┬──────────┐
  商法概述    商事主体    商事行为    商事登记    商业名称    商事账簿
    │          │          │          │          │          │
  商法的     认识商事   认识商事   商事登记   商业名称   认识商事
  内涵       主体       行为       工作实务   的取得     账簿
    │          │          │          │          │          │
  商法的     识别商事   商事行为   商事登记   商业名称   商事账簿
  产生与     主体       分类       法律效力   和商标的   的编制要
  发展                                         识别       求和作用
    │                     │          │          │          │
  商法的                商事        商事登记   商业名称   商事账簿
  基本原则              行为法      监督管理   权的保护   的管理与
                                                          保存
                                                          │
                                                        违反规定应承
                                                        担的法律责任
```

1

项目一 商法概述

导入案例

利达公司于2003年4月7日成立，注册资本200万元，其工商登记材料显示：公司由自然人耿某、赵某、孙某和霍某4人投资设立，出资比例为各占25%。公司设立时已依法制定章程，4名股东均在章程上签字，且在股东名册中记载。2006年初，耿某的丈夫刘某因犯挪用公款罪被法院判处刑罚，刑事裁判文书认定：刘某利用职务之便挪用公款100万元作为利达公司的注册资金，在利达公司验资、注册完成后，已经从利达公司抽走该公款归还刘某单位。在刑事案件侦查过程中，利达公司4名股东和刘某均向检察机关陈述利达公司实际由刘某、赵某和孙某3人设立，耿某和霍某只是挂名股东，他们持有的股份由刘某控制，霍某实际上并不持股，亦未参与公司分红。利达公司经营期间，曾与百德公司发生债权债务关系，经法院判决，利达公司应偿还百德公司欠款50万元。判决执行过程中，百德公司以利达公司股东抽逃出资为由，申请追加耿某、赵某、孙某和霍某为共同被执行人，法院于2006年7月7日裁定予以追加。霍某以其"虽被工商部门登记为利达公司股东，但主观上并没有成为股东的真实意思，客观上也没有出资、参与公司经营管理、享受分红的事实"等为由主张自己不是利达公司股东，不应对百德公司承担偿债责任。

【问题】

1. 本案应当以当事人的真实意思表示还是以公司章程、股东名册、工商登记材料等外观特征作为判断霍某股东身份的依据？为什么？

2. 霍某是否应对百德公司承担偿债责任？

基本原理

一、商法的内涵

（一）认识商法

1. 商法之"商"。商法，理应是有关"商"或"商事"的法律，学习商法，自然应当首先考察"商"的含义以及现代商法中"商"的范围。"商"又称商事，在不同社会条件和历史条件下有不同的内容。如我国古代《汉书·食货志（下）》记载的"通财鬻货曰商"。《白虎通·商贾》记载的"行曰商，止曰贾。商之谓言章也，章其远近，度其有无，通四方之物，故谓之商"。将"商"理解为买卖，相互交换，互通有无。在《韦氏新国际辞典》中的解释：商事系指商品交换行为或买卖行为；《布赖克法律辞典》解释为：商是指"货物、生产品或任何种类的财物之交换"；《拉威尼当代商法》解释为："商事一词是对各种物品的交易或交换之总括。"这些解释都反映了当时社会对于商品交易和流通活动的基本认识。通常，"商"被理解为交易、买卖、生意。经济学意义的"商"实际上是对现代"商"的解释，经济学意义上的"商"或"商事"，是指以营利为目的，直接进行媒介财货交易的行为，即"商"是沟通生产与消费的中间环节，是产品由生产者流转到消费者的渠道和中介。现代商法上所称的"商事"是指营利性主体所从事的一切营利性营业活动和事业之总称。随着现代社会中商品经济关系的长足发展，以营利为目的的经济活动之范围日益扩大，涉及制造业、金融业、服务业、信息贸易、技术贸易等领域。所以现代商法上所称的"商"，显然不限于"直接媒介财货交易"的行为，它不仅包括了经济学上"商"所指的流通领域的经营行为，也包括生产领域的制造、加工等营业活动，还包括辅助交易得以实现的货物运输、仓储、保管、包装、装卸、代理等营业活动，以及与交易活动有联系的金融、广告、商业保险，等等。按照法学界的通常理解，商法中所说的"商"涵盖着以营利为目的、持续性从事的各种营业活动。也就是说，商法上的"商"，是一切以营利为目的的经营活动的总称。

我国法律并未明确规定"商"的定义或范围，但是，我们应当注意到，以营利为目的是商事活动的本质属性。这一属性使其与不具有营利目的的非营业性活动相区别、相对立，法律要对其进行特别规范，为商行为设定特别的行为规则，使商行为的主体承担特别的法律义务。事实上，将哪些行为界定为"商"并对其加以特别规范，是立法者的选择，换句话说，商事活动的范围最终要根据商事法律来确定，某种活动是否被视为"商"也取决于法律的规定。

2. 商法。对于商法的定义，学者们的表述不一，有的认为商法是对商人从事的商行为进行调整的法律；有的认为商法是调整市场交易关系的行为规范的总称；有的认为商法是调整商事主体在其商行为中所形成的法律关系即商事关系的法律规范的总称。这些对商法定义的不同表述，其主要区别在于对商法调整对象的范围的不同认识。但是，即便如此，我们也可以从中得到对商法的初步理解，即商法是调整商事关系的法律规范的总称。

商法可以分为形式意义上的商法和实质意义上的商法。形式意义上的商法，是一国的立法机关依照法定程序制定并以商法命名的法典。法国、德国等大陆法系国家制定有商法典。实质意义上的商法是一切调整商事关系的法律规范的总称。世界各国，无论有无制定商法典，都存在实质意义上的商法。我国并未制定商法典，但单行商事法律大量存在，如《中华人民共和国公司法》（以下简称《公司法》）《中华人民共和国证券法》（以下简称《证券法》）《中华人民共和国票据法》（以下简称《票据法》）等，也就是说，我国没有形式意义上的商法，但有大量的实质意义上的商法。本教程所述商法，也是实质意义上的商法。

商法属于私法，商法是民法的特别法。民商本一家，商法在本质上与民法是一致的。商法所调整的商事关系是平等主体之间的关系，商法与民法都是规定财产归属和移转的法律，商法在调整商事关系过程中也充分尊重商事主体的意愿，即便由于现代国家加大对经济活动的干预力度而使商法表现出越来越多的公法色彩，但也改变不了商法的私法属性。民法是对整个市民社会基于主体平等和意思自治而建立的各种社会关系的法律调整，具有抽象性和系统性；商法是对构成市民社会基础的市场经济这样一种扩大了的商品经济中基于营利而建立的特定社会关系的法律调整，具有具体性和实用性。

（二）商法的特征

商法作为民法的特别法，有其独立于民法的特征：

1. 商法具有营利性。营利是商的本质，商法确认并保护商事活动的营利性，商法中存在着大量的保护和助长营利的、不同于一般民法规则的特殊规则。比如，票据转让实质是债权的转让，但《票据法》规定，票据债务人不得以自己与出票人或者与持票人的前手之间的抗辩事由，对抗持票人。也即票据转让时，债权人的权利瑕疵并不随之转移，这与民法上的债权转让的规则明显不同，如此规定有利于票据的流转，助长营利。营利是商法的根本价值追求。

2. 商法具有技术性。法律规范可以分为伦理性规范和技术性规范，民法侧重于伦理性规范，而商法是商事活动的规则，是立法者将商事活动的基本规则和基本运作方式用法律的形式加以确定、固定，商法规范中必然包含着大量的技术性规范。商法的技术性特征在《公司法》中公司组织机构的议事规则、《票据法》中票据的运作规则等大量商法规范中得到明显的体现。

3. 商法具有国际性。商法是一国的国内法，但长期以来，各国商法在内容上具有明显的共同性和相容性，并且其趋同的特性也越来越明显。商法主要是技术性规范而非伦理性规范，商法的技术性特征使商法可以超越民族国家法域，易于统一，而经济全球化又在客观上对商法的国际性提出了要求，这使商法的国际性成为必然。

二、商法的产生与发展

（一）西方国家商法的产生与发展

1. 大陆法系国家的商法。大陆法系国家的商法经历了以下的发展过程：

（1）商人习惯法的形成。一般认为，商法起源于中世纪地中海沿岸的诸自治城市。地中海海上贸易的发展促进了沿岸诸城市航海和商业的发展，从而使商人阶层逐渐形成，并且取得了优越的经济地位。为了摆脱封建势力、教会势力的束缚，维护自身的利益，各城市的商人们组成了行会组织"商人基尔特"，并凭借其经济实力脱离了封建领主的司法管辖和教会势力的支配，取得了一定范围的自治权和裁判权。这些商人团体根据商业习惯和行业特点制定了一些自治规约，并实施于本行业组织，可以用于处理商人之间的纠纷。这样，天长日久，这些商业惯例和自治规约形成了商人习惯法。商人习惯法的内容主要是买卖、海商、票据、破产等方面的规则，它严格采取属人主义，仅适用于商人之间。商人习惯法对后来一些大陆法系国家的商事成文法的制定影响极大，成为近现代商法的重要渊源。

（2）商事成文法的出现。15世纪起，欧洲大陆中央集权型的统一国家逐步形成，国家开始干预商事活动，运用立法权制定商事成文法，这些商事成文法逐渐取代了商人习惯法。较有代表性的商事成文法有法国于1673年颁布的《陆上商事条例》和1681年颁布的《海事条例》，法国《陆上商事条例》是世界上第一部商事成文法。欧洲早期的商事成文法实质上仅仅是对中世纪商人习惯法内容的确认，且仍然带有明显的属人法特征。

（3）商事法典的编纂。进入19世纪，欧洲多个国家开始在商事单行法的基础上编纂商事法典。法国在1804年颁布了《法国民法典》之后，将不宜并入民法典的商事单行法合并编纂成商法典，在1807年颁布了《法国商法典》。《法国商法典》奉行客观主义，是商行为法，即以商行为观念作为立法基础，商法被视为与商行为相关的法律而不仅仅局限于商人。《法国商法典》的内容单薄，质量远不如《法国民法典》，但是，它是世界上第一部商事法典，开创了民商分立的立法例。其后，德国于1861年颁布了《普通德意志商法典》，又称德国旧商法典；1897年，德国公布新商法典《德意志帝国商法典》，1900年施行。德国新商法典奉行主观主义，是商人法，以商人为立法基础，同一行为，商人为之，方可适用商法。除法国、德国外，日本、西班牙等国也采取了民商分立的立法体例，在民法典之外，单独制定了商法典。当然，这些国家也制定了众多的单行商事法规，作为商事特别法或商法典的补充。

2. 英美法系国家的商法。英美法系国家是判例法国家，其商法的主要渊源是商事习惯法和商事判例法。但是，与其民事立法相比较，英美法系国家十分重视商事立法，先后制定了一系列的商事成文法，其商事制定法成为其商法的重要渊源。英国的商事制定法主要是关于公司、票据、保险等方面的单行法。而美国，联邦和各州都有立法权，为了克服州际商法差异给商事活动带来的不便，自19世纪末开始，美国致力于统一商事立法，有代表意义的是《美国统一商法典》的制定。1952年，美国统一州法全国委员会公布了《美国统一商法典》，供各州自由采用，经过几十年的努力，《美国统一商法典》已被绝大多数州所采用。

（二）我国现代商法

我国自20世纪70年代末进入改革开放新时期以来，陆续颁布了一些规范企业组织和经济合同的法律。20世纪90年代初，市场经济体制确立后，我国的商事立法得到了快速的发展，《公司法》《票据法》《证券法》《中华人民共和国保险法》（以下简称

《保险法》)等重要的商事单行法相继颁布,商法体系在我国正逐步形成。

三、商法的基本原则

商法的基本原则,是指反映商法的基本宗旨,贯穿于商事立法、司法、守法始终,并对商事关系具有普遍效力的基本商法规则。商法的基本原则主要包括维持商事组织原则、促进交易迅捷原则、维护交易安全原则和维护交易公平原则。

(一)维持商事组织原则

商事组织即企业,是商事关系的核心要素,商事组织的稳定和发展是社会经济发展的必然要求。商法设定了多种制度以维持商事组织,包括:

1. 商事组织设立的准则主义。为避免商事组织"先天不足",商法对商事组织的设立采取准则主义,从投资主体、资本、经营场所等多方面规定了各类商事组织设立的条件,只有具备相应的法定条件,方可设立商事组织。

2. 商事组织的财产维护规则。财产是商事组织赖以存在的物质基础,维护商事组织的财产是维持商事组织的重要手段。商法中有诸多规则以维护商事组织财产,使商事组织的财产独立于或相对独立于其投资人的财产,并尽量避免商事组织的财产在正常经营活动之外的减损。如设立公司必须具备注册资本;在公司存续期间,投资人不得抽逃出资;除法定情形外,股份公司不得收购本公司股份;设立合伙企业必须要有合伙人认缴或者实际缴付的出资;设立个人独资企业必须要有投资人申报的出资;等等。

3. 有限责任制度。商法上的有限责任是指商事组织的投资人以其出资额为限对商事组织的债务承担责任。投资人将其财产投资于依法承担有限责任的商事组织,其作为出资的财产即成为商事组织财产,投资人放弃了出资财产的所有权而得以承担有限责任。有限责任制度是现代企业制度的核心,它使投资人投资于商事组织的风险可控,也使商事组织更为独立、稳固。

(二)促进交易迅捷原则

商事活动以营利为目的,为实现利益最大化,必须尽量使交易迅捷,效率至上是商法的必然选择。商法的诸多制度设置体现了促进交易迅捷的原则:

1. 商事交易标准化。商事交易标准化包括交易客体标准化和交易行为标准化。交易客体标准化主要表现为权利证券化。商法将某些作为交易客体的权利设置成为有价证券,借助证券的流通功能使权利的交易变得相当便捷。如以股票表现股份,以股票交易的方式实现股份的迅捷转让。交易行为标准化是指商法将某些经常发生的且具有反复性和同一性的交易行为定型化,为交易行为设定统一的程序、内容和形式,从而实现交易迅捷。

2. 短期时效。为使商事交易行为的效力尽快得以确定,商法设定了许多短期时效,如票据请求权的时效有的短至6个月、3个月,票据权利人在此期间内不行使其权利则该权利消灭。

（三）维护交易安全原则

商法追求交易迅捷，但交易安全也不可忽视，可以说，交易安全是实现交易迅捷的条件。商法维护交易安全的制度主要有：

1. 强制主义。商法运用强行法规则对商事活动加以控制，符合规则的商事活动方可进行。同时，运用强行法规则对某些商行为加以规范制约，这些商行为的形式、内容均须依照商法规定，不由当事人任意为之。

2. 公示主义。公示是指商事活动的当事人将涉及利害关系人利益的商事活动的事实或信息加以登记、公开。公示是保护交易相对人、维护交易安全的基础手段。商法对商事主体普遍要求公示，如企业登记、企业财务信息报告、上市公司信息公开等。

3. 外观主义。外观主义是指依商事行为的外观来确定该行为的效力，纵使行为的外观与真实情形不符，对于其他商事主体依据对该外观的合理信赖而进行的商行为，仍然应当加以保护。外观主义旨在保护善意第三人，从而维护交易安全。票据的文义性、善意取得制度、公司股东的内部约定不得对抗第三人等，均是外观主义的体现。

4. 严格的法律责任。商法将商事主体视为具备专业知识的主体而严格要求，为维护交易安全，相比民法而言，商法对商事主体规定了更为严格的法律责任，且更多地运用连带责任的方式。如《票据法》规定票据的出票人、背书人、承兑人和保证人对持票人承担连带责任。

（四）维护交易公平原则

公平交易是市场经济活动的基本道德规范，也是商法的基本原则。商法中维护交易公平的方式主要表现为：

1. 平等交易。平等交易指各商事主体在商事交易中地位平等，权利义务对等。平等交易是实现交易公平的前提，体现平等交易原则的规则在商法中随处可见，如《公司法》关于股权平等的规定、《证券法》中证券发行条件的规定等。

2. 诚实信用。诚实信用原则对商事交易行为的公平进行具有普遍性的规范作用，商法要求商事主体依诚实信用的方法进行商事交易，实现交易公平，如《保险法》规定投保人在缔结保险合同之时，必须诚实信用地履行告知义务，在保险标的的危险程度显著增加时，也必须及时如实告知，以使保险人在知悉真实情况的前提下决定是否承保及确定保险费，使双方公平交易。

▶ 导入案例分析

导入案例中，应当以公司章程、股东名册、工商登记材料等外观特征作为判断霍某股东身份的依据。因为霍某在公司章程、股东名册以及工商登记材料中被记载为股东，外观上、形式上完全具备了股东特征，第三人对此有充分的理由予以信赖。而霍某是否实际出资、是否享受分红、是否参与公司经营管理等事实,并不具有公示性,不具有使第三人信赖的外观特征,第三人并没有法律上的义务去了解。如以霍某不具有真实意思为由否定其股东身份,将导致许多已经确定的法律关系发生改变,公司与第三人进行的交易将面临全面检视,不利于维护交易安全和经济秩序稳定,与商法公示主义与外观主义原理相悖。霍某名下的出资被抽逃,是霍某滥用了股东的有限责任,损害了利达公司债权人的利益,名义股东霍某应当在抽逃注册资金范围内对百德公司承担偿债责任。

拓展学习

民商分立与民商合一

所谓民商分立,其基本含义是指民法典与商法典自成体系,分别立法,各自调整社会经济关系中的民事关系与商事关系。在民商分立的立法体例之下,民法典与商法典并存。

所谓民商合一,是在商法作为一种独立的法律体系的地位已经奠定后相对于民商分立现象而出现的又一种立法例,在立法上由民法统领商法,民法典中包含基本商事规范,不制定商法典,只根据需要制定单行商事法规。

在我国法学界,存在着民商分立抑或民商合一的立法体例选择之争,也有学者主张超越或扬弃民商分立与民商合一。

【拓展阅读】

1. 范健、王建文:《商法总论》,法律出版社2019年版。
2. 赵旭东主编:《商法总论》,高等教育出版社2020年版。
3. 施天涛:《商法学》,法律出版社2020年版。
4. 张保红:《商法总论》,北京大学出版社2019年版。
5. 王利明:《民商合一体例下我国民法典总则的制定》,载《法商研究》2015年第4期。
6. 王建文:《我国商法体系缺陷的补救:民商区分》,载《环球法律评论》2016年第6期。
7. 郭富青:《论现代商法的基点、形式与我国商法的体系化建构》,载《学术论坛》2019年第1期。

【思考与练习】

纵观公司法等商事法律,大多体现了维持商事组织原则,商法维持商事组织的意义何在?

情境训练

王甲、李某与王乙、刘某4人于2001年共同出资150万元设立了旺达食品机械制造有限公司（以下简称旺达公司），取得了工商局核发的企业法人营业执照。4名股东在旺达公司的出资额及持股比例分别为：王甲出资80万元，占股53.33%；李某出资40万元，占股26.67%；王乙、刘某各出资15万元，各占股10%。依照旺达公司章程规定，经股东会、董事会选举，王甲任董事长，系公司法定代表人，李某任副董事长，王乙任董事，刘某任监事。公司聘任王甲为公司经理，李某为财务负责人。公司成立后，经营效益较好，生产和销售规模不断扩大，2009年公司销售收入1100万余元。2009年3月，公司召开股东会，经全体股东一致同意，股东会决议新增公司注册资本450万元，由4名股东按原来持股比例增加投资。2009年3月31日，公司在工商局进行了注册资本变更登记，注册资本变更为600万元。自2003年起，王甲与李某同居生活，后双方发生矛盾，2009年8月，李某起诉王甲，要求解除同居关系并析产。2009年12月，李某与刘某以股东间发生僵局，矛盾不断升级为由起诉旺达公司，请求解散旺达公司。

【训练目的及要求】

1. 通过情境训练，使学生深刻体会商法的特征和原则，使学生学会分析矛盾、抓矛盾的主要方面。
2. 训练学生根据商法原则进行合理判断、正确处理商事纠纷的能力。

【训练步骤】

1. 学生分为3组，分别代表原告方（李某与刘某）、被告方（旺达公司）和第三人（王甲与王乙），为己方利益提出主张。
2. 三方进行辩论。
3. 在老师指导下，全体学生共同分析评价各方观点，得出正确观点。

【工作任务】

1. 李某与刘某是否有资格提起解散旺达公司的诉讼？法院是否应当支持其解散旺达公司的诉讼请求？
2. 维持商事组织有何积极意义？实践中应当如何贯彻维持商事组织原则？

项目二　商事主体与商事行为

导入案例

案例1：2008年，王某独自投资设立个人独资企业宏达塑料制品厂从事塑料制品生产，王某自行管理宏达塑料制品厂事务。2009年，宏达塑料制品厂多次向广盛贸易公司购买原料,至 2009 年 12 月 23 日,结欠货款 73 350 元,双方约定于 2010 年 12 月底前还清。2010 年 7 月 3 日,王某将宏达塑料制品厂整体转让给梁某,并于当天在工商行政管理部门办理了企业变更登记,将宏达塑料制品厂的投资人变更登记为梁某。2010 年 12 月底,广盛贸易公司依约向宏达塑料制品厂讨要货款,宏达塑料制品厂以该货款是原投资人王某所欠、与现投资人梁某无关为由,拒绝支付该货款,主张广盛贸易公司只能向宏达塑料制品厂原投资人王某追讨该笔货款。

【问题】

1. 在与广盛贸易公司的采购原料的买卖关系中,王某与宏达塑料制品厂谁是当事人?

2. 变更投资人后的宏达塑料制品厂是否应当对广盛贸易公司所主张的货款承担偿还责任?

案例 2:2011 年 6 月 3 日,MR 保险公司向 69 岁的张某推销一份驾驶人员人身意外保险,张某向 MR 保险公司提交了真实的身份证明,MR 保险公司收取张某 100 元保险费并出具保险凭证 1 份,被保险人、受益人均为张某本人,保险金额为 6 万元,保险期间 1 年。同年 11 月 14 日,张某在某木制品厂做工时,因锅炉爆炸不幸身亡。张某儿子向 MR 保险公司要求给付保险金,MR 保险公司拒绝支付,理由是张某在投保时已 69 周岁,超出了保险合同规定的 16 周岁至 64 周岁的年龄界限,且张某并非驾驶人员,不具有驾驶员资格,不符合投保条件。张某儿子遂向法院起诉。诉讼中 MR 保险公司答辩称:张某在订立保险合同时明知其年龄和身份不符合投保条件而仍然投保,违反诚实信用原则,双方订立的保险合同无效,故保险公司不应给付保险金,只同意退回 100 元保险费。张某儿子则认为保险合同不同于一般民事合同,张某无义务也无能力审查自己是否符合投保条件,保险公司作为专门经营保险业务的公司,自然比张某更懂得保险合同,应该自己审查张某的年龄及身份,保险公司既然接受了张某的投保,就应该在保险事故发生后承担给付保险金的义务。

【问题】

1. 本案保险合同的签订过程中对张某的年龄及身份审查属于哪方当事人的义务?为什么?

2. 本案该如何处理?

基本原理

一、认识商事主体

(一)商事主体的概念

我国商事法律未界定商事主体,故无基于法律规定的商主体定义。通说认为:商事主体，在传统商法中又称为"商人"，是指依据商事法的有关规定，参加商事活动，享有商事权利并承担相应义务的个人和组织。

早期的商法曾是属人法，商人是具有特殊身份和特殊地位的阶层，商法对商人的界定特别注重其形式特征。而现代商事法对于商事主体的界定，除了注重商事主体在形式上的特征外，更强调商事主体的实质要素，也就是说，商事主体以持续性地从事某种商事经营行为为实质要件，凡是以特定的商行为作为其经常性营业活动的个人或组织，均可经法定程序而成为商事主体。

（二）商事主体的构成条件

成为商法上的商事主体必须具备三个实质要件：

1. 必须从事商行为。商事主体所从事的商行为必须以有偿为前提，是营利性行为，并且这种商行为必须具有特定性。

2. 必须以自己的名义从事商行为。商事主体必须自己就是该特定商行为的主体，是商行为权利义务的实际承受者。如果不能独立享有商事权利并承担商事义务，而是由其他商事主体享有或承担，则不是商事主体。

3. 必须持续性地从事同一性质的商行为，并且以从事商行为为其职业或经常性营业。商事主体必须是在一定期间内连续地、反复地、有计划地实施营利性商行为，偶尔一次或几次实施商行为的人，不是商事主体。

（三）商事主体的特征

商事主体是一种特殊的民事主体，与一般的民事主体相比较，商事主体具有下列特征：

1. 商事主体本质上是一种法律拟制主体，具有从事商事活动的特殊的商事能力或资格。商事组织之所以能被视为商法上的"人"，固然是由法律拟制而成，而商自然人，也有别于民法意义上的自然人，同样是由法律拟制而成。也就是说，自然人并非生而成为商自然人，须具备作为商事主体的实质要件并依商事法律规定方成为商自然人。商事主体类型法定，采用经国家法律设定的商事主体形态方可成为一国的商事主体，如无限公司即不被我国认可。国家通过商事登记制度确定特定商事主体的具体营业范围，并对金融行业等特别商事行为实行准入制度，从事特定营业性行为的商事主体必须具备相应的资格。

2. 商事主体是以营利性活动为营业的主体。也就是说，商事主体必然是从事营利性活动的主体，是持续性从事该种营利性活动的主体，并且是以该种营利性活动为营业的主体。

3. 商事主体的权利能力和行为能力具有特殊性。商事主体的权利能力和行为能力是法定的，商事组织必须经过商事登记而取得权利能力和行为能力，依法须进行商事登记的商自然人也须通过商事登记而取得特殊权利能力。商事主体的权利能力和行为能力总是同时产生，商事主体必须同时具有权利能力和行为能力，权利能力与行为能力互为依存。

（四）商事主体的类型

理论上，依照不同的分类标准，可以对商事主体作不同的分类。大陆法系国家的商法实践对于商事主体的类型，主要有以下几种分类：

1. 商个人、商合伙和商法人。这是按照商事主体的组织机构特征及其法律地位进行的分类。

商个人，是依法取得了特定的商事能力，独立从事营业性商行为的自然人。商个人不仅包括以商行为为职业的自然人，还包括个人商号。在我国，商个人包括个人独资企业、个体工商户和农村承包经营户。

商合伙，是由两个或两个以上的合伙人依照合伙协议组成的、不具备法人资格的从事营业性商行为的合伙组织。我国的商合伙是依照《中华人民共和国合伙企业法》（以下简称《合伙企业法》）的规定设立的、具备商事组织体形态的合伙企业，不同于民法意义上的仅属于合同关系的民事合伙。

商法人，是具备法人资格的从事营业性商行为的商事组织。现代商法中，最主要的商法人是公司。在我国，近四十多年来，关于企业制度的立法思路发生了明显的变化，从原来的主要按照所有制成分将企业类型设置为全民所有制企业、集体所有制企业、私营企业，转变为主要按照企业组织形式和责任形式将企业设置为公司、合伙企业和个人独资企业，其中，公司是具有法人资格的企业。现阶段，按照前述两种分类标准所设置的两个系列的各种企业并存。在此之外，还存在着依照外商投资企业法律而设置的三种外商投资企业，即中外合资经营企业、中外合作经营企业和外资企业。根据"外资三法"[1]相关规定，外商投资企业均可采取有限责任公司的组织形式。2020年1月1日起施行的《中华人民共和国外商投资法》第31条规定，外商投资企业的组织形式、组织机构及其活动准则，适用《公司法》《合伙企业法》等法律的规定。《外商投资法》实施以后，外资三法随之废止，而在《外商投资法》施行前依照外资三法设立的外商投资企业，在《外商投资法》施行后5年内可以继续保留原企业组织形式等，具体实施办法由国务院规定。

2. 法定商人、注册商人和任意商人。这是根据德国传统商法对商事主体所作的分类。

法定商人是从事商法所规定的绝对商行为（如有价证券交易、银行金融业务等）者，无论是否登记，都是法定商人。

注册商人是从事绝对商行为以外的营业活动，并须经商事登记程序而设立，以核

---

[1] "外资三法"是指1979年制定颁布的《中华人民共和国中外合资经营企业法》、1986年制定颁布的《中华人民共和国外资企业法》和1988制定颁布的《中华人民共和国中外合作经营企业法》。

准的营业范围为营业内容的商事主体。

任意商人是可以自主决定是否注册登记的商事主体。从事农业、林业等经营活动的商人，可以选择是否登记。

3. 固定商人和拟制商人。这是根据认定商事主体的依据的不同而对商事主体所作的划分。

固定商人，是依据其外在的固定表现即可认定其为商事主体的商事主体，即以商行为为业的商事主体。

拟制商人是指虽然不以商行为为业，但商事法律仍将其视为商事主体的商事主体，如日本商法将矿业经营者视为商人，此即拟制商人。

4. 大商人和小商人。这是按照商事主体的规模而对商事主体所作的划分。对于大、小商人，商事法律通常在设立条件、管理要求等方面对大商人作出更为严格的规定。

大商人又称"完全商人"，它是指以法律规定的商行为为其营业范围，符合法定商业登记的营业条件而设立的商主体。大商人的营业规模较大，其设立须符合法律规定注册资金和营业规模条件的标准，才能登记。

小商人又称"不完全商人"，它是指从事商法规定的某些商行为，依商业登记法特别规定而设立的商主体。小商人的营业规模较小，其设立标准低于商业登记中对企业组织注册资金或营业条件的标准，因而仅适用特殊的灵活的登记规定。

（五）识别商事主体

随着商事活动的发展，商事主体逐渐地从以自然人为主演变为以商事组织即企业为主，在现代社会，企业已经成为最主要的商事主体，并且，企业的类型不断分化、创新，投资者有限责任因素也不断增强，适应不同的资本筹集规模需求、投资者责任程度深浅不同的各种企业形态逐步被创设出来，并被各国商事法律所认可。现阶段，我国也已经主要是按照组织形式和责任形式的不同而设计不同的企业类型，商事法律提供了责任程度不同、管制程度不同的多种企业形态供投资人选用，如资本规模小且投资人不享有有限责任的个人独资企业和普通合伙企业、某些投资者在特定情形下可享有有限责任的特殊的普通合伙企业、部分投资者可享有有限责任的有限合伙企业、所有投资者均可享有有限责任的有限责任公司、资本规模更大且所有投资者均可享有有限责任的股份有限公司。每一种企业形态的法律地位、组织形式、投资人责任、法律规制均有不同，必须依法识别。

1. 公司。公司是最典型、最普遍、最主要的商事主体，也是商事主体法严格规制的商事主体。我国《公司法》规定，公司是依照该法在中国境内设立的有限责任公司和股份有限公司。公司是企业法人，有独立的法人财产，享有法人财产权。公司以其全部财产对公司的债务承担责任，股东以其认缴的出资额或以其认购的股份为限对公司承担责任。详细内容见本教材单元二。

2. 合伙企业。合伙企业是我国法律对商合伙的称谓。合伙企业是指由各合伙人订立合伙协议，共同出资，共同经营，共享收益，共担风险，并对企业债务承担无限连带责任的营利性组织。我国《合伙企业法》规定，合伙企业是指自然人、法人和其他组织依照该法在中国境内设立的普通合伙企业和有限合伙企业。普通合伙人对合伙企业债务承担无限连带责任，有限合伙人以其认缴的出资额为限对合伙企业债务承担责任。详细内容见本教材单元三。

3. 个人独资企业。个人独资企业是指一人投资经营的企业。个人独资企业投资者对企业债务负无限责任。企业负责人是投资者本人。我国《中华人民共和国个人独资企业法》（以下简称《个人独资企业法》）规定，个人独资企业是指依照该法在中国境内设立，由一个自然人投资，财产为投资人个人所有，投资人以其个人财产对企业债务承担无限责任的经营实体。详细内容见本教材单元三。

二、认识商事行为

（一）商事行为的概念

商事行为，又称商行为，是指以营利为目的而进行的经营行为。

商法之所以能够从民法中分离出来，是因为商事主体和商事行为具有与其他民事主体和民事法律行为不同的特点，需要由商法为商事主体和商事行为设定特别的规则，商法其实就是规定商人和商行为的法，商事行为概念是商法的重要概念之一。但是，各国的商法实践对于商事行为的概念存在不同的理解，在我国，由于没有形式意义上的商法典，商法并未对商事行为的概念进行界定，理论界对商事行为的概念的理解也并不统一。理论上对商事行为概念的分歧主要在于是否站在商人主义的立场来界定商事行为，从而形成对商事行为的两种不同理解：有人将商事行为与商事主体相联系，认为商事行为是指商事主体所从事的以营利为目的的经营行为；有人并不将商事行为与商事主体相联系，认为商事行为是以营利为目的和内容的行为。在现代社会，商人已经不再作为一个特殊阶级而存在，现在的商人之所以被称为商人，是因为其持续性地从事某种商事经营行为，即商人在法律上是从事商事行为的人，所以，不应该再坚持以行为的实施者是否具备商人资格来界定商事行为，不应该将商事行为限定为商事主体所从事的行为，而应该认定商事行为包括任何主体所从事的以营利为目的的经营行为。

（二）商事行为的特征

商事行为是民事行为中特殊的一类，其不同于一般民事行为的特征主要表现为：

1. 商事行为是主体以营利为目的而从事的行为。商事行为的根本目的在于赚取利润，以营利为目的是商事行为的根本特征，也是将商事行为与一般民事行为相区别的重要标准。如果商人实施的某一行为不是为了追求利润，则该行为不属于商事行为而属于一般民事行为；如果非商人实施的某一行为是以营利为目的，则仍然可能构成商事行为。商事行为以营利为目的，是指行为人在决定实施行为时具有营利意图，而不要求行为得到盈利的最终结果，行为人实施行为后是否实现盈利，对于商事行为的判定是毫无影响的。实践中，对于行为人有无营利意图的判断，往往还要受制于社会的通常认识，如医院、民办教育机构等所从事的医疗、教育行为，一般不视为营利活动。

2. 商事行为原则上是一种经营行为。商事行为是经营行为，是指商事行为是行为人至少在一段期间内有计划地、持续不间断地重复进行的营业活动，行为人将该活动作为自己的营业或职业。如果某一行为仅是行为人偶一为之，即使行为人在实施该行为时具有营利目的，也不被认定为商事行为。比如行为人买入一件新式的电子产品，自己不想用而加价转售他人，该买卖行为不属于商事行为。以营利为目的和重复进行特定行为开展经营，是商事行为区别于一般民事行为的重要特征，也是某一行为构成商事行为的两个要件。

3. 商事行为是具备相应的商事行为能力的人所从事的行为。商事行为和一般民事行为一样，对行为主体有法律上的资格要求，但是，商事行为对行为人的主体资格要求更高，具备相应的商事行为能力的人方可从事商事行为，并且，法律往往要求商事主体首先履行商事登记程序，取得特殊的商事行为能力，在核定的特定营业范围内从事特定的商事行为。商事行为的主体也是民事行为的主体，但民事行为的主体并非都能够成为商事行为的主体，如未成年人、政府机关等。

（三）商事行为分类

商法理论中对于商事行为通常作如下分类：

1. 绝对商行为与相对商行为。绝对商行为也叫客观商行为，是指依照法律的规定而无条件属于商行为的行为。各国商法通常把票据行为、保险行为、证券上市交易行为等规定为绝对商行为。此种行为，无论行为主体是否为商事主体、无论行为人的主观是否具有营利性，均应依法律规定而认定为商行为，其判断标准是客观标准，只要在法律所举之列，则无条件属于商行为。任何主体基于任何目的从事绝对商行为均受商法调整。

相对商行为又称主观商行为或营业性商行为，是指在法律列举的范围内，仅由商人实施及仅以营利为目的而以营业的方式实施时方被认为是商行为的行为。如房屋出租行为、为他人加工制造的行为，如果是商人实施或者是以营利为目的而作为营业实施，则属于商行为，反之，则不属于商行为而属于一般民事行为，不适用商法的特别规则。相对商行为不是当然的商行为，而是根据行为人的身份或行为人从事此类行为的目的、手段来认定的商行为，是相对的商行为。

2. 基本商行为与附属商行为。基本商行为是指直接以营利为目的并且以商品交易为基础内容的商行为。如买卖商行为。

附属商行为又称辅助商行为，是指行为本身并不直接达到商事主体所要达到的经营目标，但却能起到协助基本商行为实现的作用的辅助行为。如货物运输、仓储保管等行为相对于货物买卖行为就属于附属商行为。

附属商行为是相对于基本商行为而存在的，某一行为对于一行为是附属商行为，对于另一行为则可能是基本商行为。如对于买卖商来说，货物运输行为是为了实现货物买卖行为而实施的附属商行为；而对于运输商来说，其货物运输行为则是基本商行为。

3. 双方商行为与单方商行为。双方商行为与单方商行为是根据商事行为双方主体的身份而对商行为所作的分类。双方商行为与单方商行为并非指行为有两方或单方主体，而是均有两方主体，均属于双方民事行为。

双方商行为是指行为人双方均为商事主体的商行为，如批发商与零售商之间的货物买卖行为。双方商行为当然适用商法规则。

单方商行为也称混合商行为，是指行为人一方为商事主体而另一方为非商事主体的商行为。如销售商与消费者之间的买卖行为。单方商行为是否适用商法规则，不同国家有不同的选择。

4. 固有商行为与推定商行为。固有商行为是指当然适用商法的商行为，主要指绝对商行为和固有商人营业上的商行为。

推定商行为又称准商行为，是指不能直接根据法律规定来认定其属于商行为，而必须通过事实推定或法律推定以确认其行为性质从而准用商法的行为，主要指非商人所实施的经营性行为。

（四）商事行为法

商事行为有别于一般民事行为，不仅应受民法规范调整，也应由商事行为法对其特别规制，并且，商事行为法优先于民法而适用。较为典型的商事行为法有《票据法》《证券法》《保险法》《海商法》等。

基于商事行为的逐利目的和商人的职业性，商事行为法在规则设计上通常更加注重商事行为的灵活性、外观性和有偿性，追求商事行为的效率与安全，同时，也对职业性的商事主体的信息披露义务和注意义务有较高的要求，即商人在与非商人开展商事活动时应当负有较重的信息披露义务，也应当负有较高程度的谨慎和注意义务，尤其是尽职调查义务。

▶ 导入案例分析

导入案例1中，宏达塑料制品厂是个人独资企业，王某是其投资人，个人独资企业是能够以自己的名义从事经营活动并能够实际享有权利和承担责任的主体，企业经营产生的债务，先以企业自身财产承担责任，企业的财产不足以清偿债务时，才由投资人以其个人其他财产予以清偿。个人独资企业不等同于其投资人，个人独资企业的投资人变更的，个人独资企业的主体身份仍然延续，并非新企业的产生或原企业的消灭。因此，在与广盛贸易公司的采购原料的买卖关系中，宏达塑料制品厂是当事人，变更投资人后的宏达塑料制品厂仍然应当对广盛贸易公司所主张的货款承担偿还责任。

导入案例 2 中，MR 保险公司与张某签订保险合同的行为属于商事行为，保险公司作为以经营保险为业的专业公司，在订立保险合同时负有比张某更高程度的注意义务，对张某的年龄及身份审查均属于 MR 保险公司的义务范围。张某如实提交了身份证明，并未隐瞒其真实身份，双方签订的保险合同系双方真实意思表示，没有违反法律规定，属有效合同。MR 保险公司未尽注意和审查义务，在投保人投保时已满 69 周岁和不具有驾驶员资格的情形下，仍然向其出售保险，应当自行承担不利后果。故其应当恪守诚信，依法履行保险合同确定的给付保险金义务。

拓展学习

票据行为的意思表示

票据行为属于商行为。为维护票据流通以实现票据的经济功能，《票据法》对票据行为作出有别于一般民事行为的规定，票据行为的意思表示呈现鲜明的特征：票据意思表示的形式严格法定，即票据具有要式性；票据意思表示的解释采取绝对表示主义，绝对以票据记载事项确定票据意思表示的内容，即票据具有文义性；票据意思表示瑕疵在票据活动领域有限制地起作用，不构成票据行为效力要件，仅构成票据权利请求的抗辩事由。

【拓展阅读】

1. 雷兴虎：《商事主体法基本问题研究》，中国检察出版社 2007 年版。
2. 王保树主编：《商法》，北京大学出版社 2014 年版。
3. 郭晓霞：《商行为与商主体制度研究》，中国人民公安大学出版社 2010 年版。
4. 胡晓静：《如何理解商行为？》，载《学术论坛》2019 年第 2 期。
5. 夏小雄：《商行为的体系定位和结构转换——历史维度的再考察》，载《环球法律评论》2017 年第 1 期。
6. 陈萍：《论商主体的认定标准》，载《法制博览》2017 年第 14 期。
7. 蒋大兴：《论民法典（民法总则）对商行为之调整——透视法观念、法技术与商行为之特殊性》，载《比较法研究》2015 年第 4 期。
8. 王建文：《论我国〈民法典〉立法背景下商行为的立法定位》，载《南京大学学报（哲学·人文科学·社会科学版）》2016 年第 1 期。
9. 徐强胜：《民商合一下民法典中商行为规则设置的比较研究》，载《法学杂志》2015 年第 6 期。

10. 张志坡：《日本法上的绝对商行为及其启示》，载《安徽大学学报（哲学社会科学版）》2012年第3期。

11. 叶林：《商行为的性质》，载《清华法学》2008年第4期。

12. 刘凯湘、赵心泽：《论商主体资格之取得要件及其表现形式》，载《广东社会科学》2014年第2期。

【思考与练习】

网络商品交易行为是否属于商行为？你认为有无必要对其专门立法加以规范？

情境训练

2006年2月14日晚11时30分，张某驾驶其AF09090号猎豹吉普车到个体户王某经营的桃源宾馆，询问值班门卫康某是否有房间可住宿及能否停车，康某回答有房间住宿并且宾馆背后有停车场可停车。张某即登记入住宾馆305房，交纳60元住宿费，并将车开进宾馆背后停车场停妥。康某则锁好停车场大门后回房间休息。第二天一早，张某叫醒康某打开宾馆大堂通停车场的门进停车场取车，发现车子不见了，停车场大门开着，门上的防盗锁也不见了。张某遂向公安机关报案称车辆被盗，公安机关立案侦查，勘察了现场，也对康某等人作了询问笔录。案件尚未侦破，张某起诉桃源宾馆经营者王某，认为双方之间形成了车辆保管合同，但桃源宾馆未尽妥善保管义务致使车辆丢失，要求其经营者王某承担民事赔偿责任，赔付车辆价款16万元。王某辩称张某应当等案件侦破后向盗车者索赔，并且宾馆并未答应为张某保管车辆，也没有收取保管费，不应承担赔偿责任。

【训练目的及要求】

1. 培养学生辨析商事行为和一般民事行为的能力。

2. 训练学生运用商事行为理论分析问题、解决问题。

【训练步骤】

1. 将学生分为两组。

2. 组织学生进行讨论。

3. 老师点评。

【工作任务】

1. 停车场与桃源宾馆的经营行为是何关系？桃源宾馆并未收取保管费是否影响其承担赔偿责任？

2. 商事行为与一般民事行为有何不同？

项目三　商事登记

导入案例

案例1：贵池区市场监管局查处操某某未经设立登记从事口罩生产经营活动案。根据投诉举报线索，2022年12月20日，贵池区市场监管局执法人员依法对当事人经营的口罩加工厂进行执法检查，发现当事人从事非医用N95民用防护型口罩生产经营活动，现场不能提供营业执照。经查，2022年12月16日，当事人在未进行部门登记、未办理营业执照的情况下，出资购买相关设备及口罩原材料擅自进行口罩生产经营活动。自2022年12月17日开始生产至案发，共生产非医用N95民用防护型口罩1.732万只，销售上述口罩1万只，违法所得2000元。[1]

【问题】
1. 从事生产经营活动需要进行商事登记吗？
2. 贵池区市场监管局如何处理该举报？

案例2：张某于2020年3月5日退休，退休之前在某税务局工作。2020年10月10日，张某向市场监督管理局申报设立个人独资企业，该企业取名为"吉祥公司"，并提交了设立申请书、身份证明、生产经营场所使用证明等规定文件。工商行政管理局在经过审查后认为，张某虽然已退休，但是在退休前为国家机关工作人员，不能从事营利性活动。据此，市场监督管理局作出不予登记的决定。张某对市场监督管理局的决定不服，提起诉讼，要求撤销市场监督管理局的决定，并要求市场监督管理局予以登记。

【问题】
1. 设立个人独资企业需要进行商事登记吗？需要提交哪些申请资料？
2. 张某向市场监督管理局申报设立个人独资企业，该企业取名为"吉祥公司"是否符合法律规定？
3. 市场监督管理局不予登记的理由是否成立？

基本原理

一、商事登记的工作实务

（一）认识商事登记

商事登记，又称商业登记，是指商事主体的筹办人，为了设立、变更或终止商事

---

[1]《池州市市场监督管理局公布2023年民生领域案件查办"铁拳"行动典型案例（第一批）》，载池州市市场监督管理局网站，https://scjgj.chizhou.gov.cn/News/show/638499.html，访问时间：2023年5月2日。

主体资格，依照法定的条件和程序向登记主管机关提出申请，经登记主管机关审查后核准登记的法律行为。

商事登记制度的实质是市场准入制度，它是商事主体的筹办人取得市场主体资格的法律制度。从性质上说商事登记是创设商事主体的法律制度，关系到市场交易的基础条件。故商事主体应当依法办理登记，未经登记，不得以商事主体名义从事经营活动，但法律、行政法规规定无需办理登记的除外。

商事登记具有以下法律特征：

1. 商事登记具有创设性。它是创设、变更或终止商事主体资格的法律行为。商事主体的商事权利能力和商事行为能力不同于一般的民事主体。按照现代各国的立法，商事登记的一个重要法律意义就是给予申请登记的人商事主体资格或取消某一商事主体资格。

2. 商事登记具有要式性。商事登记是要式的法律行为，商业登记的内容和事项由法律以强行性规范的形式规定并具体列明。它必须依照法定的程序、格式和内容向登记主管机关申请，只有符合法定形式，商事登记才能产生相应的法律效力。

3. 商事登记具有行政行为性。进行商事登记是行政管理机关应行政相对人的申请而为的行政管理行为。申请人一旦得到行政管理机关的核准登记，就取得了商事主体资格，就可以从事商事活动。所以商事登记行为在性质上属于行政行为。

4. 商事登记具有公开性。一方面，商事登记的依据和程序应向社会公开，使申请人了解商事登记的法定条件和要求；另一方面，商事登记机关将登记事项记载于商事登记簿，允许社会公众查阅，商事登记结果以公告方式向社会公开，使公众知晓相关的登记信息，以保护公众利益，实现交易安全。

（二）商事登记制度的立法状况

中华人民共和国成立后，国家虽然对市场主体的商事登记管理制度非常重视，但在商事登记管理立法中缺少一部规定统一的商事法律制度，整个商事登记立法处于零散化、碎片化状态，多散见于单行商事登记法律法规中。如国家相继颁布了《中华人民共和国企业法人登记管理条例》《企业名称登记管理规定》《中华人民共和国公司登记管理条例》《中华人民共和国合伙企业登记管理办法》《企业法人法定代表人登记管理规定》《中华人民共和国合伙企业登记管理办法》《个人独资企业登记管理办法》《农民专业合作社登记管理条例》《个体工商户条例》《个体工商户名称登记管理办法》等市场主体登记行政法规，这些法规在推动经济发展、促进创业就业等方面发挥了重要作用，但伴随经济社会的快速发展，这些法律法规逐渐显现出内容和体系上不协调，暴露出一些与新时代商事发展不适应、不协调的问题。

党的十八大以来，我国在商事登记制度方面进行了一系列的改革。2021年我国制定出台了第一部统一规范各类市场主体登记管理的行政法规《中华人民共和国市场主体登记管理条例》[1]（以下简称《市场主体登记管理条例》），对各单行法律法规中关于市场主体登记管理的相关制度进行了优化和统一，确立了我国市场主体登记管理的基础性制度。对在我国境内以营利为目的从事经营活动的市场主体登记管理作出统一规定，为保护市场主体合法权益、促进创业创新、维护良好市场秩序、优化营商环境，提供了坚实的法治保障。2022年3月，国家市场监督管理总局公布《中华人民共和国市场主体登记管理条例实施细则》[2]（以下简称《市场主体登记管理条例实施细则》）进一步细化相关规定，使之具有更强的可操作性和可执行性。

《市场主体登记管理条例》出台标志着我国营商环境法治化建设取得重要成果和突破。《市场主体登记管理条例》整合已经出台的市场主体登记管理行政法规，同步废止《中华人民共和国公司登记管理条例》《中华人民共和国企业法人登记管理条例》《中华人民共和国合伙企业登记管理办法》《农民专业合作社登记管理条例》《企业法人法定代表人登记管理规定》，对各类市场主体的登记程序和登记标准做了统一规范，为保障和维护公平统一的市场准入环境提供了有力的法治保障。

2022年10月，国务院制定出台了《促进个体工商户发展条例》[3]，同时废止《个体工商户条例》。该条例鼓励、支持和引导个体经济健康发展，为个体工商户发展提供良好法治环境。

同时为进一步规范企业名称登记管理，保护企业的合法权益，维护社会经济秩序，维护公平竞争市场秩序，优化营商环境，2020年国务院发布了《企业名称登记管理规定》[4]、国家市场监管总局修订出台《企业名称登记管理规定实施办法》[5]（以下简称《实施办法》）。

从构建新发展格局、推动高质量发展、促进共同富裕的战略高度出发，促进形成公平竞争的市场环境，为各类市场主体特别是中小企业创造广阔的发展空间[6]。

（三）商事登记的范围和登记机关

1. 商事登记的范围。世界各国和各地区的法律对于商事登记，以及履行何种商事

---

[1]《中华人民共和国市场主体登记管理条例》于2021年4月14日国务院第131次常务会议通过，中华人民共和国国务院令第746号，自2022年3月1日起施行。

[2]《中华人民共和国市场主体登记管理条例实施细则》于2022年3月1日公布，国家市场监督管理总局令第52号，自公布之日起施行。

[3]《促进个体工商户发展条例》于2022年9月26日国务院第190次常务会议通过，自2022年11月1日起施行。

[4]《企业名称登记管理规定》于1991年5月6日公布，中华人民共和国国家工商行政管理局令第7号，2012年11月9日根据《国务院关于修改和废止部分行政法规的决定》第一次修订，2020年12月14日国务院第118次常务会议修订通过，自2021年3月1日起施行。

[5]《企业名称登记管理规定实施办法》于2023年8月29日公布，国家市场监督管理总局令第82号，自2023年10月1日起施行。

[6]《法治是最好的营商环境》，载百度网，https://baijiahao.baidu.com/s? id=17730822365749336 03&wfr=spider&for=pc，访问时间：2023年11月20日。

登记行为的规定不完全一致。德国商法规定，只有完全商人才履行登记手续，而对不完全商人或小商人则不必进行商事登记。澳大利亚、新西兰商事法规定不要求商贩进行商事登记。日本《商法典》第8条规定："本法关于商业登记、商号、商业账簿的规定，不适用于小商人。"

我国商事法律规定，进行商事登记的市场主体为[1]：在中华人民共和国境内以营利为目的从事经营活动的各类市场主体，包括公司、非公司企业法人、个人独资企业、合伙企业、农民专业合作社（联合社）以及它们的分支机构，个体工商户，外国公司分支机构，以及法律、行政法规规定的其他市场主体。

（1）具备企业法人资格的经济组织，应当申请企业法人市场主体登记：一是公司，包括有限责任公司、股份有限公司；二是非公司企业法人，包括全民所有制企业、集体所有制企业、联营企业；三是外商投资企业，包括在中国境内设立的中外合资经营企业、中外合作经营企业、外资企业；四是法律、行政法规规定的其他市场主体。

（2）不具备企业法人资格的经济组织，应当申请企业非法人市场主体登记：一是个人独资企业。二是合伙企业，包括普通合伙（含特殊普通合伙）企业、有限合伙企业。三是农民专业合作社、农民专业合作社联合社。四是个体工商户，包括个人经营的个体工商户、家庭经营的个体工商户。五是分支机构，包括公司分支机构、非公司企业法人分支机构、个人独资企业分支机构、合伙企业分支机构、农民专业合作社（联合社）分支机构、外国公司的分支机构等。

2. 商事登记的登记机关。我国商事登记采取行政登记主义。市场监督管理部门是商事登记的主管机关，负责市场主体统一登记注册，指导各类企业、农民专业合作社和从事经营活动的单位、个体工商户以及外国（地区）企业常驻代表机构等市场主体的登记注册工作，建立市场主体信息公示和共享机制，依法公示和共享有关信息，加强信用监管，推动市场主体信用体系建设。

登记主管机关依法独立行使职权，实行分级登记管理的原则，即国务院市场监督管理部门和县级以上地方人民政府市场监督管理部门等多级管理。

国务院市场监督管理部门主管全国市场主体登记管理工作，负责制定市场主体登记管理的制度措施，推进登记全程电子化，规范登记行为，指导地方登记机关依法有序开展登记管理工作。

县级以上地方人民政府市场监督管理部门主管本辖区市场主体登记管理工作，加强对辖区内市场主体登记管理工作的统筹指导和监督管理，提升登记管理水平。县级市场监督管理部门的派出机构可以依法承担个体工商户等市场主体的登记管理职责。省级以上人民政府或者其授权的国有资产监督管理机构履行出资人职责的公司，以及该公司投资设立并持有50%以上股权或者股份的公司的登记管理由省级登记机关负责；

---

[1]《市场主体登记管理条例》第2条。

股份有限公司的登记管理由地市级以上地方登记机关负责。

外商投资企业登记管理由国家市场监督管理总局或者其授权的地方市场监督管理部门负责。

(四) 商事登记的事项

商事登记的事项，是商事登记申请人依照商事法律规定必须在登记主管机关予以登记的和可以选择登记的有关商事主体的各种信息和情况。法律规定当事人必须予以登记的信息和情况而未登记的，将不产生商事登记的效力，不能对抗第三人；法律规定可以选择登记的，由当事人自行决定是否登记，一旦登记即产生法律效力。

我国现行商事法律法规规定商事主体的一般登记事项包括[1]：名称；主体类型；经营范围；住所或者主要经营场所；注册资本或者出资额；法定代表人、执行事务合伙人或者负责人姓名等。除一般登记事项外，还对不同类型商事主体分别规定了不同的商事登记事项。另外，商事法律法规还规定了不同类型商事主体在设立登记时应当向登记机关办理备案的事项。

1. 公司登记事项为：名称、主体类型、经营范围、住所、注册资本、法定代表人姓名、有限责任公司股东或者股份有限公司发起人姓名或者名称等。

公司登记时还应当向登记机关办理下列事项的备案：章程、经营期限、有限责任公司股东或者股份有限公司发起人认缴的出资数额、董事、监事、高级管理人员、登记联络员、外商投资公司法律文件送达接受人等。

2. 非公司企业法人登记事项为：名称、类型、经营范围、住所、出资额、法定代表人姓名、出资人（主管部门）名称。

非公司企业法人登记时还应当向登记机关办理下列事项的备案：章程、经营期限、登记联络员。

3. 个人独资企业登记事项为：名称、类型、经营范围、住所、出资额、投资人姓名及居所。

个人独资企业登记时还应当向登记机关办理下列事项的备案：登记联络员。

4. 合伙企业登记事项为：名称、类型、经营范围、主要经营场所、出资额、执行事务合伙人名称或者姓名，合伙人名称或者姓名、住所、承担责任方式。执行事务合伙人是法人或者其他组织的，登记事项还应当包括其委派的代表姓名。

合伙企业登记时还应当向登记机关办理下列事项的备案：合伙协议，合伙期限，合伙人认缴或者实际缴付的出资数额、缴付期限和出资方式，登记联络员，外商投资合伙企业法律文件送达接受人。

5. 农民专业合作社（联合社）登记事项为：名称、类型、经营范围、住所、出资额、法定代表人姓名。

---

[1]《市场主体登记管理条例》第8、9条。

农民专业合作社（联合社）登记时还应当向登记机关办理下列事项的备案：章程、成员、登记联络员。

6. 分支机构登记事项为：名称、类型、经营范围、经营场所、负责人姓名。

分支机构登记时还应当向登记机关办理下列事项的备案：登记联络员。

7. 个体工商户登记事项为：组成形式、经营范围、经营场所，经营者姓名、住所。个体工商户使用名称的，登记事项还应当包括名称。

个体工商户登记时还应当向登记机关办理下列事项的备案：家庭参加经营的家庭成员姓名、登记联络员。

8. 法律、行政法规规定的其他事项。

（五）商事登记的种类

我国商事法律规定，商事登记主要包括设立登记、变更登记、注销登记。商事主体登记时还包括名称预先登记。

1. 设立登记。设立登记，也称开业登记，是商事主体的创设人为设立商事主体而向登记机关提出申请，由登记机关依法核准登记并公告，从而取得商事主体资格的法律行为。设立登记是商事主体开业之时进行的，故也被称为开业登记。设立登记是所有登记中最基础的登记类型。

申请人申请商事主体设立登记的，经登记机关依法予以登记的，签发营业执照。营业执照签发日期为商事主体的成立日期。

2. 变更登记。变更登记，是成立的商事主体在其存续期间已登记注册的事项发生变化时，在法定期限内向原登记机关申请变更登记的法律行为。未经核准变更登记的，不得擅自改变。

3. 注销登记。注销登记，是商事主体因解散、被宣告破产或者其他法定事由需要终止的，应当依法向登记机关申请注销登记的法律行为。依法需要清算的，应当自清算结束之日起30日内申请注销登记。依法不需要清算的，应当自决定作出之日起30日内申请注销登记。市场主体申请注销后，不得从事与注销无关的生产经营活动。自登记机关予以注销登记之日起，商事主体终止。

▶ 法条链接

《中华人民共和国市场主体登记管理条例》

第二条　本条例所称市场主体，是指在中华人民共和国境内以营利为目的从事经营活动的下列自然人、法人及非法人组织：

（一）公司、非公司企业法人及其分支机构；

（二）个人独资企业、合伙企业及其分支机构；

（三）农民专业合作社（联合社）及其分支机构；

（四）个体工商户；

（五）外国公司分支机构；

（六）法律、行政法规规定的其他市场主体。

第三条 市场主体应当依照本条例办理登记。未经登记，不得以市场主体名义从事经营活动。法律、行政法规规定无需办理登记的除外。

市场主体登记包括设立登记、变更登记和注销登记。

第五条 国务院市场监督管理部门主管全国市场主体登记管理工作。

县级以上地方人民政府市场监督管理部门主管本辖区市场主体登记管理工作，加强统筹指导和监督管理。

第八条 市场主体的一般登记事项包括：

（一）名称；

（二）主体类型；

（三）经营范围；

（四）住所或者主要经营场所；

（五）注册资本或者出资额；

（六）法定代表人、执行事务合伙人或者负责人姓名。

除前款规定外，还应当根据市场主体类型登记下列事项：

（一）有限责任公司股东、股份有限公司发起人、非公司企业法人出资人的姓名或者名称；

（二）个人独资企业的投资人姓名及居所；

（三）合伙企业的合伙人名称或者姓名、住所、承担责任方式；

（四）个体工商户的经营者姓名、住所、经营场所；

（五）法律、行政法规规定的其他事项。

第九条 市场主体的下列事项应当向登记机关办理备案：

（一）章程或者合伙协议；

（二）经营期限或者合伙期限；

（三）有限责任公司股东或者股份有限公司发起人认缴的出资数额，合伙企业合伙人认缴或者实际缴付的出资数额、缴付期限和出资方式；

（四）公司董事、监事、高级管理人员；

（五）农民专业合作社（联合社）成员；

（六）参加经营的个体工商户家庭成员姓名；

（七）市场主体登记联络员、外商投资企业法律文件送达接受人；

（八）公司、合伙企业等市场主体受益所有人相关信息；

（九）法律、行政法规规定的其他事项。

(六) 商事登记的程序

1. 申请。申请是指由商事主体创办人或商事主体提出的创设、变更、注销商事主体或变更商事主体已登记的有关事项的行为。

申请按照法定的书面形式提出,并提交相关的文件、证件以及须填报的登记注册书。如果经营活动依法须经行业主管机关许可,还须提交相应的许可证明书。

根据《市场主体登记管理条例》第16条第1款规定,申请办理市场主体登记,应当提交下列材料:①申请书;②申请人资格文件、自然人身份证明;③住所或者主要经营场所相关文件;④公司、非公司企业法人、农民专业合作社(联合社)章程或者合伙企业合伙协议;⑤法律、行政法规和国务院市场监督管理部门规定提交的其他材料。《市场主体登记管理条例实施细则》作了详细的规定。

2. 受理。受理是指登记机关对登记申请人提交的登记文件予以初步审查,确认文件已经齐备、符合申请条件后作出的接受商事主体申请登记的法律行为。受理以《受理通知书》的方式向申请人作出意思表示,受理机关同时应在登记文件中签署受理时间和受理意见。只有符合法定要求,登记主管机关才予以受理。

3. 审查核准。审查核准是指受理登记主管机关,在接到申请者所提交的申请及相关的材料之后予以审查,在法定期限内作出核准或不予核准登记决定的行为。

登记机关应当对申请材料进行形式审查。对申请材料齐全、符合法定形式的予以确认并当场登记。不能当场登记的,应当在3个工作日内予以登记;情形复杂的,经登记机关负责人批准,可以再延长3个工作日。

登记申请不符合法律、行政法规规定,或者可能危害国家安全、社会公共利益的,登记机关不予登记并说明理由。对于予以登记的,签发营业执照。

4. 公告。公告是指将商事主体登记的有关事项,通过报道或其他途径让公众知晓。

公告具有便于商事交易的进行、便于社会公众的监督、便于保障商事主体的合法权益等作用。

二、商事登记的法律效力

(一) 商事登记对商事主体的效力

各国法律中关于商事登记对商事主体效力的规定不尽相同。我国商事法律法规规定,商事登记不仅是企业法人取得法人资格的前提条件,也是不具备法人条件的商事主体取得商事经营资格的前提条件。我国法律严禁未经登记的无证照经营行为。商事登记还具有保护商事主体名称专用权的效力,同时也具有免责效力。

> 法条链接

《中华人民共和国市场主体登记管理条例》

第三条 市场主体应当依照本条例办理登记。未经登记，不得以市场主体名义从事经营活动。法律、行政法规规定无需办理登记的除外。

市场主体登记包括设立登记、变更登记和注销登记。

第四十三条 未经设立登记从事经营活动的，由登记机关责令改正，没收违法所得；拒不改正的，处1万元以上10万元以下的罚款；情节严重的，依法责令关闭停业，并处10万元以上50万元以下的罚款。

《无证无照经营查处办法》

第二条 任何单位或者个人不得违反法律、法规、国务院决定的规定，从事无证无照经营。

第十二条 从事无证经营的，由查处部门依照相关法律、法规的规定予以处罚。

第十五条 任何单位或者个人从事无证无照经营的，由查处部门记入信用记录，并依照相关法律、法规的规定予以公示。

（二）商事登记对第三人的法律效力

合法有效的商事登记，必然对第三人产生效力。商事登记既可以使政府对商事活动实施监督管理和保护，也可以使社会公众了解商事主体的经营情况，所以世界上多数国家的商事登记法都规定，已登记的事项有对抗第三人的效力。我国商事法律法规主要注重于商事主体资格的取得和政府的监督管理，但对于商事登记对第三人的法律效力问题没有明确的法律规定。从我国现行的商事法律法规对商事主体从事经营活动采取强制性登记的要求看，已登记的事项应当具有对抗第三人的法律效力；对于应当登记而未登记的事项，原则上不得对抗不知情的善意第三人。

三、商事登记的监督管理

商事登记的监督管理是指商事登记主管机关基于商事登记而对商事主体依法实施的监督管理。现代商事活动日趋复杂，社会和政府对商事活动进行必要的监督管理对于商事经营交易活动的安全、稳定具有重要的意义。商事登记的监督管理，主要包括社会公众监管和登记主管部门监管两种方式。社会公众的监管主要是规定公众对商事主体的登记事项有查阅权，即有查阅商事登记簿，查阅与登记相关的多项资料和信息的权利。登记主管机关的监管主要是通过法律明确规定登记主管机关对商事主体的登记事项负有监督管理的职责。

法条链接

《中华人民共和国市场主体登记管理条例》

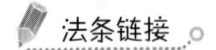

第三十八条 登记机关应当根据市场主体的信用风险状况实施分级分类监管。

登记机关应当采取随机抽取检查对象、随机选派执法检查人员的方式，对市场主体登记事项进行监督检查，并及时向社会公开监督检查结果。

《中华人民共和国市场主体登记管理条例实施细则》

第六十五条 登记机关应当对登记注册、行政许可、日常监管、行政执法中的相关信息进行归集，根据市场主体的信用风险状况实施分级分类监管，并强化信用风险分类结果的综合应用。

第六十六条 登记机关应当随机抽取检查对象、随机选派执法检查人员，对市场主体的登记备案事项、公示信息情况等进行抽查，并将抽查检查结果通过国家企业信用信息公示系统向社会公示。必要时可以委托会计师事务所、税务师事务所、律师事务所等专业机构开展审计、验资、咨询等相关工作，依法使用其他政府部门作出的检查、核查结果或者专业机构作出的专业结论。

《无证无照经营查处办法》

第四条 县级以上地方人民政府负责组织、协调本行政区域的无证无照经营查处工作，建立有关部门分工负责、协调配合的无证无照经营查处工作机制。

我国对于商事登记的监督管理主要体现在登记主管机关的监督管理，具体包括：

1. 商事主体年度报告公示制度。商事主体应当按照国家有关规定公示年度报告和登记相关信息。商事主体应当于每年 1 月 1 日至 6 月 30 日，通过国家企业信用信息公示系统报送上一年度年度报告，并向社会公示。个体工商户可以通过纸质方式报送年度报告，并自主选择年度报告内容是否向社会公示。歇业的市场主体应当按时公示年度报告。

市场主体应当在歇业前向登记机关办理备案。登记机关通过国家企业信用信息公示系统向社会公示歇业期限、法律文书送达地址等信息。市场主体歇业的期限最长不得超过 3 年。市场主体在歇业期间开展经营活动的，视为恢复营业，市场主体应当通过国家企业信用信息公示系统向社会公示。

营业执照记载的信息发生变更时，市场主体应当于 15 日内完成对应信息的更新公示。市场主体注销登记的，应当将承诺书及注销登记申请通过国家企业信用信息公示系统公示，公示期为 20 日。个体工商户按照简易程序办理注销登记的，无需公示。

2. 证照管理制度。申请人申请市场主体设立登记，登记机关依法予以登记的，签发营业执照。营业执照签发日期为市场主体的成立日期。营业执照是市场主体取得法人资格和合法经营权的凭证。

营业执照分为正本和副本，具有同等法律效力。电子营业执照与纸质营业执照具有同等法律效力。市场主体应当将营业执照（含电子营业执照）置于住所（主要经营场所、经营场所）的醒目位置。从事电子商务经营的市场主体应当在其首页显著位置持续公示营业执照信息或者相关链接标识。

市场主体变更登记涉及营业执照记载事项的，登记机关应当及时为市场主体换发营业执照。市场主体被吊销营业执照的，登记机关应当将吊销情况标注于电子营业执照中。登记机关依法作出变更登记、注销登记和撤销登记决定的，市场主体应当缴回营业执照。拒不缴回或者无法缴回营业执照的，由登记机关通过国家企业信用信息公示系统公告营业执照作废。

任何单位和个人不得伪造、涂改、出租、出借、转让营业执照。营业执照遗失或者毁坏的，市场主体应当通过国家企业信用信息公示系统声明作废，申请补领。营业执照样式、电子营业执照标准由国务院市场监督管理部门统一制定。

3. 登记档案管理制度。登记机关应当负责建立市场主体登记管理档案，对在登记、备案过程中形成的具有保存价值的文件依法分类，有序收集管理，推动档案电子化、影像化，提供市场主体登记管理档案查询服务。

市场主体发生住所（主要经营场所、经营场所）迁移的，登记机关应当于3个月内将所有登记管理档案移交迁入地登记机关管理。档案迁出、迁入应当记录备案。

对于登记档案资料的使用，要求借阅、抄录、携带、复制市场主体登记档案资料的，应当按照规定的权限和程序办理。任何单位和个人不得修改、涂抹、标注、损毁市场主体登记档案资料。

四、商事主体的违法责任

对于商事主体违反商事登记法律法规的行为予以处罚。根据商事登记法律法规的规定，商事主体违反商事登记管理法律法规，登记主管机关可以根据情况分别给予警告、罚款、没收非法所得、责令改正、责令关闭停业、吊销营业执照等处罚；根据违法行为的情节，追究商事主体负责人的行政责任、经济责任；构成犯罪的，依法追究刑事责任。

法条链接

《中华人民共和国市场主体登记管理条例》

第四十三条 未经设立登记从事经营活动的，由登记机关责令改正，没收违法所得；拒不改正的，处1万元以上10万元以下的罚款；情节严重的，依法责令关闭停业，并处10万元以上50万元以下的罚款。

第四十四条 提交虚假材料或者采取其他欺诈手段隐瞒重要事实取得市场主体登记的，由登记机关责令改正，没收违法所得，并处5万元以上20万元以下的罚款；情节严重的，处20万元以上100万元以下的罚款，吊销营业执照。

第四十五条 实行注册资本实缴登记制的市场主体虚报注册资本取得市场主体登记的，由登记机关责令改正，处虚报注册资本金额5%以上15%以下的罚款；情节严重的，吊销营业执照。

实行注册资本实缴登记制的市场主体的发起人、股东虚假出资，未交付或者未按期交付作为出资的货币或者非货币财产的，或者在市场主体成立后抽逃出资的，由登记机关责令改正，处虚假出资金额5%以上15%以下的罚款。

第四十六条 市场主体未依照本条例办理变更登记的，由登记机关责令改正；拒不改正的，处1万元以上10万元以下的罚款；情节严重的，吊销营业执照。

第四十七条 市场主体未依照本条例办理备案的，由登记机关责令改正；拒不改正的，处5万元以下的罚款。

第四十八条 市场主体未依照本条例将营业执照置于住所或者主要经营场所醒目位置的，由登记机关责令改正；拒不改正的，处3万元以下的罚款。

从事电子商务经营的市场主体未在其首页显著位置持续公示营业执照信息或者相关链接标识的，由登记机关依照《中华人民共和国电子商务法》处罚。

市场主体伪造、涂改、出租、出借、转让营业执照的，由登记机关没收违法所得，处10万元以下的罚款；情节严重的，处10万元以上50万元以下的罚款，吊销营业执照。

第五十一条 违反本条例规定，构成犯罪的，依法追究刑事责任。

第五十二条 法律、行政法规对市场主体登记管理违法行为处罚另有规定的，从其规定。

《无证无照经营查处办法》

第十一条 县级以上人民政府工商行政管理部门对涉嫌无照经营进行查处，可以行使下列职权：

（一）责令停止相关经营活动；
（二）向与涉嫌无照经营有关的单位和个人调查了解有关情况；
（三）进入涉嫌从事无照经营的场所实施现场检查；
（四）查阅、复制与涉嫌无照经营有关的合同、票据、账簿以及其他有关资料。

对涉嫌从事无照经营的场所，可以予以查封；对涉嫌用于无照经营的工具、设备、原材料、产品（商品）等物品，可以予以查封、扣押。

对涉嫌无证经营进行查处，依照相关法律、法规的规定采取措施。

第十三条 从事无照经营的，由工商行政管理部门依照相关法律、行政法规的规定予以处罚。法律、行政法规对无照经营的处罚没有明确规定的，由工商行政管理部门责令停止违法行为，没收违法所得，并处 1 万元以下的罚款。

第十四条 明知属于无照经营而为经营者提供经营场所，或者提供运输、保管、仓储等条件的，由工商行政管理部门责令停止违法行为，没收违法所得，可以处 5000 元以下的罚款。

第十六条 妨害查处部门查处无证无照经营，构成违反治安管理行为的，由公安机关依照《中华人民共和国治安管理处罚法》的规定予以处罚。

第十八条 违反本办法规定，构成犯罪的，依法追究刑事责任。

▶ 导入案例分析

导入案例 1 中，操某某的行为违反了《中华人民共和国市场主体登记管理条例》第 3 条第 1 款的规定，市场主体应当依照该条例办理登记。未经登记，不得以市场主体名义从事经营活动。法律、行政法规规定无需办理登记的除外。依据《市场主体登记管理条例》第 43 条规定，未经设立登记从事经营活动的，由登记机关责令改正，没收违法所得，贵池区市场监管局对当事人作出没收违法所得 2000 元的行政处罚。

导入案例 2 中，根据我国商事法律的规定，商事主体必须依照法定程序进行商事登记。《个人独资企业法》第 9 条第 1 款规定，申请设立个人独资企业，应当由投资人或者其委托的代理人向个人独资企业所在地的登记机关提交设立申请书、投资人身份证明、生产经营场所使用证明等文件。委托代理人申请设立登记时，应当出具投资人的委托书和代理人的合法证明。如果经营活动依法须经行业主管机关许可，申请人还须提交相应的许可证明书。企业经登记主管机关审核批准，领取营业执照后方可从事经营活动。张某向市场监督管理局申报设立个人独资企业，该企业取名为"吉祥公司"不符合法律规定。《个人独资企业法》第 11 条规定，个人独资企业的名称应当与其责任形式及从事的营业相符合。个人独资企业不具有法人资格，企业名称不能使用"公司"字样。

市场监督管理局对张某的申请作出不予登记的理由是不成立的。《个人独资企业法》第 16 条规定，法律、行政法规禁止从事营利性活动的人，不得作为投资人申请设立个人独资企业。李某退休后，不具有特殊的身份，不属于法律、行政法规禁止从事营利性活动的人，而市场监督管理局以此理由作出不予登记的决定是错误的。

📓 拓展学习

商事登记与公示对第三人的法律效力

合法有效的商事登记，必然对第三人产生效力。商事登记事项经公示之后，即可产生两种法律效力，一是对抗力，二是公信力。所谓对抗力，就是指对于某种权利的内容，在法律上有向第三人主张的效力。凡应登记及公告的事项，而未经登记和公告，不能对抗不知情的善意第三人。在登记以后公告之前，可以对抗知情第三人，但不能对抗不知情的善意第三人。在公告之后，登记事项对第三人发生效力，第三人应尽注意责任。《德国商法典》第 15 条第 1 款规定，在应登入商事登记簿的法律事实，只要尚未登记和公告，就不得被应对此种事实进行登记的人用来对抗第三人，但此种事实已为第三人知悉的除外。《日本商法典》第 12 条规定："应登记的事项，非于登记及公告后，不得以之对抗善意第三人。虽于登记及公告后，第三人因正当事由不知时，亦同。"我国台湾地区的"商业登记法"第 19 条规定："商业设立登记后，有应于登记事项而不登记，或已登记事项有变更而不为变更之登记者，不得以其事项对抗善意第三人。"登记及公示的对抗力，在于经公示的登记事项，可以与第三人对抗，从而保护登记人的合法权利。

所谓公信力，也称公信原则，是指对商事登记及公告等方法仅依其登记及公告的内容赋予法律上的公信力，即使该内容有瑕疵，法律对信赖该内容的第三人也将加以保护。经公告的登记事项在正常情况下具有当然的公信力，但是在登记及公告有误的情况下，是否赋予其绝对的公信力，各国立法根据登记及公告有误的原因不同有所不同。一般登记及公告有误主要是因为：一是因故意或过失而登记不实事项；二是登记事项发生变化，而未予以登记及公告；三是公告与登记不符。如《日本商法典》第 14 条规定："因故意或过失而登记不实事项者，不得以该事项的不实对抗善意第三人。"《日本商法典》第 11 条第 2 项规定："公告与登记不符时，视为未公告。"因登记机关过错而导致公告失实，则公告不具公信力和对抗力。《德国商法典》第 15 条第 3 款规定："对应登记的事实已经进行不正确公告的，第三人可以对在其事务上应对此种事实进行登记的人援用已经公告的事实，但第三人明知不正确的，不在此限。"

【拓展阅读】

1. 朱慈蕴：《我国商事登记立法的改革与完善》，载《国家检察官学院学报》2004 年第 6 期。

2. 赵旭东：《中国商事法律制度》，法律出版社 2019 年版。

3. 邹小琴：《商事登记制度的属性反思及制度重构》，载《法学杂志》2014 年第 1 期。

4. 赵旭东、邹学庚：《商事登记效力体系的反思与重构》，载《法学论坛》2021 年第 4 期。

5. 景沛梁：《公信与对抗：商事登记制度的公示效力研究》，载《武汉交通职业学院学报》2022 年第 4 期。

6. 罗培新：《优化营商环境视域下我国商事主体登记制度之完善》，载《华东政法大学学报》2021 年第 6 期。

【思考与练习】

1. 某市国有资产管理部门决定将甲、乙两个国有独资公司撤销，合并成立甲股份有限公司，合并后的甲股份有限公司仍使用原甲公司的字号，该合并事项已经有关部门批准，现欲办理商业登记。甲股份有限公司的商业登记属于下列哪一类型的登记？（　　）（2005年司法考试真题）

  A. 兼并登记　　　　B. 设立登记　　　　C. 变更登记　　　　D. 注销登记

2. 关于商事登记，下列哪些说法是正确的？（　　）（2010年司法考试真题）

  A. 公司的分支机构应办理营业登记

  B. 被吊销营业执照的企业即丧失主体资格

  C. 企业改变经营范围应办理变更登记

  D. 企业未经清算不能办理注销登记

情境训练

2006年5月，甲与另外6家企业共同发起设立"明光家具有限公司"。7个股东签署了公司章程。章程规定，公司资本为200万元，甲出资60万元，其余投资由另外6家企业承担。交足出资后，明光家具有限公司筹备处委托某会计师事务所进行验资，并获得验资证明。2006年11月，该公司筹备处向某市登记机关提交设立登记申请，并提交了必要的相关文件。登记机关认为，该公司虽符合设立条件，但本地已有4家家具厂，再设立一家对本地经济无大的促进作用，故决定不予登记。筹备处将该不予登记的通知书告知7位股东后，7位股东均对此不服，于是将登记机关诉诸法院。法院支持了原告的诉讼请求。

【训练目的及要求】

结合案例和相关知识，通过训练，使学生掌握商事登记的条件要求和登记的流程，明确商事登记的主管机关以及商事登记的效力，主管机关如何对商事登记进行监督管理。

【训练步骤】

1. 分组熟悉案情。

2. 运用商事登记的法律规定，分析、讨论该案商事登记的合法性。针对上述案例进行评判，并最终得出正确的判断。

3. 老师进行点评。

【工作任务】

1. 通过对上述具体案例的剖析，运用商事登记的法律规定，分析说明甲与另外6家企业是否具备准予商事登记的条件。

2. 登记机关作出不予登记的决定是否正确？为什么？

项目四　商业名称

导入案例

某甲与某乙合伙在县城郊区开办了一家榨油厂，半年下来获利可观，2004年便以10万元注册资金到工商管理机关以"长源榨油厂"的名称申请了工商登记，并取得了营业执照。2005年10月，某甲与某乙在未经批准登记的情况下，将原厂牌换成"××省长源油业股份有限公司"的牌子，并以便于经营为由分别以"公司"董事长和总经理名义印制精美的名片，提供收购油桐籽、榨油和销售一条龙服务。2006年2月，他们收下了外省一企业2万元定金后，由于行情变化未能按时交货，被对方诉上法庭。法庭在审理中发现，他们的企业不具备公司法人的条件，未经工商登记，实是两人合伙的非法人企业。法院在判令他们承担违约责任的同时，依法向工商机关提出司法建议。当地工商机关经调查，发现某甲、某乙冒用股份有限公司名称，便作出责令其改正，罚款1万元的处罚决定。他们在接到处罚决定书后，不禁傻了眼：政府不是鼓励发展股份制企业吗？我们有营业执照，开个股份制公司犯什么法？

【问题】
1. 某甲和某乙的行为有无违反我国企业名称管理规定？
2. 一般的企业的名称能否使用"公司"两字？公司企业与一般的企业有何区别？
3. 某甲与某乙两人未经批准擅自变更使用企业名称应承担何种相应的法律责任？

基本原理

商业名称是一种特殊的权利和市场资源。它体现着商事主体的活动地域、营业特征，具有区别于其他商事主体的特征，标志着商事主体的经营资格和行为能力，负载着商事主体的商誉，代表着商事主体的形象，是商事主体重要的无形资产，具有重大的经济价值，其可以继承、可以转让，也可以用于投资。

一、商业名称的取得

（一）认识商业名称

商业名称又称商号，是商事主体从事商事活动时所使用的用以彰显自己独特法律地位的名称或名号。商事主体使用商业名称可以区别于其他商事主体。对于商业名称的规定，各国间存在差异。在我国，商业名称也有"字号"的称谓。对"字号"和"商业名称"根据不同主体分别适用，前者用于个体工商户，后者则用于法人。我国《中华人民共和国民法典》（以下简称《民法典》）规定，个体工商户可以起字号；法人应当有自己的名称。

商业名称作为商事主体从事商事行为时使用的名称，具有其独特的法律特征：

1. 标识性和附属性。商业名称是商事主体的指称，是商事主体用以代表自己的名称，是在营业活动中必须使用的名称或标志。商业名称必须依附于商事主体而存在，是商事主体相互区别的外在标志。商业名称不等于商事主体，商业名称本身并不能成为法律上的权利和义务的承受者。通过使用商业名称，商事主体可以保持其在商事活动中的同一性和持续性。所以各国法律都要求商事主体必须使用自己的商业名称，以增强社会公众的识别力。

2. 关联性和价值性。商业名称与商事主体的特定经营对象和信誉是紧密联系的。每一个商事主体都有其经营对象和经营范围，因此任何商业名称都与特定的经营活动联系在一起。商业名称是商事主体的一种重要资源和无形财产，是商事主体信誉的载体，可以转让，具有一定的财产价值。

3. 唯一性和独立性。为了便于管理和维护交易安全，法律规定一个商事主体只能拥有一个商业名称，但可以使用或注册多个商标。商业名称是商事主体在营业活动中使用的独立于自然人之外的名称，是用以标示主体本身和署名时使用的名称。当商事主体从事商事活动时应使用商业名称以表彰其商事活动，不能使用商事主体自己的姓名进行商事活动。假若商事主体以自己姓名作为商业名称，应当添加字样以示区别。如玉盛祥眼镜店、张小泉剪刀铺等。

4. 地域性与公示性。为了避免不同的商事主体在商业名称上发生混同，各国法律都规定在某一区域内不得存在两个或两个以上相同或近似的商业名称，所以商业名称具有地域性。为此，商事主体在进行商事登记时，必须进行名称预审核登记和备案，使商业名称处于公示中，从而有效地避免在同一区域内出现不同商事主体的商业名称的重复或冲突。

（二）商业名称的构成

商业名称应当由哪些要素组成？依据《企业名称登记管理规定》，商业名称应由行政区划名称、字号、行业或者经营特点、组织形式四大要素构成。

1. 行政区域名称。商业名称首先要冠以商事主体所在地的县级以上地方行政区划名称。市辖区名称在企业名称中使用时应当同时冠以其所属的设区的市的行政区划名称。开发区、垦区等区域名称在企业名称中使用时应当与行政区划名称连用，不得单独使用。跨省、自治区、直辖市经营的企业，其名称可以不含行政区划名称。如"贵州茅台酒股份有限公司""河南徐福记食品有限公司"，商业名称中，"贵州""河南"就是指商事主体所在地的省、市、县行政区划名称。

2. 字号。字号是商业名称中的核心要素，同时也是商业名称中企业唯一可以自己创设的要素。法律规定，企业可选择字号，字号应当由两个以上汉字组成。字号应当具有显著特征。但县级以上地方行政区划名称、行业或者经营特点不得作为字号，另有含义的除外。如"贵州茅台酒股份有限公司""河南徐福记食品有限公司"商业名称中，"茅台""徐福记"是其字号。

3. 行业或经营特点。为了辨别商事主体所从事的行业或经营的特色，商事主体名称中的行业或者经营特点应当根据企业的主营业务和国民经济行业分类标准标明。国民经济行业分类标准中没有规定的，可以参照行业习惯或者专业文献等表述。跨行业综合经营的企业，其名称可以不含行业或者经营特点。如石油、纺织、机械、粮油食品、乳制品、酒、饮料和精制茶等。在"贵州茅台酒股份有限公司""河南徐福记食品有限公司"商业名称中，"酒""食品"是指商事主体所从事的行业或经营的特色。

4. 组织形式。组织形式反映了商事主体的组织结构和责任形式，商事主体应当在商业名称中标明自己所采用的组织形式，以便于交易相对人了解商事主体的性质和责任形式。商事主体是公司的，设立的有限责任公司，必须在公司名称中标明有限责任公司或者有限公司字样；设立的股份有限公司，必须在公司名称中标明股份有限公司或者股份公司字样。商事主体是合伙企业的，应当标明"普通合伙""特殊普通合伙""有限合伙"字样。在"贵州茅台酒股份有限公司""河南徐福记食品有限公司"，商业名称中，"股份有限公司""有限公司"就是指商事主体的组织结构和责任形式。

法条链接

《中华人民共和国公司法》

第七条　依照本法设立的有限责任公司，应当在公司名称中标明有限责任公司或者有限公司字样。

依照本法设立的股份有限公司，应当在公司名称中标明股份有限公司或者股份公司字样。

《中华人民共和国合伙企业法》

第十五条　合伙企业名称中应当标明"普通合伙"字样。
第五十六条　特殊的普通合伙企业名称中应当标明"特殊普通合伙"字样。
第六十二条　有限合伙企业名称中应当标明"有限合伙"字样。

（三）商业名称的选定

各国商法大都规定，商事主体必须以其商业名称从事营业活动。从维护交易安全和交易秩序的角度考虑，商业名称和交易主体应该保持一致，商业名称要能如实地反映和代表商事主体。所以在商业名称选用时，应尽力避免商业名称为他人所使用和误解，更要防止商业名称被混同。

为使商业名称具有合法性和真实性，根据《企业名称登记管理规定》，我国商业名称的选用应遵循以下原则：

1. 商业名称的唯一性原则。为维护商事交易的正常秩序，商事主体只准使用一个商业名称。在同一企业登记机关，申请人拟定的企业名称中的字号不得与下列同行业或者不使用行业、经营特点表述的企业名称中的字号相同：①已经登记或者在保留期内的企业名称，有投资关系的除外；②已经注销或者变更登记未满1年的原企业名称，有投资关系或者受让企业名称的除外；③被撤销设立登记或者被撤销变更登记未满1年的原企业名称，有投资关系的除外。

2. 商业名称的文字规范性原则。商业名称应当使用规范汉字，民族自治地方的企业名称可以同时使用本民族自治地方通用的民族文字。

3. 商业名称的内容合法性原则。商业名称不得使用法律禁止的内容和文字。企业名称不得有下列情形[1]：①损害国家尊严或者利益；②损害社会公共利益或者妨碍社会公共秩序；③使用或者变相使用政党、党政军机关、群团组织名称及其简称、特定称谓和部队番号；④使用外国国家（地区）、国际组织名称及其通用简称、特定称谓；⑤含有淫秽、色情、赌博、迷信、恐怖、暴力的内容；⑥含有民族、种族、宗教、性别歧视的内容；⑦违背公序良俗或者可能有其他不良影响；⑧可能使公众受骗或者产生误解；⑨法律、行政法规以及国家规定禁止的其他情形。

4. 商业名称中使用"中国""中华""中央""全国""国家"等字词的规定[2]。企业名称冠以"中国""中华""中央""全国""国家"等字词，应当按照有关规定从严审核，并报国务院批准。国务院市场监督管理部门负责制定具体管理办法。企业名称中间含有"中国""中华""全国""国家"等字词的，该字词应当是行业限定语。使用外国投资者字号的外商独资或者控股的外商投资企业，企业名称中可以含有"（中国）"字样。

5. 商业名称在分支机构、企业集团、有投资关系或者经过授权的企业中的使用规定。商事主体设立分支机构的，分支机构名称[3]应当冠以其所从属企业的名称，并缀以"分公司""分厂""分店"等字词。境外企业分支机构还应当在名称中标明该企业的国籍及责任形式。商事主体设立企业集团的，企业集团名称[4]应当与控股企业名称的行政区划名称、字号、行业或者经营特点一致。控股企业可以在其名称的组织形式之前使用"集团"或者"（集团）"字样。商事主体设立有投资关系或者经过授权的企业[5]，其名称中可以含有另一个企业的名称或者其他法人、非法人组织的名称。

---

[1]《企业名称登记管理规定》第11条。
[2]《企业名称登记管理规定》第12条。
[3]《企业名称登记管理规定》第13条。
[4]《企业名称登记管理规定》第14条。
[5]《企业名称登记管理规定》第15条。

6. 禁止以不正当目的使用商业名称。《企业名称登记管理规定》第 4 条规定，企业名称受法律保护。使用人不得以不正当目的使用可能使人们误认为是他人营业的商业名称。擅自使用他人已经登记注册的企业名称或者有其他侵犯他人企业名称专用权行为的，均属违法行为，应依法追究侵权人的法律责任。

（四）商业名称的取得

商业名称是商事主体商业信誉的外在标志，为防止他人滥用其商业名称，商事主体在从事商事活动时，首先要取得商业名称的专用权。现代国家通常使商事主体通过登记取得商业名称的专用权。商业名称一经登记，所有人对该商业名称即取得专有使用权，受法律保护，在一定地域范围内排除他人登记和使用与该商业名称相同或者相类似的商业名称，其他商事主体负有不得侵犯其商业名称权的法律义务。非经商业名称所有人许可而假冒、使用其商业名称即构成侵权，侵权人应承担相应的法律责任。另外，商业名称经登记而具有公示效果，有利于维护交易安全和交易秩序。

商业名称登记机关。县级以上人民政府市场监督管理部门（以下统称企业登记机关）负责中国境内设立企业的企业名称登记管理。

企业名称由申请人自主申报。申请人可以通过企业名称申报系统或者在企业登记机关服务窗口提交有关信息和材料，对拟定的企业名称进行查询、比对和筛选，选取符合《企业名称登记管理规定》要求的企业名称。申请人提交的信息和材料应当真实、准确、完整，并承诺因其企业名称与他人企业名称近似侵犯他人合法权益的，依法承担法律责任。

企业登记机关对通过企业名称申报系统提交完成的企业名称予以保留，保留期为 2 个月。设立企业依法应当报经批准或者企业经营范围中有在登记前须经批准的项目的，保留期为 1 年。

申请人应当在保留期届满前办理企业登记。

法条链接

《企业名称登记管理规定》

第二条 县级以上人民政府市场监督管理部门（以下统称企业登记机关）负责中国境内设立企业的企业名称登记管理。

国务院市场监督管理部门主管全国企业名称登记管理工作，负责制定企业名称登记管理的具体规范。

省、自治区、直辖市人民政府市场监督管理部门负责建立本行政区域统一的企业名称申报系统和企业名称数据库，并向社会开放。

第二十二条 利用企业名称实施不正当竞争等行为的，依照有关法律、行政法规的规定处理。

第二十三条 使用企业名称应当遵守法律法规，诚实守信，不得损害他人合法权益。

人民法院或者企业登记机关依法认定企业名称应当停止使用的，企业应当自收到人民法院生效的法律文书或者企业登记机关的处理决定之日起30日内办理企业名称变更登记。名称变更前，由企业登记机关以统一社会信用代码代替其名称。企业逾期未办理变更登记的，企业登记机关将其列入经营异常名录；完成变更登记后，企业登记机关将其移出经营异常名录。

第二十四条 申请人登记或者使用企业名称违反本规定的，依照企业登记相关法律、行政法规的规定予以处罚。

企业登记机关对不符合本规定的企业名称予以登记，或者对符合本规定的企业名称不予登记的，对直接负责的主管人员和其他直接责任人员，依法给予行政处分。

二、商业名称和商标的识别

（一）认识商标

商标是商品的生产者、销售者用以表明自己商品区别于他人的同一种商品或类似商品的一种独特标志。商标通常包括文字、图形、字母、数字、三维标志和颜色组合和声音等，以及上述要素的组合。上述要素及其组合，均可作为商标申请注册。经国家核准注册的商标为"注册商标"，受法律保护。

（二）识别商业名称与商标

商业名称与商标是商法上两个容易混淆的概念。两者通常被同时标示于同一商品上，具有很大的相似性，又具有显著的差异性。

商业名称与商标具有相似性。首先，两者都具有一定的表示和区别功能，都能够将一种商品与其他商品区别开来。其次，两者都具有排他性，商标经注册后，商标所有人在核准注册的商标和核定使用的商品范围内享有专用独占的权利，他人不得在同一种商品或类似商品上使用与其相同或近似的商标。商业名称经登记后，在一定地域内，具有排斥其他主体申请使用同一商业名称或类似商业名称的效力。最后，两者都具有可转让性。商标权和商业名称权都具有财产性质，可以依法转让。另外商业名称中的字号常常被作为文字商标申请注册，很容易使人将商业名称误认为商标。如"北京王致和食品集团有限公司"是商业名称，而"王致和"是其商业名称中的核心要素即字号，也是该商品的注册商标。

虽然商业名称与商标具有上述方面的联系和相同之处，但是二者在作用和性质上有明显的区别，主要表现为：

1. 两者构成要素不同。商业名称只能以规范文字形态存在，一般由行政区划名称、字号、行业或经营特点组成。而商标的表现形式是复杂多样的，可以由文字、图形、数字、字母、颜色组合和声音的形态来表示。而且商标只能由与他人提供的产品或服务区别开来的显著部分构成。

2. 两者表彰的对象不同。商业名称是商事主体本身的标志，用于区分不同的商事主体，代表着商事主体的信誉，必须与商事主体相联系而存在，商业名称权属人格权的范畴。商标是特定商品或服务的标志，用来区分不同的商品或服务，代表着商品或服务的信誉，必须与特定的商品或服务相联系而存在，商标权属知识产权的范畴。一个商事主体只能有一个商业名称，但可以有多个商标；一个商事主体可以没有商标，但是必须具备商业名称。

3. 两者保护的法律依据不同。商业名称和商标的保护所依据的法律不同，受保护的范围也不同。商标只要不违反《中华人民共和国商标法》（以下简称《商标法》）所禁用的条款，不侵犯他人商标专用权和其他在先权利，不经注册就可使用。商业名称则必须经国家指定的行政主管机关核准登记、注册，才能使用。同时商标一经注册核准就在全国范围受法律保护；而商业名称仅在商事主体注册登记的区域范围内受到保护。在我国，商标权由专门的《商标法》进行保护；而商业名称权由《民法典》中关于企业名称权的相关规定以及《企业名称登记管理规定》等法律法规进行保护。

4. 两者的时间限制不同。根据我国法律的规定，商标专用权在商标注册有效期（注册商标的有效期为10年）内发生效力；而商业名称则没有法定期限的限制，经过登记的商业名称，其商业名称权的存续期限随商事主体经营的终止而终止，即企业注销登记时终止。

三、商业名称权的保护

（一）认识商业名称权

商业名称权，又称商号权，是商业名称经登记，商事主体即取得该商业名称的专有使用的权利。商业名称权以登记为其取得要件。商业名称权具有以下特征：

1. 兼具人格权和财产权的性质。一方面，商业名称权同商事主体紧密联系在一起，商业名称必须依附于商事主体而自身不能单独存在，是商事主体在营业上用以表彰自己的名称，商业名称权一经取得，即在一定区域内排斥其他商事主体使用相同或类似的商业名称，因此具有人格权的性质；另一方面，商业名称经商事主体登记后，商事主体享有专有使用权，此权利与商誉的维护息息相关，商誉包含一定的经济价值和社会价值，属于无形资产，具有财产权的性质。

2. 具有严格的地域性[1]。企业只准使用一个名称，在登记主管机关辖区内不得与已登记注册的同行业企业名称相同或者近似。所以商业名称权仅限于其登记机关的辖区范围内有效。

3. 具有公示性。商业名称权必须经登记才能取得，登记具有公示的作用，为公众知晓。日本商业登记法规定，商业名称变更、废止、转让、继承等，未及时办理登记者，不得对抗善意第三人。我国《企业名称登记管理规定》规定，市场监督管理部门负责建立本行政区域统一的企业名称申报系统和企业名称数据库，并向社会开放。企业名称转让或者授权他人使用的，相关企业应当依法通过国家企业信用信息公示系统向社会公示。

4. 具有可转让性。商业名称权具有财产权的性质，商事主体可以许可他人使用，可以转让和继承。我国规定商业名称可以自由转让。《企业名称登记管理规定》第19条规定，企业名称转让或者授权他人使用的，相关企业应当依法通过国家企业信用信息公示系统向社会公示。《民法典》第1013条规定，法人、非法人组织享有名称权，有权依法决定、使用、变更、转让或者许可他人使用自己的名称。

（二）商业名称权的内容和效力

在我国，商业名称权以登记注册为取得的法定要件。同一商业名称，按登记的先后顺序，登记在先的可以排斥登记在后的而独自享有以下的商业名称权。

1. 专有使用权。商业名称经登记后商事主体即取得该商业名称的专有使用权，具有独占性、排他性。其他任何人都不得使用与该商业名称相同或者相似的商业名称，如果他人非法使用相同或相似商业名称，商业名称权人可以请求其停止侵权行为；造成损害的，可请求损害赔偿；因使用其商业名称而产生的利益应归于商业名称权人。

2. 许可使用权。商业名称权人有许可他人在特定期间和区域内使用其商业名称的权利。由于商业名称具有公示性和附属性，许可他人使用容易导致善意第三人对所有人与使用人的混淆，危及交易安全，因此法律规定商业名称权人要承担相应的法律责任。[2]

3. 商业名称变更权。商业名称经核准登记注册后，有权依法变更其名称的全部或部分，如变更商号或组织形式。但是由于商业名称经核准登记注册后具有稳定性，法律一般规定商业名称不得擅自变更。确实需要变更的，变更时必须依法定程序申请变

---

[1] 2003年，《最高人民法院关于对杭州张小泉剪刀厂与上海张小泉刀剪总店、上海张小泉刀剪制造有限公司商标侵权及不正当竞争纠纷一案有关适用法律问题的函》中明确规定："企业名称经核准登记以后，权利人享有在不侵犯他人合法权益的基础上使用企业名称进行民事活动、在相同行政区划范围内阻止他人登记同一名称、禁止他人假冒企业名称等民事权利。"从商号权效力的地域限制理论出发，无论是商号使用权还是商号禁止权，其效力均应受到地域限制。参见吴汉东等：《知识产权基本问题研究（分论）》，中国人民大学出版社2009年版，第650~651页。

[2] 《中华人民共和国建筑法》第66条规定，建筑施工企业转让、出借资质证书或者以其他方式允许他人以本企业的名义承揽工程的……对因该项承揽工程不符合规定的质量标准造成的损失，建筑施工企业与使用本企业名义的单位或者个人承担连带赔偿责任。

更登记才能发生效力，否则不能对抗善意第三人。

4. 商业名称转让权。商业名称具有财产权的性质，商业名称权人可以转让其商业名称。商业名称的转让须经核准登记，转让未经核准登记的，不得对抗善意第三人。为了保障交易的安全和交易秩序，多数国家规定商业名称不得脱离营业而单独转让，商业名称转让仅能与营业转让（包括部分营业转让）同时进行，或者在营业废止时进行。

> **法条链接**

《企业名称登记管理规定》

第二十一条 企业认为其他企业名称侵犯本企业名称合法权益的，可以向人民法院起诉或者请求为涉嫌侵权企业办理登记的企业登记机关处理。

企业登记机关受理申请后，可以进行调解；调解不成的，企业登记机关应当自受理之日起 3 个月内作出行政裁决。

第二十二条 利用企业名称实施不正当竞争等行为的，依照有关法律、行政法规的规定处理。

第二十三条 使用企业名称应当遵守法律法规，诚实守信，不得损害他人合法权益。

人民法院或者企业登记机关依法认定企业名称应当停止使用的，企业应当自收到人民法院生效的法律文书或者企业登记机关的处理决定之日起 30 日内办理企业名称变更登记。名称变更前，由企业登记机关以统一社会信用代码代替其名称。企业逾期未办理变更登记，企业登记机关将其列入经营异常名录；完成变更登记后，企业登记机关将其移出经营异常名录。

《中华人民共和国市场主体登记管理条例》

第八条 市场主体的一般登记事项包括：

（一）名称；

……

第二十四条 市场主体变更登记事项，应当自作出变更决议、决定或者法定变更事项发生之日起 30 日内向登记机关申请变更登记。

市场主体变更登记事项属于依法须经批准的，申请人应当在批准文件有效期内向登记机关申请变更登记。

（三）商业名称权的保护

1. 商业名称权的保护规则。我国法律对于商业名称权的保护主要体现在两个方面：一是同一商业名称登记的排除。在商业名称的登记机关辖区内，不得再登记与已登记的同行业商业名称相同或者近似的商业名称。二是同一商业名称或类似商业名称使用的排除。未经商业名称权人许可，擅自使用他人商业名称或者使用类似商业名称的，为侵权行为，商业名称权人可以请求停止侵害，要求赔偿损失。同时，也可依据《中华人民共和国反不正当竞争法》（以下简称《反不正当竞争法》）的规定，请求行为人赔偿损失。

2. 商业名称权保护的法律依据。目前，我国还没有形成一个完整的商业名称权的法律保护体系。有关商业名称保护的法律规定比较零散，可操作性不强。散见于《民法典》《市场主体登记管理条例》《反不正当竞争法》《企业名称登记管理规定》《企业名称登记管理规定实施办法》。国际上还存在保护商业名称的国际公约，其中最主要的是《保护工业产权巴黎公约》（以下简称《巴黎公约》）。

法条链接

《中华人民共和国民法典》

第一千零一十三条 法人、非法人组织享有名称权，有权依法决定、使用、变更、转让或者许可他人使用自己的名称。

第一千零一十六条 自然人决定、变更姓名，或者法人、非法人组织决定、变更、转让名称的，应当依法向有关机关办理登记手续，但是法律另有规定的除外。

民事主体变更姓名、名称的，变更前实施的民事法律行为对其具有法律约束力。

第一千零一十七条 具有一定社会知名度，被他人使用足以造成公众混淆的笔名、艺名、网名、译名、字号、姓名和名称的简称等，参照适用姓名权和名称权保护的有关规定。

《中华人民共和国反不正当竞争法》

第六条 经营者不得实施下列混淆行为，引人误认为是他人商品或者与他人存在特定联系：

……

（二）擅自使用他人有一定影响的企业名称（包括简称、字号等）、社会组织名称（包括简称等）、姓名（包括笔名、艺名、译名等）；

……

第十八条 经营者违反本法第六条规定实施混淆行为的，由监督检查部门责令停止违法行为，没收违法商品。违法经营额五万元以上的，可以并处违法经营额五倍以下的罚款；没有违法经营额或者违法经营额不足五万元的，可以并处二十五万元以下的罚款。情节严重的，吊销营业执照。

经营者登记的企业名称违反本法第六条规定的，应当及时办理名称变更登记；名称变更前，由原企业登记机关以统一社会信用代码代替其名称。

导入案例分析

导入案例1中，某甲与某乙合伙开办的榨油厂，以"长源榨油厂"作为其企业名称是合法的，其依法向工商管理机关申请了名称工商登记，并取得了营业执照。《中华人民共和国企业法人登记管理条例施行细则》第33条规定，对具备企业法人条件的企业，核发企业法人营业执照；对不具备企业法人条件，但具备经营条件的企业和经营单位，核发营业执照。

1. 2005年10月，某甲与某乙在未经批准登记的情况下，将原厂牌换成"××省长源油业股份有限公司"的牌子，企业变更名称，应当向其登记机关申请变更登记，其违反了《公司法》第6条的规定，设立公司，应当依法向公司登记机关申请设立登记。符合该法规定的设立条件的，由公司登记机关分别登记为有限责任公司或者股份有限公司；不符合该法规定的设立条件的，不得登记为有限责任公司或者股份有限公司。法律、行政法规规定设立公司必须报经批准的，应当在公司登记前依法办理批准手续。

2. 一般的企业名称不能使用"公司"两字。企业分为法人企业和非法人企业，公司是法人企业。法人企业和非法人企业在生产经营中的权利是不一样的。根据《民法通则》（已失效）和企业登记管理法规的规定，法人企业领取的是企业法人营业执照，而不具备法人条件的经营单位领取的是营业执照。法人企业有自己独立于出资人和企业成员的财产，并以其本身的财产独立承担债务清偿责任，其财产不足以清偿全部到期债务时，依法宣告破产，出资人和企业成员不以个人财产承担还债责任；而非法人企业则没有自己独立的财产，清偿债务时，各出资人以个人财产承担连带清偿责任。

3. 某甲与某乙两人未经批准擅自变更使用企业名称应承担相应的法律责任。《企业名称登记管理规定》第26条规定，"违反本规定的下列行为，由登记主管机关区别情节，予以处罚：（一）使用未经核准登记注册的企业名称从事生产经营活动的，责令停止经营活动，没收非法所得或者处以两千元以上、两万元以下罚款，情节严重的，可以并处；（二）擅自改变企业名称的，予以警告或者处以一千元以上、一万元以下罚款，并限期办理变更登记"。《公司法》第210条规定，未依法登记为有限责任公司或者股份有限公司，而冒用有限责任公司或者股份有限公司名义的，或者未依法登记为有限责任公司或者股份有限公司的分公司，而冒用有限责任公司或者股份有限公司的分公司名义的，由公司登记机关责令改正或者予以取缔，可以并处10万元以下的罚款。

拓展学习

商业名称与相近概念

1. 商业名称与商号、字号。商号是最容易使人误解的概念，在我国立法中，商号是商业名称的核心组成部分之一，相当于"字号"。《企业名称登记管理规定》第6条规定，企业名称由行政区划名称、字号、行业或者经营特点、组织形式组成。跨省、自治区、直辖市经营的企业，其名称可以不含行政区划名称；跨行业综合经营的企业，其名称可以不含行业或者经营特点。如"广州何济公制药有限公司"中"何济公"是其商号或字号。

2. 商业名称与服务标志。服务标志，也叫作服务商标或劳务标志，是指提供服务的经营者为使自己提供的服务与他人提供的服务相区别而使用的标志。主要是用于区别各类服务行业，如旅游服务、修理服务、保险服务、娱乐服务、交通服务、邮电服务等。即使是同一服务，也有不同的服务标记，如中国"民航"、英国"英航"、德国的"汉莎航空公司"等，性质上与商品商标相似，但使用范围有所不同，商品商标向消费者提供的是商品，而服务商标向消费者提供的是服务。服务商标可以由文字、图形、字母、数字、三维标志和颜色组合，以及上述要素的组合而构成。它一旦被服务企业所注册，该企业也就拥有了对该服务商标的独占专有使用权，并受法律的保护。《商标法》第3条第1款规定，经商标局核准注册的商标为注册商标，包括商品商标、服务商标和集体商标、证明商标；商标注册人享有商标专用权，受法律保护。第4条第2款规定，该法有关商品商标的规定，适用于服务商标。《中华人民共和国商标法实施条例》第2条规定，该条例有关商品商标的规定，适用于服务商标。所以服务商标与商品商标具有同样的法律地位。服务标志注册按国际分类，分为广告与实业、保险与银行、建筑与修理、通讯、运输与贮藏、材料处理、教育与娱乐、杂项服务八大类。

3. 商业名称与产地名称。产地名称，是指某项产品来源于某个国家或地区的说明性标志。它是区分一地产品与另一地同类产品的标志，主要体现产品的质量。当产品质量、特点与其产地存在某种固定联系时，产地名称所反映的不仅是产品与其产地之间的外部联系，还揭示出产品质量与产地之间的内在联系。如"景德镇陶瓷""贵州茅台酒"等，所以产地名称对产品质量而言不仅具有象征性意义，还具有区别功能，因此受到法律以及国际公约或者条约的保护，如《巴黎公约》中关于原产地名称的规定、《与贸易有关的知识产权协议》中关于地理标志的规定等。《中华人民共和国产品质量法》第53条规定的"伪造产地"中"产地"一词，其外延显然大于"原产地名称"而更接近"地理标志"。

【拓展阅读】

1. 谢晓俊：《类似商品及擅用他人企业名称行为的认定》，载《中华商标》2020年第8期。

2. 陈振楠：《论商标权与企业名称权冲突的处理——以庆丰案为例》，载《中国商论》2022年第6期。

3. 吴汉勇：《论商业名称权的保护》，载《中国商贸》2012年第19期。

4. 李友根：《论企业名称的竞争法保护》，载《中国法学（文摘）》2015年第4期。

【思考与练习】

1. 我国商业名称一般由以下几个部分构成？（　　）

　A. 行政区域名称　　　　　　　　B. 字号（或者商号）

　C. 行业或者经营特点　　　　　　D. 组织形式

2. 以下不属于被禁止使用的商业名称的有？（　　）

　A. 商业名称中含有外国国家（或地区）的名称、国际组织的名称

　B. 商业名称中含有群众组织名称、社会团体名称

　C. 商业名称中含有汉语拼音字母（外文名称中使用的除外）、数字作为文字

　D. 商业名称中含有合伙人的名字

3. 甲公司于2000年3月为其生产的酸奶注册了"乐乐"商标，该商标经过长期使用，在公众中享有较高声誉。2004年8月，同一地域销售牛奶的乙公司将"乐乐"登记为商号并突出宣传使用，容易使公众产生误认。下列哪种说法是正确的？（　　）（2006年司法考试真题）

　A. 乙公司的行为必须实际造成消费者误认，才侵犯甲公司的商标权

　B. 即使"乐乐"不属于驰名商标，乙公司的行为也侵犯了甲公司的商标权

　C. 甲公司可以直接向法院起诉要求撤销该商号登记

　D. 乙公司的商号已经合法登记，应受法律保护

4. 企业名称经核准登记注册后，无特殊原因在（　　）内不得申请变更。

　A. 3个月　　　　B. 6个月　　　　C. 1年　　　　D. 2年

5. 公司名称预先核准和公司名称变更核准的有效期为（　　），有效期满，核准的名称自动失效。

　A. 3个月　　　　B. 6个月　　　　C. 1年　　　　D. 2年

情境训练

厦门大学告厦大公司侵犯名称权索赔500万元败诉

著名高校厦门大学与上海的一家名为"厦大"的房地产公司本来互不相干，但因为简称都是"厦大"，厦门大学遂以对方侵犯自己名称权为由，将上海厦大房地产公司告上法庭，索赔500万元经济损失。

厦门大学成立于1921年，是我国重点大学之一。2000年9月，该校申请注册了以"厦门大学"为名称的注册商标，内容包括"厦门大学"的中英文文字、图形商标和简称"厦大"的中英文文字。校方认为，"厦大"是该校为社会公众广泛使用的简称。现由厦门大学毕业的陈先生担任董事长的上海厦大房地产公司未经厦门大学同意将"厦大"作为公司字号，且从事营利活动，其行为侵犯了学校名称权。经协商未果后，厦门大学遂将厦大公司告上法庭，要求其变更名称，赔偿经济损失。

上海厦大房地产公司是由厦门大洋集团股份有限公司和厦门象屿保税区大洋国际贸易有限公司1999年7月在上海注册成立，主要从事房地产开发。对于被诉侵权，上海厦大房地产公司称并非主观故意，只是因为两个发起人名称中均有"厦门大洋"字号而抽出"厦大"两字作为公司名称，两个"厦大"撞车纯属巧合。

上海市第一中级人民法院就此案作出一审判决，对厦门大学的诉讼请求不予支持。

【训练目的及要求】

结合案例和相关知识，通过训练，使学生掌握商业名称权的法律规定，明确侵犯商业名称权的行为表现，培养运用法律规定解决商业名称权保护的纠纷操作技能。

【训练步骤】

1. 分组熟悉案情。
2. 运用商事法律规则分析、讨论商业名称权保护的法律效力认定。
3. 针对上述案例进行评判，并最终得出正确的判断。

【工作任务】

1. 通过对上述具体案例的剖析，运用商事法律规则，分析说明厦门大学告上海厦大房地产公司侵犯名称权索赔500万元为什么会败诉。
2. 如何认定侵犯商业名称权的行为？

项目五　商事账簿

导入案例

张某办了一家从事餐饮业的个人独资企业，由于业务量不大，因此，他在领取了营业执照后，在半年内仍未建立会计账簿，半年后尽管建账，但采取加大成本、隐瞒营业收入的办法予以逃税，后来税务机关在税务检查中发现其账外设账，隐瞒营业收入5万元，以偷逃税款。

【问题】

1. 企业设立后是否应当建立商事账簿？为什么？
2. 企业能否账外设账？如果账外设账应如何承担法律责任？

基本原理

一、认识商事账簿

（一）商事账簿的内涵

商事账簿是商事主体按照会计原则依法制作，用来记载、说明其营业状况和财产状况的商事簿册。

商事账簿与商事主体的经营活动存在必然的联系，制作商事账簿是商事主体的法定义务，也是一项重要的商事法律制度。商事主体制作商事账簿，必须依据法律的规定进行。我国《中华人民共和国会计法》（以下简称《会计法》）规定，各单位必须依法设置会计账簿，并保证其真实、完整。单位负责人对本单位的会计工作和会计资料的真实性、完整性负责。会计凭证、会计账簿、财务会计报告和其他会计资料，必须符合国家统一的会计制度的规定。

（二）商事账簿的种类

商事账簿包括会计凭证、会计账簿、会计报表。

会计凭证是记录经济业务的发生和完成情况，明确经济责任，并作为记账依据的书面证明。按其填制程序和用途的不同，可以分为原始凭证和记账凭证两类。原始凭证按其来源不同分为自制原始凭证和外来原始凭证；记账凭证按其适用的经济业务不同，分为收款凭证、付款凭证和转账凭证三种，记账凭证按其包括的会计科目是否单一，还可分为复式记账凭证和单式记账凭证两类。编制和填写会计凭证可以起到监督、控制经济活动，提供记账依据，加强经济责任制等作用。

会计账簿是由具有一定格式、相互联系的账页所组成，用来序时、分类地全面记录一个企业、单位经济业务事项的会计簿籍。会计账簿按用途的不同，可分为序时账簿、分类账簿和备查账簿。序时账簿也称日记账，它是指按照经济业务发生时间的先后顺序逐日逐笔登记的账簿。序时账簿按其记录内容的不同，又分为普通日记账和特种日记账。分类账簿是指对发生的全部经济业务按照会计科目进行分类分别登记的账簿。分类账簿按其反映内容的详细程度不同，又分为总分类账簿和明细分类账簿。备查账簿也称辅助账簿，是指对在日记账和分类账中未记录或记录不全的经济业务进行补充登记的账簿。会计账簿还可以分为两栏式账簿、三栏式账簿、数量金额式账簿和多栏式账簿；订本式账簿、活页式账簿和卡片式账簿。设置和登记账簿，既能对经济业务活动进行序时、分类的核算，又能提供各项总括和明细的核算资料；为改善企业经营管理、合理地使用资金提供有用的会计核算资料；为计算财务成果编制会计报表提供依据；为开展财务分析和会计检查提供依据。所有企业，不论规模大小，业务多少，都必须设置账簿，认真做好记账工作。

会计报表是依据日常会计核算资料编制的，以货币为计量单位，通过一定的表格形式综合反映商事主体在一定时期内的财务状况和经营成果的书面报告文件。会计报表主要包括资产负债表、利润表、现金流量表、所有者权益变动表等。会计报表所反映的信息是企业了解经营情况、实施经营管理和进行经营决策的重要依据；是企业债权人和股东了解企业经营情况的重要资料；是财政、税务、银行和审计部门对企业进行检查和监督的资料来源。

二、商事账簿的编制要求和作用

（一）商事账簿的编制要求

为了保证商事账簿的质量，对账簿的记载，必须遵守会计原则、记账规则、会计方法和记账程序。

1. 账簿记账内容的要求。我国《会计法》第10条规定，应当办理会计手续，进行会计核算的经济业务事项有：款项和有价证券的收付；财物的收发、增减和使用；债权债务的发生和结算；资本、基金的增减；收入、支出、费用、成本的计算；财务成果的计算和处理；需要办理会计手续、进行会计核算的其他事项。同时，许多国家对股份有限公司和有限责任公司在制作账簿内容上一般还有特殊要求，如盈亏计算书及其附属说明书，并且在公司清算、破产的情况下还必须制作财产目录。这些都要列入账簿。

2. 账簿必须根据规定的原则制作。如客观性原则、权责发生制原则、及时性原则等。为保证账簿记录的合法性，明确记账责任，每个账簿启用时，必须在账簿内列表载明会计单位名称、启用日期、账簿页数、记账人员和会计主管人员姓名，并加盖公章和名章。

3. 账簿必须根据记账方法记载。记账必须按规定设置会计科目，记账时必须严格地根据经审核过的会计凭证准确地填列会计科目，记账后应将记账凭证的编号记入账簿内，并在记账凭证上注明账簿页数。每一账页完毕时，应加计总数和结出余额，并注明"过次页"，在新账页第一行要将前页总数和余额转入，并注明"承前页"字样。记账必须连续记载，不准隔页隔行。记账发生错误时，必须按规定的更正错误的方法更正，如划线更正法、红字冲正法。记账必须用蓝黑墨水书写，要正确运用会计核算形式，即要正确进行账簿组织、记账程序和记账方法相互结合的方式。一般包括：汇总记账凭证、凭单日记账、科目汇总表、记账凭证、日记总账五种会计核算形式。此外，还要正确运用会计方法，包括会计核算方法、决策方法、成本计算法以及各分析方法和检查方法等。

4. 要遵守记账程序。所谓记账程序，是指审核原始凭证——编制记账凭证——制作会计分录——登记账簿——编制报表的过程和步骤。确定会计程序，能使会计核算有条不紊地进行，以保证会计核算的质量。各单位必须根据实际发生的经济业务事项进行会计核算，填制会计凭证，登记会计账簿，编制财务会计报告。任何单位不得以虚假的经济业务事项或者资料进行会计核算。

（二）商事账簿的作用

在商事活动中，商事账簿能真实、全面反映商事主体资产和经营状况，所以商事账簿已经成为管理商业及整个经济活动重要的工具。各国商法都对商事账簿制度作出明确的规定，设置商事账簿具有重大作用。

1. 商事账簿是商事主体记载自身营业及财产状况的重要法定文件。法律规定置备商事账簿是商事主体的法定义务，设置商事账簿，一方面可以确保会计资料和会计信息能够得到真实、准确、完整而又合法的反映，另一方面商事主体可以全面了解自己的经营状况和财产状况，计算盈亏、分配利润，同时还可以通过对其商事账簿的分析，及时制定和调整企业的经营方针、发展计划和决策战略。如《日本商法典》规定，商人为了解营业上的财产和损益的状况，应当制定会计账簿和资产负债表。《德国商法典》也规定，设置商事账簿是为了明确记载自己的商业行为及自己的财产状况。我国《会计法》规定，财务会计主体（包括商事会计主体）均需按规定设置账簿。

2. 商事账簿是第三人选择交易对象和投资渠道的重要依据。对于商事账簿设立主体以外的第三人来讲，通过商事账簿可以了解账簿设立人的经营状况、资信情况、经济实力和发展潜力，以便决定是否与其交易、是否向其投资，从而维护第三人的利益和交易的安全。

3. 商事账簿是监督检查商事主体的经营状况和征收税款的主要依据。对于国家行政主管部门来说，无论是对商事主体进行营业的年度检验、物价的检查、财务的审计，还是对税款的征收和税务的稽查，都必须依赖于商事主体依法编制的商事账簿。当企业破产时，商事账簿更是清理债权债务的主要依据。商事账簿还是股东行使权利的主要依据，特别是股东行使查阅权，分取股息、红利、剩余财产及计算股票账面价格的主要依据。

4. 商事账簿在民事诉讼中具有重要的证据效力。由于商事账簿是商事主体依法对其营业状况和财产状况的真实、全面而又系统的记载和反映，因此，商事账簿是具有法律效力的事实依据，是当事人在诉讼中最为有力的证据材料。商事账簿的证据效力在各国立法中都得到充分的肯定。

三、商事账簿的管理与保存

商事账簿资料又称会计档案，包括会计凭证、会计账簿、财务会计报告、其他会计资料等会计资料，它是记录和反映各项经济业务重要的史料和证据。法律规定，商事主体负有对簿记资料在一定期间内妥为保管的义务。商事账簿在有效期限内具有法律证据效力，不许销毁。关于会计资料保管期限各国规定不同。大多数国家采取确定期限制，如德、意、法、比、日等国均规定为10年，西班牙为5年，荷兰为30年。但也有采取不定期限制，如智利以营业继续期限为准，巴西以债权时效消灭以前为准。我国采取确定期限制，兼采分别确定原则。我国《会计档案管理办法》第14条规定，会计档案分为永久和定期两类。定期保管期限一般分为10年和30年。会计档案的保管期限，从会计年度终了后的第一天算起。因账簿种类的不同而有所差别。永久会计档案如年度财务会计报告、会计档案保管清册、会计档案销毁清册、会计档案鉴定意见书，各种账簿和凭证至少保存30年，月度、季度、半年度财务会计报告保存10年等。

在保管期限内，商事主体应当按照国家有关规定建立档案，妥善保管有关商事账簿，不得销毁、损坏和遗失。如果商事主体未尽妥善保管义务，将被追究严格的法律责任。造成严重后果的，还将追究有关人员的刑事责任。而且根据《公司法》的规定，公司不仅应妥善保管商事账簿，而且还应按照法律或公司章程的要求及时向公司股东提供商事账簿。

四、违反规定应承担的法律责任

我国《会计法》还规定如果商事主体有下列行为的将承担相应的法律责任：不依法设置会计账簿的；私设会计账簿的；未按照规定填制、取得原始凭证或者填制、取得的原始凭证不符合规定的；以未经审核的会计凭证为依据登记会计账簿或者登记会计账簿不符合规定的；随意变更会计处理方法的；向不同的会计资料使用者提供的财务会计报告编制依据不一致的；未按照规定使用会计记录文字或者记账本位币的；未按照规定保管会计资料，致使会计资料毁损、灭失的；未按照规定建立并实施单位内部会计监督制度或者拒绝依法实施的监督或者不如实提供有关会计资料及有关情况的；任用会计人员不符合该法规定的。以上行为由县级以上人民政府财政部门责令限期改正，可以对单位并处3000元以上5万元以下的罚款；对其直接负责的主管人员和其他直接责任人员，可以处2000元以上2万元以下的罚款；属于国家工作人员的，还应当由其所在单位或者有关单位依法给予行政处分。有上述所列行为之一，构成犯罪的，依法追究刑事责任。会计人员有上述所列行为之一，情节严重的，5年内不得从事会计工作。

▶ **导入案例分析**

导入案例中，张某开办的个人独资企业在半年内仍未建立会计账簿，半年后尽管建账，但账外设账，加大成本，隐瞒营业收入以偷逃税款。张某的行为违反了法律的规定。根据商事法律规定设置商事账簿是任何商事主体的法定义务，商事主体必须依法设置会计账簿，并保证其真实、及时、完整。会计账簿的设置与编写要符合国家统一的会计制度的规定。同时私设会计账簿，情节严重构成犯罪的，依法追究其刑事责任。

张某的行为属于不依法设置会计账簿、私设会计账簿的行为，可以由县级以上人民政府财政部门责令限期改正，并罚款处理。

📔 **拓展学习**

商事账簿的立法

依法制作账簿不仅是商事主体的一项法定义务，也是一项重要的商事法律制度。商事账簿是商事实践活动的产物，商事账簿制度的产生与商事经营活动本身有着内在的必然联系。商事活动首先是一种以营利为目的的活动,为了考核其盈利状况和财产状况,必须借助账簿这一工具。当今世界各国大多都有独立的商事会计法律制度,各国除了在专门的商事法律中对商事账簿制度进行规定,还采取颁布会计准则的方法对商事账簿建立过程中的具体细节问题予以明确,并且出现了会计准则国际化的趋势。1973年成立的国际会计准则委员会,迄今为止共颁布了三十多项国际会计准则。尤其现代社会由于商事活动愈益国际化,调整商事账簿的行为规范,不仅有各国的国内法,而且还有一系列的《国际会计准则》。联合国还专门设立了国际会计特设组织,用以协调各国之间的会计标准,从而使得商业簿记制度日趋国际化。

我国目前没有制定专门的商事账簿法,有关商事账簿的法律规定,主要体现在《会计法》《会计档案管理办法》《中华人民共和国审计法》《企业会计准则》《企业财务通则》以及《公司法》,尤其是上市公司财务管理的规定等法律法规中。

【拓展阅读】

1. 张民安:《商事账簿制度研究》,载《当代法学》2005年第2期。

2. 李学成:《商事账簿法律属性及其立法模式研究》,载《行政与法》2014年第10期。

3. 王笑谦:《我国商事账簿制度之立法研究》,天津师范大学2016年硕士学位论文。

4. 陈旋旋:《商事账簿在诉讼中的应用若干问题探讨》,载《法制与社会》2010年第2期。

5. 周钰坤:《商事账簿法律制度的完善研究》,华东政法大学2019年硕士学位论文。

【思考与练习】

1. 商事账簿是商事主体为表明其( )和经营情况,依法制作的簿册。

A. 组织情况 B. 资金情况

C. 财产状况 D. 财务变动情况

2. ( )是指记录商事主体日常经营活动情况,作为依据的书面凭证,是登记商事账簿的依据。

A. 会计凭证 B. 会计账簿

C. 财务会计报告 D. 财务情况说明书

3. 商事账簿的作用有( )。

A. 商事主体自身的核算依据 B. 第三人的评估依据

C. 监管者的征税依据 D. 诉讼活动的证据

情境训练[1]

被告人仲某于2002年11月至2003年6月间,利用担任扬州市公路管理处高等级

---

[1] 江苏省扬州市中级人民法院(2006)扬刑二终字第5号刑事判决书。

建设养护中心、扬州市交通产业投资有限公司高等级公路建设养护中心（以下简称建养中心）总经理的职务之便，擅自挪用建养中心和扬州市公路管理处拌和场公款计548万元以个体户崔某的名义存入银行，向银行质押贷款，用于个人进行营利性活动。

2001年至2003年间，被告人仲某与陈某等人共谋，由陈某先后将从本单位小金库支付给业务单位和个人工程回扣款及违规报销的费用支出的原始凭证销毁，销毁金额75万余元。公诉机关指控上述行为构成挪用公款罪、故意销毁会计凭证罪。

被告人仲某及其辩护人辩称：被告人仲某不具备国家工作人员的身份，其作为总承包人与扬州市公路管理处签订了设备租赁协议，并已按协议缴足了设备租赁费用，按照协议约定，由总承包人安排，盈余的60%用于扩大再生产，40%用于奖励。被告人仲某有权支配盈余，其动用的款项并非公款，不能认定被告人仲某构成挪用公款罪。

仲某的辩护人还提出辩护意见：被告人仲某销毁的小金库账上的白纸条及部分发票并非法律规定应当保存的会计资料，不能认定被告人仲某构成故意销毁会计凭证罪。

【训练目的及要求】
1. 结合案例和相关知识，通过讨论，分析该案中有无违法行为。
2. 使学生明确商事主体设立会计账簿的要求以及商事账簿管理与保存的重要作用。
3. 使学生明确将公款存入银行、销毁商事账簿所要承担的法律责任。

【训练步骤】
1. 分两组熟悉案例情境。
2. 运用商事账簿法律规定分析该单位设立小金库是否合法，被告人仲某与陈某等人将公款存入银行、销毁原始凭证需要承担何种法律责任。
3. 老师针对学生的分析意见进行点评。

【工作任务】
1. 商事账簿包括哪些种类？如何编制商事账簿？
2. 明确商事账簿的保管期限。
3. 熟知将公款存入银行、销毁商事账簿应承担的法律责任。

单元二

公司法律实务

知识目标

1. 认识公司与公司法。

2. 掌握有限责任公司和股份有限公司的设立条件程序、公司治理机构的设置及其运行规则、公司设立、变更、解散与清算。

3. 把握公司股东资格的取得及其权利行使与制约、股权及股份转让规则。

能力目标

本单元的能力目标是培养学生处理公司相关法律实务的能力。通过本单元的学习，学生能够掌握公司设立、变更、终止的基本规则，并能运用公司法律知识分析和处理有限责任公司、股份有限公司的法律实务的技能。

内容结构图

```
                          公司法律
                            实务
        ┌─────────────┬─────────────┬─────────────┐
     公司与          公司          有限责任        股份有限
    公司法概述     的一般规定        公司            公司
        │             │             │             │
     认识公司       公司的设立    认识有限责任    认识股份有限
                                    公司           公司
        │             │             │             │
    公司法概述     公司设立      有限责任公司    股份有限公司
                    规则          的设立规则      的设立规则
                      │             │             │
                   公司债券       有限责任公司   股份有限公司
                   发行规则      组织机构的      组织机构的
                                 设置与运行      设置与运行
                                    规则           规则
```

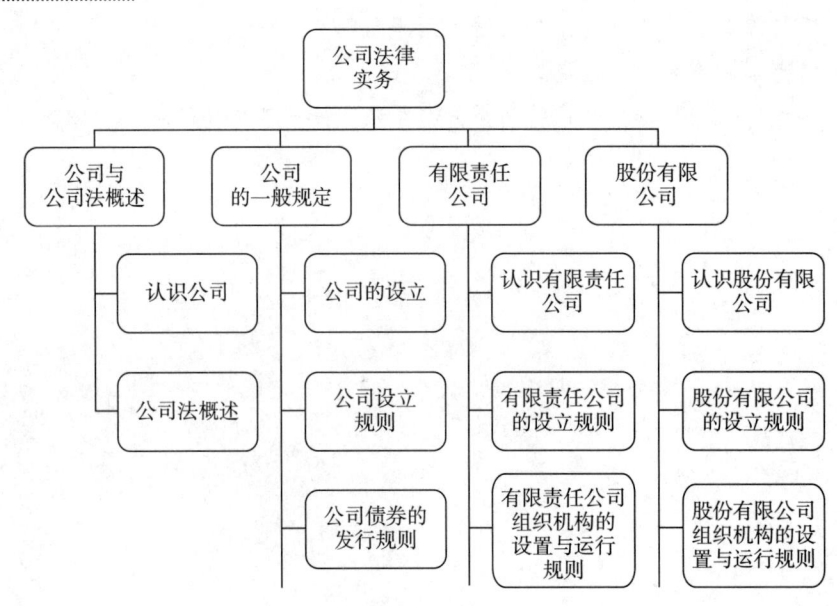

单元二　公司法律实务

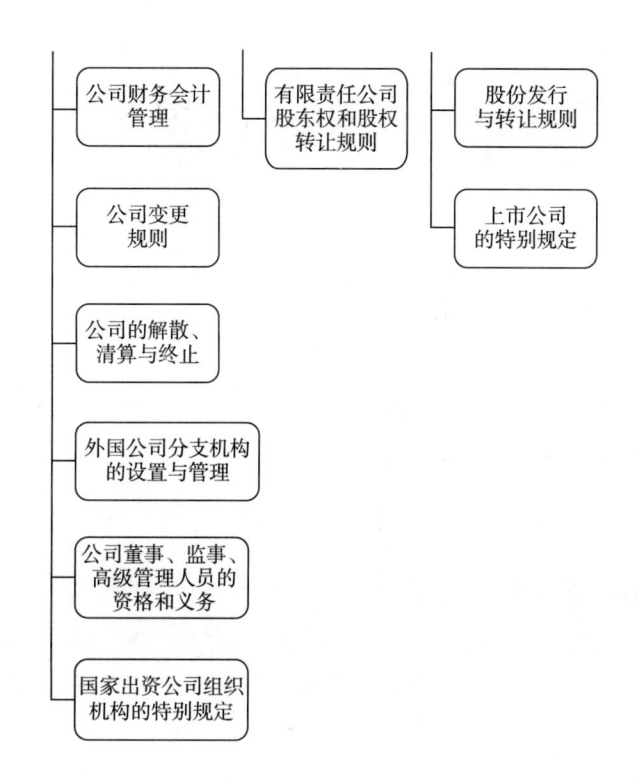

```
公司财务会计          有限责任公司         股份发行
管理                 股东权和股权         与转让规则
                    转让规则

公司变更                                 上市公司
规则                                     的特别规定

公司的解散、
清算与终止

外国公司分支机构
的设置与管理

公司董事、监事、
高级管理人员的
资格和义务

国家出资公司组织
机构的特别规定
```

　　公司作为重要的商事主体，在组织社会化大生产的过程中发挥了重要的作用。在现代企业制度中，公司是企业最重要的一种组织形式，也是最重要的市场主体，现代企业主要以公司制的形式存在。公司还是一种具有独立人格的法人企业。我国公司法律制度是在总结和完善建设有中国特色的社会主义实践中形成的，它是社会主义市场经济法律体系的重要组成部分。公司法是社会主义市场经济制度的基础性法律。公司法的制定和修改，与我国社会主义市场经济体制的建立和完善密切相关，颁布实施近30年来，对于建立健全现代企业制度，促进社会主义市场经济持续健康发展，发挥了重要作用。党的十八大以来，国家统筹推进"五位一体"总体布局，协调推进"四个全面"战略布局，在深化国有企业改革、优化营商环境、加强产权保护、促进资本市场健康发展等方面作出重大决策部署，推动公司制度和实践进一步完善发展。本单元主要介绍公司的概念与分类、公司法的适用范围、公司股东、公司设立变更以及解散终止、公司治理机构设置、公司财务会计管理、有限责任公司和股份有限公司的组织机构运行规则和股权股份转让规则等法律制度。

项目一 公司与公司法概述

导入案例

案例1：甲公司是一家经营家用电器的外贸公司,它是由香港某公司和乙贸易公司于2007年2月共同投资设立。2008年5月,甲公司出现资金困难,向丙企业借款100万元,双方约定年利率5%,借款期限2年,到期连本带利归还。但截至2010年5月底,甲公司仍未归还欠款,丙企业向甲公司追债无望,便将香港某公司和乙贸易公司一并诉至法院,请求法院判决被告偿还借款。

【问题】
1. 甲公司与香港某公司、乙贸易公司的法律关系如何?
2. 甲公司的债务应由谁承担?为什么?

案例2：2016年1月15日,甲方某农村商业银行股份有限公司(以下简称某农商行)(买入方)与乙方恒丰银行股份有限公司青岛分行(以下简称恒丰银行青岛分行)(卖出方)签订《银行承兑汇票转贴现合同》和《代保管协议》,某农商行根据合同所附清单的票面金额4.8亿元,扣除36张银行承兑汇票自转贴现日至到期日按年利率3.8%计算的利息总和后,实际向恒丰银行青岛分行支付470 836 511.03元。2016年3月21日,双方就前述36张银行承兑汇票中一张票面金额为1000万元的银行承兑汇票,又签订一份《银行承兑转贴现合同》,恒丰银行青岛分行向某农商行实际支付9 879 666.67元。后因恒丰银行青岛分行未按合同履行约定义务,某农商行向法院起诉,要求恒丰银行与恒丰银行青岛分行对未归还的购票本金承担连带给付责任,共同承担诉讼费、保全费。[1]

【问题】
1. 恒丰银行与恒丰银行青岛分行的关系?
2. 恒丰银行青岛分行的债务应由谁承担?为什么?

基本原理

一、认识公司

(一)公司的含义

关于公司的概念,由于各国公司制度的立法不完全相同,公司的概念也不尽相同,

---

[1] 最高人民法院(2017)最高法民终965号民事判决书,载中国裁判文书网,https://wenshu.court.gov.cn/website/wenshu/18 107ANF20BXSK4/index.html? docId=baWF8FMOEmOPxYsqZpSjjoCuwr20McKFqxUVXwEWHZSqrjzYRCSUsdbdQXZuaaoqaPDHH,访问时间:2023年11月13日。

有些国家对公司的概念做总括的规定,如《美国标准公司法》规定,"公司是指受本法令管辖的营利公司";《英国公司法》规定,"公司是依公司法规定而设立的经济组织"。有些国家不作总括的规定,只就各种公司分别作出规定,如德国、中国。

《公司法》第 2 条规定,"本法所称公司,是指依照本法在中华人民共和国境内设立的有限责任公司和股份有限公司"。我国《公司法》未对公司概念作统一的界定,公司的含义包含在《公司法》第 2 条、第 3 条规定中,根据其规定内容,结合《民法典》关于营利法人的规定,公司可以定义为:公司是指依法设立的,股东以其认缴的出资额或认购的股份为限对公司承担责任,公司以其全部财产对公司的债务承担责任的营利法人。

(二) 公司的特征

1. 公司是依法设立的。公司设立是公司取得合法商事主体资格的法律行为。现代社会的公司不得任意设立,而应当依照法律规定的条件和程序成立。无论在民商分立还是民商合一的大陆法系国家,公司都是依照公司法的规定设立的。

2. 公司具有法人性。世界各国的公司法都赋予公司以法人[1]地位,公司是典型的企业法人,这是公司区别于企业其他组织形式的重要特征之一。公司作为企业法人,必须依法设立,有独立的法人财产,享有法人财产权,能独立承担民事责任,有自己的名称和健全的组织机构及场所。所以,公司是独立于股东,独立于其他市场主体,以公司自己的名义进行商事活动,参与诉讼,在财产、责任、管理机构以及意思表示方面都具有独立性。

在肯定公司法人独立人格的前提下,不排除在某些特殊情况下,适用"公司法人人格否认原则"或"直索责任制度",揭开公司面纱,由股东对公司债务直接承担责任,以此作为有限责任的例外与补充。

3. 公司具有社团性。大陆法系经典法人理论将法人区分为社团法人与财团法人。社团法人是以社员的结合为成立基础,如公司、合作社;财团法人则是以财产的捐助集合而成立的社会组织,如慈善机构、基金会。公司是社团法人,必须由若干成员发起设立。公司的社团性决定公司具有以下特性及价值:公司成员一般由 2 个以上股东组成;公司的社团性有利于规模经济形成;公司的社团性有利于分散投资风险。当然,一人公司的出现突破了公司社团性特征,是例外情形。

4. 公司具有营利性。公司的设立目的在于营利,即通过营业,追逐利润最大化。公司以股东的出资从事业务经营,将所获得的利润分配给股东,谓之以营利为目的。

---

[1] 所谓的法人,是指具有民事权利能力和民事行为能力,依法独立享有民事权利和承担民事义务的组织。

> 📝 **法条链接**

《中华人民共和国民法典》

第五十八条 法人应当依法成立。

法人应当有自己的名称、组织机构、住所、财产或者经费。法人成立的具体条件和程序，依照法律、行政法规的规定。

设立法人，法律、行政法规规定须经有关机关批准的，依照其规定。

第六十条 法人以其全部财产独立承担民事责任。

第七十六条 以取得利润并分配给股东等出资人为目的成立的法人，为营利法人。

营利法人包括有限责任公司、股份有限公司和其他企业法人等。

《中华人民共和国公司法》

第三条第一款 公司是企业法人，有独立的法人财产，享有法人财产权。公司以其全部财产对公司的债务承担责任。

第二十一条 公司股东应当遵守法律、行政法规和公司章程，依法行使股东权利，不得滥用股东权利损害公司或者其他股东的利益。

公司股东滥用股东权利给公司或者其他股东造成损失的，应当承担赔偿责任。

第二十二条 公司的控股股东、实际控制人、董事、监事、高级管理人员不得利用关联关系损害公司利益。

违反前款规定，给公司造成损失的，应当承担赔偿责任。

第二十三条 公司股东滥用公司法人独立地位和股东有限责任，逃避债务，严重损害公司债权人利益的，应当对公司债务承担连带责任。

股东利用其控制的两个以上公司实施前款规定行为的，各公司应当对任一公司的债务承担连带责任。

只有一个股东的公司，股东不能证明公司财产独立于股东自己的财产的，应当对公司债务承担连带责任。

5. 公司具有社会性。随着现代公司社会责任理论的发展，公司应当承担社会责任是对公司中股东利益最大化理念的适当修正。这就意味着公司不能将利益仅仅还原为股东利益，而应承担一定的社会责任。强调加强公司社会责任建设，要求公司从事经营活动，应当充分考虑公司职工、消费者等利益相关者的利益以及生态环境保护等社会公共利益，承担社会责任。倡导公司参与社会公益活动，公布社会责任报告。公司的社会责任兼具法律责任与道德责任两种性质，法律责任是公司社会责任的底线，道德准则是公司社会责任的理想。[1]

法条链接

《中华人民共和国公司法》

第二十条 公司从事经营活动，应当充分考虑公司职工、消费者等利益相关者的利益以及生态环境保护等社会公共利益，承担社会责任。

国家鼓励公司参与社会公益活动，公布社会责任报告。

（三）公司的类型

各国法律对公司依不同的标准分为不同的类型。公司的分类主要有以下几种：

1. 大陆法系国家对公司的分类。根据股东承担责任的不同为标准，将公司分为无限责任公司、两合公司、股份有限公司、股份两合公司、有限责任公司。

无限责任公司，简称无限公司，指由2个以上的股东组成，全体股东对公司的债务承担无限责任，对公司的债权人承担无限连带责任的公司。因这种公司最初出现时，公司名称中必须冠以各个股东的姓名，又称合名公司。

两合公司，是指由1个以上的无限责任股东与1个以上的有限责任股东共同组成，无限责任股东对公司债务承担无限责任，有限责任股东以其出资额为限对公司债务承担责任的公司。

股份有限公司，亦称为股份公司，是指由一定人数的股东发起设立的，公司全部资本划分为若干等额股份由股东共同持有，股东以其所认购的股份为限对公司承担责任，公司以其全部资产对公司债务承担责任的公司。

股份两合公司，是两合公司的一种特殊形式，是指由1个或1个以上无限责任股东与1个或1个以上有限责任股东所组成，公司全部资本划分为若干等额股份，无限责任股东对公司债务承担无限责任，有限责任股东以其所持股份为限对公司债务承担责任的公司。

有限责任公司，亦称有限公司，是指股东以其认缴的出资额为限对公司承担责任，公司以其全部财产对公司债务承担责任的公司。有限责任公司最晚产生。

2. 英美法系国家对公司的分类。根据股份是否公开发行和是否允许自由转让为标准，将公司划分为封闭式公司和开放式公司。

封闭式公司，又称"非开放公司""不公开公司""不上市公司"，是指由一定数量的股东出资设立，公司的股份仅由特定的股东持有，股份不能在证券交易所自由交易或转让的公司。

---

[1] 朱慈蕴：《公司的社会责任：游走于法律责任与道德准则之间》，载《中外法学》2008年第1期。

开放式公司,又称"公开招股公司""公众公司""上市公司",是指公司的股份可以向不特定的社会公众公开发行,股份能在证券交易所自由挂牌交易或转让的公司。

3. 学理上对公司进行的分类。按以下不同的标准划分为不同的类型:

(1) 以公司的信用基础为标准,将公司划分为人合公司、资合公司、人合兼资合公司。人合公司是指以股东的个人信用为基础的公司。无限公司是最典型的人合公司。资合公司是指以公司的资本作为公司的信用基础的公司。股份公司是典型的资合公司。人合兼资合公司是指兼以公司资本和股东个人信用为公司信用基础的公司。有限责任公司和两合公司是典型的人合兼资合公司。

(2) 以公司间的控制与被控制关系为标准,将公司划分为母公司和子公司。母公司,也称为控股公司[1],是指拥有其他公司一定比例以上的股份或通过协议方式能够对其他公司实行实际控制的公司,具有法人资格,可以独立承担民事责任。母公司作为控制另一公司的控股公司,又可以分为纯粹的控股公司和混合的控股公司。子公司是与母公司相对应的法律概念,是指一定比例以上的股份被另一公司控制或通过协议方式被另一公司实际控制、支配的公司。子公司具有法人资格,可以独立承担民事责任。子公司根据其与母公司之间的投资关系,又可分为全资子公司和非全资子公司。

(3) 以公司间的组织管辖关系为标准,将公司划分为总公司与分公司。总公司,亦称本公司,是指依法设立的、在组织上统辖公司全部组织的具有法人资格的公司。分公司是指依法设立的,在业务、资金、人事等方面受总公司管辖而不具有法人资格的分支机构。分公司可以依法独立从事生产经营活动,但它不能对外独立承担民事责任,它的民事责任由设立该分公司的总公司承担。

(4) 以公司的国籍为标准,分为本国公司、外国公司与跨国公司。本国公司是指依照我国公司法在我国境内登记成立的公司法人。外国公司是指依照外国法律在中国境外登记成立的公司。外国公司可以在我国境内设立分支机构,从事生产经营活动。但依照我国公司法的规定,外国公司属于外国法人,其在我国境内设立的分支机构不具有中国法人资格。跨国公司是指以本国为基础,在其他国家或地区设立分公司、子公司或其他参股性投资企业,从事国际性生产和经营及服务活动的大型经济组织。跨国公司不是独立的法律实体,它实际上是国际性的公司集团,表示的是公司之间的一种特殊关系。

4. 我国《公司法》对公司的分类。根据我国《公司法》第 2 条的规定,我国的公司分为有限责任公司和股份有限公司两种。

有限责任公司,是指依法设立的,股东以其认缴的出资额为限对公司承担责任,

---

[1] 母公司有时称控股公司,有时又称控制公司,但控制公司与控股公司是有区别的。凡拥有另一公司的股份已达到控股程度并直接掌握其经营活动的公司,是控制公司;凡拥有另一公司的股份已达到控股程度而并不直接参加该公司业务活动的公司,则是控股公司。

公司以其全部财产为限对公司的债务承担责任的企业法人。

股份有限公司，是指依法设立的，全部资本分为若干等额股份，股东以其所认购股份对公司承担责任，公司以其全部财产对公司的债务承担责任的企业法人。

二、公司法概述

（一）公司法概念

公司法有狭义和广义之分。广义的公司法，也称实质意义上的公司法，是指调整公司法律关系的法律规范的总称，包括专门规范公司组织及其运行的公司法和其他规范公司行为的法律、法规和规章。狭义的公司法，称为形式意义上的公司法，仅指由立法机关制定并以公司法命名的法律，在我国，是指《中华人民共和国公司法》。《公司法》于1993年12月29日第八届全国人民代表大会常务委员会第五次会议通过颁布，自1994年7月1日起施行。此后，《公司法》于1999年12月25日第一次修正；2004年8月28日第二次修正；2005年10月27日第一次修订；2013年12月28日第三次修正；2018年10月26日第四次修正；2023年12月29日第二次修订，自2024年7月1日起施行。除《公司法》外，处理公司实务适用的法律法规、部门规章及司法解释主要有：《民法典》《证券法》《中华人民共和国外商投资法》《优化营商环境条例》《市场主体登记管理条例》及最高人民法院关于公司法司法解释（一）、（二）、（三）、（四）、（五）等。

2005年修订的《公司法》，修改幅度较大，制定了较为完善的制度规范，具体表现在：①完善了公司设立和公司资本制度；②承认了一人公司；③完善了公司法人治理结构；增加了监事会的职权，增设了上市公司独立董事，对董事与高管的忠实与勤勉义务以及责任作出了更具体的规定；④充实了职工民主管理和保护职工权益的规定；⑤健全了对中小股东利益的保护机制；⑥确立了公司人格否认制度。

2013年修正的《公司法》主要从三个方面进行修改和完善：①将公司注册资本实缴登记制度改为认缴登记制；②取消了公司注册资本最低限额制度；③简化登记事项和登记文件。

2018年修正的《公司法》则是针对股份收购制度作出专项修订：①补充完善允许股份回购的情形；②适当简化股份收购决策程序，提高公司持有本公司股份的数额上限，延长公司持有所购股份的期限；③补充上市公司股份收购的规范要求。

2023年第二次修订《公司法》，是深化国有企业改革、完善中国特色现代企业制度的需要；是持续优化营商环境、激发市场创新活力的需要；是完善产权保护制度、依法加强产权保护的需要；是健全资本市场基础性制度、促进资本市场健康发展的需要。在贯彻新发展理念、构建新发展格局、推动高质量发展的过程中，市场经济体制改革不断深入，市场主体积极探索，创造了丰富的公司制度实践经验；制定出台了一系列司法解释和裁判规则；理论研究不断深入取得丰硕成果，为公司法修改完善提供了重要的基础和支撑。[1]

2023年修订的《公司法》是规模最大的一次修订，主要修改内容包括：①新增公司法应保护职工权益的要求；②明确了公司法的立法宗旨"完善中国特色现代企业制度，弘扬企业家精神"和宪法是公司法的立法依据。③强调坚持党对国有企业的领导，完善国家出资公司特别规定；④完善公司设立、退出制度；⑤优化公司组织机构设置；⑥完善公司资本制度；⑦强化控股股东和经营管理人员的责任；⑧增加了股东失权制度；⑨加强公司社会责任；⑩规定债券持有人会议和债券托管制度等方面。

（二）公司法的调整对象

公司法的调整对象为公司法律关系。公司法律关系是以平等主体（如公司、股东、公司高级管理人员与债权人）之间的民事关系为主，也含有公司及其相关主体与行政机关之间的行政关系[2]。

（三）公司法的特征

1. 公司法兼具公法属性的私法性质。公法与私法是大陆法系国家对法律部门的一种分类。公司法是调整公司组织及其行为的法律规范。公司法是商法中的一个重要内容。而商法是私法，公司法也属于私法的范畴[3]。公司作为一种基本的商事组织，其设立和运行主要是建立在当事人自愿、平等、意思自治的基础之上的。因此，公司法在本质上应属于私法的范畴。但是，随着市场经济的发展，为了维护交易安全，国家不断加强对经济生活的干预，许多在传统公司法中被视为私权的领域，随着国家干预的扩大而带有明显的公法色彩，如公司的设立与运行也必须遵守国家的强制性规定。公司法中也应当有相当多的强制性规范[4]，如公司组织机构的设置、股票发行的条件等。当然尽管公司法公法化的特点明显，但仍改变不了公司法的私法本质。

2. 公司法兼具强制法和任意法的双重性质。从规范的性质看，调整公司内部关系即只涉及股东和公司利益的规范主要是任意性规范，公司法允许当事人通过自愿协商达成协议，体现意思自治原则；而调整公司外部关系即涉及第三人，尤其是债权人利益的规范主要是强制性规范，目的是实现对股东、公司、债权人利益的保护和对社会经济秩序的维护。所以，公司法是一种结合了强制性规范与任意性规范的法律。

3. 公司法是兼具行为法内容的组织法。公司法是规定一种社会组织的设立、变更、终止、内部组织机构及其运作的法律规范，在此意义上，公司法具有明显的组织法特

---

[1] 王瑞贺：《关于〈中华人民共和国公司法（修订草案）〉的说明——2021年12月20日在第十三届全国人民代表大会常务委员会第三十二次会议上》，载 http://www.npc.gov.cn/npc/c2/c30834/202312/t20231229_433993.html，访问时间：2023年12月30日。

[2] 刘俊海：《现代公司法》，法律出版社2011年版，第1页。

[3] 赵旭东主编：《新公司法讲义》，人民法院出版社2005年版，第24页。

[4] 江平主编：《新编公司法教程》，法律出版社2003年版，第7页。

征。但公司作为营利性组织，必然从事各种商事交易行为，公司法还规范与公司组织特点密切相关的行为，如股份和债券的发行与转让、公司利润分配等行为，具有一定的行为法特征。

4. 公司法是兼具程序法内容的实体法。依据法律规定的内容不同，法律可分为实体法与程序法。公司法侧重于对股东及公司机构权利义务的规定，以及股东与公司财产责任的划分。在这个意义上讲，公司法是实体法。但在规定实体权利义务的同时，公司法还对公司设立的程序、公司组织机构行使职权的方式以及公司变更、解散、清算等其他公司活动所必须履行的程序作出了规定，因而又具有程序法的因素。所以公司法是兼具程序法内容的实体法。

5. 公司法是兼具国际法内容的国内法。公司法就其本质而言属于国内法。公司法只调整本国公司及外国公司在本国分支机构的组织和活动，并在本国主权范围内发生效力。但是公司作为商事活动的重要主体，其活动范围势必具有一定的国际性。各国在公司立法中非常重视吸收公司法的普遍原理和各国公司立法的先进经验，逐步形成了一些各国共同的法律制度，使公司法呈现出一定的国际性。

▶ 导入案例分析

导入案例1中，甲公司与香港某公司和乙贸易公司的法律关系是公司与股东的投资关系。香港某公司和乙贸易公司是甲公司的股东。根据《公司法》第3条的规定，公司是企业法人，有独立的法人财产，享有法人财产权。公司以其全部财产对公司的债务承担责任。有限责任公司的股东以其认缴的出资额为限对公司承担责任。公司的合法权益受法律保护，不受侵犯。本案中，甲公司对丙公司的借款应由甲公司以其全部财产独立承担偿还责任，而甲公司的股东香港某公司和乙贸易公司，由于其已经履行了出资义务，无须对甲公司的债务承担偿还责任。因此，本案中丙企业的诉讼请求法院不予支持。

导入案例2中，恒丰银行与恒丰银行青岛分行是总公司与分公司的关系。根据《公司法》的规定，公司可以设立分公司。设立分公司，应当向公司登记机关申请登记，领取营业执照。分公司不具有法人资格，其民事责任由公司承担。《民法典》第74条第2款规定，分支机构以自己的名义从事民事活动，产生的民事责任由法人承担；也可以先以该分支机构管理的财产承担，不足以承担的，由法人承担。据此，法人分支机构的民事责任依法应由法人承担，并不存在承担连带责任的法律依据。当法人分支机构管理的财产较为充足时，可以由其单独承担责任，财产不足的，可以在法人分支机构承担责任的同时，由法人对其分支机构承担补充责任。本案中，某农商行虽将恒丰银行与恒丰银行青岛分行列为共同被告提起本案诉讼，但并无证据证明恒丰银行青岛分行管理的财产不足以承担其民事责任，故其关于恒丰银行青岛分行与恒丰银行应承担连带还款责任的诉讼请求及理由不能成立。

拓展学习

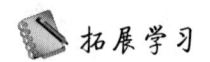

企业社会责任理论

企业社会责任（Corporate Social Responsibility，简称 CSR）的定义界定尚未完全统一，可大致分为两类：一是从狭义角度进行分析，代表性观点有经济责任说和社会福利说；二是从广义角度进行界定，最具代表性的是金字塔形社会责任观和利益相关者社会责任观。

古典经济学认为，企业唯一的目标和义务即赚取利润。早期研究中，有学者认为赚取利润是企业存在的唯一目标，如 Friedman（1970）即是这一观点的主要倡导者。但之后的大多数学者指出，企业社会责任的定义不应局限于狭隘的获利，而应冲破利益层面的束缚，为社会承担更多的责任，社会责任的含义应从广义角度进行界定。其中，Carroll（1979）的概念界定接受度较高，此定义拓展视野，将企业社会责任分成四类（经济责任、法律责任、伦理责任和自发责任），将企业社会责任的含义提升到了新的高度。近年来，随着可持续发展观念的发展，理论界对企业社会责任的定义，更倾向于强调企业对于可持续发展所应承担的自发责任。

目前国际上普遍认同 CSR 理念：企业在创造利润、对股东利益负责的同时，还要承担对员工、对社会和环境的社会责任，包括遵守商业道德、生产安全、职业健康、保护劳动者的合法权益、节约资源等。

【拓展阅读】

1. 朱慈蕴：《公司的社会责任：游走于法律责任与道德准则之间》，载《中外法学》2008 年第 1 期。

2. 朱慈蕴：《我国〈公司法〉应确立揭开公司面纱规则》，载《法律适用》2005 年第 3 期。

3. 孟勤国、张素华：《公司法人人格否认理论与股东有限责任》，载《中国法学》2004 年第 3 期。

4. 叶超：《论关联公司人格混同中法人人格否认制度的适用——以最高人民法院第 15 号指导案例为视角》，华中师范大学 2015 年硕士学位论文。

5. 谢鸿飞：《营利法人社会责任的法律定性及其实现机制——兼论〈民法总则〉第 86 条对公司社会责任的发展》，载《法治现代化研究》2017 年第 2 期。

6. 侯永兰：《论公司人格否认制度适用情形标准化及路径选择》，载《法学评论》2022 年第 1 期。

7. 虞政平、王朝辉、吴飞飞：《论公司人格否认规则对实际控制人的适用》，载《法律适用》2021 年第 2 期。

8. 石冠彬、江海：《公司人格否认制度在认缴登记制中的适用》，载《江西社会科学》2015 年第 12 期。

9. 郭歌：《"揭开公司面纱"作为关联企业合并破产之路径：规范解释与质疑回应》，载《中国政法大学学报》2022 年第 4 期。

10. 郭东杰、李梦雨、邹谧：《我国上市公司的社会责任研究——基于境内外机构投资者比较的视角》，载《贵州财经大学学报》2023 年第 2 期。

11. 蒋大兴：《公司法修订草案中的关键缺失》，载《中国法律评论》2022 年第 5 期。

【思考与练习】

1. 玮平公司是一家从事家具贸易的有限责任公司，注册地在北京，股东为张某、刘某、姜某、方某四人。公司成立两年后，拟设立分公司或子公司以开拓市场。对此，下列哪一表述是正确的？（　　）（2014 年司法考试真题）

　　A. 在北京市设立分公司，不必申领分公司营业执照

　　B. 在北京市以外设立分公司，须经登记并领取营业执照，且须独立承担民事责任

　　C. 在北京市以外设立分公司，其负责人只能由张某、刘某、姜某、方某中的一人担任

　　D. 在北京市以外设立子公司，即使是全资子公司，亦须独立承担民事责任

2. 美籍华人向某和涂某在旧金山按我国《公司法》拟定了公司章程，并从澳大利亚某银行借款 100 万澳元，在深圳市设立了一家有限责任公司。试问：该公司应属于下列哪一国籍的公司？（　　）

　　A. 美国公司　　　　　　　　　　B. 澳大利亚公司

　　C. 跨国公司　　　　　　　　　　D. 中国公司

3. 以公司的管辖关系为标准，将公司分为（　　）。

　　A. 总公司与分公司　　　　　　　B. 母公司与子公司

　　C. 资合公司与人合公司　　　　　D. 公开公司与私人公司

4. 子公司和分公司有下列哪些区别？（　　）

　　A. 子公司是法人企业，分公司不是

　　B. 子公司能对外独立承担民事责任，分公司不能

　　C. 子公司能够以自己的名义独立从事生产经营活动，分公司不能

　　D. 子公司是企业所得税的纳税人，分公司不是

5. 零盛公司的两个股东是甲公司和乙公司。甲公司持股 70% 并派员担任董事长，乙公司持股 30%。后甲公司将零盛公司的资产全部用于甲公司的一个大型投资项目，待债权人丙公司要求零盛公司偿还货款时，发现零盛公司的资产不足以清偿。关于本案，下列哪一选项是正确的？（　　）

　　A. 甲公司对丙公司应承担清偿责任

　　B. 甲公司和乙公司按出资比例对丙公司承担清偿责任

C. 甲公司和乙公司对丙公司承担连带清偿责任

D. 丙公司只能通过零盛公司的破产程序来受偿

7. 植根农业公司是北方省份一家从事农产品加工的公司。为拓宽市场，该公司在南方某省分别设立甲分公司与乙分公司。关于分公司的法律地位与责任，下列哪一选项是错误的？（　　）

A. 甲分公司的负责人在分公司经营范围内，当然享有以植根公司名义对外签订合同的权利

B. 植根公司的债权人在植根公司直接管理的财产不能清偿债务时，可主张强制执行各分公司的财产

C. 甲分公司的债权人在甲分公司直接管理的财产不能清偿债务时，可主张强制执行植根公司的财产

D. 乙分公司的债权人在乙分公司直接管理的财产不能清偿债务时，不得主张强制执行甲分公司直接管理的财产

7. 甲是 A 公司的股东、董事长，某日甲向其朋友乙借钱，出具的借条写明甲向乙借款 100 万元，利率是 2%，借期 1 年，该笔借款用于 A 公司新开发的项目。甲将此事告知 A 公司股东丙。现甲不能还款，对该笔 100 万元借款的清偿，下列说法正确的有（　　）。

A. 乙可要求甲还款

B. 乙可要求甲和公司还款

C. 乙可要求公司还款

D. 乙可要求甲和丙一起还款

8. "有限责任原则"是指公司的股东或者发起人以其认缴或认购的出资额或股份为限对公司的债务承担责任。一般地，债权人不能直接向公司的股东求偿，但在下列哪些情况下，债权人可以要求股东承担清偿责任？（　　）

A. 债权人发现甲公司在分配 2015 年度利润时，先向股东分配利润但没有归还到期债务

B. 乙公司成立后，董事会一直拒绝召开股东会研究债务清偿问题

C. 某一人公司资不抵债时，股东丙不能证明个人财产和公司财产相互独立

D. 丁公司现已陷入经营困境，有证据证明丁公司大部分资产被股东挪用导致其资不抵债

9. 为了保护公司债权人的利益，下列对公司制度（规则）的理解，正确的是（　　）。

A. 公司的资本被视为公司债务的总担保，因此公司的注册资本越高越能起到保护债权人的效果

B. 公司人格否认制度确立了滥用权利的股东对公司债务承担清偿责任，目的是保护债权人的利益

C. 有限责任原则的目的是分配公司的经营风险,可以保护债权人免受公司大股东的侵害

D. 股东代表诉讼制度目的是维护公司债权人的利益

情境训练

北京宏宇祥贸易有限公司、大同市宏安国际酒店有限责任公司等与大同杏儿沟煤业有限责任公司合同、无因管理、不当得利纠纷案[1]

1997年至1998年,在边立胜的联系下,北京宏宇祥贸易有限公司(以下简称北京宏宇祥公司)从大同杏儿沟煤业有限责任公司(以下简称杏儿沟煤业公司)购买煤炭合计433 474吨,总价款为97 687 067.22元,北京宏宇祥公司共支付杏儿沟煤业公司煤款65 545 023.1元,尚欠杏儿沟煤业公司煤款32 142 044.12元。2001年6月19日,北京宏宇祥公司向杏儿沟煤业公司出具证明,确认欠杏儿沟煤业公司煤款32 142 044.12元。

中共大同市纪律检查委员会、大同市监察委员会2000年8月1日《关于大同宏安国际酒店工程占用我市煤款4505万元的情况报告》证明:北京宏宇祥公司除对外自行收取售煤款外,还指令购煤单位将部分售煤款转至大同宏宇祥公司、大同宏安公司、大同宏安酒店等边立胜家族在大同开办的公司,将其中共计4505万元的煤款用于大同宏安酒店的工程,其中杏儿沟煤业公司被占用3693.5万元。

北京宏宇祥公司未按规定参加2000年年检且查无下落,北京市工商行政管理局怀柔分局于2001年8月1日作出京怀工商处字(2001)第630号行政处罚决定书,决定吊销北京宏宇祥公司的营业执照,责令其股东组成清算组清理债权债务,但北京宏宇祥公司的股东(李某华和张某娟)至今未履行清算义务。

2003年5月21日和2005年4月29日,因北京宏宇祥公司被吊销了营业执照且下落不明,杏儿沟煤业公司二次通过公证处向北京宏宇祥公司的控制股东李某华和法定代表人张某娟书面送达催款通知,由大同宏安酒店人员代收。

边某胜与张某娟系夫妻关系,边某安与李某华系夫妻关系,边某胜系边某安与李某华之子。其中,李某华既是北京宏宇祥公司、大同宏宇祥公司、大同宏安公司的控股股东(分别占股80%、70%、60%),同时还是大同宏宇祥公司、大同宏安公司的法定代表人;其丈夫边某安则是大同宏安酒店的控股股东(占股75%)兼法定代表人、大同宏安公司的股东(占股26%);其儿媳张某娟是北京宏宇祥公司的股东(占股20%)兼法定代表人,同时也是大同宏宇祥公司的股东(占股亦为20%)。

2015年3月14日,大同市国家税务局直属税务分局出具同国税直税通〔2015〕31号税务事项通知书,通知大同宏宇祥公司符合注销条件,决定准予注销。2015年5月

---

[1] 中华人民共和国最高人民法院(2016)最高法民终819号民事判决书。

18日，大同市工商管理局出具（同）登记内销字〔2015〕第510号准予注销通知书，决定准予大同宏宇祥公司注销登记。

杏儿沟煤业公司以债务纠纷为由，将本案诉至法院，请求判令边某胜、张某娟、李某华、边某安、北京宏宇祥公司、大同宏宇祥公司、大同宏安公司、大同宏安酒店共同偿还购煤款32 142 044.12元及逾期付款违约金，并请求判令各被告对上述债务承担连带清偿责任并承担本案诉讼费用。

【训练目的及要求】

学生熟悉案例材料和公司法规定，使学生理解公司的法律地位。公司是企业法人，对公司的债务承担何种法律责任。当公司股东滥用公司法人独立地位和股东有限责任损害公司债权人的利益，逃避债务，又应当对公司债务承担何种法律责任。

【训练步骤】

1. 分两组熟悉案情。

2. 运用《公司法》规定对北京宏宇祥公司等各被告的行为进行分析、讨论。判断北京宏宇祥公司是否存在逃避债务，严重损害杏儿沟煤业公司利益的行为？

3. 老师进行点评。

【工作任务】

1. 通过对上述具体案例的剖析，运用公司法人人格否认和股东有限责任制度，分析说明北京宏宇祥公司是否适用公司法人人格否认制度，为什么？

2. 北京宏宇祥公司股东在该案中应承担何种责任？

项目二　公司的一般规定

导入案例

案例1[1]：2007年4月23日，海联公司与天河公司签订《合作项目合同书》，约定：海联公司提供46.5亩建设用地及项目开发权，天河公司提供全部建设资金合作开发房地产项目，所建成的商品房销售收入，按海联公司23.8%，天河公司76.2%的比例分配；为保障双方权益及便于管理，双方同意就本项目开发组成具备独立法人资格的项目有限责任公司（以下简称项目公司）。项目公司注册资本为1000万元，海联公司出资238万元，占23.8%股权，天河公司出资762万元，占76.2%股权，海联公司应缴的出资由天河公司代付。但随后，双方并未按照《合作项目合同书》的约定成立项目公司，而是借用了早在2006年10月16日即已设立的天阔公司作为合作开发的项

---

[1] 选自杜万华主编：《最高人民法院民商事判例集要　公司卷》（上），中国民主法制出版社2019年，第55~57页。

目公司。根据天阔公司的工商注册登记显示，天阔公司注册资金1000万元，全部为货币出资，股东为天河公司和3个自然人，其中天河公司出资687万元，占68.7%股权；王某金出资75万元，占7.5%股权；邢甲出资138万元，占13.8%股权；邢乙出资100万元，占10%的股权。为履行《合作项目合同书》的约定，2007年5月9日，海联公司和天河公司联合致函三亚市发展和改革局，请求将三亚市政府原决定由海联公司与世英公司开发建设的"世英花园"项目业主变更为天阔公司，项目名称也变更为"天阔广场"。同年5月11日，三亚市发展和改革局批准将"世英花园"的项目名称变更为"天阔广场"，业主变更为天阔公司。随后，根据海联公司的申请，"天阔广场"项目的《建设规划许可证》《拆迁许可证》等政府批文全部变更为天阔公司。2008年4月1日，海联公司又致函三亚市政府，承诺将三亚市政府尚未兑现的三亚金融开发区投资补偿权益转让给天阔公司。根据该承诺，海口仲裁委于2009年2月2日裁决将海联公司与三亚市政府之间的投资补偿合同关系及三亚市政府向海联公司协议出让土地，变更为三亚市政府与天阔公司之间的投资补偿关系，三亚市政府向天阔公司协议出让天阔广场项目土地使用权。至此，海联公司完成了《合作项目合同书》约定的义务，天阔公司成为海联公司与天河公司合作开发建设"天阔广场"的项目公司。

【问题】

1. 设立公司需要具备哪些条件？
2. 天阔公司是不是海联公司与天河公司共同设立的项目公司？为什么？

案例2：永庆公司系家族企业，有自然人股东甲、乙、丙3人。甲为公司执行董事和法定代表人，但出资额最低。甲与乙、丙2人存在矛盾。为控制公司，乙、丙决定利用大股东身份，通过股东会决议表决方式免去甲的法定代表人职务。乙、丙提议甲和公司监事召开股东会临时会议未获回应后，决定自行召集和主持股东会临时会议，通过发函、公告等方式多次通知甲参加会议，甲始终不予回应。2010年1月，乙、丙在甲未参加会议的情况下，视其弃权并制作了变更法定代表人的股东会决议，向某县工商分局申请变更法定代表人。

某县工商分局审查发现，永庆公司章程明确规定股东会决议应由全体股东表决通过，但甲未参加股东会会议也未表决，因此认为乙、丙提交的申请材料不符合法定形式，依法决定不予受理。乙、丙不服，提起行政诉讼，后在法院作出判决前撤诉。

【问题】

1. 如何制定公司章程？
2. 永庆公司章程中约定的"股东会决议应由全体股东表决通过"，是否合法？是否属于对股东会议事方式和表决程序的特别规定？
3. 甲对股东会临时会议不予回应能否视为作出弃权的意思表示？
4. 乙、丙决定自行召集和主持股东会临时会议是否合规？变更法定代表人的股东会决议是否有效？

5. 永庆公司的变更登记申请是否应当被受理？

基本原理

一、公司的设立

（一）公司设立行为

公司设立，是指公司发起人为创设公司并取得法人资格依法实施的一系列法律行为的总称。它具有三个特征：一是创设公司取得公司法人资格的法律行为；二是依照公司法规定的条件和程序进行的；三是基于多数人一致意思表示的共同行为，从而有别于双方互负给付义务的契约行为。

与"公司设立"密切相连但又有区别的概念是"公司成立"。公司设立不同于公司成立。公司的设立行为发生于公司成立之前，公司设立行为不一定都能实现预期目的，发起人设立公司的行为可能使公司有效成立，也有可能使公司不成立。而公司成立是指发起人的设立行为被法律所确认，因而取得独立法人资格的一种事实状态或事实，是公司设立行为所追求的目的和实现的结果。公司成立必须经过公司设立的阶段，公司设立是公司成立的前提和必经阶段，公司成立是公司设立行为的目的和必然结果。

公司成立是公司设立的一个法律结果，公司的成立之日为公司营业执照签发之日。如果公司能有效成立，即取得法人资格，发起人为设立公司所实施的法律行为，其后果归属于公司，因设立公司所发生的债权债务则由公司承担；如果公司最终未能有效成立，所发生的债权债务关系，则由发起人承担连带责任。

（二）公司设立的原则

公司设立的立法原则，是指法律对公司设立的管制态度。

1. 自由主义原则。自由设立公司是市场经济的本质要求，这种立法主义盛行于欧洲中世纪末公司兴起的自由贸易时代。但随着公司的发展，为了防止利用设立公司来欺诈其他投资者的行为，现代各国已经绝少采用自由主义原则设立公司。

2. 特许主义原则。特许主义原则，指公司的设立必须基于国家元首的命令或经特别立法方可设立。英国是最早采用特许主义原则设立公司的国家，英国于1720年制定"泡沫法"，不许滥设公司，规定具有法人资格的公司须经国会许可始得成立。英国1600年的东印度公司、1670年的哈德孙湾公司都是通过特许状设立的。特许主义原则设立公司盛行于17~18世纪，其有效地控制了公司设立的数量，但特权色彩浓厚，严重地阻碍了贸易的发展，现代市场经济社会已经逐步地抛弃该原则。

3. 核准主义原则。核准主义原则，又称许可主义原则，是指公司的设立除具备法定条件外，还需经过政府行政机关的审批许可，方可登记注册设立。17世纪后期法国路易十四在其《商事条例》中创立了公司许可主义原则。1807年的《法国商法典》、

1861年《德国商法典》和1890年《日本商法典》就是采取核准主义的立法原则。虽然采取核准主义的原则在设立公司时条件较为宽松，但因审批条件和手续苛刻繁琐，抑制了公司的发展，19世纪末西方国家普遍采用准则主义原则。

4. 准则主义原则。准则主义原则，又称为登记主义，是指公司的设立只要符合法定要件，无须政府行政机关的事先审批，经登记机关依法登记即可成立。美国纽约州1811年《普通公司法》最先采取准则主义的立法原则。英国1844年《合作股份公司法》、法国1807年《法国商法典》也实行了准则主义原则。该原则可以排除行政机关审批条件和手续苛刻繁琐的障碍，有利于鼓励公司的设立。现代各国对公司的设立大都实行准则主义原则。

5. 我国公司设立的原则。我国设立公司采取以准则主义为主，核准主义为辅的立法原则。1993年《公司法》制定前，我国实行严格的核准主义原则，设立公司必须经过政府主管部门的审核批准。1993年《公司法》出台后对公司的设立采取准则主义和核准主义相结合的原则，即一般的有限责任公司设立，采取准则主义原则；对特殊的有限责任公司和股份有限公司设立，采取核准主义原则。现行《公司法》对公司的设立主要采取准则主义原则，个别公司的设立采取核准主义原则。如法律对于市场准入门槛较高的产业（银行业、保险业、证券业等），无论是有限责任公司还是股份有限公司都规定了公司登记前置行政审批程序。我国对外商投资公司的设立依然采用核准主义原则。

当然，我国《公司法》采取的准则主义是严格的准则主义。《公司法》第44条、第49条第3款、第51条、第52条、第53条、第107条明确规定，有限责任公司、股份有限公司设立中的相关民事责任、股东未出资和瑕疵出资的赔偿责任、其他股东的连带责任、催缴失权制度、股东抽逃出资的责任及董监高的连带责任。

法条链接

《中华人民共和国公司法》

第四十四条 有限责任公司设立时的股东为设立公司从事的民事活动，其法律后果由公司承受。

公司未成立的，其法律后果由公司设立时的股东承受；设立时的股东为二人以上的，享有连带债权，承担连带债务。

设立时的股东为设立公司以自己的名义从事民事活动产生的民事责任，第三人有权选择请求公司或者公司设立时的股东承担。

设立时的股东因履行公司设立职责造成他人损害的，公司或者无过错的股东承担赔偿责任后，可以向有过错的股东追偿。

第四十九条第三款 股东未按期足额缴纳出资的，除应当向公司足额缴纳外，还应当对给公司造成的损失承担赔偿责任。

第五十条 有限责任公司设立时,股东未按照公司章程规定实际缴纳出资,或者实际出资的非货币财产的实际价额显著低于所认缴的出资额的,设立时的其他股东与该股东在出资不足的范围内承担连带责任。

第五十一条 有限责任公司成立后,董事会应当对股东的出资情况进行核查,发现股东未按期足额缴纳公司章程规定的出资的,应当由公司向该股东发出书面催缴书,催缴出资。

未及时履行前款规定的义务,给公司造成损失的,负有责任的董事应当承担赔偿责任。

第五十二条 股东未按照公司章程规定的出资日期缴纳出资,公司依照前条第一款规定发出书面催缴书催缴出资的,可以载明缴纳出资的宽限期;宽限期自公司发出催缴书之日起,不得少于六十日。宽限期届满,股东仍未履行出资义务的,公司经董事会决议可以向该股东发出失权通知,通知应当以书面形式发出。自通知发出之日起,该股东丧失其未缴纳出资的股权。

依照前款规定丧失的股权应当依法转让,或者相应减少注册资本并注销该股权;六个月内未转让或者注销的,由公司其他股东按照其出资比例足额缴纳相应出资。

股东对失权有异议的,应当自接到失权通知之日起三十日内,向人民法院提起诉讼。

第五十三条第一款 公司成立后,股东不得抽逃出资。

第一百零七条 本法第四十四条、第四十九条第三款、第五十一条、第五十二条、第五十三条的规定,适用于股份有限公司。

(三) 公司设立的方式

公司设立的方式主要有发起设立和募集设立两种。

发起设立,又称共同设立或单纯设立,是指由发起人认购设立公司时应发行的全部股份而设立公司。采取这种设立方式,成本低、程序简单。所有公司资本均来自发起人,出资责任较重,不能公开向社会募集股份。我国《公司法》规定有限责任公司和股份有限公司都可以采取发起设立方式。

募集设立,又称渐次设立或复杂设立,是指由发起人认购设立公司时应发行股份的一部分,其余股份向社会公开募集或者向特定对象募集而设立公司。募集设立仅适用于股份有限公司。募集设立直接影响社会公众利益,法律均对其设立程序加以严格限制。募集设立又可分为定向募集和社会募集两种形式。

📝 法条链接

《中华人民共和国公司法》

第四十七条第一款 有限责任公司的注册资本为在公司登记机关登记的全体股东认缴的出资额。全体股东认缴的出资额由股东按照公司章程的规定自公司成立之日起五年内缴足。

第九十六条 股份有限公司的注册资本为在公司登记机关登记的已发行股份的股本总额。在发起人认购的股份缴足前，不得向他人募集股份。

法律、行政法规以及国务院决定对股份有限公司注册资本最低限额另有规定的，从其规定。

第九十七条 以发起设立方式设立股份有限公司的，发起人应当认足公司章程规定的公司设立时应发行的股份。

以募集设立方式设立股份有限公司的，发起人认购的股份不得少于公司章程规定的公司设立时应发行股份总数的百分之三十五；但是，法律、行政法规另有规定的，从其规定。

二、公司设立规则

（一）公司设立的条件

不同国家和地区对不同类型的公司设立条件的宽严程度不同，具体内容也不同。一般认为公司设立的条件应包含以下几个要件：

1. 公司的发起人。对于公司的发起人（或股东），我国《公司法》没有作出统一的定义，只是在股份有限公司的设立中使用了"发起人"一词，而在有限责任公司的相关规定中并没有出现"发起人"一词。《最高人民法院关于适用〈中华人民共和国公司法〉若干问题的规定（三）》第1条规定："为设立公司而签署公司章程、向公司认购出资或者股份并履行公司设立职责的人，应当认定为公司的发起人，包括有限责任公司设立时的股东。"据该规定公司的发起人可以定义为，负责筹划和实施公司设立行为，履行出资义务，依照法律规定或合同约定对公司设立行为后果（包括公司设立失败导致的债务；公司虽然成功设立，但给公司和他人造成损失的情况）承担相应义务和责任的当事人。[1]

公司是社团法人，是以成员的组合为基础的，所以必须要有符合法定人数的发起人作为公司的设立的首要要件。就股东资格而言，我国法律、法规规定，除国家有特

---

〔1〕 刘俊海：《现代公司法》，法律出版社2011年版，第78页。

别规定外,法人、自然人均可以按照规定成为公司的发起人。自然人,必须是具有完全行为能力的人且不是法律禁止的人员;就股东人数而言,有限责任公司由1个以上50个以下股东构成;股份有限公司应当有1人以上200人以下为发起人,同时还规定了发起人必须有半数以上在中国境内有住所,但对于发起人以外的股东人数则未予以限制。

2. 公司名称。公司名称是公司与其他企业相区别的标志,是公司从事商事行为时用以表彰自己营业的名称。它不仅是公司设立的要件之一,还体现了公司在存续期间的财产。公司名称在公司设立登记之前要自主申报,选取符合《企业名称登记管理规定》要求的名称。有限责任公司的名称当中应标明"有限责任公司"或者"有限公司"字样。股份有限公司名称当中要有"股份有限公司"字样。

法条链接

《中华人民共和国公司法》

第六条 公司应当有自己的名称。公司名称应当符合国家有关规定。

公司的名称权受法律保护。

第七条 依照本法设立的有限责任公司,应当在公司名称中标明有限责任公司或者有限公司字样。

依照本法设立的股份有限公司,应当在公司名称中标明股份有限公司或者股份公司字样。

3. 公司的组织机构。公司的组织机构,又称公司机关,是指从事公司经营活动的决策、执行和监督的公司最高领导机构。公司作为法人的社会组织,不能与自然人一样可以自己作出意思表示,实施法律行为,公司团体意志的形成和实现必须借助于一定的组织机构,才能进行活动,享有权利和承担义务。《公司法》规定,公司组织机构主要包括,股东会、董事会(或者董事)、监事会(监事),还规定了有法定代表人、董事长与经理。其中股东会是公司的意思表示机关,也是最高的决策机关;董事会(或者董事)是股东会的执行机构;监事会(监事)是公司的监督机构;法定代表人是公司对外的当然代表人;董事长是董事会的召集人与主持人;经理对董事会负责,根据公司章程的规定或者董事会的授权行使职权。

4. 公司资本。公司资本,是股东为实现投资目的而向公司缴纳的财产出资总和。公司资本既是公司存在并能持续运行的物质基础,也是维持公司信誉,捍卫公司利益和保护债权人利益的根本保障。各国公司法对公司注册资本都作了规定。我国《公司法》规定,有限责任公司的注册资本为在公司登记机关登记的全体股东认缴的出资额。股份有限公司的注册资本为在公司登记机关登记的已发行股份的股本总额。法律、行政法规以及国务院决定对公司注册资本另有规定的,从其规定。

法条链接

《中华人民共和国公司法》

第四十七条 有限责任公司的注册资本为在公司登记机关登记的全体股东认缴的出资额。全体股东认缴的出资额由股东按照公司章程的规定自公司成立之日起五年内缴足。

法律、行政法规以及国务院决定对有限责任公司注册资本实缴、注册资本最低限额、股东出资期限另有规定的,从其规定。

第九十六条 股份有限公司的注册资本为在公司登记机关登记的已发行股份的股本总额。在发起人认购的股份缴足前,不得向他人募集股份。

法律、行政法规以及国务院决定对股份有限公司注册资本最低限额另有规定的,从其规定。

《中华人民共和国保险法》

第六十九条 设立保险公司,其注册资本的最低限额为人民币二亿元。

……

保险公司的注册资本必须为实缴货币资本。

《中华人民共和国商业银行法》

第十三条第一款 设立全国性商业银行的注册资本最低限额为十亿元人民币。设立城市商业银行的注册资本最低限额为一亿元人民币,设立农村商业银行的注册资本最低限额为五千万元人民币。注册资本应当是实缴资本。

《中华人民共和国证券投资基金法》

第十三条 设立管理公开募集的基金管理公司,应当具备下列条件,并经国务院证券监督管理机构批准:

……

(二)注册资本不低于一亿元人民币,且必须为实缴货币资本;

……

5. 公司住所。公司住所是指公司的主要办事机构所在地。公司作为法人,属于"人"的范畴,应当有住所。《公司法》第 8 条规定:"公司以其主要办事机构所在地为住所。"公司住所不同于公司的生产经营场所。公司的生产经营场所是公司进行生产经营等业务活动的地点。公司可能有多个生产经营场所，但住所只能有一个。《市场主体登记管理条例》第 11 条第 1 款规定，"市场主体只能登记一个住所或者主要经营场所"。《民法典》第 63 条规定，"法人以其主要办事机构所在地为住所。依法需要办理法人登记的，应当将主要办事机构所在地登记为住所"。

公司住所是公司设立的必要要件，也是公司章程绝对必要登记的事项，公司住所变更时须经公司股东会会议特别决议，并须办理变更登记。公司的住所对于确定登记管辖地、确定债务履行地、确定诉讼管辖地、法律文书送达处、涉外民事关系中的准据法等具有重要的法律意义。

6. 公司章程。公司章程的制定。公司章程是规定公司的组织和活动基本准则的重要文件。设立公司必须依照《公司法》制定公司章程。有限责任公司的章程由股东共同制定；股份有限公司的章程，由发起人制订；国有独资公司章程由履行出资人职责的机构制定。采用发起方式设立的，应当由全体发起人共同制定公司章程；采用募集方式设立的，发起人制订的公司章程经成立大会通过。股东应当在公司章程上签名、盖章。

公司章程的效力。公司章程对公司、股东、董事、监事、高级管理人员具有约束力。公司章程是公司自治的规范，规范股东之间及公司内部关系的准绳；也是公司对外进行经营交往的基本法律依据，规范公司与第三人的关系和政府对公司进行监督管理的依据。所以，制定公司章程是公司设立的必要条件和必经程序之一。

公司章程的修改。公司章程的修改，是属于公司的重大事项，应当由股东会会议作出修改公司章程的决议，有限责任公司修改章程，必须经代表 2/3 以上表决权的股东通过；股份有限公司修改章程，必须经出席会议的股东所持表决权的 2/3 以上通过。公司章程修改后所涉及的公司登记事项发生变更的，必须办理相应的变更登记，否则不得以公司章程修改对抗第三人。

（二）公司设立登记的程序

党的十八大以来持续优化营商环境改革成果，完善公司登记制度，进一步简便公司设立，明确公司设立登记、变更登记、注销登记的事项和程序；同时也优化公司登记机关登记流程，提高登记效率和便利化水平。

设立公司，应当依法向公司登记机关申请设立登记。公司登记的程序，是指发起人设立公司时必须完成的一系列法律行为。公司的类型不同，设立的具体程序也就有所区别。一般而言，设立登记公司程序：

1. 确定股东或发起人，签订协议。
2. 制定公司章程。股份有限公司需要召开成立大会，通过公司章程。
3. 申报公司名称。公司应当有自己的名称。公司名称应当符合国家有关规定。企业名称由申请人自主申报。

4. 必要的行政审批。法律、行政法规规定设立公司必须报经批准的，应当在公司登记前依法办理批准手续。

5. 股东依法出资。有限责任公司的注册资本为在公司登记机关登记的全体股东认缴的出资额。股份有限公司的注册资本为在公司登记机关登记的已发行股份的股本总额。

6. 确立公司组织机构及其组成人员。

7. 向公司登记机关提交设立登记申请书、公司章程等文件。

8. 公司登记机关发给公司营业执照。公司营业执照签发日期为公司成立日期。公司登记机关可以发给电子营业执照。电子营业执照与纸质营业执照具有同等法律效力。

公司登记机关应当将规定的公司登记事项通过国家企业信用信息公示系统向社会公示。

三、公司债券的发行规则

（一）认识公司债券

公司债券，是指公司发行的约定按期还本付息的有价证券。公司债券具有以下特征：

1. 公司债券是证权证券[1]。证权证券是权利的一种物化的外在形式，它是权利的载体，权利在证券作成以前就已存在或发生，只是把已存在的权利表现为证券的形式，它的作用不是创造权利，而是证明权利。常见的证权证券有股票、债券等。公司债券就是债权人权利的证明。

2. 公司债券是债权证券。公司债券是设定债权债务关系的证书，公司债券持有人作为公司的债权人享有债权，其对公司享有的债权为公司债券上载明的金额。

3. 公司债券是资本证券。资本证券是指由金融投资或与金融投资有直接联系的活动而产生的证券。公司债券和股票共同构成了最基本的资本证券。即购买者将资金投资于发行人，以图从发行人处获得投资回报。

4. 公司债券是要式证券。公司债券其制作和记载事项必须符合法律法规的强制性规定。如公司以实物券方式发行公司债券的，必须在债券上载明公司名称、债券票面金额、利率、偿还期限等事项，并由法定代表人签名，公司盖章。

（二）公司债券的类型

1. 记名债券与无记名债券。以债券票面上是否记载持有人的姓名或名称为标准，公司债券可分为记名债券和无记名债券。记名公司债券是指在公司债券上记载债权人姓名或名称的公司债券。无记名公司债券是指在公司债券上不记载债权人姓名或名称的公司债券。我国《公司法》规定，公司债券应当为记名债券。

---

〔1〕 证券是指各种记载并代表一定权利的法律凭证，是用来证明证券持有人有权取得相应权益的凭证。证权证券（Right-Creating Securities），是指表示或证明在证券作成以前就已经存在或发生的权利的有价证券。

2. 可转换公司债券和不转换公司债券。以公司债券能否转换为股票为标准，可分为可转换公司债券和不转换公司债券。可转换公司债券是指能够转换为公司股票的公司债券。不转换公司债券是指不能转换为公司股票的公司债券。

3. 有担保公司债券和无担保公司债券。有担保公司债券是指公司在发行债券时以物或第三人对该债券的还本付息作出担保的公司债券。无担保公司债券又称信用公司债券，是指完全凭借公司信誉而不提供任何财产或任何担保人而发行的公司债券。我国《公司法》和《证券法》对此种分类均未作规定。

（三）公司债券发行的条件和程序

公司债券可以公开发行，也可以非公开发行。公司债券的发行和交易应当符合《证券法》等法律、行政法规的规定。公开发行公司债券，应当经国务院证券监督管理机构注册，公告公司债券募集办法。详细内容见本教材单元四"证券法律实务"。

（四）公司债券的转让

公司债券转让的原则和场所。公司债券可以转让，转让价格由转让人与受让人约定。公司债券的转让应当符合法律、行政法规的规定。

公司债券的转让方式。公司债券由债券持有人以背书方式或者法律、行政法规规定的其他方式转让；转让后由公司将受让人的姓名或者名称及住所记载于公司债券持有人名册。

无记名公司债券的转让，由债券持有人将该债券交付给受让人后即发生转让的效力。

（五）公司债券持有人名册的置备

公司发行公司债券应当置备公司债券持有人名册。发行记名公司债券的，应当在公司债券持有人名册上载明下列事项：①债券持有人的姓名或者名称及住所；②债券持有人取得债券的日期及债券的编号；③债券总额，债券的票面金额、利率、还本付息的期限和方式；④债券的发行日期。

（六）可转换为股票的公司债券的发行

股份有限公司经股东会决议，或者经公司章程、股东会授权由董事会决议，可以发行可转换为股票的公司债券，并在公司债券募集办法中规定具体的转换办法。上市公司发行可转换为股票的公司债券，应当报国务院证券监督管理机构注册。

发行可转换为股票的公司债券，应当在债券上标明可转换公司债券字样，并在公司债券持有人名册上载明可转换公司债券的数额。

发行可转换为股票的公司债券的，公司应当按照其转换办法向债券持有人换发股票，但债券持有人对转换股票或者不转换股票有选择权。法律、行政法规另有规定的除外。

（七）债券持有人会议和债券受托管理人的设立

公开发行公司债券的，应当为同期债券持有人设立债券持有人会议，债券持有人会议决议对同期全体债券持有人发生效力。

发行人应当为债券持有人聘请债券受托管理人。债券持有人会议可以决议变更债券受托管理人。债券受托管理人不得损害债券持有人利益。如违反法律、行政法规或者债券持有人会议决议，损害债券持有人利益的，应当承担赔偿责任。

四、公司财务会计管理

（一）公司财务会计制度

公司财务会计制度就是利用货币价值形式，反映公司经营活动和资产运行情况，加强公司内部经营管理，提高经济效益的一项重要制度。

根据《公司法》的规定，公司应当依照法律、行政法规和国务院财政部门的规定建立本公司的财务、会计制度。

公司应当在每一会计年度终了时编制财务会计报告[1]，并依法经会计师事务所审计。财务会计报告应当依照法律、行政法规和国务院财政部门的规定制作。公司应当向聘用的会计师事务所提供真实、完整的会计凭证、会计账簿、财务会计报告及其他会计资料，不得拒绝、隐匿、谎报。公司除法定的会计账簿外，不得另立会计账簿。对公司资金，不得以任何个人名义开立账户存储。

财务会计报告不仅是公司经营者准确掌握公司经营情况的重要手段，也是股东、债权人了解公司财产和经营状况的主要途径。公司财务会计报告的编制必须具备真实性、完整性和规范性。

（二）公司的利润分配

1. 认识公积金。公积金[2]，又称储备金，是指公司为增强自身财产能力，扩大生产经营和预防意外亏损之目的，依照公司法的规定提留备用，不作为股利分配的部分所得或收益。主要用于弥补公司亏损、扩大公司生产经营和转增注册资本。

2. 公积金的提取。公司提取公积金是一项强制性的法律制度，不能由公司自行决定取舍。为了防止出资者或股东追求利润分配最大化而可能影响公司的发展，损害投资者或股东的共同利益和长远利益，并可能损害债权人的利益，法律对公司公积金提取作出强制性规定。我国《公司法》第210条规定了具体的提取办法，即公司分配当年税后利润时，应当提取利润的10%列入公司法定公积金。公司法定公积金累计额为

---

[1] 财务会计报告是指单位会计部门根据经过审核的会计账簿记录和有关资料，编制并对外提供的反映单位某一特定日期财务状况和某一会计期间经营成果、现金流量及所有者权益等会计信息的总结性书面文件。《会计法》第20条第2款规定，"财务会计报告由会计报表、会计报表附注和财务情况说明书组成"。

[2] 公积金可分为法定公积金、任意公积金和资本公积金三大类。法定公积金是指依据法律规定而必须强制提取的公积金。其提取比例（或数额）及用途，都由法律直接规定。任意公积金是指公司根据股东会或者股东大会决议，在提取了法定公积金后，还可以从税后利润中提取任意公积金。资本公积金是指来源于公司非营业活动所产生的收益。

公司注册资本的50%以上的，可以不再提取。……公司从税后利润中提取法定公积金后，经股东会决议，还可以从税后利润中提取任意公积金。对于资本公积金的提取办法，《公司法》第213条规定，公司以超过股票票面金额的发行价格发行股份所得的溢价款、发行无面额股所得股款未计入注册资本的金额以及国务院财政部门规定列入资本公积金的其他项目，应当列为公司资本公积金。

《公司法》第214条规定，公司的公积金用于弥补公司的亏损、扩大公司生产经营或者转为增加公司注册资本。公积金弥补公司亏损，应当先使用任意公积金和法定公积金；仍不能弥补的，可以按照规定使用资本公积金。法定公积金转为增加注册资本时，所留存的该项公积金不得少于转增前公司注册资本的25%。

3. 公司利润分配的原则。根据我国《公司法》的规定，公司分配税后利润应当遵循下列顺序依次进行：

弥补以前年度亏损。《公司法》规定，公司的公积金用于弥补公司的亏损。公司的法定公积金不足以弥补以前年度亏损的，在依照本法规定提取法定公积金之前，应当先用当年利润弥补亏损。公积金弥补公司亏损，应当先使用任意公积金和法定公积金；仍不能弥补的，可以按照规定使用资本公积金。弥补亏损后，仍有亏损的，可以减少注册资本弥补亏损。

提取法定公积金。《公司法》规定，公司分配当年税后利润时，应当提取利润的10%列入公司法定公积金。公司法定公积金累计额为公司注册资本的50%以上的，可以不再提取。

提取任意公积金。《公司法》规定，公司从税后利润中提取法定公积金后，经股东会或者股东大会决议，还可以从税后利润中提取任意公积金。

向股东分配利润。《公司法》规定，公司弥补亏损和提取公积金后所余税后利润，有限责任公司按照股东实缴的出资比例分配利润，全体股东约定不按照出资比例分配利润的除外。股份有限公司按照股东所持有的股份比例分配利润，公司章程另有规定的除外。股东会作出分配利润的决议的，董事会应当在股东会决议作出之日起6个月内进行分配。

另外，公司持有的本公司股份不得分配利润。

减少注册资本弥补亏损的，公司不得向股东分配，也不得免除股东缴纳出资或者股款的义务。同时应当自股东会作出减少注册资本决议之日起30日内在报纸上或者国家企业信用信息公示系统公告。

公司因弥补亏损减少注册资本后，在法定公积金和任意公积金累计额达到公司注册资本50%前，不得分配利润。

公司违反本法规定向股东分配利润的，股东应当将违反规定分配的利润退还公司；给公司造成损失的，股东及负有责任的董事、监事、高级管理人员应当承担赔偿责任。

五、公司变更规则

公司的变更是指公司设立登记的事项在公司存续期间发生改变。公司变更的内容，主要包括公司名称、住所、法定代表人、注册资本、公司组织形式、经营范围、营业期限、有限责任公司股东或者股份有限公司发起人的姓名或名称的变更以及公司合并分立、增资减资。下面主要是介绍公司合并分立、公司资本的增加与减少及公司组织形式的变更。

（一）公司合并分立

公司合并，是指两个或两个以上的公司达成协议，不经过清算程序，依法直接合并为一个公司的法律行为。公司合并可以采取吸收合并或者新设合并两种方式。

吸收合并，是指一个公司吸收其他公司，吸收方存续，被吸收的公司解散。新设合并，是指两个以上公司合并设立一个新的公司，合并各方解散。

公司分立，指一个公司依法变更为两个或两个以上公司的法律行为。公司分立根据原公司法人资格是否消灭，可以分为新设分立和派生分立两种。新设分立又称为解散分立，是指将一个公司的全部资产进行分割，分别设立两个或两个以上的新公司的法律行为，原公司因此而解散。例如，甲公司将其全部资产一分为二，分别设立了乙丙两个公司，在乙丙公司诞生之同时，甲公司归于消灭。派生分立，是指一个公司将其部分资产设立一个或数个新公司的法律行为，原公司存续。例如，甲公司以其部分资产另外设立乙公司与丙公司，甲公司不因乙公司与丙公司的成立而消灭，甲公司只是发生资产额的减少。

公司合并分立的程序如下所述：

1. 公司董事会制订公司合并、分立方案。《公司法》规定，董事会对股东会负责，其中制订公司合并、分立方案是董事会的职责。合并各方的董事会应当负责代表各自所在公司就公司合并、分立事项进行协商，制订合并、分立协议或方案，并经过公司董事会讨论通过，提交股东会作出决议。

2. 公司股东会就公司合并、分立方案的作出决议。公司股东会就董事会提交的有关公司合并、分立的方案作出决议。因为公司合并、分立与公司及其股东的利益密切相关，各国公司法都规定必须由股东会作出决议，属于《公司法》上规定的重大事项，应当由股东会以绝对多数决事项的特别决议方式决定。股东会会议作出公司合并、分立的决议，必须经代表 2/3 以上表决权的股东通过，或者必须经出席会议的股东所持表决权的 2/3 以上通过。

《公司法》对于简易合并和小规模合并制度作了特别的规定。公司与其持股 90% 以上的公司合并，被合并的公司不需经股东会决议，但应当通知其他股东，其他股东有权请求公司按照合理的价格收购其股权或者股份。公司合并支付的价款不超过本公司净资产10%的，可以不经股东会决议；但是，公司章程另有规定的除外。公司依照前两款规定合并不经股东会决议的，应当经董事会决议。

3. 编制公司负债表及财产清单。为明确公司合并、分立各方的资产及负债情况，确定合并、分立各方债权债务。公司合并、分立，应当编制资产负债表及财产清单。

4. 签订公司合并协议，通知或公告债权人。公司合并、分立会直接影响公司债权人的利益，各国公司法都规定了债权人利益的保护程序。股东会会议作出公司合并的决议后，合并各方应该在平等协商的基础上签订公司合并协议。公司合并，应当自作出合并决议之日起10日内通知债权人，并于30日内在报纸或者国家企业信息公示系统上公告。债权人自接到通知书之日起30日内，未接到通知书的自公告之日起45日内，可以要求公司清偿债务或者提供相应的担保。公司分立，应当自作出分立决议之日起10日内通知债权人，并于30日内在报纸或者国家企业信息公示系统上公告。

公司合并时，合并各方的债权、债务，应当由合并后存续的公司或者新设的公司承继。公司分立前的债务由分立后的公司承担连带责任。但是，公司在分立前与债权人就债务清偿达成的书面协议另有约定的除外。

5. 异议股东的保护。股东会对公司合并、分立作出特殊决议时，很难获得全体股东的一致同意。为保护对公司合并、分立持反对意见的股东的正当权益，《公司法》赋予持反对意见的股东退股的权利。《公司法》规定，在有限责任公司中，对股东会作出公司合并、分立的决议投反对票的股东可以请求公司按照合理的价格收购其股权。自股东会会议决议通过之日起60日内，股东与公司不能达成股权收购协议的，股东可以自股东会会议决议通过之日起90日内向人民法院提起诉讼。

人民法院审理涉及有限责任公司股东重大分歧案件时[1]，应当注重调解。当事人协商一致以下列方式解决分歧，且不违反法律、行政法规的强制性规定的，人民法院应予支持：①公司回购部分股东股份；②其他股东受让部分股东股份；③他人受让部分股东股份；④公司减资；⑤公司分立；⑥其他能够解决分歧，恢复公司正常经营，避免公司解散的方式。

在股份有限公司中，股东因对股东大会作出的公司合并、分立决议持异议，有权要求公司收购其股份，但公司收购其股份后，应当在6个月内转让或者注销。

6. 办理公司变更登记。公司合并或者分立，登记事项发生变更的，应当依法向公司登记机关办理变更登记；被合并、分立的公司解散的，应当依法办理公司注销登记；设立新公司的，应当依法办理公司设立登记。

（二）公司资本的增加、减少

公司资本的变动，是公司资本运营过程中的常态。

公司资本的增加，是指公司为筹集资金、扩大营业，依照法定条件和程序增加公

---

[1]《最高人民法院关于适用〈中华人民共和国公司法〉若干问题的规定（五）》第5条。

司资本总额的法律行为。公司增加资本的方式分为两种，有限责任公司增加注册资本时，股东认缴新增资本的出资，依照《公司法》设立有限责任公司缴纳出资的有关规定执行。股份有限公司为增加注册资本发行新股时，股东认购新股，依照《公司法》设立股份有限公司缴纳股款的有关规定执行。公司资本增加可以提高公司的资信水平和偿债能力，不会对公司债权人造成不良影响，《公司法》未对增资作任何限制。

公司资本的增加程序。我国《公司法》规定，公司增资时，应当履行以下程序：①董事会制订公司增资方案。②股东会作出决议通过公司增资方案。有限责任公司增加资本的，需经公司股东会对此作出决议，而且必须经过代表2/3以上表决权的股东通过。股份有限责任公司增加资本的，需经公司股东会对此作出决议，而且必须经过出席会议代表2/3以上表决权的股东通过。③股东认缴新增出资，即交付新增资本的出资或认购新股的股款。有限责任公司增加注册资本时，股东认缴新增资本的出资，依照本法设立有限责任公司缴纳出资的有关规定执行。股东在同等条件下有权优先按照实缴的出资比例认缴出资。但是，全体股东约定不按照出资比例优先认缴出资的除外。股份有限公司为增加注册资本发行新股时，股东认购新股，依照本法设立股份有限公司缴纳股款的有关规定执行。股东不享有优先认购权，公司章程另有规定或者股东会决议决定股东享有优先认购权的除外。④修改公司章程。⑤依法向公司登记机关办理变更登记并公告。应当自变更决议或者决定作出之日起30日内申请变更登记。

公司资本的减少，是指公司资本过剩或亏损严重，根据经营业务的实际情况，依法减少注册资本总额的法律行为。公司资本的减少不但会影响到公司及其股东、债权人的利益，而且存在可能抽逃资金的行为。为了切实贯彻资本确定原则，确保交易安全，保护股东和债权人利益，法律规定了严格的减资条件和程序。违反本法规定减少注册资本的，股东应当退还其收到的资金，减免股东出资的应当恢复原状；给公司造成损失的，股东及负有责任的董事、监事、高级管理人员应当承担赔偿责任。

公司减资时，应当履行以下程序：①由董事会通过决议，制订公司减少注册资本的方案。②应当编制资产负债表及财产清单。③股东会作出决议通过公司减少资本方案。决议形式同增加资本。④通知及公告债权人。公司应当自作出减少注册资本之日起10日内通知债权人，并于30日内在报纸上或者国家企业信用信息公示系统公告。债权人自接到通知之日起30日内，未接到通知的自公告之日起45日内，有权要求公司清偿债务或者提供相应的担保。如果对于债权人在法定期限内提出的要求，公司不予满足，则不得进行减资。⑤股东出资或者持有股份的比例相应减少出资额或者股份，法律另有规定、有限责任公司全体股东另有约定或者股份有限公司章程另有规定的除外。⑥依法向公司登记机关办理变更登记并公告。公司减少注册资本，应当自作出，减少注册决议、决定之日起30日内向登记机关申请变更登记。

（三）公司组织形式的变更

公司组织形式变更，是指在不影响公司法人资格存续的情况下，依法变更公司的组织形式，使之变为另一种类型的公司的法律行为。

有限责任公司与股份有限公司互相转换变更的条件，依据《公司法》的规定，有限责任公司变更为股份有限公司，应当符合本法规定的股份有限公司的条件。有限责任公司变更为股份有限公司时，折合的实收股本总额不得高于公司净资产额。有限责任公司变更为股份有限公司，为增加资本公开发行股份时，应当依法办理。股份有限公司变更为有限责任公司，应当符合《公司法》规定的有限责任公司的条件。

有限责任公司与股份有限公司互相转换变更的程序，首先，股东会作出变更公司组织形式的决议，股东会会议作出变更公司形式的决议，有限责任公司必须经代表 2/3 以上表决权的股东通过。股份有限公司必须经出席会议的股东所持表决权的 2/3 以上通过。其次，对公司资产进行评估，依法折合股份，进行验资。最后，向公司登记依法办理变更登记。

公司组织形式变更的法律效力。有限责任公司变更为股份有限公司的，或者股份有限公司变更为有限责任公司的，公司变更前的债权、债务由变更后的公司承继。

法条链接

《中华人民共和国公司法》

第六十六条第三款 股东会作出修改公司章程、增加或者减少注册资本的决议，以及公司合并、分立、解散或者变更公司形式的决议，应当经代表三分之二以上表决权的股东通过。

第一百一十六条第二、三款 股东会作出决议，应当经出席会议的股东所持表决权过半数通过。股东会作出修改公司章程、增加或者减少注册资本的决议，以及公司合并、分立、解散或者变更公司形式的决议，应当经出席会议的股东所持表决权的三分之二以上通过。

《中华人民共和国市场主体登记管理条例》

第二十四条 市场主体变更登记事项，应当自作出变更决议、决定或者法定变更事项发生之日起 30 日内向登记机关申请变更登记。

市场主体变更登记事项属于依法须经批准的，申请人应当在批准文件有效期内向登记机关申请变更登记。

《中华人民共和国市场主体登记管理条例实施细则》

第二十一条第一、二款 公司或者农民专业合作社（联合社）合并、分立的，可以通过国家企业信用信息公示系统公告，公告期 45 日，应当于公告期届满后申请办理登记。

非公司企业法人合并、分立的，应当经出资人（主管部门）批准，自批准之日起30日内申请办理登记。

第三十一条第一款 市场主体变更登记事项，应当自作出变更决议、决定或者法定变更事项发生之日起30日内申请办理变更登记。

第三十六条 市场主体变更注册资本或者出资额的，应当办理变更登记。

公司增加注册资本，有限责任公司股东认缴新增资本的出资和股份有限公司的股东认购新股的，应当按照设立时缴纳出资和缴纳股款的规定执行。股份有限公司以公开发行新股方式或者上市公司以非公开发行新股方式增加注册资本，还应当提交国务院证券监督管理机构的核准或者注册文件。

公司减少注册资本，可以通过国家企业信用信息公示系统公告，公告期45日，应当于公告期届满后申请变更登记。法律、行政法规或者国务院决定对公司注册资本有最低限额规定的，减少后的注册资本应当不少于最低限额。

外商投资企业注册资本（出资额）币种发生变更，应当向登记机关申请变更登记。

第三十七条 公司变更类型，应当按照拟变更公司类型的设立条件，在规定的期限内申请变更登记，并提交有关材料。

非公司企业法人申请改制为公司，应当按照拟变更的公司类型设立条件，在规定期限内申请变更登记，并提交有关材料。

个体工商户申请转变为企业组织形式，应当按照拟变更的企业类型设立条件申请登记。

六、公司的解散、清算与终止

公司解散是公司终止的原因，公司清算程序是公司终止的必经程序。公司的解散作为公司退出市场的正常机制，与公司进入市场的准入机制同样重要。《公司法》对公司的解散的条件以及清算程序作了相应的规定。

（一）公司解散

公司解散，是指公司因发生公司章程规定或法律规定的除破产以外的原因结束公司的正常经营活动，终止其法人资格的一种法律程序。公司解散可以分为自愿解散与强制解散。自愿解散也称为任意解散，是指公司解散依据公司章程规定、股东会会议决议或公司合并分立等原因而发生的解散。强制解散是指基于法律规定的原因而发生的解散。《公司法》第229条列举了公司解散的五项事由：

1. 公司章程规定的营业期限届满或者公司章程规定的其他解散事由出现。该解散事由属于自愿解散事由。在不违反法律规定的前提下，公司章程可以规定包括营业期限在内的其他解散事由，当公司章程规定营业期限时，期限届满或规定的其他解散事由出现，公司即可以解散，无需股东会作出特别决议。

《公司法》为了避免公司的不必要的解散，还规定了当公司章程规定的解散事由发生后，公司还能继续存续的情形。《公司法》第 230 条规定，公司有第 229 条第 1 款第 1 项、第 2 项情形，且尚未向股东分配财产的，可以通过修改公司章程或者经股东会决议而存续。依照前款规定修改公司章程或者经股东会决议，有限责任公司须经持有 2/3 以上表决权的股东通过，股份有限公司须经出席股东会会议的股东所持表决权的 2/3 以上通过。

2. 股东会决议解散。该解散事由属于自愿解散事由，体现公司自治的精神。公司可以基于股东的共同意思表示而成立，也可以基于股东的共同意思表示而解散，所以公司可以通过股东会会议绝对多数决的形式议决公司的解散。有限责任公司必须经代表 2/3 以上表决权的股东通过；股份有限责任必须经出席会议的股东所持表决权的 2/3 以上通过，可以作出公司解散的决议。

3. 因公司合并或者分立需要解散。该解散事由属于自愿解散事由。公司合并、分立而发生的公司解散，属于法定解散事由，因公司合并、分立而解散的公司不需进行清算程序，直接将解散的公司权利义务关系概括性发生转移与继受，即可办理公司注销登记。

4. 依法被吊销营业执照、责令关闭或者被撤销。该解散事由属于强制解散事由。如果公司发生了违反法律、行政法规的规定，有关行政管理机关或法院可以依法强行予以解散。

5. 司法解散。该解散事由属于强制解散事由。人民法院有权根据适格股东的诉讼请求，依照《公司法》第 231 条的规定予以解散。《公司法》第 231 条规定，公司经营管理发生严重困难，继续存续会使股东利益受到重大损失，通过其他途径不能解决的，持有公司 10%以上表决权的股东，可以请求人民法院解散公司。

《公司法》第 231 条规定的公司解散的原因属于司法解散制度。《公司法》第 231 条明确了公司出现僵局时股东享有公司诉权，《最高人民法院关于适用〈中华人民共和国公司法〉若干问题的规定（二）》第 1 条进一步细化了股东请求公司诉讼的裁判规则。单独或者合计持有公司全部股东表决权 10%以上的股东，以下列事由之一提起解散公司诉讼，并符合《公司法》第 231 条规定的，人民法院应予受理：①公司持续 2 年以上无法召开股东会或者股东大会，公司经营管理发生严重困难的；②股东表决时无法达到法定或者公司章程规定的比例，持续 2 年以上不能做出有效的股东会或者股东大会决议，公司经营管理发生严重困难的；③公司董事长期冲突，且无法通过股东会或者股东大会解决，公司经营管理发生严重困难的；④经营管理发生其他严重困难，公司继续存续会使股东利益受到重大损失的情形。股东以知情权、利润分配请求权等权益受到损害，或者公司亏损、财产不足以偿还全部债务，以及公司被吊销企业法人营业执照未进行清算等为由，提起解散公司诉讼的，人民法院不予受理。

公司出现以上规定的解散事由，应当在 10 日内将解散事由通过国家企业信用信息公示系统予以公示。

(二) 公司的清算和终止

公司清算是指公司解散后清点公司财产,为了结现存的财产和其他法律关系,依照法定程序,对公司的财产和债权债务关系,进行清理、处分和分配,以了结其债权债务关系,从而消灭公司法人资格的一种法律程序。公司除因合并或分立而解散外,都要经过清算程序。

1. 清算组的成立和法律地位。清算组是指在公司解散过程中处理公司财产和债权债务的组织,是执行清算事务及代表公司的法定机关。《公司法》第232条规定,公司因公司合并或者分立而自然解散的,不需要清算。但公司因《公司法》第229条第1款第1项、第2项、第4项、第5项规定而解散的,应当清算。董事为公司清算义务人,应当在解散事由出现之日起15日内组成清算组进行清算。清算组由董事组成,但是公司章程另有规定或者股东会决议另选他人的除外。清算义务人未及时履行清算义务,给公司或者债权人造成损失的,应当承担赔偿责任。

公司依照《公司法》第232条第1款的规定应当清算,逾期不成立清算组进行清算或者成立清算组后不清算的,利害关系人可以申请人民法院指定有关人员组成清算组进行清算。人民法院应当受理该申请,并及时组织清算组进行清算。

公司因《公司法》第229条第1款第4项的规定而解散的,作出吊销营业执照、责令关闭或者撤销决定的部门或者公司登记机关,可以申请人民法院指定有关人员组成清算组进行清算。

在公司清算期间,清算组是清算中的公司的代表和执行机构,接管董事会的全部权利,对外代表清算中的公司处理公司事务,对内履行各项清算义务。

2. 清算组的职权。《公司法》第234条规定,清算组在清算期间行使下列职权:

(1) 清理公司财产,分别编制资产负债表和财产清单。清算组在清理完公司财产、编制好资产负债表和财产清单后,应当制订清算方案,并报股东会或者并报股东会、股东大会或者人民法院确认。发现不足以清偿债务的,向法院申请宣告破产,宣告后并向其移交。

(2) 通知、公告债权人。清算组应当自成立之日起10日内通知债权人,并于60日内在报纸或者国家企业信用信息公示系统上公告。债权人应当自接到通知书之日起30日内,未接到通知书的自公告之日起45日内,向清算组申报其债权。债权人申报债权,应当说明债权的有关事项,并提供证明材料。清算组应当对债权进行登记。在申报债权期间,清算组不得对债权人进行清偿。

(3) 处理与清算有关的公司未了结的业务。

(4) 清缴所欠税款以及清算过程中产生的税款。

(5) 清理债权、债务。公司财产能够清偿公司债务的,公司财产应优先拨付清算费。然后按下列顺序清偿：①支付职工工资和劳动保险费用；②缴纳所欠税款；③清偿公司债务。

（6）分配公司清偿债务后的剩余财产。公司财产按上述顺序清偿后的剩余财产，由清算组分配给股东，有限责任公司按照股东的出资比例分配，股份有限公司按照股东持有的股份比例分配。在清算期间，公司不得开展新的经营活动。公司财产在未按规定清偿前，不得分配给股东。

（7）代表公司参与民事诉讼活动。清算组成员履行清算职责，负有忠实义务和勤勉义务。清算组成员怠于履行清算职责，给公司造成损失的，应当承担赔偿责任；因故意或者重大过失给债权人造成损失的，应当承担赔偿责任。

3. 清算终结。在经过债务清偿和剩余财产分配后，清算即告终结。根据《公司法》的规定，清算组在清理公司财产、编制资产负债表和财产清单后，应当制订清算方案，并报股东会或者人民法院确认。

公司财产在分别支付清算费用、职工的工资、社会保险费用和法定补偿金，缴纳所欠税款，清偿公司债务后的剩余财产，有限责任公司按照股东的出资比例分配，股份有限公司按照股东持有的股份比例分配。清算期间，公司存续，但不得开展与清算无关的经营活动。公司财产在未依照前款规定清偿前，不得分配给股东。

清算组在清理公司财产、编制资产负债表和财产清单后，发现公司财产不足清偿债务的，应当依法向人民法院申请破产清算。

人民法院受理破产申请后，清算组应当将清算事务移交给人民法院指定的破产管理人。

4. 注销公司登记。公司清算结束后，清算组应当制作清算报告，报股东会或者人民法院确认，并报送公司登记机关，申请注销公司登记。

公司在存续期间未产生债务，或者已清偿全部债务的，经全体股东承诺，可以按照规定通过简易程序注销公司登记。通过简易程序注销公司登记，应当通过国家企业信用信息公示系统予以公告，公告期限不少于20日。公告期限届满后，未有异议的，公司可以在20日内向公司登记机关申请注销公司登记。

公司通过简易程序注销公司登记，股东对本条第一款规定的内容承诺不实的，应当对注销登记前的债务承担连带责任。

5. 法律责任[1]。有限责任公司的股东、股份有限公司的董事和控股股东未在法定期限内成立清算组开始清算，导致公司财产贬值、流失、毁损或者灭失，应当对债权人主张的在造成损失范围内对公司债务承担赔偿责任。

有限公司股东、股份有限公司的董事和控股股东，或者实际控制人因怠于履行义

---

[1] 根据《最高人民法院关于适用〈中华人民共和国公司法〉若干问题的规定（二）》第18条、第19条、第20条的相关规定。

务[1]，导致公司主要财产、账册、重要文件等灭失，无法进行清算的，应当对公司债务承担连清偿责任。

有限公司股东、股份有限公司董事和控股股东，公司的实际控制人在公司解散后，恶意处置公司财产给债权人造成损失，或者未经依法清算，以虚假的清算报告骗取公司登记机关办理法人注销登记，应当对公司债务向债权人承担赔偿责任。

公司未经清算即办理注销登记，导致公司无法进行清算，债权人主张有限公司股东、股份有限公司的董事和控股股东，以及公司的实际控制人对公司债务承担清偿责任的，法院应予支持。

法条链接

《中华人民共和国市场主体登记管理条例》

第三十一条 市场主体因解散、被宣告破产或者其他法定事由需要终止的，应当依法向登记机关申请注销登记。经登记机关注销登记，市场主体终止。

市场主体注销依法须经批准的，应当经批准后向登记机关申请注销登记。

第三十二条 市场主体注销登记前依法应当清算的，清算组应当自成立之日起10日内将清算组成员、清算组负责人名单通过国家企业信用信息公示系统公告。清算组可以通过国家企业信用信息公示系统发布债权人公告。

清算组应当自清算结束之日起30日内向登记机关申请注销登记。市场主体申请注销登记前，应当依法办理分支机构注销登记。

第三十三条 市场主体未发生债权债务或者已将债权债务清偿完结，未发生或者已结清清偿费用、职工工资、社会保险费用、法定补偿金、应缴纳税款（滞纳金、罚款），并由全体投资人书面承诺对上述情况的真实性承担法律责任的，可以按照简易程序办理注销登记。

市场主体应当将承诺书及注销登记申请通过国家企业信用信息公示系统公示，公示期为20日。在公示期内无相关部门、债权人及其他利害关系人提出异议的，市场主体可以于公示期届满之日起20日内向登记机关申请注销登记。

......

市场主体注销依法须经批准的，或者市场主体被吊销营业执照、责令关闭、撤销，

---

[1] 2019年11月8日最高人民法院发布的《全国法院民商事审判工作会议纪要》进一步对上述"怠于履行义务"作出解释，明确所谓"怠于履行义务"，是指有限公司股东在法定清算事由出现后，在能够履行清算义务的情况下，故意拖延、拒绝履行清算义务，或者因过失导致无法进行清算的消极行为。股东举证证明其已经为履行清算义务采取了积极措施，或者小股东举证证明其既不是公司董事会或者监事会成员，也没有选派人员担任该机关成员，且从未参与公司经营管理，不构成"怠于履行义务"，或者股东举证证明其"怠于履行义务"的消极不作为与"公司主要财产、账册、重要文件等灭失，无法进行清算"的结果之间没有因果关系的，不对公司债务承担连带清偿责任。

或者被列入经营异常名录的，不适用简易注销程序。

第三十四条 人民法院裁定强制清算或者裁定宣告破产的，有关清算组、破产管理人可以持人民法院终结强制清算程序的裁定或者终结破产程序的裁定，直接向登记机关申请办理注销登记。

《中华人民共和国市场主体登记管理条例实施细则》

第四十四条 市场主体因解散、被宣告破产或者其他法定事由需要终止的，应当依法向登记机关申请注销登记。依法需要清算的，应当自清算结束之日起 30 日内申请注销登记。依法不需要清算的，应当自决定作出之日起 30 日内申请注销登记。市场主体申请注销后，不得从事与注销无关的生产经营活动。自登记机关予以注销登记之日起，市场主体终止。

第四十五条 市场主体注销登记前依法应当清算的，清算组应当自成立之日起 10 日内将清算组成员、清算组负责人名单通过国家企业信用信息公示系统公告。清算组可以通过国家企业信用信息公示系统发布债权人公告。

七、外国公司分支机构的设置与管理

外国公司，是指依照外国法律在中华人民共和国境外设立的公司。外国公司依照《公司法》的规定可以在中华人民共和国境内设立分支机构，从事生产经营活动。

（一）外国公司分支机构的设立要求

1. 外国公司在中华人民共和国境内设立分支机构，应当向中国主管机关提出申请，并提交其公司章程、所属国的公司登记证书等有关文件，经批准后，向公司登记机关依法办理登记，领取营业执照。外国公司分支机构的审批办法由国务院另行规定。

2. 外国公司在中华人民共和国境内设立分支机构，应当在中华人民共和国境内指定负责该分支机构的代表人或者代理人，并向该分支机构拨付与其所从事的经营活动相适应的资金。对外国公司分支机构的经营资金需要规定最低限额的，由国务院另行规定。

3. 外国公司的分支机构应当在其名称中标明该外国公司的国籍及责任形式。外国公司的分支机构应当在本机构中置备该外国公司章程。

（二）外国公司分支机构的法律地位

外国公司属于外国法人，其在中华人民共和国境内设立的分支机构不具有中国法人资格。外国公司对其分支机构在中华人民共和国境内进行经营活动承担民事责任。

经批准设立的外国公司分支机构，在中华人民共和国境内从事业务活动，必须遵守中国的法律，不得损害中国的社会公共利益，其合法权益受中国法律保护。

（三）外国公司分支机构的撤销和清算

外国公司撤销其在中华人民共和国境内的分支机构时，必须依法清偿债务，依照我国《公司法》有关公司清算程序的规定进行清算。未清偿债务之前，不得将其分支机构的财产移至中华人民共和国境外。

（四）法律责任

外国公司违反《公司法》的规定，擅自在中华人民共和国境内设立分支机构的，由公司登记机关责令改正或者关闭，可以并处 5 万元以上 20 万元以下的罚款。

八、公司董事、监事、高级管理人员的资格和义务

高级管理人员，是指公司的经理、副经理、财务负责人，上市公司董事会秘书和公司章程规定的其他人员。

公司董事、监事、高级管理人员具有公司的决策权、执行权和监督权，他们的行为在很大程度上决定公司运行的质量，实质地影响公司、股东和公司债权人的利益。为强化公司董事、监事、高级管理人员的诚信义务，公司法对公司董事、监事、高级管理人员的资格和义务作了严格的规制。

（一）公司董事、监事、高级管理人员的任职资格

公司董事、监事、高级管理人员的任职资格有积极任职资格和消极任职资格。积极任职资格包括《公司法》和一般民事法律规定的任职资格，也包括特别法设定的特别任职资格，如《证券法》第 124 条和第 221 条的规定和《中华人民共和国证券投资基金法》（以下简称《证券投资基金法》）第 16 条和第 17 条规定的特别任职资格。但为防范公司董事、监事、高级管理人员的诚信道德风险，公司法主要规制公司董事、监事、高级管理人员的消极任职资格。《公司法》第 178 条规定，禁止下列人员担任公司的董事、监事、高级管理人员：①无民事行为能力或者限制民事行为能力；②因贪污、贿赂、侵占财产、挪用财产或者破坏社会主义市场经济秩序，被判处刑罚，或者因犯罪被剥夺政治权利，执行期满未逾 5 年，被宣告缓刑的，自缓刑考验期满之日起未逾 2 年；③担任破产清算的公司、企业的董事或者厂长、经理，对该公司、企业的破产负有个人责任的，自该公司、企业破产清算完结之日起未逾 3 年；④担任因违法被吊销营业执照、责令关闭的公司、企业的法定代表人，并负有个人责任的，自该公司、企业被吊销营业执照、责令关闭之日起未逾 3 年；⑤个人因所负数额较大债务到期未清偿，被人民法院列为失信被执行人。公司违反上述规定选举、委派董事、监事或者聘任高级管理人员的，该选举、委派或者聘任无效。董事、监事、高级管理人员在任职期间出现以上所列情形的，公司应当解除其职务。

（二）公司董事、监事、高级管理人员的诚信义务

《公司法》第 179 条规定，董事、监事、高级管理人员应当遵守法律、行政法规和

公司章程，对公司负有诚信义务。董事、监事、高级管理人员不得利用职权收受贿赂或者其他非法收入，不得侵占公司的财产。董事、监事、高级管理人员的诚信义务，包括忠实义务和勤勉义务。其中，忠实义务强调公司高管的道德操守和忠贞不渝，而勤勉义务强调公司高管的专业水准和敬业精神。[1]

1. 公司董事、监事、高级管理人员的忠实义务。公司董事、监事、高级管理人员的忠实义务是其对公司的首要诚信义务。要求对公司负有忠实义务，应当采取措施避免自身利益与公司利益冲突，不得利用职权牟取不正当利益。为落实该义务，《公司法》第181、183、184条详细列举了禁止的失信行为。董事、监事、高级管理人员不得有下列行为：①侵占公司财产、挪用公司资金；②将公司资金以其个人名义或者以其他个人名义开立账户存储；③利用职权贿赂或者收受其他非法收入；④接受他人与公司交易的佣金归为己有；⑤擅自披露公司秘密；⑥不得利用职务便利为自己或者他人谋取属于公司的商业机会；⑦未向董事会或者股东会报告，并按照公司章程的规定经董事会或者股东会决议通过，不得自营或者为他人经营与其任职公司同类的业务；⑧违反对公司忠实义务的其他行为。

《公司法》还规定了董事、监事、高级管理人员扩大自我交易与关联交易中关联人的范围。《公司法》第182条规定，董事、监事、高级管理人员，直接或者间接与本公司订立合同或者进行交易，应当就与订立合同或者进行交易有关的事项向董事会或者股东会报告，并按照公司章程的规定经董事会或者股东会决议通过。董事、监事、高级管理人员的近亲属，董事、监事、高级管理人员或者其近亲属直接或者间接控制的企业，以及与董事、监事、高级管理人员有其他关联关系的关联人，与公司订立合同或者进行交易，适用前款规定。

《公司法》第183条规定，董事、监事、高级管理人员，有下列情形之一的，可以利用职务便利为自己或者他人谋取属于公司的商业机会：①向董事会或者股东会报告，并按照公司章程的规定经董事会或者股东会决议通过；②根据法律、行政法规或者公司章程的规定，公司不能利用该商业机会。

2. 公司董事、监事、高级管理人员的勤勉义务。勤勉义务是要求公司董事、监事、高级管理人员执行职务应当为公司的最大利益尽到管理者通常应有的合理注意，积极地、谨慎地、勤勉地履行自己的职责，不得以消极或不作为行为损害公司利益。否则，应当承担相应的责任。公司法对勤勉义务的规定比较分散，如《公司法》第125条第1款规定，董事会会议，应当由董事本人出席；董事因故不能出席，可以书面委托其他董事代为出席，委托书应当载明授权范围。董事会应当对所议事项的决定作成会议记录，出席会议的董事应当在会议记录上签名。公司成立后，董事会应当对股东的出资情况进行核查，发现股东未按期足额缴纳公司章程规定的出资的，应当由公司向该股

---

[1] 刘俊海：《现代公司法》，法律出版社2011年版，第507页。

东发出书面催缴书，催缴出资。未及时履行前款规定的义务，给公司造成损失的，负有责任的董事应当承担赔偿责任。

公司的控股股东、实际控制人不担任公司董事但实际执行公司事务的，也要尽到忠实义务和勤勉义务。

(三) 公司董事、监事、高级管理人员的责任

1. 公司董事、高级管理人员违反对公司的忠实义务，其取得的不法财产均归公司所有。《公司法》第186条规定，董事、监事、高级管理人员违反本法第181条至第184条规定所得的收入应当归公司所有。

2. 董事应当对董事会的决议承担责任。《公司法》第125条第2款规定，董事会的决议违反法律、行政法规或者公司章程、股东会决议，给公司造成严重损失的，参与决议的董事对公司负赔偿责任；经证明在表决时曾表明异议并记载于会议记录的，该董事可以免除责任。

3. 董事、监事、高级管理人员违法执行职务的责任。《公司法》第188条规定，董事、监事、高级管理人员执行职务违反法律、行政法规或者公司章程的规定，给公司造成损失的，应当承担赔偿责任。

4. 法定代表人的法律责任。公司的法定代表人按照公司章程的规定，由代表公司执行公司事务的董事或者经理担任。法定代表人因执行职务造成他人损害的，由公司承担民事责任。公司承担民事责任后，依照法律或者公司章程的规定，可以向有过错的法定代表人追偿。

5. 对失信董事、监事、高管提起诉讼。董事、高级管理人员有第188条规定的情形的，有限责任公司的股东、股份有限公司连续180日以上单独或者合计持有公司1%以上股份的股东，可以书面请求监事会向人民法院提起诉讼；监事有前条规定的情形的，前述股东可以书面请求董事会向人民法院提起诉讼。

九、国家出资公司组织机构的特别规定

坚持党的领导，是国有企业的本质特征和独特优势，是完善中国特色现代企业制度的根本要求。《公司法》第170条规定，国家出资公司中中国共产党的组织，按照《中国共产党章程》的规定发挥领导作用，研究讨论公司重大经营管理事项，支持公司的组织机构依法行使职权。《公司法》第18条规定，在公司中，根据《中国共产党章程》的规定，设立中国共产党的组织，开展党的活动。公司应当为党组织的活动提供必要条件。

(一) 国家出资公司

1. 国家出资公司，是指国家出资的国有独资公司、国有资本控股公司，包括国家出资的有限责任公司、股份有限公司。

2. 国家出资公司出资人及其职责。国家出资公司是由国有资产监督管理机构或者其他部门、机构等国务院或者地方人民政府授权，代表本级人民政府对国家出资公司依法履行出资人职责，享有出资人权益。国有独资公司章程由履行出资人职责的机构制定。代表本级人民政府履行出资人职责的机构、部门，以下统称为履行出资人职责的机构。

3. 国家出资公司应当依法建立健全内部监督管理和风险控制制度，加强内部合规管理。

（二）国家出资的国有独资公司组织机构的特别规定

1. 国有独资公司不设股东会，由履行出资人职责的机构行使股东会职权。履行出资人职责的机构可以授权公司董事会行使股东会的部分职权，但公司章程的制定和修改，公司的合并、分立、解散、申请破产，增加或者减少注册资本，分配利润，应当由履行出资人职责的机构决定。

2. 国有独资公司的董事会依照《公司法》规定行使职权。国有独资公司的董事会成员中，应当过半数为外部董事，并应当有公司职工代表。

董事会成员由履行出资人职责的机构委派；但是，董事会成员中的职工代表由公司职工代表大会选举产生。

董事会设董事长一人，可以设副董事长。董事长、副董事长由履行出资人职责的机构从董事会成员中指定。

国有独资公司的经理由董事会聘任或者解聘。经履行出资人职责的机构同意，董事会成员可以兼任经理。

国有独资公司的董事、高级管理人员，未经履行出资人职责的机构同意，不得在其他有限责任公司、股份有限公司或者其他经济组织兼职。

3. 国有独资公司在董事会中设置由董事组成的审计委员会行使本法规定的监事会职权的，不设监事会或者监事。国家出资公司的组织机构，适用《公司法》第七章关于国家出资公司组织机构的特别规定；《公司法》第七章没有规定的，适用《公司法》的其他规定。

导入案例分析

导入案例1中，涉及公司设立的法律行为。

公司设立，是指公司发起人为创设公司并取得法人资格依法实施的一系列法律行为的总称。公司设立的法律行为包括确定发起人、签订发起人协议、公司名称预先核准、制定公司章程、筹集公司资本、确定组织机构、办理公司登记。为设立公司"签署公司章程""向公司认购出资或者股份，并依法缴纳出资""履行公司设立职责"是公司发起人同时具有的三个法律特征，亦即公司发起人应当具备的的三个法定条件。

在本案中，虽然天阔公司承担了"天阔广场"项目的开发建设职能，但天阔公司并非是由海联公司与天河公司按照《合作项目合同书》约定共同设立的合作开发公司，其只是被海联公司和天河公司为合作开发"天阔广场"而借用的一个项目公司，从其成立的时间和股东构成也可得到进一步证实。天阔公司成立于2006年10月16日，股东为天河公司和邢甲、邢乙、王某金；而海联公司与天河公司签订《合作项目合同书》则是在2007年4月23日，合作方为海联公司与天河公司。据此，可以认定，天阔公司并非是由海联公司和天河公司共同设立的项目公司。

尽管海联公司自认天阔公司系其与天河公司共同成立的项目公司，而且在后期海联公司致三亚市发展和改革局《关于变更"世英花园"项目和项目业主的请示》声明、海联公司向海口仲裁委员会提交的《承诺书》中等均声明天阔公司是其与天河公司共同设立的项目公司，但正如海联公司在声明中所称，海联公司与天河公司联合投资，成立了天阔公司作为项目公司，项目由天阔公司投资建设和经营管理，请求将该项目的用地选址意见和《建设用地规划许可证》办理到天阔公司名下，以便项目的顺利开发。这恰恰说明，天阔公司是海联公司与天河公司为便于合作项目的顺利开发而借用天阔公司作为项目公司，海联公司是在按照《合作项目合同》的约定履行义务。如何认定天阔公司是海联公司与天河公司共同设立的项目公司，应当依据《公司法》的规定，而不应仅仅凭借当事人的自认。根据《公司法》关于有限责任公司设立的规定看，设立有限责任公司应由全体股东指定的代表或者共同委托的代理人向公司登记机关报送登记申请书、公司章程、验资证明等文件，申请设立登记；股东应当按期足额缴纳公司章程中规定的各自认缴的出资额；有限责任公司成立后，应当向股东签发出资证明书。而天阔公司并非是海联公司与天河公司申请设立的，也没有共同制定天阔公司的章程，没有按章程缴纳出资，天阔公司也没有向海联公司签发出资证明书，更没有将海联公司登记在天阔公司的股东名册上。如果认定天阔公司为海联公司与天河公司共同设立，天阔公司的工商注册股东就应当是海联公司与天河公司，即便如海南高院所认定的，天阔公司股权登记在邢甲、邢乙名下是和天河公司共同商量的，那么也无法解释天阔公司的另一个股东王某金又是如何成为海联公司与天河公司合作项目的成员的。尽管天阔公司作为开发天阔广场的项目公司，是各方当事人均认可的客观事实，并承担了合作项目公司的职能，但不能就此认定天阔公司是海联公司与天河公司共同设立的项目公司，三亚中院和海南高院认定天阔公司是海联公司与天河公司共同设立的项目公司显属不当。即便如海南高院判决所认定的天阔公司是海联公司与天河公司共同设立的项目公司，但天阔公司也仅是天河公司与海联公司双方按照《合作项目合同书》约定为进行天阔广场项目合作开发，履行各自权利义务的载体，并非是《合作项目合同书》的合同主体，更不是海联公司、天河公司在合作开发协议中的合同相对方。

导入案例2中，公司章程是规定公司的组织和活动基本准则的重要文件。《公司法》规定，设立公司必须依照该法制定公司章程。有限责任公司的章程由股东共同制定，股份有限公司的章程，由发起人制订。股东应当在公司章程上签名、盖章。公司章程对公司、股东、董事、监事、高级管理人员具有约束力。公司股东应当遵守法律、行政法规和公司章程，依法行使股东权利。

《公司法》规定，股东会的议事方式和表决程序，除本法有规定的外，由公司章程规定。股东会会议作出修改公司章程、增加或者减少注册资本的决议，以及公司合并、分立、解散或者变更公司形式的决议，应当经代表2/3以上表决权的股东通过。本案中，永庆公司章程中约定的"股东会决议应由全体股东表决通过"是符合法律规定的。永庆公司章程中的约定严于《公司法》的强制性规定，符合《公司法》的立法目的。永庆公司章程中的约定应该是特别约定，所有股东都应当遵守。

对于甲的沉默行为，《公司法》没有规定可视为意思表示，且在公司章程中也未规定，说明甲与乙、丙事先未就此事项有任何约定。故甲对股东会临时会议不予回应不能视为作出弃权的意思表示。

《公司法》规定，股东会会议分为定期会议和临时会议。定期会议应当依照公司章程的规定按时召开。代表1/10以上表决权的股东，1/3以上的董事，监事会或者不设监事会的公司的监事提议召开临时会议的，应当召开临时会议。故乙、丙决定自行召集和主持股东会临时会议合乎法律规定。

《公司法》规定，公司股东会决议内容违反公司章程的，股东可以自决议作出之日起60日内，请求人民法院撤销。该案中永庆公司章程中约定的"股东会决议应由全体股东表决通过"，由于股东甲未出席股东会会议，也未行使表决权，"变更法定代表人的股东会决议"未按照章程约定"由全体股东表决通过"，所以该决议的效力待定。

永庆公司虽然提交了全部申请材料，但股东会会议决议欠缺甲的明确意思表示，申请材料不符合法定形式，将申请文件、材料告知并退回申请人。

拓展学习

司法解散

司法解散分为命令解散和判决解散两种。命令解散，是指法院依利害关系人或检察官的请求，或依其职权直接以危害公共利益为理由命令公司解散公司。判决解散，是法院依公司股东请求而判决公司解散。判决解散制度有利于解决公司出现的僵局情况，保护股东权利。[1] 所谓公司僵局，是指公司经营管理出现严重困难，继续存续会使股东利益受到重大损失，且无法通过其他途径解决的公司状态。[2]

---

[1] 韩长印主编：《商法教程》，高等教育出版社2011年版，第170页。
[2] 刘俊海：《现代公司法》，法律出版社2011年版，第925页。

【拓展阅读】

1. 王红一：《论公司自治的实质》，载《中山大学学报（社会科学版）》2002年第5期。

2. 韩长印、楼孝海：《建立公司法定清算人制度》，载《法学》2005年第8期。

3. 叶林、徐佩菱：《关于我国公司清算制度的评述》，载《法律适用》2015年第1期。

4. 耿利航：《公司解散纠纷的司法实践和裁判规则改进》，载《中国法学》2016年第6期。

5. 段卫华：《论股东在公司解散清算中的义务与责任》，载《河北法学》2016年第1期。

6. 刘俊海：《基于公司理性自治的公司法规范重塑》，载《法学评论》2021年第5期。

7. 岳冰：《公司自治与国家强制关系范式论》，载《河南大学学报（社会科学版）》2023年第2期。

8. 龚鹏程：《民法典时代公司解散清算制度的困境及化解——兼谈公司法修改中公司清算制度的完善》，载《学海》2021年第6期。

9. 蒋大兴：《公司清算义务人规范之适用与再造——"谁经营谁清算" vs. "谁投资谁清算"》，载《学术论坛》2021年第4期。

10. 上海市高级人民法院商事庭课题组：《公司解散清算的功能反思与制度重构——从清算僵局的成因及制度性克服切入》，载《法律适用》2023年第1期。

【思考与练习】

1. 因公司章程所规定的营业期限届满，蒙玛有限公司进入清算程序。关于该公司的清算，下列哪些选项是错误的？（　　）（2014年司法考试真题）

A. 在公司逾期不成立清算组时，公司股东可直接申请法院指定组成清算组

B. 公司在清算期间，由清算组代表公司参加诉讼

C. 债权人未在规定期限内申报债权的，则不得补充申报

D. 法院组织清算的，清算方案报法院备案后，清算组即可执行

2. 甲乙丙三人拟成立一家小规模商贸有限责任公司，注册资本为8万元，甲以一辆面包车出资，乙以货币出资，丙以实用新型专利出资。对此，下列哪一表述是正确的？（　　）（2010年司法考试真题）

A. 甲出资的面包车无需移转所有权，但须交公司管理和使用

B. 乙的货币出资不能少于2万元

C. 丙的专利出资作价可达到4万元

D. 公司首期出资不得低于注册资本的30%

3. 白阳有限公司分立为阳春有限公司与白雪有限公司时，在对原债权人甲的关系

上，下列哪一说法是错误的？（　　）（2011年司法考试真题）

A. 白阳有限公司应在作出分立决议之日起10日内通知甲

B. 甲在接到分立通知书后30日内，可要求白阳有限公司清偿债务或提供相应的担保

C. 甲可向分立后的阳春有限公司与白雪有限公司主张连带清偿责任

D. 白阳有限公司在分立前可与甲就债务偿还问题签订书面协议

4. 关于公司的财务行为，下列哪些选项是正确的？（　　）（2014年司法考试真题）

A. 在会计年度终了时，公司须编制财务会计报告，并自行审计

B. 公司的法定公积金不足以弥补以前年度亏损时，则在提取本年度法定公积金之前，应先用当年利润弥补亏损

C. 公司可用其资本公积金来弥补公司的亏损

D. 公司可将法定公积金转为公司资本，但所留存的该项公积金不得少于转增前公司注册资本的25%

5. 甲乙丙共同出资拟成立"味多佳"食品加工有限责任公司，在领取营业执照之前，甲以"味多佳公司筹备处"的名义与"南山岳"办公用品制造加工厂签订了2万元的办公用品购销合同。后"味多佳"食品加工有限责任公司未能成立，"南山岳"办公用品制造加工厂遂向法院提起诉讼。关于该合同的效力和诉讼当事人的判断，正确的是（　　）。

A. 该合同无效，应以甲乙丙为共同被告

B. 该合同有效，应以甲乙丙为共同被告

C. 该合同无效，应以"味多佳公司筹备处"为被告

D. 该合同有效，应以甲乙丙和"味多佳公司筹备处"为共同被告

6. 甲乙丙拟以募集方式设立A股份公司，对该公司募集设立程序的判断，正确的有哪些？（　　）

A. 设立程序应当按照下列顺序：①制作招股说明书；②签订承销协议和代收股款协议；③申请批准募股；④发起人认购股份；⑤公开募股；⑥召开创立大会；⑦申请设立登记

B. 设立程序应当按照下列顺序：①发起人认购股份；②制作招股说明书；③签订承销协议和代收股款协议；④申请批准募股；⑤公开募股；⑥召开创立大会；⑦申请设立登记

C. 发行股份的股款缴足后，需经依法设立的验资机构验资并出具证明

D. 甲乙丙出资的验资证明应由创立大会审核

7. 金鼎物流有限公司（以下简称金鼎公司）拟分立为甲公司与乙公司，原金鼎公司注销登记，现有债权人为东方公司。现在金鼎公司分立时发生下列情况，处理或者判断符合《公司法》规定的有：（　　）。

A. 若金鼎公司分立协议中约定由乙公司对分立前的公司全部债务承担清偿责任，

该协议效力待定

B. 若金鼎公司在分立前与东方公司书面约定债务由乙公司清偿，则甲公司可据此抗辩东方公司

C. 如果金鼎公司在分立前没有与东方公司达成书面协议，原债务由分立后的甲乙公司按照分配的资产比例承担责任

D. 东方公司在接到分立通知书后，可要求金鼎公司清偿债务或提供相应的担保

8. 甲有限公司（以下简称甲公司）章程规定的营业期限届满，现该公司股东会决议解散公司，就公司清算过程中出现的下列情况所作的处理，符合法律规定的是：（ ）。

A. 甲公司清算组所制定的清算方案，应当报股东会和法院确认

B. 如果甲公司未依法清算即办理注销登记，现有关甲公司的民事诉讼，应当以甲公司的名义进行

C. 现发现甲公司的股东以虚假的清算报告骗取公司登记机关办理注销登记，则其债权人可以主张甲公司股东对公司债务承担相应赔偿责任

D. 在编制清算方案时，清算组经职代会同意，决定将公司所有的职工住房优惠出售给职工，并允许以部分应付购房款抵销公司职工工资和劳动保险费用

情境训练

公司解散的司法裁判标准[1]

魏某持有甲公司20%的股权，其他5位股东共计持股80%。魏某起诉称，甲公司在管理上存在诸多漏洞，从未进行过分红，经营早已陷入困境，公司治理机制已经失灵，如果继续存续，将导致股东利益遭受巨大损失，故要求法院判令解散甲公司。甲公司及其他5位股东称，持公司80%股权的其他股东，曾多次召开过股东会并形成有效决议。公司目前经营状况良好，继续存续不会损害股东利益。

【训练目的及要求】

结合案例和相关知识，通过训练，掌握公司解散的法定事由，股东申请解散公司需要具备什么条件，如何认定公司经营管理发生严重困难，符合法定解散情形。

【训练步骤】

1. 分组熟悉案情。

2. 运用公司法律规则分析、讨论公司解散的条件事由。分析本案中甲公司是否符合法律规定的解散条件，为什么？

3. 针对上述案例进行评判，得出正确的判断。

---

[1] 2010年司法考试真题卷四主观题第6题。

【工作任务】

1. 如何认定公司经营管理发生严重困难？
2. 通过对上述具体案例的剖析，运用公司对于解散制度的规定，分析说明甲公司是否具备解散的条件，为什么？

项目三　有限责任公司

导入案例 [1]

2007年2月，甲、乙、丙、丁、戊五人共同出资设立北陵贸易有限责任公司（以下简称北陵公司）。公司章程规定：公司注册资本500万元；持股比例各20%；甲、乙各以100万元现金出资，丙以私有房屋出资，丁以专利权出资，戊以设备出资，各折价100万元；甲任董事长兼总经理，负责公司经营管理；公司前5年若有利润，甲得28%，其他4位股东各得18%，从第6年开始平均分配利润。

至2010年9月，丙的房屋仍未过户登记到公司名下，但事实上一直由公司占有和使用。

公司成立后1个月，丁提出急需资金，向公司借款100万元，公司为此召开临时股东会议，作出决议如下：同意借给丁100万元，借期6个月，每月利息1万元。丁向公司出具了借条。

千山公司总经理王五系甲好友，千山公司向建设银行借款1000万元，借期1年，王五请求北陵公司提供担保。甲说："公司章程规定我只有300万元的担保决定权，超过了要上股东会才行。"王五说："你放心，我保证1年到期就归还银行，到时候与你公司无关，只是按银行要求做个手续。"甲碍于情面，自己决定以公司名义给千山公司的贷款银行出具了一份担保函。

戊不幸于2008年5月地震中遇难，其13岁的儿子幸存下来。

2010年5月，乙提出欲将其股份全部转让给甲，甲愿意受让。

【问题】

1. 北陵公司章程规定的关于公司前5年利润分配的内容是否有效？为什么？
2. 丁向公司借款100万元的行为是否构成抽逃注册资金？为什么？
3. 戊13岁的儿子能否继承戊的股东资格而成为公司的股东？乙向甲转让股权时，其他股东是否享有优先受让权？为什么？

---

[1]　案例来源于2010年司法考试真题。

基本原理

一、认识有限责任公司

有限责任公司,简称"有限公司",是指依照公司法设立,股东以其所认缴的出资额为限对公司承担责任,公司以其全部财产对公司债务承担责任的企业法人。有限责任公司具有如下特征:

1. 有限责任公司责任的有限性。有限责任是有限责任公司的基本特征。股东以其出资额为限对公司承担责任,而公司以其全部资产对公司的债务承担责任。

2. 有限责任公司人数的限制性。股东人数有最高人数的限制,没有最低人数限制,即允许一人公司的存在。

3. 有限责任公司具有封闭性。有限责任公司不得公开募集股份,不得发行股票。严格限制股东对外转让出资。基于上述特点,有限公司的经营状况和财务状况无须向社会公开,有利于公司商业秘密的保护。

4. 有限责任公司的资本不划分为等额的股份。股东出资不表现为股票形式,而直接是出资额或出资比例,这是有限公司与股份有限公司的区别之一。

5. 有限责任公司的设立程序和组织结构比较简单。有限责任公司的设立实行准则主义,只要符合法律规定的条件,即可登记成立,除法律、行政法规规定需要经行政审批的特殊情况外。组织机构也较为简单,公司法规定有限责任公司的组织机构通常为股东会、董事会和监事会,但规模较小或者股东人数较少的有限责任公司可以不设董事会和监事会,而只设立 1 名董事和 1 名监事。经全体股东一致同意,也可以不设监事。

二、有限责任公司的设立规则

(一)有限责任公司设立的条件

公司的设立,是指为取得公司主体资格而依法定程序进行的一系列法律行为的总称。有限责任公司要依法设立,应当具备法律所规定的条件并符合法律规定的程序。设立有限责任公司,应当具备下列条件:

1. 股东符合法定人数。《公司法》规定,有限责任公司由 1 个以上 50 个以下股东出资设立。允许一人有限责任公司设立。

2. 有符合公司登记的注册资本。有限责任公司的注册资本为在公司登记机关登记的全体股东认缴的出资额。全体股东认缴的出资额由股东按照公司章程的规定自公司成立之日起五年内缴足。法律、行政法规以及国务院决定对有限责任公司注册资本实缴、注册资本最低限额、股东出资期限另有规定的,从其规定。

关于出资方式。股东可以用货币出资，也可以用实物、知识产权、土地使用权、股权、债权等可以用货币估价并可以依法转让的非货币财产作价出资；股东可以用货币出资，也可以用实物、知识产权、土地使用权、股权、债权等可以用货币估价并可以依法转让的非货币财产作价出资；对作为出资的非货币财产应当评估作价，核实财产，不得高估或者低估作价。法律、行政法规对评估作价有规定的，从其规定。

股东应当按期足额缴纳公司章程规定的各自所认缴的出资额。股东以货币出资的，应当将货币出资足额存入有限责任公司在银行开设的账户；以非货币财产出资的，应当依法办理其财产权的转移手续。法律、行政法规规定不得作为出资的财产除外。根据《市场主体登记管理条例》规定，公司不得以劳务、信用、自然人姓名、商誉、特许经营权或者设定担保的财产等作价出资。

对作为出资的非货币财产应当评估作价，核实财产，不得高估或者低估作价。法律、行政法规对评估作价有规定的，从其规定。

3. 股东共同制定公司章程。公司章程是规定公司的组织和行动的基本规则的重要文件。有限责任公司的章程由全体股东共同制定，并签名、盖章。公司章程对公司、股东、董事、监事、高级管理人员具有约束力。《公司法》第46条规定：有限责任公司章程应当载明下列事项：①公司名称和住所；②公司经营范围；③公司注册资本；④股东的姓名或者名称；⑤股东的出资额、出资方式和出资日期；⑥公司的机构及其产生办法、职权、议事规则；⑦公司法定代表人的产生、变更办法；⑧股东会认为需要规定的其他事项。股东应当在公司章程上签名或者盖章。

4. 有公司名称并建立符合有限责任公司要求的组织机构。公司名称是区别于其他公司的重要标志，其名称除应符合企业法人名称的一般性规定外，还须在公司名称中标明"有限责任公司"或"有限公司"。依《公司法》的规定，有限责任公司的内部组织机构分为股东会、董事会和监事会等。其中，股东会是公司的权力机构，由全体股东组成；董事会对股东会负责，是公司的执行机构；监事会是公司的监督机构，由股东代表和适当比例的公司职工代表组成。股东人数较少或规模较少的有限责任公司可以不设董事会，只设1名董事，也可以不设监事会，只设1名监事。

5. 有公司住所。公司住所是公司设立的必要要件，对于确定登记管辖地、确定债务履行地、确定诉讼管辖地、法律文书送达处、涉外民事关系中的准据法等具有重要的法律意义。公司以其主要办事机构所在地为住所。公司只能登记1个住所。

（二）有限责任公司设立的程序

依照《公司法》的规定，有限责任公司的设立只能采取发起设立，不得采用募集设立，所以设立程序比较简单，一般有以下程序：

1. 订立股东协议。订立股东协议是股东设立公司的首要程序，股东协议是公司股东就设立公司的主要事宜所达成的协议，明确股东在公司设立中的权利义务。其主要内容包括：公司经营的宗旨、项目、范围和生产规模，公司注册资本，各方出资额和出资方式，公司的组织机构和经营管理，盈余的分配和风险分担的原则等。

2. 制定公司章程。全体股东共同制定公司章程，并签名盖章。公司章程是公司的组织和行动的基本规则。制定公司章程是设立公司的必经程序。

3. 申报公司名称。根据《市场主体登记管理条例》和《企业名称登记管理规定》规定，设立公司应当依法自主申报公司名称，使公司的名称在申请设立登记之前就具有合法性、确定性，从而有利于公司设立登记程序的顺利进行。设立有限责任公司，由全体股东指定的代表或者共同委托的代理人向企业登记机关申报公司名称登记。公司只能登记一个公司名称，公司名称受法律保护。

4. 必要的行政许可。根据《公司法》的规定，公司设立以准则主义为主。无论是有限责任公司还是股份有限公司，只要符合法定设立条件，即可登记成立。但是，法律和行政法规规定设立公司必须报经批准的，应当在公司登记前依法办理批准手续，取得前置行政许可，公司才能申请登记设立。如我国《商业银行法》《保险法》《证券法》《证券投资基金法》分别规定设立商业银行、保险公司、证券公司基金管理公司均需要有关主管机关的前置行政许可。否则，该公司无法成立。

5. 股东缴纳出资。股东应当按期足额缴纳公司章程中规定的各自所认缴的出资额。股东以货币出资的，应当将货币出资足额存入有限责任公司在银行开设的账户；以非货币财产出资的，应当依法办理其财产权的转移手续。

有限责任公司成立后，应当向股东签发出资证明书。出资证明书应当载明下列事项：①公司名称；②公司成立日期；③公司注册资本；④股东的姓名或者名称、认缴和实缴的出资额、出资方式和出资日期；⑤出资证明书的编号和核发日期。出资证明书由法定代表人签名，并由公司盖章。

6. 申请设立登记。设立公司，应当依法向公司登记机关申请设立登记，提交设立登记申请书、公司章程等文件，提交的相关材料应当真实、合法和有效，符合《公司法》规定的设立条件的，由公司登记机关登记为有限责任公司；不符合《公司法》规定的设立条件的，不得登记为有限责任公司。

7. 发放营业执照。根据《公司法》第31、33条的规定，对于符合《公司法》规定的设立条件的，由公司登记机关作出准予登记，发给公司营业执照。公司营业执照签发日期为公司成立日期。公司营业执照应当载明公司的名称、住所、注册资本、经营范围、法定代表人姓名等事项。公司登记机关可以发给电子营业执照。电子营业执照与纸质营业执照具有同等法律效力。

> 📎 **法条链接**

《中华人民共和国市场主体登记管理条例》

第八条 市场主体的一般登记事项包括:
(一) 名称;
……

第十条 市场主体只能登记一个名称,经登记的市场主体名称受法律保护。
市场主体名称由申请人依法自主申报。

第十四条 市场主体的经营范围包括一般经营项目和许可经营项目。经营范围中属于在登记前依法须经批准的许可经营项目,市场主体应当在申请登记时提交有关批准文件。
……

《企业名称登记管理规定》

第四条 企业只能登记一个企业名称,企业名称受法律保护。

(三) 有限责任公司设立的责任

1. 股东在设立公司时的法律责任。公司在设立时,股东可以签订设立协议,明确各自在公司设立过程中的权利和义务。股东为设立公司从事的民事活动,其法律后果由公司承受。公司未成立的,其法律后果由公司设立时的股东承受;设立时的股东为2人以上的,享有连带债权,承担连带债务。设立时的股东为设立公司以自己的名义从事民事活动产生的民事责任,第三人有权选择请求公司或者公司设立时的股东承担。设立时的股东因履行公司设立职责造成他人损害的,公司或者无过错的股东承担赔偿责任后,可以向有过错的股东追偿。

2. 股东未按期足额缴纳出资的法律责任。公司在设立时,股东应当按期足额缴纳公司章程中规定的各自所认缴的出资额。股东不按期足额缴纳出资的,除应当向公司足额缴纳外,还应当对给公司造成的损失承担赔偿责任。

3. 股东出资不实的法律责任。公司设立时,股东未按照公司章程规定实际缴纳出资,或者实际出资的非货币财产的实际价额显著低于所认缴的出资额的,设立时的其他股东与该股东在出资不足的范围内承担连带责任。

4. 股东未足额出资的法律责任。公司成立后,股东未按照公司章程规定的出资日期缴纳出资,公司向该股东发出书面催缴书,催缴出资。在不少于60日的宽限期届满时,股东仍未履行出资义务的,经董事会决议向该股东发出书面失权通知,该股东丧失其未缴纳出资的股权。对丧失的股权应当依法转让,或者相应减少注册资本并注销该股权；6个月内未转让或者注销的，由公司其他股东按照其出资比例足额缴纳相应出资。股东对失权有异议的，应当自接到失权通知之日起30日内，向人民法院提起诉讼。

5. 股东出逃出资的法律责任。公司成立后，股东不得抽逃出资。股东抽逃出资，应当返还抽逃的出资；给公司造成损失的，负有责任的董事、监事、高级管理人员应当与该股东承担连带赔偿责任。

三、有限责任公司组织机构的设置与运行规则

公司的组织机构是依法行使公司决策、执行和监督职能的机构总称，包括决策机构、执行机构和监督机构，即股东会、董事会（或者董事）和监事会（或者监事）。

（一）股东会

有限责任公司股东会由全体股东组成。

1. 股东会的性质与职权。有限责任公司的股东会是公司的最高权力机构，有权对公司的一切重大事项作出决定。股东通过参加股东会对公司重大事项进行表决，参与对公司的管理。《公司法》第59条规定，有限责任公司的股东会行使下列职权：①选举和更换董事、监事，决定有关董事、监事的报酬事项；②审议批准董事会的报告；③审议批准监事会的报告；④审议批准公司的利润分配方案和弥补亏损方案；⑤对公司增加或者减少注册资本作出决议；⑥对发行公司债券作出决议；⑦对公司合并、分立、解散、清算或者变更公司形式作出决议；⑧修改公司章程；⑨公司章程规定的其他职权。股东会可以授权董事会对发行公司债券作出决议。对前述所列事项股东以书面形式一致表示同意的，可以不召开股东会会议，直接作出决定，并由全体股东在决定文件上签名、盖章。

只有一个股东的有限责任公司不设股东会。股东作出《公司法》第59条第1款所列事项的决定时，应当采用书面形式，并由股东签名或者盖章后置备于公司。

2. 股东会会议的种类。有限责任公司股东会会议分为定期会议和临时会议。定期会议应当按照公司章程的规定按时召开。代表1/10以上表决权的股东、1/3以上的董事或者监事会提议召开临时会议的，应当召开临时会议。

3. 股东会的召集和主持。股东会的首次会议由出资最多的股东召集和主持。之后，股东会会议由董事会召集，董事长主持；董事长不能履行职务或者不履行职务的，由副董事长主持；副董事长不能履行职务或者不履行职务的，由过半数的董事共同推举1名董事主持。董事会不能履行或者不履行召集股东会会议职责的，由监事会召集和主持；监事会不召集和主持的，代表1/10以上表决权的股东可以自行召集和主持。

召开股东会会议应该在股东会会议召开之前15天通知全体股东；但是，公司章程另有规定或者全体股东另有约定的除外。

4. 股东会会议的议事规则。股东会会议由股东按照出资比例行使表决权，股东会

召开会议和表决可以采用电子通讯方式，公司章程另有规定的除外。股东会的议事方式和表决程序，除《公司法》有规定的外，由公司章程规定。

股东会作出决议，应当经代表过半数表决权的股东通过。但股东会作出修改公司章程、增加或者减少注册资本的决议，以及公司合并、分立、解散或者变更公司形式的决议，应当经代表 2/3 以上表决权的股东通过。

股东会应当对所议事项的决定作成会议记录，出席会议的股东应当在会议记录上签名或者盖章。

（二）董事会

有限责任公司设董事会。规模较小或者股东人数较少的有限责任公司，可以不设董事会，设一名董事，行使本法规定的董事会的职权。该董事可以兼任公司经理。

1. 董事会的性质与职权。董事会是公司的执行机构，董事会对外代表公司，对内执行业务，是公司的常设性机构。股东人数较少和规模较小的公司可不设董事会，只设 1 名董事。董事会行使下列职权：①召集股东会会议，并向股东会报告工作；②执行股东会的决议；③决定公司的经营计划和投资方案；④制订公司的利润分配方案和弥补亏损方案；⑤制订公司增加或者减少注册资本以及发行公司债券的方案；⑥制订公司合并、分立、解散或者变更公司形式的方案；⑦决定公司内部管理机构的设置；⑧决定聘任或者解聘公司经理及其报酬事项，并根据经理的提名决定聘任或者解聘公司副经理、财务负责人及其报酬事项；⑨制定公司的基本管理制度；⑩公司章程规定或者股东会授予的其他职权。

公司章程对董事会职权的限制不得对抗善意相对人。

2. 董事会的组成。董事会由董事组成，董事由股东会选举产生。董事会成员为 3 人以上，其成员中可以有公司职工代表。职工人数 300 人以上的有限责任公司，除依法设监事会并有公司职工代表的外，其董事会成员中应当有公司职工代表。董事会中的职工代表由公司职工通过职工代表大会、职工大会或者其他形式民主选举产生。

3. 董事长及董事任期。董事会设董事长 1 人，可以设副董事长。董事长、副董事长的产生办法由公司章程规定。公司法定代表人按照公司章程的规定，由代表公司执行公司事务的董事或者经理担任，并依法登记。

董事任期由公司章程规定，但每届任期不得超过 3 年。董事任期届满，连选可以连任。董事任期届满未及时改选，或者董事在任期内辞任导致董事会成员低于法定人数的，在改选出的董事就任前，原董事仍应当依照法律、行政法规和公司章程的规定，履行董事职务。董事辞任的，应当以书面形式通知公司，公司收到通知之日辞任生效，但存在前款规定情形的，董事应当继续履行职务。担任法定代表人的董事或者经理辞任的，视为同时辞去法定代表人。法定代表人辞任的，公司应当在法定代表人辞任之日起 30 日内确定新的法定代表人。

4. 董事会会议的召集和主持。董事会会议由董事长召集和主持；董事长不能履行职务或者不履行职务的，由副董事长召集和主持；副董事长不能履行职务或者不履行职务的，由过半数的董事共同推举1名董事召集和主持。

董事会会议的种类和会议的通知，《公司法》未作规定，由公司章程规定。

5. 董事会的议事规则。董事会的议事方式和表决程序，除《公司法》有规定的外，由公司章程规定。董事会会议应当有过半数的董事出席方可举行。董事会作出决议，应当经全体董事的过半数通过。董事会决议的表决，应当1人1票。董事会召开会议和表决可以采用电子通信方式，公司章程另有规定的除外。董事会应当对所议事项的决定作成会议记录，出席会议的董事应当在会议记录上签名。

6. 经理。经理，是主持公司日常管理工作的高级职员，是负责并控制公司分支机构各生产部门或其他业务单位的主管人员。经理，由董事会聘任或者解聘，并对董事会负责，根据公司章程的规定或者董事会的授权行使职权。经理列席董事会会议。

（三）监事会

有限责任公司设监事会，但公司按照公司章程的规定在董事会中设置由董事组成的审计委员会，行使本法规定的监事会的职权的，则不设监事会或者监事。规模较小或者股东人数较少的有限责任公司，可以不设监事会，设1名监事，行使本法规定的监事会的职权；经全体股东一致同意，也可以不设监事。

1. 监事会的性质与职权。监事会是公司的监督机构，它负责对公司执行机构执行业务的情况进行全面的监督。监事会行使下列职权：①检查公司财务；②对董事、高级管理人员执行公司职务的行为进行监督，对违反法律、行政法规、公司章程或者股东会决议的董事、高级管理人员提出解任的建议；③当董事、高级管理人员的行为损害公司的利益时，要求董事、高级管理人员予以纠正；④提议召开临时股东会会议，在董事会不履行本法规定的召集和主持股东会会议职责时召集和主持股东会会议；⑤向股东会会议提出提案；⑥依照《公司法》第189条的规定，对董事、高级管理人员提起诉讼；⑦公司章程规定的其他职权。

2. 监事会的组成。有限责任公司监事会，其成员为3人以上。监事会应当包括股东代表和适当比例的公司职工代表，其中职工代表的比例不得低于1/3，具体比例由公司章程规定。监事会中的职工代表由公司职工通过职工代表大会、职工大会或者其他形式民主选举产生。

监事会设主席1人，由全体监事过半数选举产生。监事会主席召集和主持监事会会议；监事会主席不能履行职务或者不履行职务的，由过半数的监事共同推举1名监事召集和主持监事会会议。董事、高级管理人员不得兼任监事。

3. 监事的任期。监事的任期每届为3年。监事任期届满，连选可以连任。监事任期届满未及时改选，或者监事在任期内辞职导致监事会成员低于法定人数的，在改选出的监事就任前，原监事仍应当依照法律、行政法规和公司章程的规定，履行监事职务。

4. 监事会会议的召开。监事会会议可以分为定期会议和临时会议。定期会议，监事会每年度至少召开1次会议，监事可以提议召开临时监事会会议。

5. 监事会会议的议事方式和表决程序。监事会的议事方式和表决程序，除《公司法》有规定的外，由公司章程规定。监事会决议应当经全体监事的过半数通过。

监事会决议的表决，应当一人一票。监事会召开会议和表决可以采用电子通信方式，公司章程另有规定的除外。

监事会应当对所议事项的决定作成会议记录，出席会议的监事应当在会议记录上签名。

监事可以列席董事会会议，并对董事会决议事项提出质询或者建议。监事会发现公司经营情况异常，可以进行调查；必要时，可以聘请会计师事务所等协助其工作，费用由公司承担。

（四）股东会、董事会的效力

1. 无效。公司股东会、董事会的决议内容违反法律、行政法规的无效。

2. 撤销。股东会、董事会的会议召集程序、表决方式违反法律、行政法规或者公司章程，或者决议内容违反公司章程的，股东可以自决议作出之日起60日内，请求人民法院撤销。但是，股东会、董事会的会议召集程序或者表决方式仅有轻微瑕疵，对决议未产生实质影响的除外。

未被通知参加股东会会议的股东自知道或者应当知道股东会决议作出之日起60日内，可以请求人民法院撤销；自决议作出之日起1年内没有行使撤销权的，撤销权消灭。

3. 确认不成立。有下列情形之一的，公司股东会、董事会的决议不成立：①未召开股东会、董事会会议作出决议；②股东会、董事会会议未对决议事项进行表决；③出席会议的人数或者所持表决权数未达到本法或者公司章程规定的人数或者所持表决权数；④同意决议事项的人数或者所持表决权数未达到本法或者公司章程规定的人数或者所持表决权数。

公司股东会、董事会决议被人民法院宣告无效、撤销或者确认不成立的，公司应当向公司登记机关申请撤销根据该决议已办理的登记。

股东会、董事会决议被人民法院宣告无效、撤销或者确认不成立的，公司根据该决议与善意相对人形成的民事法律关系不受影响。

四、有限责任公司股东权和股权转让规则

（一）股东与股东资格认定

股东，指在公司设立时向公司出资的人，或在公司成立后依法继受取得公司股权

并对公司享有权利和承担义务的人。

股东资格的认定。股东资格是自然人、法人取得、行使股东权的前提。股东身份的认定主要依据于公司股东名册的记载、公司章程、出资证明书、工商登记、实际出资和实际享有股东权利等。在公司股东名册上记载的人可以认定为具有股东资格，这是对公司内部的效力。但是，在对外关系中，股东名册不具有对抗第三人的效力，股东资格身份的对外效力只有依据公司登记机关登记。

另外，自然人股东死亡后，其合法继承人可以继承股东资格；但是，公司章程另有规定的除外。

法条链接

《中华人民共和国公司法》

第五十六条 有限责任公司应当置备股东名册，记载下列事项：

（一）股东的姓名或者名称及住所；

（二）股东认缴和实缴的出资额、出资方式和出资日期；

（三）出资证明书编号；

（四）取得和丧失股东资格的日期。

记载于股东名册的股东，可以依股东名册主张行使股东权利。

第三十二条 公司登记事项包括：

（一）名称；

（二）住所；

（三）注册资本；

（四）经营范围；

（五）法定代表人的姓名；

（六）有限责任公司股东、股份有限公司发起人的姓名或者名称。

公司登记机关应当将前款规定的公司登记事项通过国家企业信用信息公示系统向社会公示。

第三十四条 公司登记事项发生变更的，应当依法办理变更登记。

公司登记事项未经登记或者未经变更登记，不得对抗善意相对人。

（二）股东权与股东义务

股东权，是指基于其股东资格，依《公司法》和公司章程的规定而享有的参与公司治理和获得利益的权利。《公司法》第4条第2款规定，公司股东对公司依法享有资产收益、参与重大决策和选择管理者等权利。

股东权是一种综合性的民事权利，既含有财产性权利，也含有非财产性权利，同时还是一种社员权。股东权可以分为：

1. 自益权和共益权。自益权，是指股东为了维护个人自身利益而行使的权利，主要包括股东利益分配请求权、剩余财产分配请求权、新股认购优先权、退股权、股份转让权、股东名册变更权等。共益权，是指股东为维护包括自身利益在内的公司利益和全体股东利益而行使的权利，主要包括股东会议出席权、股东会议表决权、代表诉讼提起权、临时股东会召集请求权、股东会和董事会决议无效确认权、股东会和董事会决议撤销诉权、知情权或查阅权、公司解散请求权等。

2. 单独股东权与少数股东权。单独股东权，是指不问股东的持股数额多寡，仅持有一股的股东也可单独行使的权利，包括利益分配请求权、剩余财产分配请求权、新股认购优先权、退股权、股份转让权。自益权从性质上讲都是属于单独股东权。少数股东权，是指持有股份占公司已发行股份总数一定百分比的股东才能行使的权利。主要是股份有限公司股东的权利规定。

股东义务。权利与义务总是相对应的，股东享有权利的同时也要承担义务。根据法律规定股东义务主要有：

1. 公司股东应当遵守法律、行政法规和公司章程。公司从事经营活动，应当遵守法律法规，遵守社会公德、商业道德，诚实守信，接受政府和社会公众的监督。公司从事经营活动，应当充分考虑公司职工、消费者等利益相关者的利益以及生态环境保护等社会公共利益，承担社会责任。

2. 股东履行出资义务。股东应当按期足额缴纳公司章程中规定的各自所认缴的出资额。股东未按期足额缴纳出资的，除应当向公司足额缴纳外，还应当对给公司造成的损失承担赔偿责任。股东未按照公司章程规定实际缴纳出资，或者实际出资的非货币财产的实际价额显著低于所认缴的出资额的，设立时的其他股东与该股东在出资不足的范围内承担连带责任。股东未按照公司章程规定的出资日期缴纳出资，经催缴宽限期届满仍未履行出资义务的，丧失其未缴纳出资的股权。

3. 股东权利不得滥用义务。股东依法行使股东权利，不得滥用股东权利损害公司或者其他股东的利益；不得滥用公司法人独立地位和股东有限责任损害公司债权人的利益。给公司或者其他股东造成损失的，应当依法承担赔偿责任。公司股东滥用公司法人独立地位和股东有限责任，逃避债务，严重损害公司债权人利益的，应当对公司债务承担连带责任。股东利用其控制的两个以上公司实施前款规定行为的，各公司应当对任一公司的债务承担连带责任。

只有一个股东的公司，股东不能证明公司财产独立于股东自己的财产的，应当对公司债务承担连带责任。

4. 股东负有资本充实义务。为保证公司注册资本的不减少，公司成立后，股东不得抽逃出资，并负有资本填补的义务。股东抽逃出资，应当返还抽逃的出资；给公司造成损失的，承担连带赔偿责任。

5. 控制股东的诚信义务。公司的控股股东、实际控制人、董事、监事、高级管理人员不得利用其关联关系损害公司利益。违反规定,给公司造成损失的,应当承担赔偿责任。

📝 **法条链接**

《中华人民共和国公司法》

第五十七条 股东有权查阅、复制公司章程、股东名册、股东会会议记录、董事会会议决议、监事会会议决议和财务会计报告。

股东可以要求查阅公司会计账簿、会计凭证。股东要求查阅公司会计账簿、会计凭证的,应当向公司提出书面请求,说明目的。公司有合理根据认为股东查阅会计账簿、会计凭证有不正当目的,可能损害公司合法利益的,可以拒绝提供查阅,并应当自股东提出书面请求之日起十五日内书面答复股东并说明理由。公司拒绝提供查阅的,股东可以向人民法院提起诉讼。

股东查阅前款规定的材料,可以委托会计师事务所、律师事务所等中介机构进行。

股东及其委托的会计师事务所、律师事务所等中介机构查阅、复制有关材料,应当遵守有关保护国家秘密、商业秘密、个人隐私、个人信息等法律、行政法规的规定。

股东要求查阅、复制公司全资子公司相关材料的,适用前四款的规定。

第八十九条第三款 公司的控股股东滥用股东权利,严重损害公司或者其他股东利益的,其他股东有权请求公司按照合理的价格收购其股权。

第一百一十条 股东有权查阅、复制公司章程、股东名册、股东会会议记录、董事会会议决议、监事会会议决议、财务会计报告,对公司的经营提出建议或者质询。

连续一百八十日以上单独或者合计持有公司百分之三以上股份的股东要求查阅公司的会计账簿、会计凭证的,适用本法第五十七条第二款、第三款、第四款的规定。公司章程对持股比例有较低规定的,从其规定。

股东要求查阅、复制公司全资子公司相关材料的,适用前两款的规定。

上市公司股东查阅、复制相关材料的,应当遵守《中华人民共和国证券法》等法律、行政法规的规定。

第一百八十九条 董事、高级管理人员有前条规定的情形的,有限责任公司的股东、股份有限公司连续一百八十日以上单独或者合计持有公司百分之一以上股份的股东,可以书面请求监事会向人民法院提起诉讼;监事有前条规定的情形的,前述股东可以书面请求董事会向人民法院提起诉讼。

监事会或者董事会收到前款规定的股东书面请求后拒绝提起诉讼,或者自收到请求之日起三十日内未提起诉讼,或者情况紧急、不立即提起诉讼将会使公司利益受到难以弥补的损害的,前款规定的股东有权为公司利益以自己的名义直接向人民法院提起诉讼。

他人侵犯公司合法权益，给公司造成损失的，本条第一款规定的股东可以依照前两款的规定向人民法院提起诉讼。

公司全资子公司的董事、监事、高级管理人员有前条规定情形，或者他人侵犯公司全资子公司合法权益造成损失的，有限责任公司的股东、股份有限公司连续一百八十日以上单独或者合计持有公司百分之一以上股份的股东，可以依照前三款规定书面请求全资子公司的监事会、董事会向人民法院提起诉讼或者以自己的名义直接向人民法院提起诉讼。

第二百一十九条 公司与其持股百分之九十以上的公司合并，被合并的公司不需经股东会决议，但应当通知其他股东，其他股东有权请求公司按照合理的价格收购其股权或者股份。

公司合并支付的价款不超过本公司净资产百分之十的，可以不经股东会决议；但是，公司章程另有规定的除外。

公司依照前两款规定合并不经股东会决议的，应当经董事会决议。

第二百六十五条 本法下列用语的含义：

（一）高级管理人员，是指公司的经理、副经理、财务负责人，上市公司董事会秘书和公司章程规定的其他人员。

（二）控股股东，是指其出资额占有限责任公司资本总额超过百分之五十或者其持有的股份占股份有限公司股本总额超过百分之五十的股东；出资额或者持有股份的比例虽然低于百分之五十，但依其出资额或者持有的股份所享有的表决权已足以对股东会的决议产生重大影响的股东。

（三）实际控制人，是指通过投资关系、协议或者其他安排，能够实际支配公司行为的人。

（四）关联关系，是指公司控股股东、实际控制人、董事、监事、高级管理人员与其直接或者间接控制的企业之间的关系，以及可能导致公司利益转移的其他关系。但是，国家控股的企业之间不仅因为同受国家控股而具有关联关系。

（三）股权转让规则

股权转让，是指股东将其所持有的股权部分或全部转让给其他股东或者股东以外的人的行为。

1. 公司的股东内部转让。有限责任公司的股东之间可以相互转让其全部或者部分股权。

2. 公司的股东外部转让。股东向股东以外的人转让股权，应当将股权转让的数量、价格、支付方式和期限等事项书面通知其他股东，其他股东在同等条件下有优先购买权。股东自接到书面通知之日起满30日未答复的，视为放弃优先购买权。两个以上股东主张行使优先购买权的,协商确定各自的购买比例;协商不成的,按照转让时各自的出资比例行使优先购买权。公司章程对股权转让另有规定的,从其规定。

3. 人民法院强制转让,其他股东有优先购买权。人民法院依照法律规定的强制执行程序转让股东的股权时,应当通知公司及全体股东,其他股东在同等条件下有优先购买权。其他股东自人民法院通知之日起满20日不行使优先购买权的,视为放弃优先购买权。

4. 股权转让的效力。公司股权转让无论是内部转让还是外部转让,应当书面通知公司,请求变更股东名册;需要办理变更登记的,并请求公司向公司登记机关办理变更登记。当股东转让股权后,公司应当及时注销原股东的出资证明书,向新股东签发出资证明书,并相应修改公司章程和股东名册中有关股东及其出资额的记载。对公司章程的该项修改无需再由股东会表决。股权转让的,受让人自记载于股东名册时起可以向公司主张行使股东权利。

股东转让已认缴出资但未届出资期限的股权的,由受让人承担缴纳该出资的义务;受让人未按期足额缴纳出资的,转让人对受让人未按期缴纳的出资承担补充责任。

未按照公司章程规定的出资日期缴纳出资或者作为出资的非货币财产的实际价额显著低于所认缴的出资额的股东转让股权的,转让人与受让人在出资不足的范围内承担连带责任;受让人不知道且不应当知道存在上述情形的,由转让人承担责任。

法条链接

《中华人民共和国市场主体登记管理条例》

第八条 市场主体的一般登记事项包括:

(一) 名称;

(二) 主体类型;

(三) 经营范围;

(四) 住所或者主要经营场所;

(五) 注册资本或者出资额;

(六) 法定代表人、执行事务合伙人或者负责人姓名。

除前款规定外,还应当根据市场主体类型登记下列事项:

(一) 有限责任公司股东、股份有限公司发起人、非公司企业法人出资人的姓名或者名称;

……

第二十四条 市场主体变更登记事项,应当自作出变更决议、决定或者法定变更事项发生之日起30日内向登记机关申请变更登记。

市场主体变更登记事项属于依法须经批准的,申请人应当在批准文件有效期内向登记机关申请变更登记。

有限责任公司的自然人股东死亡后，其合法继承人继承股东资格的，公司应当依照前款规定申请变更登记。

有限责任公司的股东或者股份有限公司的发起人改变姓名或者名称的，应当自改变姓名或者名称之日起30日内申请变更登记。

（四）股权被公司强制收购规则

股东对公司股东会决议下列事项时，投反对票的可以请求公司按照合理的价格收购其股权：①公司连续5年不向股东分配利润，而公司该5年连续盈利，并且符合《公司法》规定的分配利润条件的；②公司合并、分立、转让主要财产的；③公司章程规定的营业期限届满或者章程规定的其他解散事由出现，股东会通过决议修改章程使公司存续。自股东会决议作出之日起60日内，股东与公司不能达成股权收购协议的，股东可以自股东会决议作出之日起90日内向人民法院提起诉讼。

公司的控股股东滥用股东权利，严重损害公司或者其他股东利益的，其他股东有权请求公司按照合理的价格收购其股权。

公司因《公司法》第89条第1款、第3款规定的情形收购的本公司股权，应当在6个月内依法转让或者注销。

导入案例分析

导入案例中，北陵公司章程规定的关于公司前5年利润分配的内容有效，因为公司法允许有限公司章程对利润作出不按出资比例的分配方法。《公司法》规定，股东按照实缴的出资比例分取红利；公司新增资本时，股东有权优先按照实缴的出资比例认缴出资。但是，全体股东约定不按照出资比例分取红利或者不按照出资比例优先认缴出资的除外。所以北陵公司章程规定的关于公司前5年利润分配的内容有效。

丁向公司借款100万元的行为不构成抽逃注册资金。因为经过股东会决议，签订了借款合同，形成丁对公司的债务。

戊13岁的儿子能够继承戊的股东资格而成为公司的股东。因为《公司法》规定，自然人股东死亡后，其合法继承人可以继承股东资格；但是，公司章程另有规定的除外。可见，《公司法》并未对股东资格的继承人作特殊限制性规定，公司法也并未要求股东为完全行为能力人，故戊13岁的儿子可以继承戊的股东资格而成为公司的股东。

本案中，乙向甲转让股权属于内部转让，其他股东不享有优先受让权。只有乙将其股权转让给其他股东以外的人时，即属于外部转让，其他股东才享有优先受让权。因为《公司法》规定，有限责任公司的股东之间可以相互转让其全部或者部分股权。股东向股东以外的人转让股权的，应当将股权转让的数量、价格、支付方式和期限等事项书面通知其他股东，其他股东在同等条件下有优先购买权。股东自接到书面通知之日起 30 日内未答复的，视为放弃优先购买权。两个以上股东行使优先购买权的，协商确定各自的购买比例；协商不成的，按照转让时各自的出资比例行使优先购买权。公司章程对股权转让另有规定的，从其规定。可见，乙向股东甲转让股权不是对外转让，不需要经其他股东同意，其他股东也不享有优先受让权。

拓展学习

隐名股东[1]

隐名股东，是与显名股东相对应的概念。它并不是一个法律概念，我国相关法律法规和最高人民法院的司法解释都没有隐名股东这一称谓，《最高人民法院关于适用〈中华人民共和国公司法〉若干问题的规定（三）》第 25 条赋予其的身份名称为"实际出资人"，而非"隐名股东"。

所谓的"隐名股东"只是学界对由自己筹集资金而以他人名义进行登记的实际出资人的通俗的叫法。

隐名股东，又称隐名投资人，是指实际向有限责任公司出资或认购出资，但基于规避法律规定或其他原因，对其股东身份并未进行工商登记及公司内部记载，从而不具备股东资格形式特征的出资人。

显名股东，是与隐名股东相对应的概念，即将隐名股东向公司的投资所对应的股权登记在自己名下，对外公示其为出资人的股东。具体可分两种情况：第一种情况，并未实际出资，而将隐名股东的出资份额公示在其名下；第二种情况，虽实际出资，但公示在其名下的股权中有部分份额实际为隐名股东出资。

隐名出资是目前公司实践中大量存在的特殊现象。实际出资人出于某种目的选择隐身幕后，在工商登记管理部门登记备案的名义股东与实际出资人非同一主体。

实际出资人、名义股东、公司三者之间存有两个独立的法律关系：一是实际出资人与名义股东之间的合同关系，二是名义股东与公司之间的出资关系。实际出资人享有何种权利由其与名义股东之间的约定来确定，在性质上属于合同项下的权利，而非股东权利。

法条链接

《最高人民法院关于适用〈中华人民共和国公司法〉若干问题的规定（三）》

第二十四条 有限责任公司的实际出资人与名义出资人订立合同，约定由实际出资

---

[1] 朱庚：《隐名股东的法律地位及裁判方法探析》，载中国法院网，http://www.chinacourt.org/article/detail/2013/03/id/932830.shtml，访问时间：2017 年 7 月 25 日。

人出资并享有投资权益,以名义出资人为名义股东,实际出资人与名义股东对该合同效力发生争议的,如无法律规定的无效情形,人民法院应当认定该合同有效。

前款规定的实际出资人与名义股东因投资权益的归属发生争议,实际出资人以其实际履行了出资义务为由向名义股东主张权利的,人民法院应予支持。名义股东以公司股东名册记载、公司登记机关登记为由否认实际出资人权利的,人民法院不予支持。

实际出资人未经公司其他股东半数以上同意,请求公司变更股东、签发出资证明书、记载于股东名册、记载于公司章程并办理公司登记机关登记的,人民法院不予支持。

第二十五条　名义股东将登记于其名下的股权转让、质押或者以其他方式处分,实际出资人以其对于股权享有实际权利为由,请求认定处分股权行为无效的,人民法院可以参照民法典第三百一十一条的规定处理。

名义股东处分股权造成实际出资人损失,实际出资人请求名义股东承担赔偿责任的,人民法院应予支持。

第二十六条　公司债权人以登记于公司登记机关的股东未履行出资义务为由,请求其对公司债务不能清偿的部分在未出资本息范围内承担补充赔偿责任,股东以其仅为名义股东而非实际出资人为由进行抗辩的,人民法院不予支持。

名义股东根据前款规定承担赔偿责任后,向实际出资人追偿的,人民法院应予支持。

【拓展阅读】

1. 张雨:《论公司董事、监事、高级管理人员的法律责任》,载《社科纵横》2009年第8期。

2. 赵旭东主编:《新公司法实务精答》,人民法院出版社2005年版。

3. 蔡福华:《公司解散的法律责任》,人民法院出版社2005年版。

4. 尚鑫:《一人有限责任公司相关问题研究》,载《法制与经济(中旬)》2014年第2期。

5. 张双根:《论有限责任公司股东资格的认定——以股东名册制度的建构为中心》,载《华东政法大学学报》2014年第5期。

6. 胡绪雨、朱京安:《论股东资格的取得和确认》,载《法学杂志》2013年第9期。

7. 董洪辰:《隐名出资人股东资格认定研究》,中国政法大学2014年硕士学位论文。

8. 刘梦祺:《有限公司制度的发展与完善》,载《重庆大学学报(社会科学版)》2014年第1期。

9. 任婧:《有限公司股东资格确认法律问题研究》,载《求实》2013年第A1期。

10. 曾祥生、苏沂琦:《论隐名股东资格认定法律制度之重构》,载《江西社会科学》2019年第1期。

11. 葛伟军:《实际股东的学理解释及主要类型》,载《法学》2023年第2期。

12. 葛伟军:《从股东资格解除到股东失权的嬗变》,载《北京理工大学学报(社会科学版）》2022 年第 5 期。

【思考与练习】

1. 张某以个人独资企业形式设立"金地"肉制品加工厂。2011 年 5 月，因瘦肉精事件影响，张某为减少风险，打算将加工厂改换成一人有限公司形式。对此，下列哪一表述是错误的？（　　）（2011 年司法考试真题）

A. 因原投资人和现股东均为张某一人，故加工厂不必进行清算即可变更登记为一人有限公司

B. 新成立的一人有限公司仍可继续使用原商号"金地"

C. 张某为设立一人有限公司，须一次足额缴纳其全部出资额

D. 如张某未将一人有限公司的财产独立于自己的财产，则应对公司债务承担连带责任

2. 郑某为甲有限公司（以下简称甲公司）的经理，利用职务之便为其妻吴某经营的乙公司谋取本来属于甲公司的商业机会，致甲公司损失 50 万元。甲公司小股东付某欲通过诉讼维护公司利益。关于付某的做法，下列哪一选项是正确的？（　　）（2012 年司法考试真题）

A. 必须先书面请求甲公司董事会对郑某提起诉讼

B. 必须先书面请求甲公司监事会对郑某提起诉讼

C. 只有在董事会拒绝起诉情况下，才能请求监事会对郑某提起诉讼

D. 只有在其股权达到 1% 时，才能请求甲公司有关部门对郑某提起诉讼

3. 甲、乙、丙、丁拟设立一家商贸公司，就设立事宜分工负责，其中丙负责租赁公司运营所需仓库。因公司尚未成立，丙为方便签订合同，遂以自己名义与戊签订仓库租赁合同。关于该租金债务及其责任，下列哪些表述是正确的？（　　）（2011 年司法考试真题）

A. 无论商贸公司是否成立，戊均可请求丙承担清偿责任

B. 商贸公司成立后，如其使用该仓库，戊可请求其承担清偿责任

C. 商贸公司成立后，戊即可请求商贸公司承担清偿责任

D. 商贸公司成立后，戊即可请求丙和商贸公司承担连带清偿责任

4. 2014 年 5 月，甲、乙、丙三人共同出资设立一家有限责任公司。甲的下列哪一行为不属于抽逃出资行为？（　　）（2014 年司法考试真题）

A. 将出资款项转入公司账户验资后又转出去

B. 虚构债权债务关系将其出资转出去

C. 利用关联交易将其出资转出去

D. 制作虚假财务会计报表虚增利润进行分配

5. 严某为鑫佳有限责任公司股东。关于公司对严某签发出资证明书，下列哪一选项是正确的？（　　）（2014 年司法考试真题）

A. 在严某认缴公司章程所规定的出资后，公司即须签发出资证明书

B. 若严某遗失出资证明书，其股东资格并不因此丧失

C. 出资证明书须载明严某以及其他股东的姓名、各自所缴纳的出资额

D. 出资证明书在法律性质上属于有价证券

6. 甲与乙为一有限责任公司股东，甲为董事长。2014年4月，一次出差途中遭遇车祸，甲与乙同时遇难。关于甲、乙股东资格的继承，下列哪一表述是错误的？（　　）（2014年司法考试真题）

A. 在公司章程未特别规定时，甲、乙的继承人均可主张股东资格继承

B. 在公司章程未特别规定时，甲的继承人可以主张继承股东资格与董事长职位

C. 公司章程可以规定甲、乙的继承人继承股东资格的条件

D. 公司章程可以规定甲、乙的继承人不得继承股东资格

7. 甲乙丙三人共同设立一家有限公司，甲出资100万元，为贪污受贿所得，乙以其持有的天平公司100万元债权出资，丙以其管理经验作价50万元出资。对此，下列说法错误的是（　　）。

A. 因甲的资金来源不合法，故甲的出资形式不合法，出资无效

B. 若甲因贪污受贿被检察机关提起公诉，法院可以要求该公司返还100万元，收归国库。

C. 因债权的实现存在不确定性，故乙的出资形式不合法

D. 丙的出资形式不合法

8. 甲乙丙约定各出资40万元设立一有限公司，因甲只有20万元，遂与乙约定由乙为其垫付出资20万元。公司设立时，乙以价值40万元的房屋评估为60万元骗得验资。后债权人发现公司注册资本不实。公司欠缴的20万元出资应如何补缴？（　　）

A. 应由甲补交20万元，乙丙承担连带责任

B. 应由乙补交20万元，甲丙承担连带责任

C. 应由甲乙各补交10万元，丙承担连带责任

D. 应由甲丙各补交10万元，乙承担连带责任

9. 甲计划与他人共同投资设立一家有限公司，但碍于自己的公务员身份无法实现，于是与自己的表弟乙签订协议，约定由乙出面设立公司，而实际由甲出资并决策。对此，下列说法正确的是：（　　）。

A. 若甲未完全履行出资义务，当公司对外负债无法清偿时，公司债权人可要求乙对公司债务承担补充清偿责任

B. 若乙未经甲同意而将其名下的股权转让第三人丙，丙并不知晓甲的存在，且其已支付对价，并办理了股权转让登记手续，则丙可以取得股权

C. 乙未经甲的同意，将其名下股权转让给丙的行为，从商法角度来看，属于有权处分

D. 若甲辞去公职，要求将自己确认为公司股东，则该股权变更事宜征得其他股东

半数以上同意，甲才能实现其目的

情境训练

叶某光与朱某琦于 2011 年 4 月设立金石财富投资有限公司（以下简称金石财富公司），公司注册资金为人民币 3.8 亿元，其中叶某光认缴出资 3.78 亿元，其在公司设立时仅出资 0.99 亿元，其应在 2016 年 2 月 15 日出资 2.79 亿元，但其一直未履行 2.79 亿元的出资义务。2015 年 8 月 12 日，山东金石公司与海线峡石化工贸有限公司（以下简称海峡公司）《加工协议》，由山东金石公司代理海峡公司加工稀释沥青料并销售产品。2015 年 8 月 19 日，海峡公司与叶某光、朱某琦签订《股权转让协议》，叶某光、朱某琦分别将个人持有的金石财富公司的 99.47%、0.53%股权全部无偿转让给海峡公司，作为《加工协议》业务合作的风险担保，并办理了股权变更登记。2017 年 1 月 16 日，由于《加工协议》已终止执行，海峡公司上述股权又无偿退还给叶某光、朱某琦，并办理了股权变更登记。新疆投资发展（集团）有限公司因对金石财富公司享有债权而诉至法院，要求叶某光、海峡公司对金石财富公司不能清偿的债务在出资不实范围内向其承担连带责任。

【训练目的及要求】

结合案例材料和公司法律规则，通过训练，掌握《公司法》对股东股份转让的规则以及股东名册变更登记。

【训练步骤】

1. 分组熟悉案情。
2. 运用公司法律规则分析、讨论有限责任公司的股东股权转让规则以及股东名册变更登记的义务的承担。
3. 针对上述案例进行评判，得出正确的判断。

【工作任务】

1. 通过对上述具体案例的剖析，运用公司法原理分析叶某光是否应当对金石财富公司的债务承担责任。
2. 海峡公司是否应当对金石财富公司的债务承担责任？
3. 本案应如何处理？

项目四 股份有限公司

导入案例

原告：山东省淄博市临淄区公有资产经营公司。

被告：山东齐鲁乙烯化工股份有限公司、罗某、盛某。

原告山东省淄博市临淄区公有资产经营公司（以下简称资产经营公司）系山东齐鲁乙烯化工股份有限公司（以下简称齐鲁乙烯）的股东，马某、蒋甲、蒋乙、盛某、罗某、王某、杨某是齐鲁乙烯董事会成员，2006年6月5日，蒋乙、罗某、盛某提议近期召开董事会。2006年6月9日，将乙、蒋甲、罗某、盛某以齐鲁乙烯经营管理混乱，董事长马某长期不能履行职责为由，推举盛某召集并主持临时董事会会议。2006年6月12日，会议通知传真至杨某处。该通知称，鉴于齐鲁乙烯目前管理混乱，2005年审计机构无法进场实施年度审计等现状，董事罗某、盛某、蒋乙提议于近期召开公司临时董事会，有关情况如下：①会议召开时间：2006年6月14日。②会议召开地点：重庆渝北区紫荆路佳华世纪新城某区某栋重庆国际实业投资股份有限公司会议室。③会议议题：规范公司管理，改善公司现状。请各位董事届时莅临。杨某于次日回函称，因此次临时董事会议通知上无董事长签字，也未说明3人召开董事会的权利来源，其亦未接到董事长的任何通知或说明，公司经理于某也未接到与会通知，在公司所在地召开董事会更符合实际等原因，拒绝参加本次临时董事会。该函于当日传真至盛某处，并于当日寄出，后盛某收悉。2006年6月13日，蒋甲、蒋乙委托盛某代为参加临时董事会决议，并行使表决权（蒋乙的授权委托书中未注明具体的授权范围）。2006年6月14日，齐鲁乙烯临时董事会召开，由盛某主持，罗某参加，通过了临时董事会决议：决定成立齐鲁乙烯清产核资工作小组，改选盛某为齐鲁乙烯董事长，马某不再担任公司董事长。原告于2006年8月11日以该临时董事会召集程序违法为由，向法院递交了起诉状，请求法院撤销该决议。法院收下起诉材料后进行了审查，2006年8月17日决定立案。

【问题】

1. 原告的起诉是否已超过诉讼期限？
2. 盛某、罗某是否为本案适格被告？
3. 齐鲁乙烯临时董事会的召集程序是否违法、违反公司章程？

基本原理

一、认识股份有限公司

股份有限公司，是指依法设立的，其全部资本分为等额股份，股东以其认购的股份为限对公司承担责任，公司以其全部财产对公司的债务承担责任的企业法人。股份有限公司具有与有限责任公司相区别的特征：

1. 责任的有限性。股东的责任，股东以其所认购股份为限对公司承担责任；公司的责任，公司以其全部资产对公司的债务承担责任。

2. 公开性，也称为开放性。公司可以向社会公开发行股份筹资，股东可以自由转让股份；公司的经营状况和财务状况必须向社会公开。

3. 公司性质的资合性。股份有限公司是典型的资合公司。股份有限公司的组成是基于资本的结合而不是基于股东之间的信任。股东凭借出资即持有股份而享有股东权。每一股有一表决权，股东以其所认购持有的股份，享受权利，承担义务。

4. 股份的等额性。股份有限公司的全部资本分为等额股份，股份采取股票的形式，这是股份有限公司与有限责任公司最主要的区别。

5. 设立程序的复杂性。股份有限公司的设立一般采取核准主义原则，即除符合法律规定的设立条件外，还必须报经批准，依法办理前置审批程序。

二、股份有限公司的设立规则

设立股份有限公司，必须具备法律所规定的条件并符合法律规定的程序。

（一）股份有限公司设立的条件

1. 发起人符合法定人数。《公司法》规定，设立股份有限公司，应当有1人以上200人以下为发起人，其中须有半数以上的发起人在中国境内有住所。

2. 有符合公司登记的注册资本。股份有限公司的注册资本为在公司登记机关登记的已发行股份的股本总额。法律、行政法规以及国务院决定对股份有限公司注册资本最低限额另有规定的，从其规定。

3. 有公司章程。公司章程是规定公司的组织和行动的基本规则的重要文件。设立股份有限公司，应当由发起人共同制定公司章程。《公司法》第95条规定，股份有限公司章程应当载明下列事项：①公司名称和住所；②公司经营范围；③公司设立方式；④公司注册资本、已发行的股份数和设立时发行的股份数，面额股的每股金额；⑤发行类别股的，每一类别股的股份数及其权利和义务；⑥发起人的姓名或者名称、认购的股份数、出资方式；⑦董事会的组成、职权和议事规则；⑧公司法定代表人的产生、变更办法；⑨监事会的组成、职权和议事规则；⑩公司利润分配办法；⑪公司的解散事由与清算办法；⑫公司的通知和公告办法；⑬股东会认为需要规定的其他事项。

4. 有公司名称，建立符合股份有限公司要求的组织机构。具体要求与有限责任公司的规定相同。

5. 有公司住所。公司住所是公司设立的必要要件，具体要求与有限责任公司的规定相同。

（二）股份有限公司设立的程序

依照《公司法》的规定，股份有限公司的设立，可以采取发起设立，也可以采取募集设立。发起设立，是指由发起人认购设立公司时应发行的全部股份而设立公司。募集设立，是指由发起人认购设立公司时应发行股份的一部分，其余股份向社会公开募集或者向特定对象募集而设立公司。其中发起设立的程序简单，与有限责任公司的设立程序基本相同。下面主要介绍采取募集设立的程序。

1. 订立发起人协议。股份有限公司发起人承担公司筹办事务。发起人应当签订发起人协议，明确各自在公司设立过程中的权利和义务。

2. 发起人共同制定公司章程。设立股份有限公司，应当由发起人共同制订公司章程。公司章程经公司成立大会通过。

3. 申报公司名称。具体规定与有限责任公司的规定相同。

4. 股份发行、筹办事项符合法律规定。发起人向社会公开募集股份，应当公告招股说明书，并制作认股书。认股书应当载明《公司法》第154条第2款、第3款所列事项，由认股人填写认购的股份数、金额、住所，并签名或者盖章。

5. 认购股份。募集设立方式设立股份有限公司的，发起人认购的股份不得少于公司章程规定的公司设立时应发行股份总数的35%；但是，法律、行政法规另有规定的，从其规定。发起人应当在公司成立前按照其认购的股份全额缴纳股款。认股人应当按照所认购股份足额缴纳股款。发起人的出资，适用《公司法》第48条、第49条第2款关于有限责任公司股东出资的规定。

6. 验资并出具证明。向社会公开募集股份的股款缴足后，应当经依法设立的验资机构验资并出具证明。

7. 召开公司成立大会。募集设立股份有限公司的发起人应当自公司设立时应发行股份的股款缴足之日起30日内召开公司成立大会。发起人应当在成立大会召开15日前将会议日期通知各认股人或者予以公告。成立大会应当有持有表决权过半数的认股人出席，方可举行。

公司成立大会行使下列职权：①审议发起人关于公司筹办情况的报告；②通过公司章程；③选举董事、监事；④对公司的设立费用进行审核；⑤对发起人非货币财产出资的作价进行审核；⑥发生不可抗力或者经营条件发生重大变化直接影响公司设立的，可以作出不设立公司的决议。

成立大会对前述所列事项作出决议，应当经出席会议的认股人所持表决权过半数通过。

8. 申请设立登记。董事会应当授权代表，于公司成立大会结束后30日内向公司登记机关申请设立登记。

9. 发放营业执照。公司登记机关对符合《公司法》规定的设立条件的予以登记，发给公司营业执照；对不符合规定条件的，不予登记。公司营业执照签发日期为公司成立日期。公司取得法人资格。公司登记机关可以发给电子营业执照。电子营业执照与纸质营业执照具有同等法律效力。

📝 **法条链接**

《中华人民共和国公司法》

第九十八条 发起人应当在公司成立前按照其认购的股份全额缴纳股款。

发起人的出资,适用本法第四十八条、第四十九条第二款关于有限责任公司股东出资的规定。

第四十八条 股东可以用货币出资,也可以用实物、知识产权、土地使用权、股权、债权等可以用货币估价并可以依法转让的非货币财产作价出资;但是,法律、行政法规规定不得作为出资的财产除外。

对作为出资的非货币财产应当评估作价,核实财产,不得高估或者低估作价。法律、行政法规对评估作价有规定的,从其规定。

第四十九条 股东应当按期足额缴纳公司章程规定的各自所认缴的出资额。

股东以货币出资的,应当将货币出资足额存入有限责任公司在银行开设的账户;以非货币财产出资的,应当依法办理其财产权的转移手续。

股东未按期足额缴纳出资的,除应当向公司足额缴纳外,还应当对给公司造成的损失承担赔偿责任。

第一百条 发起人向社会公开募集股份,应当公告招股说明书,并制作认股书。认股书应当载明本法第一百五十四条第二款、第三款所列事项,由认股人填写认购的股份数、金额、住所,并签名或者盖章。认股人应当按照所认购股份足额缴纳股款。

第一百五十四条 公司向社会公开募集股份,应当经国务院证券监督管理机构注册,公告招股说明书。

招股说明书应当附有公司章程,并载明下列事项:

(一)发行的股份总数;

(二)面额股的票面金额和发行价格或者无面额股的发行价格;

(三)募集资金的用途;

(四)认股人的权利和义务;

(五)股份种类及其权利和义务;

(六)本次募股的起止日期及逾期未募足时认股人可以撤回所认股份的说明。

公司设立时发行股份的,还应当载明发起人认购的股份数。

(三)发起人的责任

1. 发起人未按期足额缴纳出资的法律责任。发起人应当在公司成立前按照其认购的股份全额缴纳股款;不按照其认购的股份缴纳股款,或者作为出资的非货币财产的实际价额显著低于所认购的股份的,其他发起人与该发起人在出资不足的范围内承担连带责任。

2. 发起人未按期募足股份、或者未按期召开成立大会的法律责任。公司设立时应发行的股份未募足，或者发行股份的股款缴足后，发起人在 30 日内未召开成立大会的，认股人可以按照所缴股款并加算银行同期存款利息，要求发起人返还。

发起人、认股人缴纳股款或者交付非货币财产出资后，除未按期募足股份、发起人未按期召开成立大会或者成立大会决议不设立公司的情形外，不得抽回其股本。

3. 发起人的其他法律责任。根据《公司法》第 44 条、第 49 条第 3 款、第 51 条、第 52 条、第 53 条的规定，公司设立中的相关民事责任、未出资和瑕疵出资的赔偿责任和催缴失权、抽逃出资等责任，适用于股份有限公司的发起人。

法条链接

《中华人民共和国公司法》

第九十九条 发起人不按照其认购的股份缴纳股款，或者作为出资的非货币财产的实际价额显著低于所认购的股份的，其他发起人与该发起人在出资不足的范围内承担连带责任。

第一百零五条 公司设立时应发行的股份未募足，或者发行股份的股款缴足后，发起人在三十日内未召开成立大会的，认股人可以按照所缴股款并加算银行同期存款利息，要求发起人返还。

发起人、认股人缴纳股款或者交付非货币财产出资后，除未按期募足股份、发起人未按期召开成立大会或者成立大会决议不设立公司的情形外，不得抽回其股本。

第一百零七条 本法第四十四条、第四十九条第三款、第五十一条、第五十二条、第五十三条的规定，适用于股份有限公司。

三、股份有限公司组织机构的设置及运行规则

（一）股东会

股份有限公司股东会由全体股东组成。

1. 股东会的性质和职权。股东会是公司的权力机构，依照《公司法》行使职权。《公司法》第 112 条规定，本法第 59 条第 1 款、第 2 款关于有限责任公司股东会职权的规定，适用于股份有限公司股东会。本法第 60 条关于只有一个股东的有限责任公司不设股东会的规定，适用于只有一个股东的股份有限公司。

2. 股东会的种类。股东大会分为股东年会和临时股东会议两种。股东会应当每年召开一次年会。临时股东会议是基于其他临时需要而召开的会议。有下列情形之一的，应当在 2 个月内召开临时股东会会议：①董事人数不足《公司法》规定人数或者公司

章程所定人数的 2/3 时；②公司未弥补的亏损达股本总额 1/3 时；③单独或者合计持有公司 10% 以上股份的股东请求时；④董事会认为必要时；⑤监事会提议召开时；⑥公司章程规定的其他情形。

3. 股东会的召集与主持。股东会会议由董事会召集，董事长主持；董事长不能履行职务或者不履行职务的，由副董事长主持；副董事长不能履行职务或者不履行职务的，由过半数的董事共同推举 1 名董事主持。董事会不能履行或者不履行召集股东会会议职责的，监事会应当及时召集和主持；监事会不召集和主持的，连续 90 日以上单独或者合计持有公司 10% 以上股份的股东可以自行召集和主持。单独或者合计持有公司 10% 以上股份的股东请求召开临时股东会会议的，董事会、监事会应当在收到请求之日起 10 日内作出是否召开临时股东会会议的决定，并书面答复股东。

4. 股东会会议的通知。召开股东会会议，应当将会议召开的时间、地点和审议的事项于会议召开 20 日前通知各股东；临时股东会会议应当于会议召开 15 日前通知各股东。

单独或者合计持有公司 1% 以上股份的股东，可以在股东会会议召开 10 日前提出临时提案并书面提交董事会。临时提案应当有明确议题和具体决议事项。董事会应当在收到提案后 2 日内通知其他股东，并将该临时提案提交股东会审议。但临时提案违反法律、行政法规或者公司章程的规定，或者不属于股东会职权范围的除外。公司不得提高提出临时提案股东的持股比例。

公开发行股份的公司，应当以公告方式作出前两款规定的通知。股东会不得对通知中未列明的事项作出决议。

5. 股东会的表决权和决议。股东出席股东会会议，所持每一股份有一表决权，类别股股东除外。公司持有的本公司股份没有表决权。

股东会的决议分为普通决议和特别决议。股东会作出普通决议，应当经出席会议的股东所持表决权过半数通过。股东会作出特别决议，如修改公司章程、增加或者减少注册资本的决议，以及公司合并、分立、解散或者变更公司形式的决议，应当经出席会议的股东所持表决权的 2/3 以上通过。

股东委托代理人出席股东会会议的，应当明确代理人代理的事项、权限和期限；代理人应当向公司提交股东授权委托书，并在授权范围内行使表决权。

股东会应当对所议事项的决定作成会议记录，主持人、出席会议的董事应当在会议记录上签名。会议记录应当与出席股东的签名册及代理出席的委托书一并保存。

股东会选举董事、监事。股东会选举董事、监事，可以按照公司章程的规定或者股东会的决议，实行累积投票制。

(二) 董事会和经理

股份有限公司设董事会，规模较小或者股东人数较少的股份有限公司，可以不设董事会，设 1 名董事，行使本法规定的董事会的职权。该董事可以兼任公司经理。

1. 董事会的性质和职权。董事会是公司股东会的执行机构，对股东会负责。《公司法》第67条关于有限责任公司董事会职权的规定，适用于股份有限公司董事会。

2. 董事会的组成。董事会由董事组成，董事由股东会选举产生。《公司法》第68条第1款关于有限责任公司董事会组成的规定，适用于股份有限公司。

3. 董事长及董事任期。董事会设董事长1人，可以设副董事长。董事长和副董事长由董事会以全体董事的过半数选举产生。

董事任期由公司章程规定，但每届任期不得超过3年。董事任期届满，连选可以连任。《公司法》第70、71条关于有限责任公司董事任期和解任董事的规定，适用于股份有限公司董事。董事辞任的，应当以书面形式通知公司，公司收到通知之日辞任生效，但存在前述规定情形的，董事应当继续履行职务。

4. 董事会会议的种类。董事会会议有定期会议和临时会议两种。定期会议每年度至少召开两次，每次会议应当于会议召开10日前通知全体董事和监事。临时董事会会议是由代表10%以上表决权的股东、1/3以上董事或者监事会，提议召开董事会的临时会议。董事长应当自接到提议后10日内，召集和主持董事会会议。董事会召开临时会议，可以另定召集董事会的通知方式和通知时限。

5. 董事会会议的召集和主持。董事会会议由董事长召集并主持，检查董事会决议的实施情况。副董事长协助董事长工作，董事长不能履行职务或者不履行职务的，由副董事长履行职务；副董事长不能履行职务或者不履行职务的，由过半数的董事共同推举1名董事履行职务。

董事会会议，应当由董事本人出席；董事因故不能出席，可以书面委托其他董事代为出席，委托书应当载明授权范围。

6. 董事会会议的议事方式和表决程序。董事会会议应当有过半数的董事出席方可举行。董事会作出决议，应当经全体董事的过半数通过。董事会决议的表决，应当一人一票。

董事会应当对所议事项的决定作成会议记录，出席会议的董事应当在会议记录上签名。

7. 董事的责任。董事应当对董事会的决议承担责任。董事会的决议违反法律、行政法规或者公司章程、股东会决议给公司造成重大损失的，参与决议的董事对公司负赔偿责任，经证明在表决时曾表明异议并记载于会议记录的，该董事可以免除责任。

8. 经理。股份有限公司设经理，由董事会决定聘任或者解聘。公司董事会可以决定由董事会成员兼任经理。经理对董事会负责，根据公司章程的规定或者董事会的授权行使职权。经理列席董事会会议。

（三）监事会

股份有限公司设监事会。但按照公司章程的规定在董事会中设置由董事组成的审计委员会，行使本法规定的监事会的职权，不设监事会或者监事。规模较小或者股东人数较少的股份有限公司，可以不设监事会，设 1 名监事，行使本法规定的监事会的职权。

1. 监事会的性质和职权。股份有限公司设监事会，《公司法》第 121 条第 1 款、第 133 条规定，不设监事会或者监事的除外。监事会是公司的监督机构。监事会的职权适用于《公司法》第 78 条至第 80 条的规定，适用于股份有限公司监事会。

2. 监事会的组成和监事的任期。股份有限公司的监事会成员为 3 人以上。监事会成员应当包括股东代表和适当比例的公司职工代表，其中职工代表的比例不得低于 1/3，具体比例由公司章程规定。监事会中的职工代表由公司职工通过职工代表大会、职工大会或者其他形式民主选举产生。监事会设主席 1 人，可以设副主席。监事会主席和副主席由全体监事过半数选举产生。《公司法》第 77 条关于有限责任公司监事任期的规定，适用于股份有限公司监事。

董事、高级管理人员不得兼任监事。

3. 监事会的种类。监事会会议可以分为定期会议和临时会议。定期会议，监事会每 6 个月至少召开 1 次会议。监事可以提议召开临时监事会会议。

4. 监事会会议的召集和主持。监事会主席召集和主持监事会会议；监事会主席不能履行职务或者不履行职务的，由监事会副主席召集和主持监事会会议；监事会副主席不能履行职务或者不履行职务的，由过半数的监事共同推举 1 名监事召集和主持监事会会议。董事、高级管理人员不得兼任监事。

5. 监事会的议事方式和表决程序。除《公司法》有规定的外，由公司章程规定。监事会决议应当经全体监事的过半数监事通过。监事会会议的表决，应当一人一票。监事会应当对所议事项的决定作成会议记录，出席会议的监事应当在会议记录上签名。监事会行使职权所必需的费用，由公司承担。

（四）股东大会、董事会决议的效力

有限责任公司股东会、董事会的决议效力的规定，适用股份有限公司。

法条链接

《中华人民共和国公司法》

第一百一十二条 本法第五十九条第一款、第二款关于有限责任公司股东会职权的规定，适用于股份有限公司股东会。

本法第六十条关于只有一个股东的有限责任公司不设股东会的规定，适用于只有一个股东的股份有限公司。

第一百二十条 股份有限公司设董事会，本法第一百二十八条另有规定的除外。

本法第六十七条、第六十八条第一款、第七十条、第七十一条的规定，适用于股份有限公司。

第一百三十条 股份有限公司设监事会，本法第一百二十一条第一款、第一百三十三条另有规定的除外。

……

本法第七十七条关于有限责任公司监事任期的规定，适用于股份有限公司监事。

第一百三十一条 本法第七十八条至第八十条的规定，适用于股份有限公司监事会。

四、股份有限公司股份发行与转让规则

（一）认识股份和股票

1. 股份。股份，是股份有限公司股东持有的、公司资本的最小的计算单位和最基本的构成单位，也是划分股东权利和义务的基本单位。

股份有限公司的资本划分为股份。公司的全部股份，根据公司章程的规定择一采用面额股或者无面额股。采用面额股的，每一股的金额相等。公司可以根据公司章程的规定将已发行的面额股全部转换为无面额股或者将无面额股全部转换为面额股。采用无面额股的，应当将发行股份所得股款的1/2以上计入注册资本。

股份具有资本性、金额性、平等性、不可分割性、自由转让性、有限责任性以及证券性的特点。

2. 股票。公司的股份采取股票的形式。股份和股票是内容与形式的关系。股票是股份的外在表现形式，是公司签发的证明股东所持股份的凭证。股票采用纸面形式或者国务院证券监督管理机构规定的其他形式。股票采用纸面形式的应当载明下列主要事项：①公司名称；②公司成立日期或者股票发行的时间；③股票种类、票面金额及代表的股份数，发行无面额股的，股票代表的股份数；股票采用纸面形式的，还应当载明股票的编号，股票由法定代表人签名，公司盖章。发起人股票采用纸面形式的，应当标明发起人股票字样。

股票具有有价证券性、流通性、要式性、证权性、风险性的特征。股票的种类即股份的分类可以分为：普通股和优先股；记名股和无记名股；额面股和无额面股；表决权股、限制表决权股和无表决权股；国家股、法人股、个人股和外资股；等等。

《公司法》规定，公司发行的股票，应当为记名股票。

股份有限公司成立后，即向股东正式交付股票。公司成立前不得向股东交付股票。

法条链接

《中华人民共和国公司法》

第一百零二条 股份有限公司应当制作股东名册并置备于公司。股东名册应当记载下列事项：

（一）股东的姓名或者名称及住所；

（二）各股东所认购的股份种类及股份数；

（三）发行纸面形式的股票的，股票的编号；

（四）各股东取得股份的日期。

（二）股份发行规则

股份发行，是指公司在设立时为了募集公司资本，向投资者招募股份的法律行为。公司通过股份发行募集公司资本，投资者通过股份发行取得公司股东资格。

1. 股份发行的原则。股份的发行，实行公平、公正的原则，同类别的每一股应当具有同等权利。同次发行的同类别股票，每股的发行条件和价格应当相同；认购人所认购的股份，每股应当支付相同价额。

2. 类别股的发行。《公司法》第144条规定，公司可以按照公司章程的规定发行下列与普通股权利不同的类别股：①优先或者劣后分配利润或者剩余财产的股份；②每一股的表决权数多于或者少于普通股的股份；③转让须经公司同意等转让受限的股份；④国务院规定的其他类别股。公开发行股份的公司不得发行前述第2项、第3项规定的类别股；公开发行前已发行的除外。

公司发行《公司法》第144条第1款第2项规定的类别股的，对于监事或者审计委员会成员的选举和更换，类别股与普通股每一股的表决权数相同。

公司发行类别股的，应当在公司章程中载明以下事项：①类别股分配利润或者剩余财产的顺序；②类别股的表决权数；③类别股的转让限制；④保护中小股东权益的措施；⑤股东会认为需要规定的其他事项。

3. 股份发行的价格。面额股股票发行价格可以按票面金额，也可以超过票面金额，但不得低于票面金额。即股份的发行价格有平价发行、溢价发行和折价发行[1]三种形式。

4. 股份发行的方式。股份发行分为设立发行[2]和新股发行[3]：

设立发行，是指股份有限公司在设立过程中为募集公司所需资本而进行的股份发行。

新股发行，是指股份有限公司成立后在原有股份基础上所进行的股份发行，其实

---

[1] 平价发行，是指按照票面金额发行。溢价发行，是指超过票面金额发行。折价发行，是指低于票面金额发行。

[2] 设立发行包括向社会公开募集或者向特定对象募集股份和发行股票，也包括向股份有限公司发起人分派股票的行为。

[3] 新股发行分为向原股东配售或社会公开募集或者向特定对象发行股票的行为，包括配股、分派红利股票、公积金转增股份和发行新股等多种具体形式。

质是增加公司股本。

5. 股份发行的条件和程序。《公司法》对设立股份公司发行股份和对新股的发行条件未作规定，只是对公司发行新股、类别股的程序作了规定。公司发行新股，股东会应当对下列事项作出决议：①新股种类及数额；②新股发行价格；③新股发行的起止日期；④向原有股东发行新股的种类及数额；⑤发行无面额股的，新股发行所得股款计入注册资本的金额。

公司发行新股，可以根据公司经营情况和财务状况，确定其作价方案。

公司章程或者股东会可以授权董事会在 3 年内决定发行不超过已发行股份 50%的股份。但以非货币财产作价出资的应当经股东会决议。

董事会依照《公司法》第 152 条第 1 款规定决定发行股份导致公司注册资本、已发行股份数发生变化的，对公司章程该项记载事项的修改不需再由股东会表决。

公司章程或者股东会授权董事会决定发行新股的，董事会决议应当经全体董事 2/3 以上通过。

公司发行类别股的，有《公司法》第 116 条第 3 款规定的事项等可能影响类别股股东权利的，除经股东会决议外，还应当经出席类别股股东会议的股东所持表决权的 2/3 以上通过。

公司向社会公开募集股份，应当经国务院证券监督管理机构注册，公告招股说明书；应当由依法设立的证券公司承销，签订承销协议。应当同银行签订代收股款协议。

公司章程可以对需经类别股股东会议决议的其他事项作出规定。

股份发行的条件和程序详细介绍见本教材单元四证券法律实务。

（三）股份转让规则

1. 股份转让的原则。股份转让，是指股份有限公司的股东将其所持有的股份依法定程序和方式转让给他人的法律行为。

股份有限公司的股东持有的股份可以向其他股东转让，也可以向股东以外的人转让；公司章程对股份转让有限制的，其转让按照公司章程的规定进行。

股份转让后，股东基于股东地位所享有的权利和所承担的义务一并地转移给受让人。受让人因此成为公司新股东，享有股东权。

自然人股东死亡后，其合法继承人可以继承股东资格；但是，股份转让受限的股份有限公司的章程另有规定的除外。

2. 股份转让的场所。股东转让其股份，应当在依法设立的证券交易场所进行或者按照国务院规定的其他方式进行。上市公司的股票，依照有关法律、行政法规及证券交易所交易规则上市交易。

3. 股份转让的方式。股票的转让，由股东以背书方式或者法律、行政法规规定的其他方式进行；转让后由公司将受让人的姓名或者名称及住所记载于股东名册。股东会会议召开前 20 日内或者公司决定分配股利的基准日前 5 日内,不得变更股东名册。法律、行政法规或者国务院证券监督管理机构对上市公司股东名册变更登记另有规定的,从其规定。

4. 股份转让的限制。

(1) 公司公开发行股份前已发行的股份转让的限制。公司公开发行股份前已发行的股份,自公司股票在证券交易所上市交易之日起 1 年内不得转让。法律、行政法规或者国务院证券监督管理机构对上市公司的股东、实际控制人转让其所持有的本公司股份另有规定的,从其规定。

(2) 董事、监事和高级管理人员转让股份的限制。为确保董事、监事和高级管理人员对公司尽到忠实勤勉的义务,我国《公司法》160 条第 2 款规定,公司董事、监事、高级管理人员应当向公司申报所持有的本公司的股份及其变动情况,在就任时确定的任职期间每年转让的股份不得超过其所持有本公司股份总数的 25%;所持本公司股份自公司股票上市交易之日起 1 年内不得转让。上述人员离职后半年内,不得转让其所持有的本公司股份。公司章程可以对公司董事、监事、高级管理人员转让其所持有的本公司股份作出其他限制性规定。

(3) 出质股份的转让限制。股份在法律、行政法规规定的限制转让期限内出质的,质权人不得在限制转让期限内行使质权。

(4) 公司收购本公司股份的限制。为确保公司正确行使回购权,保护债权人的利益,《公司法》规定,公司不得收购本公司股份。有下列情形之一的除外:①减少公司注册资本;②与持有本公司股份的其他公司合并;③将股份用于员工持股计划或者股权激励;④股东因对股东会作出的公司合并、分立决议持异议,要求公司收购其股份;⑤将股份用于转换公司发行的可转换为股票的公司债券;⑥上市公司为维护公司价值及股东权益所必需。公司因上述第①项、第②项规定的情形收购本公司股份的,应当经股东会决议;公司因第③项、第⑤项、第⑥项规定的情形收购本公司股份的,可以依照公司章程或者股东会的授权,经 2/3 以上董事出席的董事会会议决议。公司依照《公司法》第 162 条第 1 款规定收购本公司股份后,属于第①项情形的,应当自收购之日起 10 日内注销;属于第②项、第④项情形的,应当在 6 个月内转让或者注销;属于第③项、第⑤项、第⑥项情形的,公司合计持有的本公司股份数不得超过本公司已发行股份总额的 10%,并应当在 3 年内转让或者注销。上市公司收购本公司股份的,应当依照《证券法》的规定履行信息披露义务。上市公司因第③项、第⑤项、第⑥项规定的情形收购本公司股份的,应当通过公开的集中交易方式进行。

(5) 股份设质的限制。为了维护公司不得拥有本公司股份的一般原则,《公司法》规定,公司不得接受本公司的股份作为质权的标的。

(6) 异议股东回购请求权。《公司法》第 161 条规定,有下列情形之一的,对股东会该项决议投反对票的股东可以请求公司按照合理的价格收购其股份,公开发行股份的公司除外：①公司连续5年不向股东分配利润，而公司该5年连续盈利，并且符合本法规定的分配利润条件；②公司转让主要财产；③公司章程规定的营业期限届满或者章程规定的其他解散事由出现，股东会通过决议修改章程使公司存续。自股东会决议作出之日起60内，股东与公司不能达成股份收购协议的，股东可以自股东会决议作出之日起90日内向人民法院提起诉讼。公司因第161条第1款规定的情形收购的本公司股份，应当在6个月内依法转让或者注销。

（7）公司提供财务资助的限制。公司不得为他人取得本公司或者其母公司的股份提供赠与、借款、担保以及其他财务资助，公司实施员工持股计划的除外。

为公司利益，经股东会决议，或者董事会按照公司章程或者股东会的授权作出决议，公司可以为他人取得本公司或者其母公司的股份提供财务资助，但财务资助的累计总额不得超过已发行股本总额的10%。董事会作出决议应当经全体董事的2/3以上通过。

违反前两款规定，给公司造成损失的，负有责任的董事、监事、高级管理人员应当承担赔偿责任。

5. 股票被盗、遗失或者灭失。股票被盗、遗失或者灭失，股东可以依照《民事诉讼法》规定的公示催告程序，请求人民法院宣告该股票失效。人民法院宣告该股票失效后，股东可以向公司申请补发股票。

五、上市公司组织机构的特别规定

上市公司，是指其股票在证券交易所上市交易的股份有限公司。《公司法》针对上市公司的特殊性，明确了对上市公司治理结构的严格要求，具体体现在对"上市公司组织机构的特别规定"。

1. 规定了上市公司股东大会特别决议事项。《公司法》第135条规定，上市公司在1年内购买、出售重大资产或者向他人提供担保的金额超过公司资产总额30%的，应当由股东会作出决议，并经出席会议的股东所持表决权的2/3以上通过。因上市公司重大资产的处置和担保，可能给公司财产带来很大风险，甚至关系公司的生死存亡，因此《公司法》对该项决议作出了明确规定，属于股东大会特别决议事项。

2. 规定了上市公司设立独立董事制度。依据《上市公司独立董事管理办法》第2条规定，独立董事是指不在上市公司担任除董事外的其他职务，并与其所受聘的上市公司及其主要股东、实际控制人不存在直接或间接利害关系，或者其他可能影响其进行独立客观判断关系的董事。建立独立董事制度是我国上市公司治理结构的一大制度创新。《公司法》规定，上市公司设立独立董事，具体管理办法由国务院证券监督管理机构规定。

3. 规定了上市公司章程应载明的法定记载事项。上市公司的公司章程除载明《公司法》第95条规定的事项外，还应当依照法律、行政法规的规定载明董事会专门委员会的组成、职权以及董事、监事、高级管理人员薪酬考核机制等事项。

4. 规定了上市公司设置审计委员会。上市公司在董事会中设置审计委员会的，审计委员会有权对有关财务和审计等工作的决议事项作出前置性批准。董事会对下列事项作出决议前应当经审计委员会全体成员过半数通过：①聘用、解聘承办公司审计业务的会计师事务所；②聘任、解聘财务负责人；③披露财务会计报告；④国务院证券监督管理机构规定的其他事项。

5. 规定上市公司设董事会秘书。上市公司董事会秘书，负责公司股东大会和董事会会议的筹备、文件保管、公司股东资料的管理、办理信息披露等事务。

6. 规定了上市公司关联关系董事表决权的限制。《公司法》规定，上市公司董事与董事会会议决议事项所涉及的企业或者个人有关联关系的，不得对该项决议行使表决权，该董事应当及时向董事会书面报告。有关联关系的董事不得代理其他董事行使表决权。该董事会会议由过半数的无关联关系董事出席即可举行，董事会会议所作决议须经无关联关系董事过半数通过。出席董事会会议的无关联关系董事人数不足3人的，应将该事项提交上市公司股东大会审议。

7. 其他规定。上市公司应当依法披露股东、实际控制人的信息，相关信息应当真实、准确、完整。禁止违反法律、行政法规的规定代持上市公司股票。

上市公司控股子公司不得取得该上市公司的股份。上市公司控股子公司因公司合并、质权行使等原因持有上市公司股份的，不得行使所持股份对应的表决权，并应当及时处分相关上市公司股份。

> **导入案例分析**

导入案例中，涉及董事会召集程序、表决方式违反法律、行政法规和公司章程而引发股东撤销之诉。

1. 原告的起诉是否已超过诉讼期限的问题。原告在2006年8月11日已向法院递交了起诉状，法院收下起诉材料后进行了审查，并于2006年8月17日决定立案。因此，原告实际提起诉讼的日期为2006年8月11日，而临时董事会决议的作出时间为2006年6月14日，故原告的起诉未超过我国《公司法》规定的股东请求撤销时间（自决议作出之日起60日内）。

2. 盛某、罗某是否为本案适格被告的问题。董事会决议撤销之诉的被告应当是公司，而不是公司的某个组织机构。本案中，齐鲁乙烯公司作为案件的被告应确定无疑。由于在公司7名董事中，只有盛某、罗某在决议中签名，两人与本案有利害关系，临淄公有资产公司作为齐鲁乙烯公司的股东，要求撤销盛某、罗某违反公司章程私自作出的决议，把他们作为诉讼主体，因此盛某、罗某为本案适格被告。

3. 齐鲁乙烯临时董事会的召集程序是否违法、违反公司章程的问题。董事会是按照《公司法》的规定设立的全体董事参加的法定的常设业务执行机关，负责公司业务经营活动的指挥与管理。我国《公司法》规定，董事会设董事长一人，可以设副董事长。董事长和副董事长由董事会以全体董事的过半数选举产生。董事长召集和主持董事会会议，检查董事会决议的实施情况。副董事长协助董事长工作，董事长不能履行职务或者不履行职务的，由副董事长履行职务；副董事长不能履行职务或者不履行职务的，由过半数董事共同推举一名董事履行职务。本案中，资产经营公司系齐鲁乙烯的股东。齐鲁乙烯的董事会成员有马某、蒋甲、蒋乙、盛某、罗某、王某、杨某共7人，其中马某为董事长，公司董事会没有选举副董事长。据此，如果马某不能履行职务或不履行职务的，根据《公司法》规定，有4人以上的董事即可共同推举1名董事履行职务。2006年6月9日，蒋乙、蒋甲、罗某、盛某以齐鲁乙烯经营管理混乱，董事长马某长期不能履行职责为由，推举盛某召集并主持董事会临时会议是符合法律规定的。

　　董事会会议的召开、参加人数、表决方式必须严格按照我国《公司法》的规定。《公司法》规定，董事会每年度至少召开2次会议，每次会议应当于会议召开10日前通知全体董事和监事。代表1/10以上表决权的股东、1/3以上董事或者监事会，可以提议召开董事会临时会议。董事长应当自接到提议后10日内，召集和主持董事会会议。董事会召开临时会议，可以另定召集董事会的通知方式和通知时限。董事会会议，应由董事本人出席；董事因故不能出席，可以书面委托其他董事代为出席，委托书中应载明授权范围。董事会应当对会议所议事项的决定作成会议记录，出席会议的董事应当在会议记录上签名。董事应当对董事会的决议承担责任。本案中，虽然有蒋乙、蒋甲、罗某、盛某4名董事即可共同推举1名董事盛某履行职务（召集并主持董事会临时会议）符合法律规定，但是会议通知于2006年6月12日传真至董事杨某处，并称于6月14日到重庆国际实业投资股份有限公司的会议室召开董事会临时会议，违反了法律规定的会议召开10日前通知董事的规定。蒋甲、蒋乙委托盛某代为参加临时董事会决议，并行使表决权，这严重违反了董事会会议，应由董事本人出席；董事因故不能出席，可以书面委托其他董事代为出席之规定。蒋乙的授权委托书中未注明具体的授权范围，违反了《公司法》规定的委托书中应载明授权范围。因此，符合《公司法》规定的参加人员只有3名董事：蒋甲、盛某、罗某。这不符合《公司法》规定的董事会会议应有过半数的董事出席方可举行。2006年6月14日，齐鲁乙烯临时董事会召开，由盛某主持，罗某参加，通过了临时董事会决议，也违反了《公司法》规定的"董事会作出决议，必须经全体董事的过半数通过。董事会决议的表决，实行一人一票"。

　　《公司法》规定，董事会的议事方式和表决程序，除本法有规定的外，由公司章程规定。董事会应当有过半数的董事出席方可举行。董事会作出决议，应当经全体董事的过半数通过。董事会决议的表决，应当一人一票。董事会应当对所议事项的决定作成会议记录，出席会议的董事应当在会议记录上签名。按《公司法》规定，会议记录是可以作为诉讼证据的，也是考核其业绩的依据。会议表决的内容不得超出我国《公司法》规定的董事会职权范围，同时，决议内容不得违反《公司法》的强制性规定，否则决议无效。如果决议内容违反公司章程的，将被人民法院撤销。

《公司法》规定，公司股东会、董事会的决议内容违反法律、行政法规的无效。公司股东会、董事会的会议召集程序、表决方式违反法律、行政法规或者公司章程，或者决议内容违反公司章程的，股东可以自决议作出之日起60日内，请求人民法院撤销。本案中，原告是对2006年6月14日齐鲁乙烯临时董事会决议提起的撤销之诉，原告是公司的股东，且在法定的60日内提起，理由是临时董事会召集程序、表决方式违反《公司法》和公司章程规定，因此，原告可以提起董事会决议撤销之诉。

根据《公司法》和该公司章程规定，2006年6月14日齐鲁乙烯公司董事盛某、罗某参加的董事会在会议召集程序、表决方式等方面存在违反法律、公司章程之处，与《公司法》及公司章程的规定相违背，应予撤销。

拓展学习

股东派生诉讼规则之司法解释

一、股东诉讼

股东诉讼是指股东纯粹为维护自身的利益向公司或者其他人提起的诉讼，也称股东直接诉讼。《公司法》规定，董事、高级管理人员违反法律、行政法规或者公司章程的规定，损害股东利益的，股东可以向人民法院提起诉讼。

二、股东派生诉讼

股东派生诉讼是指公司的正当权益受到侵害，而公司怠于或拒绝追究侵害人的责任时，股东为了公司的利益以自己的名义替代公司对侵害人提起的诉讼，又称股东代表诉讼。《公司法》规定，董事、高级管理人员执行公司职务时违反法律、行政法规或者公司章程的规定，给公司造成损失的，应当承担赔偿责任的情形的，有限责任公司的股东、股份有限公司连续180日以上单独或者合计持有公司1%以上股份的股东，可以书面请求监事会或者不设监事会的有限责任公司的监事向人民法院提起诉讼；监事执行公司职务时违反法律、行政法规或者公司章程的规定，给公司造成损失的，应当承担赔偿责任的情形的，前述股东可以书面请求董事会或者不设董事会的有限责任公司的执行董事向人民法院提起诉讼。

监事会、不设监事会的有限责任公司的监事，或者董事会、执行董事收到前款规定的股东书面请求后拒绝提起诉讼，或者自收到请求之日起30日内未提起诉讼，或者情况紧急、不立即提起诉讼将会使公司利益受到难以弥补的损害的，前款规定的股东有权为了公司的利益以自己的名义直接向人民法院提起诉讼。

他人侵犯公司合法权益，给公司造成损失的，有限责任公司的股东、股份有限公司连续180日以上单独或者合计持有公司1%以上股份的股东，可以依照前两款的规定向人民法院提起诉讼。

三、股东派生诉讼规则之司法解释[1]

2016年12月5日通过,2017年9月1日起施行的《最高人民法院关于适用〈中华人民共和国公司法〉若干问题的规定(四)》(以下简称《公司法司法解释(四)》)在坚持《公司法》(2013修正)现有规定的基础上,放松了对股东派生诉讼的过度限制,澄清了股东派生诉讼的程序规则,降低了股东提起派生诉讼的成本,明确了派生诉讼胜诉利益的归属,加强了对董监高(即董事、监事、高级管理人员)依法履职的正向激励,有助于实现保护股东权利的公司法宗旨。

1. "共同原告"概念的提出。《公司法司法解释(四)》明确规定了其他股东参加诉讼的特殊规则,即在一审法庭辩论终结前,其他适格股东以相同的诉讼请求申请参加诉讼的,应当将其列为共同原告。

2. 公司之"第三人地位"的确立。董事和监事是由公司股东(大)会选举产生的,高级管理人员则是董事会聘任产生的,董监高均应当向公司履行忠实勤勉义务。在此情形下,只有将公司纳入股东派生诉讼,才能确认董监高任职的正当性,才能划定董监高忠实勤勉义务的范围,才能认定董监高是否履行以及在何种程度上履行或违反了忠实勤勉义务。我认为,将公司列为原告的学术建议,目的在于让公司获得派生诉讼胜诉利益。然而,公司获得派生诉讼胜诉利益,未必以公司具有原告身份为必要条件,《公司法司法解释(四)》明确将公司列为第三人,同样夯实了公司获得胜诉利益的制度基础。

3. 两类"适格被告"的差异。《公司法司法解释(四)》延续《公司法》(2013修正)第151条第3款的规定,将侵害公司合法权益、造成公司损失的"他人"列为适格被告。创设股东派生诉讼的初衷,是约束公司董监高的履职,相应地,派生诉讼应以公司董监高为适格被告。《公司法》(2013修正)规定,董监高应对公司承担忠实和勤勉义务,但当董监高违反该等法定义务时,不仅董事可能不愿意以公司名义起诉其他董事和监事,监事也未必愿意以公司名义起诉董事和其他监事。在此情况下,明确规定适格股东有权起诉公司董监高,既有助于约束董监高的履职行为,也有利于督促董监高以公司名义提起直接诉讼。

4. 股东派生诉讼的实现保障。为了消除诉讼费用承担和胜诉利益归属的不确定性,《公司法司法解释(四)》站在适度鼓励派生诉讼的立场上,明定公司承担股东全部或部分胜诉而发生的合理费用,同时,基于保护公司或全体股东的利益的立场,《公司法司法解释(四)》明确胜诉利益归属于公司,从而消除了股东派生诉讼在后果上的不确定性,进而将股东派生诉讼纳入正途。

【拓展阅读】

1. 钱玉林:《论可撤销的股东大会决议》,载《法学》2006年第11期。

---

[1] 叶林:《股东派生诉讼规则之司法解释的逻辑和要点》,载中国法院网,http://www.chinacourt.org/article/detail/2017/09/id/2989337.shtml,访问时间:2023年11月19日。

2. 任自力：《美国公司董事诚信义务研究》，载《比较法研究》2007 年第 2 期。

3. 罗礼平：《监事会与独立董事：并存还是合一？——中国上市公司内部监督机制的冲突与完善研究》，载《比较法研究》2009 年第 3 期。

4. 文新：《股东代表诉讼中公司诉讼主体地位辨析——围绕〈最高人民法院关于适用《中华人民共和国公司法》若干问题（四）〉（征求意见稿）相关规定展开》，载《政治与法律》2015 年第 6 期。

5. 胡宜奎：《股东代表诉讼诉权的权利基础辨析——兼论我国股东代表诉讼制度的完善》，载《政治与法律》2015 年第 9 期。

6. 李建伟：《股东知情权诉讼研究》，载《中国法学》2013 年第 2 期。

7. 冯琳：《我国公司法股东知情权研究》，上海师范大学 2016 年硕士学位论文。

8. 刘斌：《公司机构设置的组织法逻辑与改革路径》，载《法律适用》2021 年第 7 期。

9. 李建伟：《公司决议无效的类型化研究》，载《法学杂志》2022 年第 4 期。

10. 李建伟：《授权资本发行制与认缴制的融合——公司资本制度的变革及公司法修订选择》，载《现代法学》2021 年第 6 期。

11. 朱慈蕴：《股东出资义务的性质与公司资本制度完善》，载《清华法学》2022 年第 2 期。

12. 林少伟：《我国双重股东代表诉讼的本土化构建路径》，载《广东社会科学》2020 年第 3 期。

13. 丁勇：《认缴制后公司法资本规则的革新》，载《法学研究》2018 年第 2 期。

14. 丁勇：《组织法的诉讼构造：公司决议纠纷诉讼规则重构》，载《中国法学》2019 年第 5 期。

【思考与练习】

1. 甲股份公司成立后，董事会对公司设立期间发生的各种费用如何承担发生了分歧。下列哪一项费用应当由发起人承担？（　　）（2009 年司法考试真题）

A. 发起人蒋某因公司设立事务而发生的宴请费用

B. 发起人李某就自己出资部分所产生的验资费用

C. 发起人钟某为论证公司要开发的项目而产生的调研费用

D. 发起人缪某值班时乱扔烟头将公司筹备组租用的房屋烧毁，筹备组为此向房主支付的 5 万元赔偿金

2. 李某是某股份公司发起人之一，持有 14% 的股份。在公司成立后的 2 年多时间里，各董事之间矛盾不断，不仅使公司原定上市计划难以实现，更导致公司经营管理出现严重困难。关于李某可采取的法律措施，下列哪一说法是正确的？（　　）（2015 年司法考试真题）

A. 可起诉各董事履行对公司的忠实义务和勤勉义务

B. 可同时提起解散公司的诉讼和对公司进行清算的诉讼

C. 在提起解散公司诉讼时，可直接要求法院采取财产保全措施

D. 在提起解散公司诉讼时，应以公司为被告

3. 甲上市公司在成立6个月时召开股东大会，该次股东大会通过的下列决议中哪项符合法律规定？（　　）（2006年司法考试真题）

　　A. 公司董事、监事、高级管理人员持有的本公司股份可以随时转让

　　B. 公司发起人持有的本公司股份自即日起可以对外转让

　　C. 公司收回本公司已发行股份的4%用于未来1年内奖励本公司职工

　　D. 决定与乙公司联合开发房地产，并要求乙公司以其持有的甲上市公司股份作为履行合同的质押担保

4. 关于股份有限公司的设立，下列哪些表述符合《公司法》规定？（　　）（2010年司法考试真题）

　　A. 股份有限公司的发起人最多为200人

　　B. 发起人之间的关系性质属于合伙关系

　　C. 采取募集方式设立时，发起人不能分期缴纳出资

　　D. 发起人之间如发生纠纷，该纠纷的解决应当同时适用《民法典》合同编和《公司法》

5. 甲公司是一家上市公司。关于该公司的独立董事制度，下列哪一表述是正确的？（　　）（2015年司法考试真题）

　　A. 甲公司董事会成员中应当至少包括1/3的独立董事

　　B. 任职独立董事的，至少包括1名会计专业人士和1名法律专业人士

　　C. 除在甲公司外，各独立董事在其他上市公司同时兼任独立董事的，不得超过5家

　　D. 各独立董事不得直接或间接持有甲公司已发行的股份

6. 与其他形式公司相比，股份有限公司具有以下特点（　　）。

　　A. 股份有限公司是最典型的资合公司

　　B. 股东人数有法定最高限额

　　C. 资本总额划分为金额相等的股份

　　D. 股份的表现形式是股票

7. A上市公司注册资本5000万元，已发行股份总额为1000万股。2019年8月，为进一步激励员工，公司决定收购已发行的部分股份用于职工奖励。关于此问题，下列选项正确的是（　　）。

　　A. 公司此次可收购的本公司股份的上限为100万股

　　B. A上市公司该次收购，应当履行信息披露义务

　　C. 收购本公司股份后，公司应在1年内完成对职工的股份奖励

　　D. 该收购情形可以经2/3以上董事出席的董事会会议决议

8. 公司为公司股东或者实际控制人提供担保的，必须经下列哪个机构作出决议或决定（   ）。

  A. 董事会　　　　　　　　　　B. 总经理

  C. 股东会或股东大会　　　　　　D. 监事会

9. 顺风机电股份有限公司的管理层对董事会议事规则和表决程序有不同的理解。下列选项中正确的是（   ）。

  A. 董事会会议应有2/3的董事出席方可举行

  B. 董事会作出决议，必须经全体董事的过半数通过

  C. 在董事会成员为偶数时，经股东会同意，董事长1人可以有2票的权利

  D. 董事会会议应每年召开1次

10. 某股份有限公司现有注册资本3000万元，公司现有法定公积金1000万元，任意公积金500万元。现该公司拟以公积金500万元增资派股，下列哪些方案符合法律规定（   ）。

  A. 将法定公积金500万元转为公司资本

  B. 将任意公积金500万元转为公司资本

  C. 将法定公积金200万元，任意公积金300万元转为公司资本

  D. 将法定公积金300万元，任意公积金200万元转为公司资本

情景训练

甲股份有限公司（以下简称甲公司）于2006年6月成立，2009年甲公司发生以下事项：其一，甲公司于2009年召开董事会会议，应到9名董事，实到6名董事，通过三项决议：①根据经理丙的提名，解聘财务负责人丁；②决定发行公司债券；③鉴于董事戊身体多病，已三次未参加董事会会议，决定予以撤换。其二，甲公司注册资本1亿元人民币，2008年税后利润6000万元，自公司成立以来未发生过亏损，已提取法定公积金累计额5200万元，决定公司不再提取法定公积金。其三，公司经理丙将其持有的甲公司股份全部转让给丁。

【训练目的及要求】

结合案例和相关知识，通过训练，掌握股份有限公司组织机构的设置及职责，利润分配原则和法定公积金的提取和使用。

【训练步骤】

1. 分组熟悉案情。

2. 运用公司法律规则分析、讨论股份有限公司董事会的职权、利润分配原则和法定公积金的提取原则。

3. 分两组学生针对上述案例进行课堂辩论，根据相关法律法规得出正确的结论。

【工作任务】

1. 股份有限公司的组织机构如何设置？它们的职责有哪些？通过对上述具体案例的剖析，运用公司法原理分析说明甲公司董事会的职权范围及利润分配的原则。

2. 甲公司董事会会议决议是否合法？甲公司不再提取法定公积金是否合法？

3. 甲公司经理丙能否将其持有的甲公司股份全部转让给丁？为什么？

单元三

合伙企业与个人独资企业法律实务

知识目标

1. 认识合伙企业与合伙企业法；个人独资企业与个人独资企业法。

2. 掌握合伙企业、个人独资企业设立条件、程序、事务执行及其运行规则、变更、解散与清算。

3. 把握合伙人资格的取得及其权利行使、合伙企业财产转让规则、入伙与退伙。

能力目标

本单元的能力目标是培养学生处理合伙企业、个人独资企业相关法律实务的能力。通过本单元的学习，学生能够掌握合伙企业、个人独资企业设立、变更、终止的基本规则，并能运用合伙企业、个人独资企业法律知识分析和处理法律实务。

内容结构图

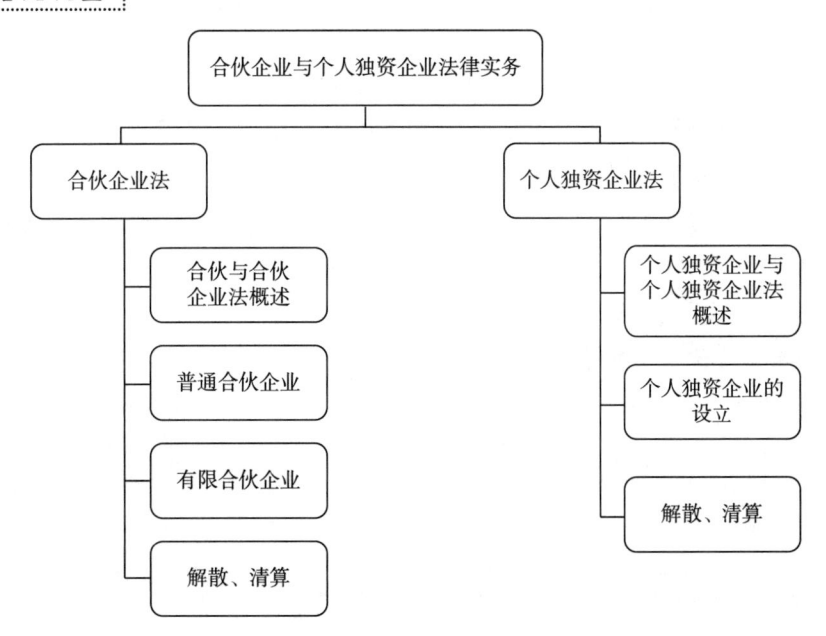

```
                合伙企业与个人独资企业法律实务
                ├── 合伙企业法
                │   ├── 合伙与合伙企业法概述
                │   ├── 普通合伙企业
                │   ├── 有限合伙企业
                │   └── 解散、清算
                └── 个人独资企业法
                    ├── 个人独资企业与个人独资企业法概述
                    ├── 个人独资企业的设立
                    └── 解散、清算
```

项目一　合伙企业

导入案例[1]

新能源基金于2012年11月27日注册成立。2014年，合伙人盈富泰克创业投资有限公司、吉林省城建实业有限公司、邢某荣、吉林省创业投资引导基金有限责任公司、营口红佳投资有限公司、鼎典泰富公司签订《合伙协议》，约定企业性质为有限合伙，鼎典泰富公司为新能源合伙企业的普通合伙人、执行合伙人、基金管理人，其他各方为有限合伙人。本基金总出资额为2.6263亿元，全部为货币出资。协议约定，有限合伙人转让或出质财产份额须经全体合伙人一致同意。邢某荣按约定将5000万元出资缴纳。

2018年1月，邢某荣与鼎典泰富公司签订《转让协议书》，约定鼎典泰富公司协助邢某荣将其持有的新能源基金19.04%的财产份额（合计人民币5000万元）转让给第三方，但是，约定期限内如果未能寻找到第三方，鼎典泰富公司承诺自行或指定第三方直接受让该财产份额。因在约定期限内未有合适第三方受让邢某荣的财产份额，鼎典泰富公司也未自行或指定第三方直接受让该财产份额，邢某荣委托律师发送《律师函》，催告鼎典泰富公司自行或指定第三方受让邢某荣在新能源基金中的财产份额，鼎典泰富公司予以拒绝。

鼎典泰富公司注册资本16 300万元，均已实缴，股东为丁某国、鼎典投资公司、吉林投资公司、嘉兴泽源。

邢某荣向一审法院起诉，请求判令鼎典泰富公司向邢某荣支付转让款5000万元及自2012年11月28日起按照协议约定8%的年利率计算至全部转让款付清之日的利息，丁世国、鼎典投资公司、吉林投资公司、嘉兴泽源各自在未出资本息范围内对鼎典泰富公司在第一项中不能清偿的部分承担补充赔偿责任。

一审法院判决《转让协议书》有效，鼎典泰富公司应当以5000万元为基数按照6%年利率向邢某荣支付逾期付款的损失，驳回其他诉讼请求。

鼎典泰富公司不服，提出上诉。二审中，鼎典泰富公司向最高人民法院提交了新能源基金的有限合伙人吉林省城建实业有限公司和营口红佳投资有限公司出具的《情况说明》，载明二公司均不同意邢某荣向鼎典泰富公司转让新能源基金合伙财产份额。

---

[1] 参见最高人民法院2021年1月11日公布的"上诉人北京鼎典泰富投资管理有限公司与被上诉人邢某荣及一审被告丁某国、鼎典投资管理（北京）有限公司、吉林省投资集团有限公司、嘉兴泽源股权投资合伙企业（以下简称嘉兴泽源）合伙企业财产份额转让纠纷案"。

【问题】

1. 合伙人签订的《合伙协议》约定有限合伙人转让或出质财产份额须经全体合伙人一致同意，是否合法有效？
2. 邢某荣与鼎典泰富公司签订的《转让协议书》是否有效？
3. 法院应该如何判决该案？

基本原理

一、合伙与合伙企业法概述

（一）认识合伙企业

1. 合伙企业的含义。合伙是商品经济发展的必然产物，起源于中世纪的罗马。早在公元前18世纪，古巴比伦的《汉穆拉比法典》中就有了关于合伙的原则性规定。罗马共和国时期，合伙高度发达，法律对合伙的性质、合伙契约的要件、合伙契约的效果、合伙组织的解散等内容都作了详细的规定。中世纪的欧洲，地中海沿岸以威尼斯为代表的各城市海商繁荣，都市兴旺，商业较为发达，此时出现了"家族企业"，它是合伙的一种前身。同时，随着海上贸易的发展，出现了"船舶共有"的合伙形式。与当时海上贸易相关的合伙组织还有"柯曼达"和"索塞特"。

合伙企业是我国法律对商合伙的称谓。依据《合伙企业法》规定，合伙企业是指自然人、法人和其他组织依照该法在中国境内设立的普通合伙企业和有限合伙企业。

2. 合伙企业的特征。合伙企业不具备法人资格。其主要特征是：

（1）合伙企业由两个或两个以上的合伙人组成。合伙人可以是自然人、法人或其他组织，但是，为避免国有资产流失以及涉及公众利益的主体承担无限责任的风险，国有独资公司、国有企业、上市公司以及公益性的事业单位、社会团体不得成为普通合伙人。

（2）合伙企业以合伙协议为设立基础。传统上，合伙是一种合伙人自愿结合、灵活机动的合作方式，因而，法律对合伙企业的干预较少。合伙人对合伙企业有充分的自治权，合伙企业各合伙人的权利义务以及合伙企业利益分配等重要事项，均由合伙人以合伙协议约定。合伙协议是合伙企业设立的重要基础，依法必须由全体合伙人协商一致、以书面形式订立。

（3）合伙企业由合伙人共同出资、共同经营、共享收益。各合伙人按照合伙协议的约定向合伙企业出资，合伙人可以用货币、实物、知识产权、土地使用权或者其他财产权利出资，也可以用劳务出资。合伙人的出资与公司股东对公司的出资意义有所不同。股东对公司的出资既是为公司的经营提供物质基础，也是各股东权利义务和收益的划分、计算依据；而合伙人出资的意义主要在于构成合伙企业的物质基础，各合伙人出资多少并不必然影响合伙人的权利或利益分配，合伙人往往不受出资比例的束缚而约定权利义务的分配。合伙人对执行合伙事务享有同等的权利，每一个合伙人均可受合伙企业委托对外代表合伙企业，执行合伙事务。每一个合伙人均享有收益分配权。合伙企业的利润分配、亏损分担，按照合伙协议的约定办理。

（4）合伙人普遍对合伙企业债务承担无限连带责任。合伙制度普遍要求合伙人对合伙债务承担无限连带责任，《合伙企业法》对合伙企业责任形式的设定也遵循了合伙的无限责任原则：合伙企业对其债务，应先以其全部财产进行清偿；合伙企业不能清偿到期债务的，合伙人承担无限连带责任。即便在有限合伙企业里存在着以认缴的出资额为限对合伙企业债务承担责任的有限合伙人、在特殊的普通合伙企业里可能出现以其在合伙企业中的财产份额为限承担责任的合伙人，此时的合伙企业中仍然必定存在着对合伙企业债务承担无限责任或者无限连带责任的合伙人，合伙企业对外的无限责任的特征并没有改变。这一特征也是合伙企业吸引交易相对人之处。

（5）合伙企业是营利性的组织体。合伙企业不仅仅是一个合伙合同关系，而且是一个以营利为目的的稳定的组织体。合伙企业有自己的名称，对外以合伙企业的名义进行经营活动；合伙企业的财产具有相对独立性、稳定性，合伙人在合伙企业清算前，不得请求分割合伙企业的财产，合伙企业对其债务，先以其全部财产进行清偿；合伙企业的合伙人退伙，并不必然影响合伙企业的存在。

3. 合伙企业的种类。合伙企业的类型分为两种：

（1）普通合伙企业。普通合伙企业由普通合伙人组成，合伙人对合伙企业债务承担无限连带责任。普通合伙企业包括特殊的普通合伙企业。

（2）有限合伙企业。有限合伙企业由普通合伙人和有限合伙人组成，普通合伙人对合伙企业债务承担无限连带责任，有限合伙人以其认缴的出资额为限对合伙企业债务承担责任。

（二）合伙企业法概述

16世纪，随着资本主义生产关系的出现和发展，合伙得到了快速发展，合伙法律规范逐渐完备。1804年的《法国民法典》、1807年的《法国商法典》都对商事合伙作了规定。1896年的《德国民法典》和《德国商法典》也规定了合伙制度。《德国商法典》还规定了合伙的形式有普通商事合伙、有限合伙和隐名合伙。英国于1890年颁布了《英国合伙法》，1907年颁布了《有限合伙法》以及一系列判例规则规范。1916年，美国又颁布了《统一有限合伙法》，美国的合伙法更强调合伙的团体性。

1950年，我国发布的《私营企业暂行条例》以法律的形式确立了合伙的法律地位，合伙经营得到快速发展。1986颁布的《民法通则》使合伙受到法律的确认和调整。我国于1997年颁布、2006年修订的《合伙企业法》详细地规定了我国的合伙企业法律制度。2020年，我国颁布实施的《民法典》专门规定了一章"合伙合同"。

1. 合伙企业法。合伙企业法，是指调整合伙企业在设立、变更、终止及其对内对外生产经营活动中所发生的社会关系的法律规范的总称。

2. 合伙企业法的特征。

（1）合伙企业法是一种组织法。合伙企业法规定的主要是关于合伙企业设立条件、设立程序、合伙协议的内容、合伙人的权利和义务、合伙企业的变更、终止等合伙企业组织方面的问题，故合伙企业法是一种组织法。

（2）合伙企业法是一种行为法。合伙企业法不仅是一种组织法，而且也是行为法，它对合伙企业的事务执行、入伙和退伙、与第三人之间的关系等行为都作了法律规范。

（3）合伙企业法还是一种制定法。合伙企业法对合伙企业的组织和行为，都采用成文法的方式加以详细、具体、明确的规定。所以，合伙企业法还是一种制定法。

3. 合伙企业法的目的和原则。合伙企业法的制定是为了规范合伙企业的行为，保护合伙企业及其合伙人的合法权益，维护社会经济秩序，促进社会主义市场经济的发展。

合伙企业在签订合伙协议和设立合伙企业时应当遵循自愿、平等、公平、诚实信用原则。

二、普通合伙企业

普通合伙企业是由普通合伙人组成，合伙人对合伙企业债务承担无限连带责任的营利性组织。《合伙企业法》对普通合伙人承担责任的形式有特别规定的，从其规定。

（一）合伙企业的设立

设立合伙企业，依法应当具备以下条件：

1. 有二个以上合伙人。合伙人为自然人的，应当具有完全民事行为能力。国有独资公司、国有企业、上市公司以及公益性的事业单位、社会团体不得成为普通合伙人。合伙人的人数只有下限的要求，而没有上限的要求。

2. 有书面合伙协议。合伙企业成立的法律基础是合伙协议，合伙协议是指两个以上合伙人为了共同的事业目的，订立的共享利益、共担风险的协议。合伙协议依法由全体合伙人协商一致、以书面形式订立。合伙协议经全体合伙人签名、盖章后生效。

合伙协议应当载明下列事项：①合伙企业的名称和主要经营场所的地点；②合伙目的和合伙经营范围；③合伙人的姓名或者名称、住所；④合伙人的出资方式、数额和缴付期限；⑤利润分配、亏损分担方式；⑥合伙事务的执行；⑦入伙与退伙；⑧争议解决办法；⑨合伙企业的解散与清算；⑩违约责任。

3. 有合伙人认缴或者实际缴付的出资。合伙人应当按照约定的出资方式、数额和缴付期限，履行出资义务。《合伙企业法》规定，合伙人可以用货币、实物、知识产权、土地使用权或者其他财产权利出资，也可以用劳务出资。

合伙人以实物、知识产权、土地使用权或者其他财产权利出资，需要评估作价的，可以由全体合伙人协商确定，也可以由全体合伙人委托法定评估机构评估。合伙人以劳务出资的，其评估办法由全体合伙人协商确定，并在合伙协议中载明。以非货币财产出资的，依照法律、行政法规的规定，需要办理财产权转移手续的，应当依法办理。

4. 有合伙企业的名称。企业的名称是区别于另一个企业的标志。企业只有使用自己申报登记的名称去从事生产经营活动，才能真正享有权利，承担义务。合伙企业名称中应当标明"普通合伙"字样。企业名称由申请人自主申报。

5. 有生产经营场所。合伙企业从事生产经营活动必须要有自己的经营场所或经营地点，据此与其他主体进行正常的业务联系和办理其他事务，便于政府实施管理、征收税收，便于确定诉讼管辖、受送达的地点、债务履行地、登记机关。

6. 法律、行政法规规定的其他条件。合伙企业必须经依法登记，领取合伙企业营业执照后，方可从事经营活动。

法条链接

《中华人民共和国合伙企业法》

第二条第一款 本法所称合伙企业，是指自然人、法人和其他组织依照本法在中国境内设立的普通合伙企业和有限合伙企业。

第三条 国有独资公司、国有企业、上市公司以及公益性的事业单位、社会团体不得成为普通合伙人。

第四条 合伙协议依法由全体合伙人协商一致、以书面形式订立。

第九条 申请设立合伙企业，应当向企业登记机关提交登记申请书、合伙协议书、合伙人身份证明等文件。

合伙企业的经营范围中有属于法律、行政法规规定在登记前须经批准的项目的，该项经营业务应当依法经过批准，并在登记时提交批准文件。

第十条 申请人提交的登记申请材料齐全、符合法定形式，企业登记机关能够当场登记的，应予当场登记，发给营业执照。

除前款规定情形外，企业登记机关应当自受理申请之日起二十日内，作出是否登记的决定。予以登记的，发给营业执照；不予登记的，应当给予书面答复，并说明理由。

第十一条 合伙企业的营业执照签发日期，为合伙企业成立日期。

合伙企业领取营业执照前，合伙人不得以合伙企业名义从事合伙业务。

《中华人民共和国民法典》

第九百六十七条 合伙合同是两个以上合伙人为了共同的事业目的，订立的共享利益、共担风险的协议。

第九百六十八条 合伙人应当按照约定的出资方式、数额和缴付期限，履行出资义务。

《企业名称登记管理规定》

第十六条第一款 企业名称由申请人自主申报。

第二十三条第一款 使用企业名称应当遵守法律法规，诚实守信，不得损害他人合法权益。

《中华人民共和国市场主体登记管理条例》

第三条第一款 市场主体应当依照本条例办理登记。未经登记，不得以市场主体名义从事经营活动。法律、行政法规规定无需办理登记的除外。

第二十一条第一款 申请人申请市场主体设立登记，登记机关依法予以登记的，签发营业执照。营业执照签发日期为市场主体的成立日期。

（二）合伙企业财产

合伙企业财产与合伙人个人财产相分隔，具有相对独立性。合伙人的出资、以合伙企业名义取得的收益和依法取得的其他财产，均为合伙企业的财产。

1. 合伙企业的财产构成。合伙企业的财产分为两部分：

（1）全体合伙人的出资，称为原始财产。它是全体合伙人为设立合伙企业按合伙协议规定而认缴的投资额，以及在合伙企业存续期间，新入伙的合伙人按合伙协议的约定向合伙企业的出资财产。需要明确的是，如果合伙人用劳务出资的，劳务只能属于出资人个人所有，不能成为合伙企业的共有财产；合伙企业的财产是指各合伙人实际缴付的出资额，而非各合伙人在合伙协议的约定中所须认购的出资额。

（2）合伙企业的各种收益，称为积累财产。即在合伙企业存续期间，全体合伙人共同经营合伙企业所创造的新价值。它包括合伙企业经营取得的利润，合伙企业受赠、受奖、受让的利益，合伙企业的债权，合伙企业以自己的名义取得的专利、商标以及合伙企业的非专利技术、服务标志、企业字号、企业商誉等无形财产。

2. 合伙企业财产的法律性质。合伙人的出资、以合伙企业名义取得的收益和依法取得的其他财产，均为合伙企业的财产。但是，合伙企业财产的法律性质应根据其出资方式不同进行区分。合伙人以劳务出资的，只能属于个人所有；合伙人以实物、货币等所有权作为出资的，该出资则归合伙人共同共有；合伙人以所有权以外的其他财产权利（用益物权、债权、知识产权的使用权，土地使用权等）出资的，则认定为是合伙人准共同共有。

合伙企业财产作为一个整体，不管是合伙人投入的财产，还是合伙企业经营积累的财产，在本质上只能是合伙人共同共有，即合伙人在合伙企业存续期间，全部共有财产只能由全体合伙人的共同意志而非个人意志支配。

合伙人在合伙企业清算前，不得分割合伙企业的财产，除非合伙协议另有约定。

3. 合伙企业财产的转让。合伙企业财产的转让可以分为外部转让和内部转让。

外部转让，合伙人向合伙人以外的人转让其在合伙企业中的全部或者部分财产份额时，须经其他合伙人一致同意。合伙人向合伙人以外的人转让其在合伙企业中的财产份额的，在同等条件下，其他合伙人有优先购买权；但是，合伙协议另有约定的除外。

内部转让，合伙人之间转让在合伙企业中的全部或者部分财产份额时，应当通知其他合伙人。

4. 合伙企业财产出质。合伙人以其在合伙企业中的财产份额出质的，须经其他合伙人一致同意；未经其他合伙人一致同意，其行为无效，由此给善意第三人造成损失的，由行为人依法承担赔偿责任。

法条链接

《中华人民共和国合伙企业法》

第二十条 合伙人的出资、以合伙企业名义取得的收益和依法取得的其他财产，均为合伙企业的财产。

第二十一条 合伙人在合伙企业清算前，不得请求分割合伙企业的财产；但是，本法另有规定的除外。

合伙人在合伙企业清算前私自转移或者处分合伙企业财产的，合伙企业不得以此对抗善意第三人。

第二十二条 除合伙协议另有约定外，合伙人向合伙人以外的人转让其在合伙企业中的全部或者部分财产份额时，须经其他合伙人一致同意。

合伙人之间转让在合伙企业中的全部或者部分财产份额时，应当通知其他合伙人。

第二十三条 合伙人向合伙人以外的人转让其在合伙企业中的财产份额的，在同等条件下，其他合伙人有优先购买权；但是，合伙协议另有约定的除外。

第二十四条 合伙人以外的人依法受让合伙人在合伙企业中的财产份额的，经修改合伙协议即成为合伙企业的合伙人，依照本法和修改后的合伙协议享有权利，履行义务。

第二十五条 合伙人以其在合伙企业中的财产份额出质的，须经其他合伙人一致同意；未经其他合伙人一致同意，其行为无效，由此给善意第三人造成损失的，由行为人依法承担赔偿责任。

《中华人民共和国民法典》

第九百六十九条 合伙人的出资、因合伙事务依法取得的收益和其他财产，属于合伙财产。

合伙合同终止前，合伙人不得请求分割合伙财产。

第九百七十四条 除合伙合同另有约定外，合伙人向合伙人以外的人转让其全部或者部分财产份额的，须经其他合伙人一致同意。

（三）合伙事务执行

1. 合伙企业事务。合伙企业事务是指处理合伙企业的内外部事务。合伙企业事务执行，是合伙人对合伙企业的经营管理以及合伙企业内对外关系的事务处理。合伙企业是由各合伙人共同出资、共同经营的，各合伙人都有参与合伙企业事务执行的同等权利。《合伙企业法》规定，合伙人对执行合伙事务享有同等的权利。

2. 合伙企业事务的执行。合伙企业事务既可以由全体合伙人共同执行；也可以按照合伙协议的约定或者经全体合伙人决定，委托一个或者数个合伙人对外代表合伙企业，执行合伙事务，其他合伙人不再执行合伙事务。执行事务合伙人应当定期向其他合伙人报告事务执行情况以及合伙企业的经营和财务状况，其执行合伙事务所产生的收益归合伙企业所有，所产生的费用和亏损由合伙企业承担。不执行合伙事务的合伙人有权监督执行事务合伙人执行合伙事务的情况。

合伙人分别执行合伙事务的，执行事务合伙人可以对其他合伙人执行的事务提出异议。提出异议时，应当暂停该项事务的执行。如果发生争议，按照合伙协议约定的表决办法办理。

3. 合伙企业事务的决议。合伙企业事务的决议方式，按照合伙协议约定的表决办法办理。合伙协议未约定或者约定不明确的，实行合伙人一人一票并经全体合伙人过半数通过的表决办法。《合伙企业法》对合伙企业的表决办法另有规定的，从其规定。但是，《合伙企业法》规定除合伙协议另有约定外，合伙企业的下列事项应当经全体合伙人一致同意：①改变合伙企业的名称；②改变合伙企业的经营范围、主要经营场所的地点；③处分合伙企业的不动产；④转让或者处分合伙企业的知识产权和其他财产权利；⑤以合伙企业名义为他人提供担保；⑥聘任合伙人以外的人担任合伙企业的经营管理人员。

4. 合伙企业的利润分配、亏损分担。合伙企业的利润分配、亏损分担，按照合伙协议的约定办理；合伙协议未约定或者约定不明确的，由合伙人协商决定；协商不成的，由合伙人按照实缴出资比例分配、分担；无法确定出资比例的，由合伙人平均分配、分担。合伙协议不得约定将全部利润分配给部分合伙人或者由部分合伙人承担全部亏损。

5. 合伙企业的财务、会计制度。财务会计制度是企业经营管理的基本活动，是通过货币价值形式，反映企业经营活动和资产运行情况，加强企业内部经营管理，增强经济效益的一项重要制度。

《合伙企业法》规定，合伙企业应当依照法律、行政法规的规定建立企业财务、会计制度。

合伙企业应当在每一会计年度终了时编制财务会计报告[1]，并依法经会计师事务所审计。财务会计报告应当依照法律、行政法规和国务院财政部门的规定制作。除法定的会计账册外，不得另立会计账册，不得以任何个人名义开立账户存储。

财务会计报告是执行事务的合伙人准确掌握合伙企业经营情况的重要手段，也是其他合伙了解合伙企业财产和经营状况的主要途径。财务会计报告的编制必须具备真实性、完整性和规范性。

法条链接

《中华人民共和国合伙企业法》

第二十八条 由一个或者数个合伙人执行合伙事务的，执行事务合伙人应当定期向其他合伙人报告事务执行情况以及合伙企业的经营和财务状况，其执行合伙事务所产生的收益归合伙企业，所产生的费用和亏损由合伙企业承担。

合伙人为了解合伙企业的经营状况和财务状况，有权查阅合伙企业会计账簿等财务资料。

（四）合伙企业与第三人关系

合伙企业与第三人的关系是合伙企业的对外关系，涉及善意第三人的利益保护、债务关系的处理等内容。

1. 合伙企业对外代表权的限制。合伙人对外代表合伙企业执行合伙事务时，其权利受到一定的限制。根据《合伙企业法》的规定，合伙企业对外代表权的限制表现在：一是合伙人不得自营或者同他人合作经营与本合伙企业相竞争的业务。除合伙协议另有约定或者经全体合伙人一致同意外，合伙人不得同本合伙企业进行交易。合伙人不得从事损害本合伙企业利益的活动。二是合伙企业的重大事项应当经全体合伙人一致同意，合伙人不得擅自决定并执行。三是不执行合伙事务的合伙人，不得对外代表合伙企业执行合伙事务。四是合伙人应当按照合伙协议的约定执行合伙事务，不得越权行使。

---

[1] 财务会计报告是指单位会计部门根据经过审核的会计账簿记录和有关资料，编制并对外提供的反映单位某一特定日期财务状况和某一会计期间经营成果、现金流量及所有者权益等会计信息的总结性书面文件。《中华人民共和国会计法》第20条第2款规定："财务会计报告由会计报表、会计报表附注和财务情况说明书组成。……"

2. 合伙企业对外代表权的限制不得对抗善意第三人。合伙企业对合伙人执行合伙事务以及对外代表合伙企业权利的限制，不得对抗善意第三人。对于合伙人执行权或代表权的限制，是合伙企业内部合伙人之间形成的限制，不适用于善意第三人。但第三人明知道合伙人无事务执行权或是合伙人与第三人恶意串通损害合伙企业利益的情况除外。

3. 合伙企业的债务责任。合伙企业对其存续期间发生的债务，应先以合伙企业全部财产进行清偿。合伙企业不能清偿到期债务的，合伙人承担无限连带责任。合伙人由于承担无限连带责任，清偿数额超过《合伙企业法》第33条第1款规定的亏损分担比例的，有权向其他合伙人追偿。

合伙人发生与合伙企业无关的债务，相关债权人不得以其债权抵销其对合伙企业的债务；也不得代位行使合伙人在合伙企业中的权利。合伙人的自有财产不足清偿其与合伙企业无关的债务的，该合伙人可以以其从合伙企业中分取的收益用于清偿；债权人也可以依法请求人民法院强制执行该合伙人在合伙企业中的财产份额用于清偿。

人民法院强制执行合伙人的财产份额时，应当通知全体合伙人，其他合伙人有优先购买权；其他合伙人未购买，又不同意将该财产份额转让给他人的，该合伙人办理退伙结算，或者办理削减该合伙人相应财产份额的结算。

（五）入伙、退伙

1. 入伙。入伙，是指在合伙企业存续期间，合伙人以外的第三人加入合伙企业并取得合伙人资格的法律行为。

入伙的条件和程序，依据《合伙企业法》的规定，新合伙人入伙，除合伙协议另有约定外，应当经全体合伙人一致同意，并依法订立书面入伙协议。入伙的新合伙人与原合伙人享有同等权利，承担同等责任。新合伙人对入伙前合伙企业的债务承担无限连带责任。

（1）新合伙人入伙，须经全体合伙人一致同意。合伙企业是典型的人合企业，合伙企业的设立是以合伙人之间的相互信任为基础的，而且合伙人对合伙企业债务共同承担无限连带责任。所以，合伙企业接纳新的合伙人入伙，必须经全体合伙人一致同意。

（2）依法订立书面入伙协议。入伙协议是新合伙人与原合伙人在平等自愿的基础上，就新合伙人的入伙以及入伙后的权利义务问题所达成的协议。《合伙企业法》规定，入伙需要依法订立书面入伙协议，明确入伙后的权利和义务。订立入伙协议时，原合伙人应向新合伙人告知原合伙企业的经营状况和财务状况。

（3）新合伙人的权利与责任。入伙的新合伙人与原合伙人享有同等权利，承担同等责任。新合伙人应履行认缴出资、亏损分担、竞业禁止等义务。入伙协议另有约定的，从其约定。

新合伙人对入伙前合伙企业的债务承担无限连带责任。

2. 退伙。退伙，是指在合伙企业存续期间，合伙人因一定的原因退出合伙企业，从而使其合伙人身份归于消灭的法律事实。根据退伙原因的不同，退伙可分为声明退伙、法定退伙和除名退伙。

（1）声明退伙是合伙人自愿作出退伙声明而退伙。在合伙协议约定的合伙期限内，如果有合伙协议约定的退伙事由出现、经全体合伙人一致同意、发生合伙人难以继续参加合伙的事由、其他合伙人严重违反合伙协议约定的义务等情形，合伙人可以声明退伙；合伙协议未约定合伙期限的，合伙人在未给合伙企业事务执行造成不利影响的情况下，也可以声明退伙，但应当提前30日通知其他合伙人。

（2）法定退伙是由于发生了合伙人丧失合伙资格的事由而依法使合伙人当然退伙。法定退伙的法定事由包括：作为合伙人的自然人死亡或者被依法宣告死亡；个人丧失偿债能力；作为合伙人的法人或者其他组织依法被吊销营业执照、责令关闭、撤销，或者被宣告破产；法律规定或者合伙协议约定合伙人必须具有相关资格而丧失该资格；合伙人在合伙企业中的全部财产份额被人民法院强制执行。

合伙人被依法认定为无民事行为能力人或者限制民事行为能力人的，经其他合伙人一致同意，可以依法转为有限合伙人，普通合伙企业依法转为有限合伙企业。其他合伙人未能一致同意的，该无民事行为能力或者限制民事行为能力的合伙人退伙。退伙事由实际发生之日为退伙生效日。

合伙人死亡或者被依法宣告死亡的，对该合伙人在合伙企业中的财产份额享有合法继承权的继承人，按照合伙协议的约定或者经全体合伙人一致同意，从继承开始之日起，取得该合伙企业的合伙人资格。有下列情形之一的，合伙企业应当向合伙人的继承人退还被继承合伙人的财产份额：①继承人不愿意成为合伙人；②法律规定或者合伙协议约定合伙人必须具有相关资格，而该继承人未取得该资格；③合伙协议约定不能成为合伙人的其他情形。合伙人的继承人为无民事行为能力人或者限制民事行为能力人的，经全体合伙人一致同意，可以依法成为有限合伙人，普通合伙企业依法转为有限合伙企业。全体合伙人未能一致同意的，合伙企业应当将被继承合伙人的财产份额退还该继承人。

（3）除名退伙是合伙人因作出某些损害合伙企业利益的行为而被其他合伙人除名的退伙。合伙人有下列情形之一的，经其他合伙人一致同意，可以决议将其除名：未履行出资义务；因故意或者重大过失给合伙企业造成损失；执行合伙事务时有不正当行为；发生合伙协议约定的事由。

对合伙人的除名决议应当书面通知被除名人。被除名人接到除名通知之日，除名生效，被除名人退伙。被除名人对除名决议有异议的，可以自接到除名通知之日起30日内向人民法院起诉。

（4）退伙的责任。退伙的效力是退伙人丧失合伙人资格，合伙人身份归于消失。

合伙人退伙的，其他合伙人应当与该退伙人按照退伙时的合伙企业财产状况进行结算，退还退伙人的财产份额。退伙人在合伙企业中财产份额的退还办法，由合伙协议约定或者由全体合伙人决定，可以退还货币，也可以退还实物。合伙人退伙时，合伙企业财产少于合伙企业债务的，退伙人应当依照合伙协议的约定分担亏损。

退伙人对给合伙企业造成的损失负有赔偿责任的，相应扣减其应当赔偿的数额。退伙时有未了结的合伙企业事务的，待该事务了结后进行结算。

退伙人对基于其退伙前的原因发生的合伙企业债务，承担无限连带责任。

（六）特殊的普通合伙企业

1. 特殊的普通合伙企业。特殊普通合伙企业是普通合伙企业的一种特殊形式，适用特殊普通合伙企业有关的规定；未作规定的，适用普通合伙企业的规定。特殊的普通合伙企业名称中应当标明"特殊普通合伙"字样。

以专业知识和专门技能为客户提供有偿服务的专业服务机构可以设立为特殊的普通合伙企业，如律师事务所、会计师事务所、医师事务所、设计师事务所等。

对于会计师事务所等以专业人员的专业知识和专门技能获取收益、经营风险也主要来自于专业人员的专业服务质量的营利性组织，如果采用公司形式、按股份比例分配利润，可能难以体现专业人员的特殊价值；如果采用普通合伙企业形式，当因某个合伙人的执业过失而给合伙企业带来巨额的赔偿责任时，则会使无过错的合伙人面临同样的无限连带责任风险，对其而言显得风险过大且有失公平。所以，《合伙企业法》在普通合伙企业中专门设置了"特殊的普通合伙企业"形式，使无过错的合伙人无须对其他合伙人的过错承担连带责任，以使专业服务机构的合伙人避免承担过度风险。所以，以专业知识和专门技能为客户提供有偿服务的专业服务机构，可以设立为特殊的普通合伙企业。

2. 特殊的普通合伙企业的责任承担。《合伙企业法》规定，一个合伙人或者数个合伙人在执业活动中因故意或者重大过失造成合伙企业债务的，应当承担无限责任或者无限连带责任，其他合伙人以其在合伙企业中的财产份额为限承担责任。这与普通合伙企业是不同的。在普通合伙企业中，合伙人即使是基于故意或者重大过失而给合伙企业造成债务，在对外责任的承担上依然是由全体合伙人承担无限连带责任，对内其他合伙人可以追索有过错的合伙人。而在特殊的普通合伙企业中，因个别合伙人的故意或者重大过失而导致合伙企业产生债务时，没有过错的其他合伙人只以其份额承担对外责任，当其他合伙人的份额不足以赔偿时，债权人只能追索有过错的合伙人。

合伙人在执业活动中非因故意或者重大过失造成的合伙企业债务以及合伙企业的其他债务，由全体合伙人承担无限连带责任。合伙人执业活动中因故意或者重大过失造成的合伙企业债务，以合伙企业财产对外承担责任后，该合伙人应当按照合伙协议的约定对给合伙企业造成的损失承担赔偿责任。

特殊的普通合伙企业在责任制度的设置上体现了对无过错的合伙人的保护，但是，对于合伙企业的相对人，则可能使其遭受"受害越深赔偿越少"的不合理境遇。因为，其损失能否得到全体合伙人的连带责任赔偿取决于办理该项业务的合伙人的过错程度，如果为其服务的合伙人属于故意或重大过失，其获得的赔偿只能来自合伙企业财产以及相关合伙人的个人财产；反之，如果合伙人不存在故意或重大过失，则由全体合伙人承担无限连带责任。为平衡各方利益，使合伙企业的债权人能够获得合理的权益保障，《合伙企业法》特别规定，特殊的普通合伙企业应当建立执业风险基金、办理职业保险。执业风险基金用于偿付合伙人执业活动造成的债务。

三、有限合伙企业

有限合伙企业是由普通合伙人和有限合伙人组成，普通合伙人对合伙企业债务承担无限连带责任，有限合伙人以其认缴的出资额为限对合伙企业债务承担有限责任的营利性组织。

有限合伙企业为有限合伙人提供了有限责任保护，这与对合伙企业债权人的保护形成一种矛盾关系。为此，《合伙企业法》从保护债权人的角度出发，做出了相应的制度设计。有限合伙企业及其合伙人除适用《合伙企业法》第二章第一节至第五节关于普通合伙企业及其合伙人的规定外，《合伙企业法》对有限合伙企业及其合伙人作了特别的规定，具体体现在：

（一）合伙企业的设立

设立合伙企业，依法应当具备以下条件：

1. 有2个以上50个以下合伙人。根据《合伙企业法》的规定，有限合伙企业由2个以上50个以下合伙人设立；但是，法律另有规定的除外。有限合伙企业合伙人的人数既有下限的规定，也有上限的限制，并且要求有限合伙企业至少应当有1个普通合伙人。有限合伙企业如果仅剩有限合伙人的，应当解散。有限合伙企业仅剩普通合伙人的，转为普通合伙企业。

2. 书面合伙协议。有限合伙协议应当符合《合伙企业法》第18条的规定，需要记载普通合伙企业协议应当载明的事项外，还应当载明下列事项：①普通合伙人和有限合伙人的姓名或者名称、住所；②执行事务合伙人应具备的条件和选择程序；③执行事务合伙人权限与违约处理办法；④执行事务合伙人的除名条件和更换程序；⑤有限合伙人入伙、退伙的条件、程序以及相关责任；⑥有限合伙人和普通合伙人相互转变程序。

3. 有合伙人的出资。有限合伙企业的合伙人出资要求除符合《合伙企业法》第16、17条规定外，《合伙企业法》还规定，有限合伙人可以用货币、实物、知识产权、土地使用权或者其他财产权利作价出资，但不得以劳务出资。有限合伙人应当按照合伙协议的约定按期足额缴纳出资；未按期足额缴纳的，应当承担补缴义务，并对其他合伙人承担违约责任。有限合伙企业登记事项中应当载明有限合伙人的姓名或者名称及认缴的出资数额。

4. 有企业的名称。企业名称由申请人自主申报。《合伙企业法》规定，有限合伙企业名称中应当标明"有限合伙"字样。

有限合伙企业与普通合伙企业一样需要有生产经营场所。有限合伙企业必须经依法登记，领取合伙企业营业执照后，方可从事经营活动。

（二）有限合伙企业事务执行

1. 事务执行方式。有限合伙企业的事务由普通合伙人执行。执行事务合伙人可以要求在合伙协议中确定执行事务的报酬及报酬提取方式。

2. 有限合伙人不得执行合伙事务。有限合伙人不执行合伙事务，不得对外代表有限合伙企业。有限合伙人的下列行为，不视为执行合伙事务：①参与决定普通合伙人入伙、退伙；②对企业的经营管理提出建议；③参与选择承办有限合伙企业审计业务的会计师事务所；④获取经审计的有限合伙企业财务会计报告；⑤对涉及自身利益的情况，查阅有限合伙企业财务会计账簿等财务资料；⑥在有限合伙企业中的利益受到侵害时，向有责任的合伙人主张权利或者提起诉讼；⑦执行事务合伙人怠于行使权利时，督促其行使权利或者为了本企业的利益以自己的名义提起诉讼；⑧依法为本企业提供担保。

（三）有限合伙企业的利润分配、亏损分担

有限合伙企业不得将全部利润分配给部分合伙人；但是，合伙协议另有约定的除外。

（四）有限合伙企业的责任承担

有限合伙企业的债务，依据《合伙企业法》的规定，普通合伙人对合伙企业债务承担无限连带责任，有限合伙人以其认缴的出资额为限对合伙企业债务承担责任。

第三人有理由相信有限合伙人为普通合伙人并与其交易的，该有限合伙人对该笔交易承担与普通合伙人同样的责任。有限合伙人未经授权以有限合伙企业名义与他人进行交易，给有限合伙企业或者其他合伙人造成损失的，该有限合伙人应当承担赔偿责任。

（五）有限合伙企业的入伙与退伙

1. 入伙。新入伙的有限合伙人对入伙前有限合伙企业的债务，以其认缴的出资额为限承担责任。

2. 退伙。有限合伙人有《合伙企业法》第 48 条第 1 款第 1 项、第 3 项至第 5 项所列情形之一的，当然退伙。

作为有限合伙人的自然人在有限合伙企业存续期间丧失民事行为能力的，其他合伙人不得因此要求其退伙。

作为有限合伙人的自然人死亡、被依法宣告死亡或者作为有限合伙人的法人及其他组织终止时，其继承人或者权利承受人可以依法取得该有限合伙人在有限合伙企业中的资格。

有限合伙人退伙后，对基于其退伙前的原因发生的有限合伙企业债务，以其退伙时从有限合伙企业中取回的财产承担责任。

（六）有限合伙企业的合伙人特殊规定

1. 合伙企业合伙人的性质转变。普通合伙人转变为有限合伙人，或有限合伙人转变为普通合伙人，应经全体合伙人一致同意，但合伙协议另有约定除外。

有限合伙人转变为普通合伙人的，对其作为有限合伙人期间合伙企业发生的债务承担无限连带责任。普通合伙人转变为有限合伙人的，对其作为普通合伙人期间合伙企业发生的债务承担无限连带责任，对之后作为有限合伙人期间合伙企业发生的债务承担有限责任。

2. 有限合伙人的权利。除合伙协议另有约定以外，有限合伙人具有不同于普通合伙人的权利：

（1）有限合伙人可以同本有限合伙企业进行交易；

（2）有限合伙人可以自营或者同他人合作经营与本有限合伙企业相竞争的业务；

（3）有限合伙人可以将其在有限合伙企业中的财产份额出质；

（4）有限合伙人可以按照合伙协议的约定向合伙人以外的人转让其在有限合伙企业中的财产份额，但应当提前30日通知其他合伙人。

（5）有限合伙人的自有财产不足以清偿其与合伙企业无关的债务的，该合伙人可以以其从有限合伙企业中分取的收益用于清偿；债权人也可以依法请求人民法院强制执行该合伙人在有限合伙企业中的财产份额用于清偿。

（6）作为有限合伙人的自然人死亡、被依法宣告死亡或者作为有限合伙人的法人及其他组织终止时，其继承人或者权利承受人可以依法取得该有限合伙人在有限合伙企业中的资格。

四、合伙企业解散和清算

合伙企业有期限届满、约定的解散事由出现、合伙人已不具备法定人数、被吊销营业执照等法定的解散情形的，应当解散。

合伙企业解散，应当由清算人进行清算。清算人由全体合伙人担任；经全体合伙人过半数同意，可以指定一个或者数个合伙人，或者委托第三人担任清算人。自合伙企业解散事由出现之日起15日内未确定清算人的，合伙人或者其他利害关系人可以申请人民法院指定清算人。

清算期间,合伙企业存续,但不得开展与清算无关的经营活动。

清算结束,清算人应当编制清算报告,经全体合伙人签名、盖章后,向企业登记机关报送清算报告,申请办理合伙企业注销登记。合伙企业注销后,原普通合伙人对合伙企业存续期间的债务仍应承担无限连带责任。

合伙企业不能清偿到期债务的,债权人可以依法向人民法院提出破产清算申请,也可以要求普通合伙人清偿。合伙企业依法被宣告破产的,普通合伙人对合伙企业债务仍应承担无限连带责任。

▶ 导入案例分析

1. 案例分析,最高人民法院二审认为:本案当事人之间转让合伙财产份额有特别约定的情况下,首先需要对该合伙财产份额转让特约的效力进行认定。

案涉新能源基金为有限合伙。《合伙协议》约定,有限合伙人转让或出质财产份额,除另有约定外,须经全体合伙人一致同意。《合伙协议》关于合伙财产份额的约定可以明确,新能源基金之合伙人在订立《合伙协议》时,已经基于合伙经营的人合性属性,明确要求合伙人之间转让合伙财产份额需经全体合伙人一致同意。在《合伙协议》系订约各合伙人真实意思表示的情况下,该协议中关于合伙人之间转让合伙财产份额的特约,并不违反法律、行政法规的强制性规定,也不违背公序良俗,合法有效。

2. 《转让协议书》自当事人意思表示一致时即成立,但是,在案涉《合伙协议》已经明确约定合伙人之间转让合伙财产份额需经全体合伙人一致同意的情况下,该《转让协议书》欲生效,尚需要满足全体合伙人一致同意的条件。而在其他合伙人未对该合伙财产份额转让明确同意之前,案涉《转让协议书》属于合同成立未生效的状态。因新能源基金有限合伙人吉林省城建实业有限公司和营口红佳投资有限公司明确不同意邢某荣向鼎典泰富公司转让合伙财产份额,已经确定不能取得全体合伙人同意,故该《转让协议书》确定不生效,不能在当事人之间产生履行力。一审判决鼎典泰富公司继续履行该协议书,违反《合伙协议》约定的合伙财产份额转让需要征得全体合伙人一致同意的共同意思表示,也违反《合伙协议》关于未经全体合伙人一致同意有限合伙不能转变为普通合伙、普通合伙不能转变为有限合伙的共同意思表示。

3. 案涉《转让协议书》不生效及不存在无效事由。从结果上看,合同确定不生效所产生的合同不具有履行力的法律效果,与合同无效所产生的合同不具有履行力的法律效果是相同的。

二审遂判决,撤销一审判决,驳回了邢某荣的诉讼请求。

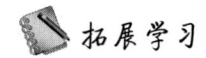

拓展学习

特殊的普通合伙企业的合伙人的责任

特殊的普通合伙企业在特定的合伙企业债务上对无过错合伙人给予有限责任保护。《合伙企业法》分类、分层确定特殊的普通合伙企业的合伙人的责任。

分类是指根据合伙人对企业的债务是否存在主观故意或重大过失，将其对合伙企业债务承担责任区别为三类：第一类是合伙人在执业活动中有主观故意或重大过失而造成合伙企业债务的，应当承担无限责任或者无限连带责任，其他合伙人以其在合伙企业中的财产份额为限承担责任；第二类是合伙人对合伙企业执业中产生的债务没有故意或重大过失，由全体合伙人承担无限连带责任；第三类是合伙企业的并非发生在执业中的其他债务，由全体合伙人承担无限连带责任。

分层是指合伙人在执业活动中因故意或者重大过失造成的合伙企业债务，先以合伙企业财产对外承担责任。之后，该合伙人应当按照合伙协议的约定对给合伙企业造成的损失承担赔偿责任。

【拓展阅读】

1. 张民安、王迎春：《有限合伙法律制度研究》，载《中国商法年刊（2006）——合伙与合作社法律制度研究》，北京大学出版社2007年版。

2. 王利明：《论合伙协议与合伙组织体的相互关系》，载《当代法学》2013年第4期。

3. 姬广勇、赵成文：《合伙企业解散的司法认定》，载《人民法院报》2016年6月23日，第6版。

4. 肖光亮、马颖斋：《有限合伙人的知情权保护》，载《人民司法》2020年第35期。

5. 唐国：《普通合伙人连带破产适用的法理分析》，华中师范大学2018年硕士学位论文。

6. 王春羊：《有限合伙企业债权人利益的保护》，东北财经大学2016年硕士学位论文。

【思考与练习】

1. 作为普通合伙人的自然人死亡的，其继承人可否继承其合伙人资格而成为合伙人？为什么？

2. 普通合伙企业不能清偿到期债务的，可否适用破产制度？

3. 甲、乙、丙、丁打算设立一家普通合伙企业。下列表述正确的是（　　）。

A. 社会团体成为普通合伙人

B. 如乙仅以其房屋使用权作为出资，则不必办理房屋产权过户登记

C. 各合伙人不得以劳务作为出资

D. 合伙协议经全体合伙人签名盖章并经登记后生效

4. 关于合伙企业的利润分配，按照合伙协议的约定办理；合伙协议未约定或者约定不明确的，由合伙人协商决定；协商不成的，（　　）。

A. 应当由全体合伙人平均分配

B. 应当由全体合伙人按实缴出资比例分配

C. 应当由全体合伙人按合伙协议约定的出资比例分配

D. 应当按合伙人的贡献决定如何分配

5. 根据《合伙企业法》的规定，下列选项正确的是（　　）。

A. 有限责任公司不能成为普通合伙人

B. 个人丧失偿债能力的，不能成为普通合伙人

C. 无民事行为能力人或者限制民事行为能力人，可以成为有限合伙人

D. 夫妻不能在同一个合伙企业中同时成为普通合伙人

6. 合伙企业登记事项发生变更的，执行合伙事务的合伙人应当自作出变更决定或者发生变更事由之日起（　　）内，向企业登记机关申请办理变更登记。

A. 10 日　　　　B. 15 日　　　　C. 20 日　　　　D. 25 日

7. 下列关于有限合伙企业中有限合伙人入伙与退伙的表述，符合《合伙企业法》规定的是（　　）。

A. 新入伙的有限合伙人对入伙前有限合伙企业的债务，以其实缴的出资额为限承担责任

B. 作为有限合伙人的自然人，有限合伙企业存续期间丧失民事行为能力的，该有限合伙人当然退伙

C. 退伙后的有限合伙人对于基于其退伙前的原因发生的有限合伙企业的债务，以其退伙时从有限合伙企业中取回的财产为限承担责任

D. 退伙后的有限合伙人对基于其退伙前的原因发生的有限合伙企业的债务，以其认缴的出资额为限承担责任

8. 甲是某合伙企业中的有限合伙人，在该合伙企业经营过程中，甲共取得分配的利润 5 万元。后来，甲因故退伙，退伙清算时甲从该合伙企业分得财产价值 2 万元。甲对基于其退伙前的原因发生的合伙企业债务，承担清偿责任的数额是（　　）万元。

A. 0　　　　　　B. 2　　　　　　C. 5　　　　　　D. 7

情景训练

庄某原在某镇上坡村建有一养牛场，2002 年 8 月，刘某、邓某与庄某达成协议，约定合伙成立锦绣山锌制品厂，合伙经营期 5 年，经营场所在庄某的养牛场院内。合伙协议签订后，邓某出面办理了企业登记手续，工商局为锦绣山锌制品厂签发了合伙企业营业执照，工商登记材料记载刘某出资 15 万元、庄某出资 10 万元、邓某出资 5 万

元。庄某将场院和院内原有房屋一座交与锦绣山锌制品厂经营使用,刘某出资13万元新建一座厂房,邓某提供了一些生产设备和工具。由于技术和市场变化等原因,锦绣山锌制品厂试生产不久即处于歇业状态,账上无存款、无外债,一直未进行清算。2009年2月,庄某将除刘某出资所建厂房以外的整座厂院卖给他人,得款16万元。刘某和邓某得知此事,找到庄某,提出厂院仍是合伙企业财产,庄某擅自出售厂院行为无效,主张要么追回被出售的厂院,要么庄某将16万元交回厂里,归入合伙企业财产。庄某主张其出售的是自己的场院和房屋,与刘、邓无关,不同意他们的主张。刘、邓遂诉至法院。

【训练目的及要求】

1. 结合实际案情和《合伙企业法》的相关知识,训练学生分析判断商事主体的类型和性质的能力。

2. 使学生掌握处理合伙企业法律事务的能力。

【训练步骤】

1. 学生推选两方代表,分别代表争议双方,并围绕争议焦点准备辩论资料。

2. 双方代表就案件争议问题进行辩论。

3. 在老师指导下全体学生对双方代表的观点进行评价。

【工作任务】

1. 什么财产属于合伙企业财产?合伙企业财产与合伙人财产有何不同?

2. 庄某出售厂院的行为是否有效?出售厂院所得16万元应归谁?

项目二 个人独资企业

导入案例

2008年,王某独自投资设立个人独资企业宏达塑料制品厂从事塑料制品生产,王某自行管理宏达塑料制品厂事务。2009年,宏达塑料制品厂多次向广盛贸易公司购买原料,至2009年12月23日,结欠货款73 350元,双方约定于2010年12月底前还清。2010年7月3日,王某将宏达塑料制品厂整体转让给梁某,并于当天在工商行政管理部门办理了企业变更登记,将宏达塑料制品厂的投资人变更登记为梁某。2010年12月底,广盛贸易公司依约向宏达塑料制品厂讨要货款,宏达塑料制品厂以该货款是原投资人王某所欠、与现投资人梁某无关为由,拒绝支付该货款,主张广盛贸易公司只能向宏达塑料制品厂原投资人王某追讨该笔货款。

【问题】

1. 在与广盛贸易公司的采购原料的买卖关系中,王某与宏达塑料制品厂谁是当事人?

2. 变更投资人后的宏达塑料制品厂是否应当对广盛贸易公司所主张的货款承担偿还责任?

基本原理

一、个人独资企业概述

(一) 个人独资企业的概念

个人独资企业,是指依照《个人独资企业法》在中国境内设立,由一个自然人投资,财产为投资人个人所有,投资人以其个人财产对企业债务承担无限责任的经营实体。

(二) 个人独资企业的特征

个人独资企业不具备法人资格。在商法理论上,个人独资企业被视同个人商号,归类于商个人,其主要特征是:

1. 个人独资企业由一个自然人单独投资。法律不允许自然人以外的其他主体投资设立个人独资企业。个人独资企业的投资人必须是依法可以从事营利性活动的人,法律、行政法规禁止从事营利性活动的人,不得作为投资人申请设立个人独资企业。

2. 个人独资企业的财产为投资人个人所有。个人独资企业的资本只来源于单个投资人的投资,按照谁投资、谁收益的原则,个人独资企业的经营成果、全部财产应当归投资人个人所有。个人独资企业的投资人对个人独资企业的财产,与其个人的其他财产并无实质上的区别。

3. 个人独资企业的投资人以其个人财产对企业债务承担无限责任。个人独资企业为其投资人一人所拥有,收益为其个人所得,企业的风险、债务也理当由其个人承担。并且,由于个人独资企业的财产与其投资人的其他个人财产在本质上是一致的,投资人的其他个人财产也应当与企业的财产一起构成清偿企业债务的基础。个人独资企业投资人在申请企业设立登记时明确以其家庭共有财产作为个人出资的,应当依法以家庭共有财产对企业债务承担无限责任。

4. 个人独资企业是一个经营实体。个人独资企业必须是一个实际存在的从事生产经营的实体,并且是能够实际享有权利和承担责任的主体。个人独资企业不等同于其投资人,而是与其投资人相分离,其人格、财产和责任均具有相对独立性。具体表现为:个人独资企业有自己的企业名称,以个人独资企业的名义从事经营活动,有独立的权利能力和行为能力;个人独资企业的财产具有相对的稳定性,投资人的投资和企业的盈利积累在企业财务制度上独立于投资人个人其他财产;个人独资企业在对其债务的承担上,应先以其独立的企业自身财产承担责任,只有当个人独资企业的财产不足以清偿债务时,才由投资人以其个人其他财产予以清偿。因为个人独资企业是一个相对独立的经营实体，我国允许个人独资企业被转让或被继承，个人独资企业的投资人变更并不导致个人独资企业的消灭。

二、个人独资企业的设立

设立个人独资企业应当具备的条件包括：投资人为一个自然人；有合法的企业名称；有投资人申报的出资；有固定的生产经营场所和必要的生产经营条件；有必要的从业人员。个人独资企业的名称应当与其责任形式及从事的营业活动相符合。对于投资人对个人独资企业的出资数额，法律未作限制或要求。法律也未干预个人独资企业的内部机构设置。

投资人设立个人独资企业，应当向个人独资企业所在地的登记机关提出设立申请，领取营业执照后方可从事经营活动。个人独资企业经申请登记也可设立分支机构。

三、个人独资企业的事务管理

个人独资企业投资人可以自行管理企业事务，也可以委托或者聘用其他具有民事行为能力的人负责企业的事务管理。投资人委托或者聘用他人管理个人独资企业事务的，应当与受托人或者被聘用的人签订书面合同，明确委托的具体内容和授予的权利范围。受托人或者被聘用的人员应当履行诚信、勤勉义务，按照与投资人签订的合同负责个人独资企业的事务管理。投资人对受托人或者被聘用的人员职权的限制，不得对抗善意第三人。

四、个人独资企业的解散和清算

个人独资企业的投资人决定解散或投资人死亡或者被宣告死亡、无继承人或者继承人决定放弃继承等法定情形时，应当解散。

个人独资企业解散，由投资人自行清算或者由债权人申请人民法院指定清算人进行清算。

个人独资企业解散后，原投资人对个人独资企业存续期间的债务仍应承担偿还责任，但债权人在5年内未向债务人提出偿债请求的，该责任消灭。个人独资企业财产不足以清偿债务的，投资人应当以其个人的其他财产予以清偿。

▶ 导入案例分析

导入案例中，宏达塑料制品厂是个人独资企业，王某是其投资人。个人独资企业是能够以自己的名义从事经营活动并能够实际享有权利和承担责任的主体，企业经营产生的债务，先以企业自身财产承担责任，企业的财产不足以清偿债务时，才由投资人以其个人其他财产予以清偿。个人独资企业不等同于其投资人，个人独资企业的投资人变更的，个人独资企业的主体身份仍然延续，并非新企业产生或原企业消灭。因此，在与广盛贸易公司的采购原料的买卖关系中，宏达塑料制品厂是当事人，变更投资人后的宏达塑料制品厂仍然应当对广盛贸易公司所主张的货款承担偿还责任。

拓展学习

个人独资企业和一人有限责任公司

个人独资企业和一人有限责任公司都是一个投资主体；都需要依法设置会计账簿，进行会计核算；都可以设立分支机构，向登记机关申请登记，领取营业执照。但二者存在区别。

1. 投资主体不同。个人独资企业投资主体只能是一个自然人投资，个人独资企业的名称应当与其责任形式及从事的业务相符合；而一人有限责任公司的投资主体可以是自然人，也可以是法人，即只有一个自然人股东或者一个法人股东，必须在公司名称中标明有限责任公司或者有限公司字样，同时应当在公司登记中注明自然人独资或者法人独资，并在公司营业执照中载明。

2. 财产性质不同。个人独资企业投资的财产为投资人个人所有；一人有限责任公司的财产为公司所有。

3. 责任形式不同。个人独资企业投资是非企业法人，其投资人以其个人财产对企业债务承担无限责任；一人有限责任公司是企业法人，有独立的法人财产，享有法人财产权，公司以其全部财产对公司的债务承担责任，股东以其认缴的出资额为限对公司承担责任，如果一人有限责任公司的股东不能证明公司财产独立于股东自己的财产的，应当对公司债务承担连带责任。

【拓展阅读】

1. 葛书环、杨凤义：《个人独资企业的法律地位》，载《法制与社会》2020年第8期。

2. 周金多、吴卫星：《个人独资企业债务清偿》，载《中外企业家》2017年第6期。

【思考与练习】

1. 个人独资企业的投资人对企业债务承担什么责任？（　　）

A. 以出资额为限对企业债务承担责任

B. 以企业财产为限对企业债务承责任

C. 以其个人财产对企业债务承担无限责任

D. 以其个人财产对企业债务承担连带无限责任

2. 个人独资企业分支机构的民事责任（　　）。

A. 由分支机构独立承担

B. 由设立分支机构的个人独资企业承担

C. 由设立分支机构的个人独资企业的投资人承担

D. 由设立分支机构的个人独资企业和其投资人共同承担

情景训练

张某设立了个人独资企业，经过几年的经营，盈利15万元。后因投资人张某年老体弱，很难管理经营企业，便委托李某管理企业。由于李某没有管理经验，不善于经营，导致企业连年亏损，最后欠下债务20万元。企业很难再维持下去，准备解散和清算。

【训练目的及要求】

1. 结合实际案情和《个人独资企业法》的相关规定，训练学生分析判断商事主体的类型和性质的思维能力。

2. 使学生掌握处理个人独资企业法律事务的技能。

【训练步骤】

1. 学生推选两方代表，分别代表争议双方，并围绕争议焦点准备辩论资料。

2. 双方代表就案件争议问题进行辩论。

3. 在老师指导下全体学生对双方代表的观点进行评价。

【工作任务】

1. 个人独资企业的投资人张某可否决定解散企业？由谁进行清算？

2. 个人独资企业的债务如何承担？如果个人独资企业财产不足以清偿债务，如何处理？

单元四

证券法律实务

知识目标

1. 掌握证券的概念和类别。
2. 熟悉股票和债券等基本证券。
3. 了解处理证券事务的主要证券法律依据。

能力目标

本单元的能力目标是培养学生处理证券相关法律实务的能力。通过本单元的学习，使学生掌握证券发行和证券交易的基本规则，能运用相关法律知识分析、处理证券发行申请的法律服务、证券交易等过程中的法律实务，并能分析判断证券交易中的违法行为。

内容结构图

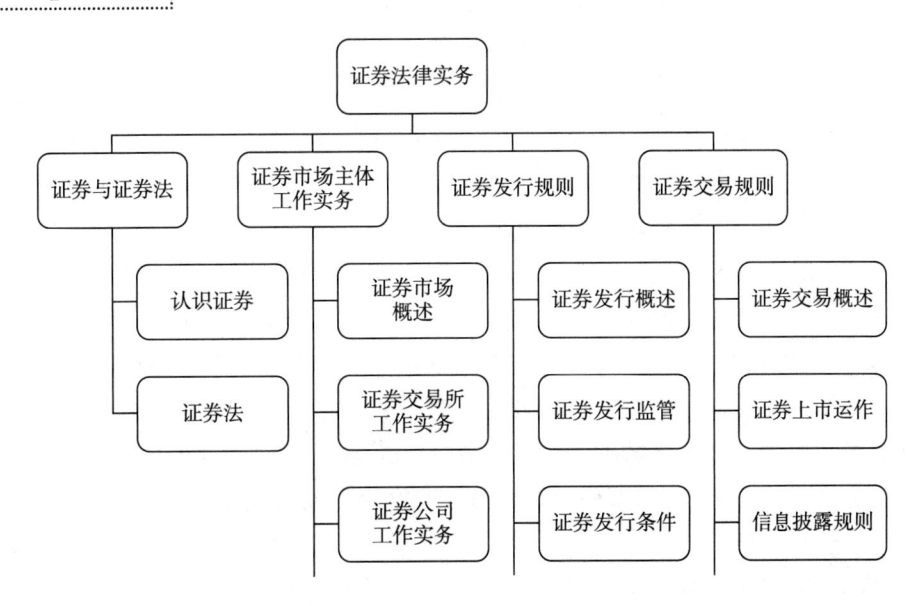

```
                        证券法律实务
         ┌──────────────┬──────────────┬──────────────┐
     证券与证券法   证券市场主体    证券发行规则    证券交易规则
                    工作实务
         │              │              │              │
       认识证券       证券市场       证券发行概述    证券交易概述
                      概述
         │              │              │              │
       证券法        证券交易所     证券发行监管    证券上市运作
                    工作实务
                        │              │              │
                     证券公司       证券发行条件    信息披露规则
                     工作实务
```

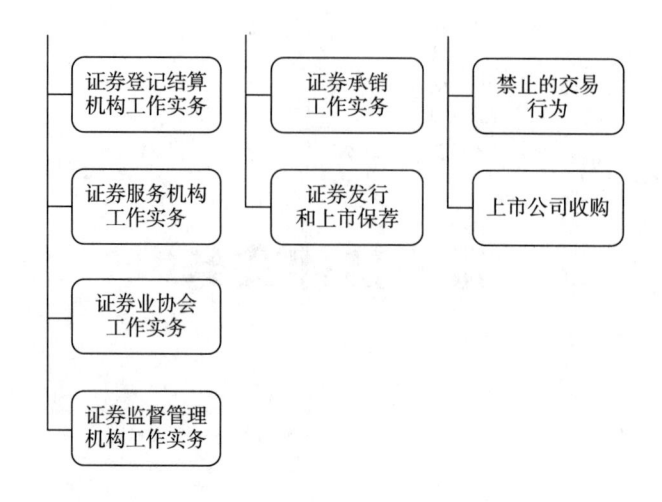

```
证券登记结算      证券承销       禁止的交易
机构工作实务     工作实务         行为

证券服务机构     证券发行
工作实务        和上市保荐       上市公司收购

证券业协会
工作实务

证券监督管理
机构工作实务
```

项目一　证券与证券法

导入案例[1]

深圳某某源矿业投资股份有限公司（以下简称某某源公司）于2013年5月注册成立，主要经营矿业项目投资、矿业开发等项目，股东为张某洲、池某艳、关某语等17个自然人及深圳市某吉投资基金管理有限公司。某某源公司自成立以来，未经证监部门批准，以公司计划在加拿大多伦多证券交易所创业板上市，购买公司原始股上市后可以获得高额回报为名，由公司工作人员或公司股东通过电话联系自己的亲戚、朋友，吸收上述人群成为投资者。新的投资者再以"口口相传"等公开、变相公开方式吸引更多的投资者购买公司股票，股价为3.8元每股（后变更为1元每股）。投资者有意向购买公司股票时，公司组织投资者召开上市业务说明会或邀请投资者到公司结合幻灯片演示详细了解公司情况及增发股票业务。投资者通过银行转账、POS机刷卡、缴纳现金等方式支付购股款项后，与某某源公司签订《股份认购协议书》《股权确认书》，作为投资者认购、持有公司股票的证明。投资者未参与公司的实际经营，甚至对公司的经营状况不了解。公司对成功吸收投资者的员工予以提成奖励，鼓励员工向不特定对象推介公司股票。某某源公司收取投资者的股份认购款后主要用于支付公司员工工资、介绍他人购买股票提成、租用办公场地、员工出差、公司日常运作等。截至2014年6月12日，某某源公司向五十余名投资者收取股本金人民币462.3万元。

张某洲作为某某源公司的法定代表人、董事长、总经理，负责公司运作成立、总体经营管理、增发股票及借款业务的提议及决策等。池某艳作为某某源公司的股东、监事、副总经理，负责协助张某洲经营管理、制作公司增发股票业务的有关宣传资料、

---

〔1〕　资料来源：广东省高级人民法院（2015）粤高法刑二终字第238号刑事裁定书。

参与组织面向投资者的上市说明会、向投资者介绍洽谈增发股票业务、组织公司员工内部培训等。关某语作为某某源公司的股东、行政前台、行政经理,负责公司行政事务、参与组织面向投资者的上市说明会、向投资者介绍增发股票业务、组织公司员工内部培训等。黄某来作为某某源公司的行政前台,负责联系客户购买公司股票、参与向投资者介绍增发股票业务、组织公司员工内部培训等。

本案经审理后,法院认为,深圳某某源矿业投资股份有限公司未经国家有关主管部门批准,擅自发行股票,数额巨大。张某洲作为该公司直接负责的主管人员,池某艳、关某语、黄某来作为直接责任人员,其行为已构成擅自发行股票罪。法院判决张某洲、池某艳、关某语、黄某来犯擅自发行股票罪,分别判处有期徒刑 11 个月到 2 年不等,冻结的银行存款人民币 154 795.1 元,按比例返还给各被害人。

【问题】

1. 什么是股票?发行股票适用《公司法》还是《证券法》?
2. 公开发行股票是否必须经过主管部门核准?

基本原理

一、认识证券

(一) 证券的概念

证券是用以表明各类财产所有权或债权的书面凭证。

证券不同于证书,两者虽同为书面凭证,但证书(如出生证)仅证明一定的法律事实或法律行为曾经发生,不能直接决定当事人之间权利义务是否存在及其权利义务的状态;而证券不仅记载并证明一定的权利,其本身就代表一定的权利,证券所代表的权利不能离开证券而独立存在,行使证券权利必须持有证券。

证券是一个外延广泛的概念,在不同的语境中,"证券"一词的意义不同。广义的证券,包括有价证券和无价证券。无价证券是不能使持有人或第三者取得一定收入的证券,其证券权利无法或难以用财产价值尺度来衡量,如商品供应券;有价证券是有一定的票面金额,具有财产价值,能够给证券持有人带来预期收益的证券。有价证券包括货币证券和资本证券。货币证券是代表一定数量的货币请求权的证券,如汇票、本票、支票,它们通常被称为商业票据,适用《票据法》;资本证券是证明持券人对其投资享有收益分配请求权的证券,具有融资和获取收益的双重职能,包括股票、债券和其他形式的资本证券。狭义的证券,是指资本证券。

《证券法》上的证券,仅指资本证券。我国《证券法》第 2 条第 1、2、3 款规定,在中华人民共和国境内,股票、公司债券、存托凭证和国务院依法认定的其他证券的发行和交易,适用《证券法》;《证券法》未规定的,适用《公司法》和其他法律、行政法规的规定。政府债券、证券投资基金份额的上市交易，适用《证券法》；其他法律、行政法规另有规定的，适用其规定。资产支持证券、资产管理产品发行、交易的管理办法，由国务院依照《证券法》的原则规定。可见，《证券法》规定的证券是指股票、债券和其他形式的资本证券。本单元所讲的证券，也仅指资本证券。

（二）证券的法律特征

1. 证券是资本性的权利凭证。证券是表明持券人对证券发行人的投资的凭证，持券人购买证券，意味着持券人将资金向证券发行人进行投资，并借以获取投资收益。这是证券与商业票据的根本区别。

2. 证券是收益性的权利凭证。证券是证明持券人对其投资享有收益分配请求权的凭证，持券人有权获取证券所代表的投资所产生的收益；同时，持券人可以通过转让证券收取对价，获取交易收益。

3. 证券是要式凭证。证券的内容和格式实行统一的标准，这使证券权利的计算和交易变得便捷，也使证券交易与一般的产权交易相区别。

4. 证券是风险投资工具。持券人面临着预期投资收益不能实现，甚至本金也受到损失的风险。

5. 证券是流通性凭证。证券可以依法自由流通转让，这使持券人得以便利地获取证券交易收益，规避证券风险。证券的可流通性是证券生命力之所在。

（三）我国证券的类型

《证券法》规定的证券类型包括：

1. 股票。股票是股份有限公司发行的用以证明股东所持股份并据以按股份享受权益和承担义务的凭证。

股票是一种证权证券。股票上的股东权因股东向股份有限公司投资这一法律事实而产生，股份有限公司向股东签发股票只是对股东所拥有的股权的证明。股票具有不可偿还性，股份有限公司发行股票收取股款不负偿还义务，除法定情形外，持股人不能向发行人主张退股。

根据不同的分类标准，可以对股票做不同分类：

（1）按照股票是否记载股东姓名或名称，股票可以分为记名股票和无记名股票。

（2）按照股东权利的不同，股票可以分为普通股股票和优先股股票。优先股股份持有人优先于普通股股东分配公司利润和剩余财产，但参与公司决策管理等权利受到限制。

2013年11月30日，国务院发布《国务院关于开展优先股试点的指导意见》，开展优先股试点。

（3）按照股票是否可在证券交易所上市交易，股票可以分为上市公司股票和非上市公司股票。

(4) 按照股票的上市场所和购买主体的不同，我国内地的上市公司股票还有 A 种股票和 B 种股票之分。A 股即人民币普通股票，是股份有限公司发行的以人民币表示面值、在中国内地的证券交易所上市交易的股票；B 股也叫人民币特种股票，是股份有限公司发行的以人民币表示面值、在中国内地的证券交易所上市交易、并由境外的投资者以外币认购和买卖的股票。现阶段，允许境内投资者以外币认购和买卖 B 股。

2. 债券。债券是发行人为筹集资金而发行的承诺定期付息和到期偿还本金的证券。

债券是表明债权债务关系的书面凭证，债券具有偿还性，债券所约定的期限届至，债券发行人须向持券人还本付息。这是债券与股票的根本区别。

按照债券发行主体的不同，债券可以分为公司债券、政府债券、金融债券和企业债券。公司债券是由股份有限公司或有限责任公司依照法定程序发行、约定在一定期限还本付息的有价证券；政府债券的发行主体是政府，其中，中央政府发行的债券称为国债，地方政府发行的债券称为地方债；金融债券的发行主体是银行或非银行的金融机构；企业债券是公司以外的企业法人发行的债券，其本应与公司债券同归一类，但由于立法上的安排，两者适用不同的法律，故将两者分列。依照《证券法》的规定，《证券法》适用于公司债券，也适用于政府债券的上市交易；至于政府债券的发行以及金融债券、企业债券，则适用其他法律、行政法规的规定。

法条链接

《中华人民共和国证券法》

第二条 在中华人民共和国境内，股票、公司债券、存托凭证和国务院依法认定的其他证券的发行和交易，适用本法；本法未规定的，适用《中华人民共和国公司法》和其他法律、行政法规的规定。

政府债券、证券投资基金份额的上市交易，适用本法；其他法律、行政法规另有规定的，适用其规定。

资产支持证券、资产管理产品发行、交易的管理办法，由国务院依照本法的原则规定。

在中华人民共和国境外的证券发行和交易活动，扰乱中华人民共和国境内市场秩序，损害境内投资者合法权益的，依照本法有关规定处理并追究法律责任。

按照债券是否可在证券交易所上市交易，债券可以分为上市债券和非上市债券。

3. 存托凭证。在我国境内发行和交易的存托凭证，是指由存托人签发、以境外证券为基础在中国境内发行、代表境外基础证券权益的证券。

按照存托凭证的基础制度安排，存托凭证有三方参与主体：基础证券发行人、存托人和存托凭证持有人。基础证券发行人在境外发行的基础证券由存托人持有，并由存托人在境内签发存托凭证。基础证券发行人、存托人及存托凭证持有人通过存托协议明确存托凭证所代表权益及各方权利义务。投资者持有存托凭证即成为存托协议当事人，视为其同意并遵守存托协议约定。存托人按照存托协议约定，根据存托凭证持有人意愿行使境外基础证券相应权利，办理存托凭证分红、派息等业务。存托凭证持有人依法享有存托凭证代表的境外基础证券权益，并按照存托协议约定，通过存托人行使其权利。存托人可在境外委托金融机构担任托管人。托管人负责托管存托凭证基础财产，并负责办理与托管相关的其他业务。

2018年3月22日，国务院同意证券监督管理委员会发布《关于开展创新企业境内发行股票或存托凭证试点的若干意见》，允许试点红筹企业（该意见所称红筹企业，是指注册地在境外、主要经营活动在境内的企业）按程序在境内资本市场发行存托凭证上市。现阶段，已有试点红筹企业在境内发行以境外股票为基础证券的存托凭证并上市。

4. 国务院认定的其他证券。随着证券市场的不断发展与成熟，证券种类将会逐渐丰富。经国务院依法认定的其他证券，其发行和交易也适用《证券法》。

现阶段，公开募集的证券投资基金的基金份额是股票、债券以外的在证券交易市场上市交易的主要证券品种。依照《证券法》的规定，证券投资基金份额的上市交易，适用《证券法》。

证券投资基金是基金管理人通过公开或非公开方式发售基金份额而募集的资金的集合。证券投资基金由基金管理人管理，基金托管人托管，为基金份额持有人的利益而进行证券投资活动。证券投资基金包括通过公开募集方式设立的基金（以下简称公开募集基金）和通过非公开募集方式设立的基金（以下简称非公开募集基金）。公开募集基金的基金份额持有人按其所持基金份额享受收益和承担风险；非公开募集基金的收益分配和风险承担由基金合同约定。按照基金运作方式的不同，证券投资基金可以分为开放式基金和封闭式基金。开放式基金是指基金份额总额不固定，基金份额可以在基金合同约定的时间和场所申购或者赎回的基金。封闭式基金是指基金份额总额在基金合同期限内固定不变，基金份额持有人不得申请赎回的基金。符合法定上市条件的公开募集基金的基金份额，基金管理人可以依法向证券交易所提出基金份额上市交易申请，证券交易所依法审核同意的，双方签订上市协议后，基金份额上市交易。

二、证券法

（一）证券立法概况

广义的证券法是调整因证券的发行、交易、监管及其他相关活动而发生的社会关系的法律规范的总称。狭义的证券法，专指证券法典，在我国，是指《证券法》。《证券法》于1998年12月29日颁布，自1999年7月1日起施行。此后，《证券法》于

2004年8月28日第一次修改,2005年10月27日第一次修订,2013年6月29日第二次修改,2014年8月31日第三次修改,2019年12月28日第二次修订,修订后的《证券法》自2020年3月1日起施行。除《证券法》外,处理证券工作实务适用的法律法规、部门规章主要有:《公司法》《中华人民共和国证券投资基金法》《证券公司监督管理条例》《上市公司信息披露管理办法》《证券发行与承销管理办法》等。

(二)证券法的基本原则

证券法的基本原则是《证券法》所规定的证券发行和证券交易活动所必须遵循的基本准则。证券法的基本原则主要有:

1. 公开、公平、公正的原则。公开原则,是指证券发行人必须依法进行信息披露,及时地将可能影响证券发行、证券交易的且依法必须公开的信息真实、准确、完整地披露。公开原则是证券法的灵魂。证券发行与交易本是平等主体之间的市场行为,发行人通过发行证券筹集资金,投资者自己对发行人发行的证券进行判断,认为质量好、能带来盈利机会或长期投资价值就自主决定购买,两者之间的证券买卖行为本无需政府操心。但事实上,除了少数大的机构投资者外,广大的投资者是分散的主体,相对于发行人来说,公众投资者太弱小了,各个投资者根本无能力、无水平与发行人平等谈判、获取作出交易决定的必需的信息,所以,只能通过立法对证券发行人科以公开义务,以保护投资者。公平原则,是指投资者、证券发行人等证券市场的相关主体法律地位平等,权利义务对等,公平交易和公平竞争。公正原则,是指证券监管执法机构要公正对待每一个被监管对象,证券市场的每一主体有权得到无差别的公正待遇。

2. 平等、自愿、有偿、诚实信用的原则。这是民法的基本原则在证券法上的反映,证券发行、证券交易活动的当事人是法律地位平等的当事人,其进行证券发行、证券交易行为归根结底是私法主体的逐利行为,自然应当遵循平等、自愿、有偿、诚实信用的原则。

3. 遵守法律、行政法规的原则。证券发行、证券交易活动必须遵守法律、行政法规,禁止欺诈、内幕交易和操纵证券市场的行为。

4. 分业经营、分业管理的原则。证券业和银行业、信托业、保险业分业经营、分业管理,其优点是具备较强的稳定性和安全性。现阶段,我国证券业发展尚欠成熟,坚持分业经营、分业管理的原则仍属必要。但是,与分业经营相比较,混业经营有着较强的效率优势,混业经营也是国际上金融业、证券业发展的潮流。所以,我国在2005年10月27日修订《证券法》时,在分业经营、分业管理的原则之外,增加规定"国家另有规定的除外",为在适当时候放宽对混业经营的限制预留了制度接口。

5. 证券监督管理机构集中统一监管和行业自律相结合的原则。证券市场的健康发展,离不开政府的适度干预、统一监管,也离不开行业的自我约束、自我管理。在国家对证券发行、交易活动实行集中统一监督管理的前提下,依法设立的证券业协会,要实行自律性管理，实现证券市场的有序运行、健康发展。

▶ 导入案例分析

导入案例中，深圳某某源公司是股份有限公司，股份公司的股票是股份的表现形式，是股权凭证，也属于证券。《证券法》第2条第1款规定："在中华人民共和国境内，股票、公司债券、存托凭证和国务院依法认定的其他证券的发行和交易，适用本法；本法未规定的，适用《中华人民共和国公司法》和其他法律、行政法规的规定。"

2019年修订之前的《证券法》规定，公开发行证券，必须符合法律、行政法规规定的条件，并依法报经国务院证券监督管理机构或者国务院授权的部门核准；未经依法核准，任何单位和个人不得公开发行证券。2019年《证券法》修订，公开发行证券由须经"核准"改为须经"注册"，未经依法注册，任何单位和个人仍然不得擅自公开发行证券。案例中，深圳某某源公司要求员工或股东通过电话、面谈等方式联系自己的亲戚、朋友，以公司计划在加拿大多伦多证券交易所创业板上市，购买原始股上市后可获高额回报为名，吸收上述人群成为投资者。新的投资者再以口口相传的方式吸收更多的投资者购买公司股票。公司在对投资者的选择上并没有设定限制条件，投资者未参与公司的实际经营，甚至对公司的经营状况不了解。公司对成功吸收投资者的员工予以提成奖励，鼓励员工向不特定对象推介公司股票。某某源公司不考察投资人的具体情况，只要出资即予以接纳，且有员工亲戚、朋友之外的其他人投资入股，应当认为某某源公司系向不特定对象发行股票。某某源公司通过员工或股东以电话、面谈等方式邀请不特定对象到公司，公司组织投资者召开上市业务说明会或邀请投资者到公司结合幻灯片演示了解公司情况及增发股票业务，故可以认定某某源公司增发股票的形式属于变相公开增发股票。深圳某某源矿业投资股份有限公司未经国家有关主管部门批准，擅自发行股票，数额巨大，其主要责任人构成擅自发行股票罪。

📓 拓展学习

优先股

优先股是指依照《公司法》，在一般规定的普通种类股份之外，另行规定的其他种类股份，其股份持有人优先于普通股股东分配公司利润和剩余财产，但参与公司决策管理等权利受到限制。

优先股股东按照约定的票面股息率，优先于普通股股东分配公司利润。公司因解散、破产等原因进行清算时，公司财产在按照《公司法》和《破产法》有关规定进行清偿后的剩余财产，应当优先向优先股股东支付未派发的股息和公司章程约定的清算金额，不足以支付的按照优先股股东持股比例分配。

优先股股东的表决权受到限制。除特殊情况外，优先股股东不出席股东大会会议，所持股份没有表决权。但是，公司累计3个会计年度或连续2个会计年度未按约定支付优先股股息的，优先股股东有权出席股东大会，每股优先股股份享有公司章程规定的表决权。[1]

【拓展阅读】

1. 张舫：《证券上的权利》，中国社会科学出版社1999年版。

2. 郭锋主编：《证券法律评论》（第3卷），法律出版社2003年版。

3. 叶林：《证券法》，中国人民大学出版社2013年版。

4. 李东方主编：《证券法学》，中国政法大学出版社2017年版。

【思考与练习】

1. 股票与债券有何区别？

2. 你认为在证券发行与交易活动中需要由《证券法》来解决的核心问题是什么？

2001年，严某委托马某购买路源股份有限公司内部股票10万股，每股面值1元，购买价1元。2006年8月，马某称路源公司经济状况不好，将该10万股股票收回，退回严某8万元。后严某发现情况并非如马某所言，遂多次找马某要求返还股票。经协商，2006年12月22日，严某退还马某现金4万元，当日付清，马某同意返还严某股票5万股，但未办理过户手续。2007年，路源公司进行配股，按1∶1的比例向股东配送新股。经严某多次催讨，2008年3月5日，马某向严某出具欠条一张，内容为"今欠严某路源股票10万元整（旧股5万股，新股5万股）"，并签名确认。2009年，严某起诉马某，要求其将10万股路源股票转户至自己名下。马某辩称，2008年3月5日欠条系自己在醉酒状态下所写，不是自己真实意思表示，同意退还严某4万元，不同意将股票过户给严某。

【训练目的及要求】

1. 通过情境训练，培养学生辨析投资行为与借贷行为性质的能力。

2. 使学生掌握股票的原理并能运用股票知识处理实际问题。

【训练步骤】

1. 学生分为4组。

2. 各组提出自己观点并进行讨论。

3. 老师点评。

【工作任务】

1. 股票的性质是什么？

2. 马某应向严某还钱还是还股票？5万股新股应该归谁所有？

---

[1]《优先股介绍》，载上海证券交易所网，http://www.sse.com.cn/assortment/stock/preferreds/，访问时间：2023年11月14日。

项目二　证券市场主体工作实务

导入案例[1]

天新生物科技药业股份有限公司系非上市公司。2005年，该公司对外发布消息称公司策划在美国纳斯达克股票市场上市。2005年11月，许某获得天新公司授权全权代理天新公司在青岛地区的股份转让事宜，天新公司按照许某为其销售的"原始股"股数给予许某提成。为此，许某立即注册成立了"金源企业管理有限公司"，代理销售天新公司的"原始股"。为吸引更多投资，许某与最初购买天新公司"原始股"的王某、徐某等人签订了合作协议，由他们向其他投资者宣传，介绍其他投资者前来购买，这些介绍者可按照被介绍者购买的股份数拿提成，由此，许某组织起了一个股票销售网络，其下线队伍越来越壮大。到2006年10月，许某及其"下线"共向200多名投资者销售天新公司股票14万余股，销售额有人民币66万余元，许某从中提成14.6万余元。2007年初，天新公司被其他公司兼并，其在美国纳斯达克上市的计划不了了之。证券监督管理机构对许某销售股票的行为进行调查，认定：许某所设"金源企业管理有限公司"不具有经营证券业务的资格，该公司及许某未经证券监督管理机构批准，非法经营证券业务，且非法经营数额已超过30万元人民币，涉嫌非法经营罪，遂向公安机关报案。经审理，法院判决许某犯非法经营罪。

【问题】

1. 许某及其"金源企业管理有限公司"销售天新公司"原始股"的行为是否属于经营证券业务？
2. 什么主体可以经营证券业务？

基本原理

一、证券市场概述

（一）认识证券市场

证券市场是股票、债券、证券投资基金份额等有价证券发行和交易的场所。

证券市场有一级市场、二级市场之分。一级市场是指证券发行市场，即由证券发行人作为卖方首次将证券卖到投资者手里的市场；二级市场是指证券交易市场，即投资者之间转手买卖发行人发行的证券的市场。一级市场并没有固定的场所，而二级市

---

[1] 资料来源：卢金增、郝会娟：《"原始股"骗局——青岛首例非法经营证券案一审宣判》，载新浪网，https://news.sina.com.cn/s/2009-09-23/152418711100.shtml，访问时间：2023年11月14日。

场存在着证券交易所这样的标志性固定场所。

一种证券首先要进入一级市场发行，然后再进入二级市场交易，其在二级市场的交易价格是在一级市场的发行价格的基础上产生的，没有一级市场就没有二级市场。但是，证券二级市场也会影响一级市场：二级市场使投资者可以转手买卖证券获利，众多的投资者才乐于进入一级市场认购证券；证券在二级市场的交易价格反映了证券的市场价值和投资者对其接受的程度，它势必影响一级市场其后的证券发行的顺利与否和发行价格。

(二) 证券市场主体的类型

证券市场中活跃着各类市场主体。证券市场的主体不仅仅是买卖双方，而是包括发行人、投资者、证券交易所、证券公司、证券登记结算机构、证券服务机构等。

证券的发行和交易通过证券市场各类主体的活动而实现：发行人发行证券，需要由会计师事务所、律师事务所、资产评估机构等证券服务机构提供审计、法律评价、资产评估等服务，由证券公司保荐、承销，发行的证券被投资者购买；证券交易所为投资者的证券交易行为提供场所并组织交易，证券投资咨询机构等证券服务机构为投资者提供投资咨询等服务，证券公司担任投资者的证券交易经纪人，投资者委托证券公司买入或卖出证券，证券登记结算机构对投资者的证券交易结果进行交割结算。

二、证券交易所工作实务

为健全多层次资本市场体系，2019年12月28日修订的《证券法》将证券交易场所划分为证券交易所、国务院批准的其他全国性证券交易场所、按照国务院规定设立的区域性股权市场三个层次。公开发行的证券，在依法设立的证券交易所上市交易或者在国务院批准的其他全国性证券交易场所交易。非公开发行的证券，可以在证券交易所、国务院批准的其他全国性证券交易场所、按照国务院规定设立的区域性股权市场转让。

证券交易所是最主要的证券交易场所。

(一) 认识证券交易所

证券交易所是为证券集中交易提供场所和设施，并组织和监督证券交易的组织。

按照证券交易所组织形式的不同，证券交易所可以分为会员制证券交易所和公司制证券交易所。

会员制证券交易所是由参与证券交易的证券商在自愿的基础上共同组建的证券交易所，其性质属于非营利性的社团法人。会员制证券交易所设立的目的在于为会员提供证券集中交易的场所，证券交易所的财产积累归会员所有，其权益由会员共同享有，在其存续期间，其财产积累不分配给会员。参与组建证券交易所的证券商成为证券交易所的会员，只有会员才能获得证券交易所的交易席位，在证券交易所进行证券交易活动，一般投资者只能委托具备会员身份的证券商进行证券交易。

公司制证券交易所是由股东投资组建、采取公司形式运作的证券交易所，其性质属于营利性的企业法人。公司制证券交易所设立的目的在于通过经营证券交易所而获取利润，向股东分配红利，股东投资于证券交易所是为了获得投资收益，不是为了得到一个场所进行证券交易。股东可以是任何投资人，不限于证券商，股东身份也与证券交易所的入场交易资格无关。公司制证券交易所也对入场交易者设定资格限制，符合条件者方可入场交易。

我国现有上海证券交易所、深圳证券交易所、北京证券交易所三家证券交易所。其中，上海证券交易所和深圳证券交易所为会员制证券交易所，北京证券交易所为公司制证券交易所。上海证券交易所成立于1990年11月26日，同年12月19日开业。目前，上海证券交易所已经成为全球第三大证券交易所，拥有股票、债券、基金、衍生品四大类证券交易品种，截至2022年末，上海证券交易所上市公司家数达2174家，总市值达46.4万亿元。深圳证券交易所成立于1990年12月1日，有股票、债券、基金、期权等证券交易品种，截至2022年末，深圳证券交易所上市股票只数达2778只，总市值达32.4万亿元。为了继续支持中小企业创新发展，深化新三板改革，国家决定设立北京证券交易所，打造服务创新型中小企业主阵地。[1]北京证券交易所于2021年9月3日注册成立，其市场定位为服务创新型中小企业。

法条链接

《中华人民共和国证券法》

第九十六条第一款 证券交易所、国务院批准的其他全国性证券交易场所为证券集中交易提供场所和设施，组织和监督证券交易，实行自律管理，依法登记，取得法人资格。

（二）证券交易所的运行规则

1. 证券交易所的设立和组织机构。我国对证券交易所的设立采取特许制度，证券交易所的设立和解散，由国务院决定。设立证券交易所必须制定章程，证券交易所章程的制定和修改，必须经国务院证券监督管理机构批准。证券交易所必须在其名称中标明证券交易所字样，其他任何单位或者个人不得使用证券交易所或者近似的名称。

实行会员制的证券交易所设理事会、监事会。证券交易所设总经理一人，由国务院证券监督管理机构任免。

---

[1]《习近平：深化新三板改革，设立北京证券交易所》，载中华人民共和国中央人民政府网，http://www.gov.cn/xinwen/2021-09/02/content_5635043.htm，访问时间：2023年11月14日。

2. 证券交易所的职能。证券交易所应当为组织公平的证券集中交易提供保障，其职能包括：提供证券交易的场所和设施，制定证券交易所的业务规则，接受上市申请，安排证券上市，组织、监督证券交易，对会员和上市公司进行监管，设立证券登记结算机构，管理和公布市场信息等。因不可抗力、意外事件、重大技术故障、重大人为差错等突发性事件而影响证券交易正常进行时，为维护证券交易正常秩序和市场公平，证券交易所可以按照业务规则采取技术性停牌、临时停市等处置措施。

证券交易所依照法律、行政法规和国务院证券监督管理机构的规定，制定上市规则、交易规则、会员管理规则和其他有关业务规则，并报国务院证券监督管理机构批准。

证券交易所应当从其收取的交易费用和会员费、席位费中提取一定比例的金额设立风险基金，风险基金存入开户银行专门账户，不得擅自使用。

3. 证券交易所的从业人员。由于证券交易所的从业人员所从事的职业具有特殊性，其一旦有违法违纪行为，很可能扰乱证券交易秩序，损害广大投资者的利益，所以，法律对证券交易所的从业人员规定了较为严格的任职条件和行为限制。

因违法行为或者违纪行为被开除的证券交易所、证券登记结算机构、证券服务机构、证券公司的从业人员和被开除的国家机关工作人员，不得招聘为证券交易所的从业人员。

证券交易所的从业人员属于法律禁止参与股票交易的人员，在任期或者法定限期内，不得直接或者以化名、借他人名义持有、买卖股票或者其他具有股权性质的证券，也不得收受他人赠送的股票或者其他具有股权性质的证券。

证券交易所的负责人和其他从业人员在执行与证券交易有关的职务时，与其本人或者其亲属有利害关系的，应当回避。

三、证券公司工作实务

（一）认识证券公司

在证券市场里，最活跃的市场主体当属证券商，即以经营证券为业的商主体。在我国，证券商均采取公司形式，称为证券公司。

证券公司是指依照《公司法》和《证券法》规定设立的经营证券业务的有限责任公司或者股份有限公司。

我国证券市场实行严格的证券业务许可制度，只有经过国务院证券监督管理机构批准的证券公司才能经营证券业务，未经国务院证券监督管理机构批准，任何单位和个人不得以证券公司名义开展证券业务活动。

证券公司的业务包括证券经纪、证券投资咨询、与证券交易或证券投资活动有关的财务顾问、证券承销与保荐、证券融资融券、证券做市交易、证券自营、其他证券业务。每一家证券公司可以经营的业务范围均必须经国务院证券监督管理机构批准。

(二) 证券公司的设立

证券公司的设立条件高于一般的公司。依照《证券法》第118条的规定，设立证券公司应当具备下列条件：①有符合法律、行政法规规定的公司章程。②主要股东及公司的实际控制人具有良好的财务状况和诚信记录，最近3年无重大违法违规记录。③有符合《证券法》规定的注册资本，即经营证券经纪、证券投资咨询、与证券交易或证券投资活动有关的财务顾问业务的，注册资本最低限额为人民币5000万元；经营证券承销与保荐、证券融资融券、证券做市交易、证券自营、其他证券业务之一的，注册资本最低限额为人民币1亿元；经营证券承销与保荐、证券融资融券、证券做市交易、证券自营、其他证券业务中2项以上的，注册资本最低限额为人民币5亿元。并且，证券公司的注册资本应当是实缴资本。④董事、监事、高级管理人员、从业人员符合《证券法》规定的条件。⑤有完善的风险管理与内部控制制度。⑥有合格的经营场所、业务设施和信息技术系统。⑦法律、行政法规和经国务院批准的国务院证券监督管理机构规定的其他条件。

我国对证券公司的设立实行核准制度，设立证券公司必须经过国务院证券监督管理机构审查批准，再向公司登记机关申请设立登记，领取营业执照。证券公司应当自领取营业执照之日起15日内，向国务院证券监督管理机构申请经营证券业务许可证。未取得经营证券业务许可证的，证券公司不得经营证券业务。

(三) 证券公司的运行规则

1. 证券公司的行为规范。证券公司是发行人和投资者之间实现证券发行和证券交易的重要桥梁。证券公司在证券发行中承担承销工作，在证券交易中承担经纪工作，同时，证券公司还可以自己买卖证券进行投资或投机，即经营证券自营业务。所以，对证券公司业务行为进行规范制约的核心要求应当是要求证券公司建立防火墙，防范证券公司与客户之间、不同客户之间的利益混同或冲突。同时，要求证券公司受人之托，忠人之事，忠实于投资者。证券公司的行为规范主要有：

(1) 证券公司应当建立健全内部控制制度，采取有效的隔离措施，防范公司与客户之间、不同客户之间的利益冲突。必须将其证券经纪业务、证券承销业务、证券自营业务、证券做市业务和证券资产管理业务分开办理，不得混合操作。其自营业务必须使用自有资金和依法筹集的资金、以自己的名义进行。

(2) 证券公司客户的交易结算资金应当存放在商业银行，以每个客户的名义单独立户管理。证券公司不得将客户的交易结算资金和证券归入其自有财产，不得挪用客户的交易结算资金和证券。证券公司破产或者清算时，客户的交易结算资金和证券不属于其破产财产或者清算财产。

(3) 证券公司办理经纪业务，应当置备统一制定的证券买卖委托书供委托人使用，或作出委托记录。证券公司应当严格按照客户的委托进行证券买卖,并如实进行交易记录。证券公司应当妥善保存客户开户资料和委托记录、交易记录等资料,保存期限不得少于 20 年。证券公司必须依法为投资者的信息保密,不得非法买卖、提供或者公开投资者的信息。

(4) 证券公司办理经纪业务,不得接受客户的全权委托而为其决定证券买卖、选择证券种类、决定买卖数量或者买卖价格,不得允许他人以证券公司的名义直接参与证券的集中交易,不得以任何方式对客户证券买卖的收益或者赔偿证券买卖的损失作出承诺。证券公司的从业人员不得私下接受客户委托买卖证券。

(5) 证券公司必须从每年的业务收入中提取交易风险准备金,用于弥补证券经营的损失。

2. 证券公司的从业人员。证券公司从事证券业务的人员应当品行良好,具备从事证券业务所需的专业能力。

因违法行为或者违纪行为被开除的证券交易所、证券登记结算机构、证券服务机构、证券公司的从业人员和被开除的国家机关工作人员,不得招聘为证券公司的从业人员。

证券公司的从业人员在任期或者法定限期内,不得直接或者以化名、借他人名义持有、买卖股票或者其他具有股权性质的证券,也不得收受他人赠送的股票或者其他具有股权性质的证券。实施股权激励计划或者员工持股计划的证券公司的从业人员,可以按照国务院证券监督管理机构的规定持有、卖出本公司股票或者其他具有股权性质的证券。

四、证券登记结算机构工作实务

(一) 认识证券登记结算机构

证券登记结算机构是为证券交易提供集中登记、存管与结算服务,不以营利为目的的法人。

我国的证券登记结算业务采取全国集中统一的运营方式,在证券交易所上市的股票、债券、证券投资基金份额等证券及证券衍生品种的登记结算由证券登记结算机构依法集中统一办理。

证券登记结算机构的设立和解散,必须经中国证券监督管理委员会批准。其章程、业务规则的制定和修改,也应当报中国证券监督管理委员会批准。

我国的证券登记结算机构是中国证券登记结算有限公司,虽以公司命名,但不以营利为目的。该公司于 2001 年 3 月成立,下设有上海和深圳两家分公司,分别为上海和深圳两家证券交易所提供登记结算服务。上海、深圳证券交易所是该公司的两个股东,各持 50% 的股份。从 2001 年 10 月 1 日起,该公司承接了原来隶属于上海和深圳证券交易所的全部登记结算业务。自此，全国集中统一的证券登记结算制度基本形成。

证券登记结算机构的职能包括：证券账户、结算账户的设立；证券的存管和过户；证券持有人名册登记；证券交易的清算和交收；受发行人的委托派发证券权益；办理与上述业务有关的查询、信息服务；国务院证券监督管理机构批准的其他业务。

（二）证券登记结算机构及其从业人员的行为规范

证券登记结算机构负有法定的证券登记、存管义务，其对证券和相关资料的保管属于专业性的保管，承担高程度的注意义务，应当具备完善的数据安全保护措施，建立健全的业务、财务和安全防范制度，建立完善的风险管理系统。

证券登记结算机构不得挪用客户的证券。证券登记结算机构及其工作人员对与证券登记结算业务有关的数据和资料负有保密义务，并且不得泄露所知悉的有关单位和个人的商业秘密。

证券登记结算机构应当依法设立证券结算风险基金，用于垫付或者弥补因违约交收、技术故障、操作失误、不可抗力造成的证券登记结算机构的损失。

证券登记结算机构的从业人员在任期或者法定限期内，不得直接或者以化名、借他人名义持有、买卖股票或者其他具有股权性质的证券，也不得收受他人赠送的股票或者其他具有股权性质的证券。

五、证券服务机构工作实务

（一）认识证券服务机构

证券服务机构是为证券的发行、交易和相关投资活动提供专业服务的中介机构。证券服务机构包括从事证券服务业务的投资咨询机构、财务顾问机构、资信评级机构、资产评估机构、信息技术系统服务机构、会计师事务所、律师事务所等。

从事证券投资咨询服务业务，应当经国务院证券监督管理机构核准；未经核准，不得为证券的交易及相关活动提供服务。从事其他证券服务业务，应当报国务院证券监督管理机构和国务院有关主管部门备案。

（二）证券服务机构及其从业人员的行为规范

证券服务机构及其从业人员从事证券服务业务必须勤勉尽责。

投资咨询机构及其从业人员从事证券服务业务不得有下列行为：代理委托人从事证券投资；与委托人约定分享证券投资收益或者分担证券投资损失；买卖本咨询机构提供服务的证券。

证券服务机构为证券的发行、上市、交易等证券业务活动制作、出具审计报告及其他鉴证报告、资产评估报告、财务顾问报告、资信评级报告或者法律意见书等文件，应当勤勉尽责，对所依据的文件资料内容的真实性、准确性、完整性进行核查和验证。其制作、出具的文件有虚假记载、误导性陈述或者重大遗漏，给他人造成损失的，应当与委托人承担连带赔偿责任，但是能够证明自己没有过错的除外。

为证券发行出具审计报告或者法律意见书等文件的证券服务机构和人员，在该股票承销期内和期满后6个月内，不得买卖该种证券。为发行人及其控股股东、实际控制人，或者收购人、重大资产交易方出具审计报告或者法律意见书等文件的证券服务机构和人员，自接受委托之日起至上述文件公开后5日内，不得买卖该证券。

六、证券业协会工作实务

（一）认识证券业协会

证券业协会是证券业的自律性组织，是非营利性的社会团体法人。

证券业协会会员由单位会员构成。依照《证券法》的规定，证券公司应当加入证券业协会，是法定会员。从事与证券有关业务的证券投资咨询机构、金融资产管理公司等证券经营或服务机构可以申请加入证券业协会，成为普通会员。证券交易所、从事证券业务的律师事务所、会计师事务所等可以申请加入协会，成为特别会员。

证券业协会的权力机构为全体会员组成的会员大会。会员大会制定证券业协会章程并报国务院证券监督管理机构备案。证券业协会设理事会作为协会的执行机构，理事会成员依章程的规定由选举产生。

（二）证券业协会的职责

证券业协会履行下列职责：教育和组织会员及其从业人员遵守证券法律、行政法规，组织开展证券行业诚信建设，督促证券行业履行社会责任；依法维护会员的合法权益，向证券监督管理机构反映会员的建议和要求；督促会员开展投资者教育和保护活动，维护投资者合法权益；制定和实施证券行业自律规则，监督、检查会员及其从业人员行为，对违反法律、行政法规、自律规则或者协会章程的，按照规定给予纪律处分或者实施其他自律管理措施；制定证券行业业务规范，组织从业人员的业务培训；组织会员就证券行业的发展、运作及有关内容进行研究，收集整理、发布证券相关信息，提供会员服务，组织行业交流，引导行业创新发展；对会员之间、会员与客户之间发生的证券业务纠纷进行调解；等等。

七、证券监督管理机构工作实务

（一）认识证券监督管理机构

我国的证券监督管理机构，即《证券法》所称的国务院证券监督管理机构，是中国证券监督管理委员会。中国证券监督管理委员会是国务院直属单位，依照法律、法规和国务院授权，统一监督管理全国证券期货市场，维护证券期货市场秩序，保障其合法运行。

(二) 证券监督管理机构的职责及其工作人员行为规范

国务院证券监督管理机构在对证券市场实施监督管理中履行下列职责：依法制定有关证券市场监督管理的规章、规则，并依法进行审批、核准、注册，办理备案；依法对证券的发行、上市、交易、登记、存管、结算等行为，进行监督管理；依法对证券发行人、证券公司、证券服务机构、证券交易场所、证券登记结算机构的证券业务活动进行监督管理；依法制定从事证券业务人员的行为准则，并监督实施；依法监督检查证券发行、上市、交易的信息披露；依法对证券业协会的自律管理活动进行指导和监督；依法监测并防范、处置证券市场风险；依法开展投资者教育；依法对证券违法行为进行查处；等等。

国务院证券监督管理机构依法履行职责时，有权采取现场检查、调查取证、查阅文件资料、冻结查封账户或财产、限制证券买卖等措施。

国务院证券监督管理机构依据调查结果，有权对证券违法行为作出处罚决定并予以公开。

证券监督管理机构的工作人员在任期或者法定限期内，不得直接或者以化名、借他人名义持有、买卖股票或者其他具有股权性质的证券，也不得收受他人赠送的股票或者其他具有股权性质的证券，不得利用职务便利牟取不正当利益，不得泄露所知悉的有关单位和个人的商业秘密，任职期间或者离职后法定期限内，不得到与原工作业务直接相关的企业或者其他营利性组织任职，不得从事与原工作业务直接相关的营利性活动。

导入案例分析

导入案例中，天新公司系非上市公司，许某及其"金源企业管理有限公司"向数量众多的社会公众公开销售非上市公司的股票，其实质是绕开国家证券监管部门，向投资者擅自公开发行股票，其行为具有证券核心业务中"证券承销"的实质特征，系变相承销证券，许某及其"金源企业管理有限公司"销售天新公司"原始股"的行为属于经营证券业务。我国证券市场实行证券业务许可制度，只有经过国务院证券监督管理机构批准的证券公司才能经营证券业务，其他任何单位和个人不得经营证券业务。许某及其"金源企业管理有限公司"不具备经营证券业务的资格。

拓展学习

个人证券投资者的权利

个人证券投资者是证券市场的主体之一。投资者购买上市公司的股票后，即成为该上市公司的股东，享有上市公司股东的基本权利，即知情权、参加股东大会权、选择监督管理者权、资产收益权、关联交易审查权、提案提议权、股票处分权、决议撤销权、退出权和代位诉讼权等。个人证券投资者在与证券公司的委托关系中享有知情权、交易权、资产安全权、求偿权及获得其他服务等权利。对于证券交易过程中出现的内幕交易、操纵市场、虚假陈述、欺诈客户等违法行为，受害的个人证券投资者依法享有获得民事赔偿的权利。

《证券期货投资者适当性管理办法》
（2016年5月26日中国证券监督管理委员会审议通过，
自2017年7月1日起施行，2020年10月30日修改）（节选）

第三条 向投资者销售证券期货产品或者提供证券期货服务的机构（以下简称经营机构）应当遵守法律、行政法规、本办法及其他有关规定，在销售产品或者提供服务的过程中，勤勉尽责，审慎履职，全面了解投资者情况，深入调查分析产品或者服务信息，科学有效评估，充分揭示风险，基于投资者的不同风险承受能力以及产品或者服务的不同风险等级等因素，提出明确的适当性匹配意见，将适当的产品或者服务销售或者提供给适合的投资者，并对违法违规行为承担法律责任。

……

第七条 投资者分为普通投资者与专业投资者。

普通投资者在信息告知、风险警示、适当性匹配等方面享有特别保护。

第八条 符合下列条件之一的是专业投资者：

（一）经有关金融监管部门批准设立的金融机构，包括证券公司、期货公司、基金管理公司及其子公司、商业银行、保险公司、信托公司、财务公司等；经行业协会备案或者登记的证券公司子公司、期货公司子公司、私募基金管理人。

（二）上述机构面向投资者发行的理财产品，包括但不限于证券公司资产管理产品、基金管理公司及其子公司产品、期货公司资产管理产品、银行理财产品、保险产品、信托产品、经行业协会备案的私募基金。

（三）社会保障基金、企业年金等养老基金，慈善基金等社会公益基金，合格境外机构投资者（QFII）、人民币合格境外机构投资者（RQFII）。

（四）同时符合下列条件的法人或者其他组织：

1. 最近1年末净资产不低于2000万元；

2. 最近1年末金融资产不低于1000万元；

3. 具有2年以上证券、基金、期货、黄金、外汇等投资经历。

（五）同时符合下列条件的自然人：

1. 金融资产不低于500万元，或者最近3年个人年均收入不低于50万元；

2. 具有2年以上证券、基金、期货、黄金、外汇等投资经历，或者具有2年以上金融产品设计、投资、风险管理及相关工作经历，或者属于本条第（一）项规定的专业投资者的高级管理人员、获得职业资格认证的从事金融相关业务的注册会计师和律师。

前款所称金融资产，是指银行存款、股票、债券、基金份额、资产管理计划、银行理财产品、信托计划、保险产品、期货及其他衍生产品等。

第九条 经营机构可以根据专业投资者的业务资格、投资实力、投资经历等因素，对专业投资者进行细化分类和管理。

第十条 专业投资者之外的投资者为普通投资者。

经营机构应当按照有效维护投资者合法权益的要求，综合考虑收入来源、资产状况、债务、投资知识和经验、风险偏好、诚信状况等因素，确定普通投资者的风险承受能力，对其进行细化分类和管理。

第十一条 普通投资者和专业投资者在一定条件下可以互相转化。

……

第十四条 中国证监会、自律组织在针对特定市场、产品或者服务制定规则时，可以考虑风险性、复杂性以及投资者的认知难度等因素，从资产规模、收入水平、风险识别能力和风险承担能力、投资认购最低金额等方面，规定投资者准入要求。投资者准入要求包含资产指标的，应当规定投资者在购买产品或者接受服务前一定时期内符合该指标。

现有市场、产品或者服务规定投资者准入要求的，应当符合前款规定。

第十五条 经营机构应当了解所销售产品或者所提供服务的信息，根据风险特征和程度，对销售的产品或者提供的服务划分风险等级。

……

第十九条 经营机构告知投资者不适合购买相关产品或者接受相关服务后，投资者主动要求购买风险等级高于其风险承受能力的产品或者接受相关服务的，经营机构在确认其不属于风险承受能力最低类别的投资者后，应当就产品或者服务风险高于其承受能力进行特别的书面风险警示，投资者仍坚持购买的，可以向其销售相关产品或者提供相关服务。

第二十条 经营机构向普通投资者销售高风险产品或者提供相关服务，应当履行特别的注意义务，包括制定专门的工作程序，追加了解相关信息，告知特别的风险点，给予普通投资者更多的考虑时间，或者增加回访频次等。

……

第二十二条 禁止经营机构进行下列销售产品或者提供服务的活动：

（一）向不符合准入要求的投资者销售产品或者提供服务；

（二）向投资者就不确定事项提供确定性的判断，或者告知投资者有可能使其误认为具有确定性的意见；

（三）向普通投资者主动推介风险等级高于其风险承受能力的产品或者服务；

（四）向普通投资者主动推介不符合其投资目标的产品或者服务；

（五）向风险承受能力最低类别的投资者销售或者提供风险等级高于其风险承受能力的产品或者服务；

（六）其他违背适当性要求，损害投资者合法权益的行为。

【拓展阅读】

1. 黎四奇：《对我国证券投资者保护基金制度之检讨与反思》，载《现代法学》2008年第1期。

2. 邱永红：《证券公司与投资者的法律关系探析》，载赵旭东主编：《公司法评论》，人民法院出版社2005年版。

3. 张春丽：《信贷资产证券化信息披露的法律进路》，载《法学》2015年第2期。

【思考与练习】

1. 谈谈你对证券业行业自律必要性的认识。

2. 下列哪些人员不得招聘为证券公司的从业人员？（　　）

A. 因违法行为被开除的证券交易所从业人员林某

B. 已辞职原为某国家机关工作人员的李某

C. 因违法行为被撤销资格已满6年的律师王某

D. 与其他证券公司解除劳动合同的赵某

情境训练

丁甲、丁乙于2008年6月注册成立D市升盛网络技术有限公司（以下简称升盛公司），核准的经营范围是网络工程、软件设计与开发、软件销售、技术支持、技术服务。升盛公司招聘大量业务人员开展代理销售"点金宝情报决策平台"炒股软件业务。在销售炒股软件过程中，丁甲、丁乙指令业务人员拨打大量电话联系河北、山东、北京等省市的多名外地客户，宣传"点金宝情报决策平台"炒股软件，并且其公司能为"点金宝情报决策平台"炒股软件提供售后技术服务，带客户操作炒股，收益率较高，客户要获得带客炒股服务，需交纳带客炒股咨询费，并签订"点金宝情报决策平台"炒股软件购买合同，支付软件价款。当客户按照其推荐股票或者按炒股软件提示进行操作而获利时，升盛公司业务人员就鼓动客户缴纳诚信金而成为"诚信客户"，升盛公司再向客户推荐股票。当客户按照其推荐股票或者按炒股软件提示进行操作而损失时，升盛公司业务人员就鼓动客户成为他们更高级别的"诚信客户"，缴纳数额更大的诚信金，再向客户推荐股票，或者让客户加入公司某经理的专家小组得到专家一对一的指导。当客户再次亏损而投诉时，升盛公司业务人员则向客户推荐更高级别的"导师"带领操作炒股，承诺可以取得更高收益，要求客户继续交纳"诚信金"、保密费等更多的费用。至2009年3月，升盛公司通过上述方式收取客户的咨询费、诚信金、保密费等共 800 多万元。

【训练目的及要求】

1. 通过实际案例情景体验，结合本项目证券市场主体知识，训练学生通过分析市场主体的行为模式判断主体性质的能力。

2. 使学生熟悉证券市场主体的设立规则和行为规范，并能据以判断具体市场行为的合法性。

【训练步骤】

1. 学生熟悉案情并分为正反两方。

2. 运用证券市场主体知识分析讨论丁甲、丁乙及升盛公司行为的性质，并就其合法性进行辩论。

3. 老师对学生的观点进行点评。

【工作任务】

1. 丁甲、丁乙及升盛公司是否属于经营证券业务？

2. 升盛公司是否有资格经营证券业务？

项目三　证券发行规则

导入案例 [1]

1999 年 6 月，王某某在其他发起人未实际出资的情况下，成立了纵横软件股份有限公司，公司注册资本 9000 万元，总股本 9000 万股。2001 年，王某某对外宣称公司将在创业板上市，继而以发行内部职工原始股的名义大量向外出售公司股票。当年共向社会公众 1279 人次发行股票 1753.5 万股，获取资金 2193.45 万元。2004 年 1 月至 2006 年 3 月，王某某借助中介公司宣传纵横软件股份有限公司是省民营科技明星企业，拥有多项高科技项目，公司的高收益指日可待，并承诺假如 3 年内公司股票不能在美国纳斯达克股票市场挂牌上市，公司将按原价回购，再次向社会公众 635 人次发行纵横软件股票 676.98 万股，集资 1540.4595 万元。纵横软件股份有限公司自成立以来，除从银行贷款和发售股票获取款项外，并无任何经营收益。所得的集资款全部由王某某本人控制、支配、挥霍，且有部分款项未进入纵横软件股份有限公司账户。至 2006 年下半年，公司及王某某个人名下已无任何资产。2007 年，证券监督管理机构经调查认定纵横软件股份有限公司及其法人代表王某某涉嫌犯罪，将案件移送公安机关查处。2009 年，法院判决认定王某某非法发行股票进行集资诈骗，犯集资诈骗罪。

---

[1]《非法发行股票集资诈骗经纬软件法人代表王居异被判无期》，载中国证券监督管理委员会陕西证券监管局网，http://www.csrc.gov.cn/shaanxi/c105609/c1305670/content.shtml，访问时间：2023 年 11 月 14 日。

【问题】

1. 王某某及其纵横软件股份有限公司发行股票的行为属于公开发行还是非公开发行？
2. 公开发行股票有何法定程序？

基本原理

一、证券发行概述

（一）认识证券发行

证券发行，是指经过批准符合发行条件的证券发行人，以筹集资金为目的，按照一定的程序将股票、公司债券或者其他证券销售给投资者的行为。

证券发行的实质是证券的销售行为，其具有以下特征：

1. 证券发行是发行人以筹集资金为目的而进行的行为。发行人向投资者发行证券，以交付证券为标志向投资者让渡股权或债权，对应地从投资者手里获得资金。

2. 证券发行是符合资格的发行人的行为。法律对各类证券的发行主体作了限定，仅赋予某些主体发行某类证券的资格，无发行资格而发行证券，则属非法发行。如有限责任公司不具备发行股票的资格，不得发行股票。

3. 证券发行必须符合法定的条件和程序。为保障证券的质量、保护证券发行过程中投资者的知情权等合法权益，法律对证券发行条件和程序均作了规定，即便是符合资格的发行人，也必须符合法定的发行条件，并遵循法定的程序，方可发行证券。

（二）证券发行的种类

根据不同的分类标准，可以对证券发行做不同的分类：

1. 按照发行标的的不同，证券发行可以分为股票发行、债券发行和其他证券的发行。

2. 按照发行方式的不同，证券发行可以分为直接发行和间接发行。直接发行是指发行人自己承担证券发行的一切事务和发行风险，不借助中介机构而自己直接向认购者推销出售证券的方式。直接发行无须向承销商支付昂贵的报酬，具有发行成本低的优势。但采用直接发行方式，要求发行者熟悉发行程序，精通发行技术并具备一定的销售网络和专业人才等条件。所以，直接发行只适用于有既定发行对象或发行风险小、手续简单的证券发行。在一般情况下，不公开发行的股票或因公开发行有困难（如信誉低所致的市场竞争力差、承担不了大额的发行费用等）的股票，或是实力雄厚，有把握实现巨额私募以节省发行费用的大股份公司股票，才采用直接发行的方式。间接发行是指发行人借助证券发行中介机构代理出售证券、募集资金的证券发行方式。发行中介机构称为承销商，通常由投资银行或证券公司担任，发行人需向承销商支付报酬。间接发行的优点是专业化程度高,利用承销商的销售网络和客户资源,以及熟练的专业技术人员和良好的信誉,可以迅速募集到大量资金,保证证券发行任务顺利完成。

3. 按照发行对象的不同,证券发行可以分为公开发行和非公开发行。公开发行也称公募发行,是指证券发行人向不特定的社会公众投资者,或者向累计超过200人的特定对象发售证券的发行方式。公开发行时,任何合法的投资者都可以认购。公开发行具有发行对象范围广、发行证券数量多、筹集资金潜力大的优点,可避免发行的证券过于集中或被少数人操纵,可增强证券的流动性。对于发行人来说,公开发行的不足之处在于发行条件严格、信息公开要求高、发行程序复杂、发行费用高。不公开发行也称私募发行或内部发行,是指以不超过200人的特定投资者为发行对象的证券发行方式。不公开发行的发行对象通常是发行人的老股东或发行人的员工,或者大的机构投资者。不公开发行由于有确定的发行对象、信息公开要求不高、发行手续简单,可以节省发行时间和发行费用。但不足之处是投资者数量有限,筹资能力较弱,且不公开发行通常有限售条件,发行后的证券流通性较差。相比较而言,公开发行是证券发行中最常见、最基本的发行方式。

法条链接

《中华人民共和国证券法》

第九条 公开发行证券,必须符合法律、行政法规规定的条件,并依法报经国务院证券监督管理机构或者国务院授权的部门注册。未经依法注册,任何单位和个人不得公开发行证券。证券发行注册制的具体范围、实施步骤,由国务院规定。

有下列情形之一的,为公开发行:

(一)向不特定对象发行证券;

(二)向特定对象发行证券累计超过二百人,但依法实施员工持股计划的员工人数不计算在内;

(三)法律、行政法规规定的其他发行行为。

非公开发行证券,不得采用广告、公开劝诱和变相公开方式。

二、证券发行的监管制度

证券发行,特别是面向不特定的社会公众投资者的公开发行,不仅仅涉及投资者个体的利益,还涉及社会公众利益,所以,世界各国普遍对证券的发行实行政府监管。但由于国情和监管理念的不同,形成了不同的监管制度,出现了注册制与核准制、形式审查与实质审查的不同制度选择。

注册制是指证券发行人在公开发行证券前，按照法律的规定向证券发行主管机构提交与发行有关的文件，发行主管机构仅对申报资料的完整性、真实性、准确性和及时性进行形式审查，而对发行人状况和拟发行证券的投资价值不作实质审查的证券发行监管制度。而核准制是指证券发行主管机构不仅要对证券发行人的发行申报进行形式审查，还要求发行人在股本规模和股本结构、盈利能力等实体条件上达到法定标准，发行主管机构对此进行实质审查的证券发行监管制度。实质审查不仅要保证发行人的公开的真实性，还要保证证券的质量，而形式审查把价值判断的事情交给投资者自己去做。

我国对证券的公开发行实行注册制度。在过去三十年左右的时间里，我国对证券的公开发行实行的是核准制。2018年11月，我国启动注册制改革，先后在科创板、创业板和北京证券交易所试点。2019年12月28日修订、自2020年3月1日起施行的《证券法》规定，公开发行证券，必须符合法律、行政法规规定的条件，并依法报经国务院证券监督管理机构或者国务院授权的部门注册。未经依法注册，任何单位和个人不得公开发行证券。证券发行注册制的具体范围、实施步骤，由国务院规定。2023年2月17日，中国证券监督管理委员会及交易所等发布全面实行股票发行注册制制度规则，自发布之日起施行。这标志着注册制的制度安排基本定型，注册制推广到全市场和各类公开发行股票行为，股票发行注册制正式实施。

依照现行的法律和证券监管法规的规定，首次公开发行股票并上市，应当符合发行条件、上市条件以及相关信息披露要求，依法经交易所发行上市审核，并报中国证券监督管理委员会注册。上市公司发行证券的，应当符合《证券法》和证券监督管理委员会规定的发行条件和相关信息披露要求，依法经上海证券交易所或深圳证券交易所发行上市审核并报中国证券监督管理委员会注册，但因依法实行股权激励、公积金转为增加公司资本、分配股票股利的除外。非公开发行证券，不得采用广告、公开劝诱和变相公开方式。

三、证券发行的条件

（一）公开发行新股条件

公司首次公开发行新股，应当符合下列条件：①具备健全且运行良好的组织机构；②具有持续经营能力；③最近3年财务会计报告被出具无保留意见审计报告；④发行人及其控股股东、实际控制人最近3年不存在贪污、贿赂、侵占财产、挪用财产或者破坏社会主义市场经济秩序的刑事犯罪；⑤经国务院批准的国务院证券监督管理机构规定的其他条件。

上市公司发行新股，应当符合经国务院批准的国务院证券监督管理机构规定的条件。公司对公开发行股票所募集资金，必须按照招股说明书或者其他公开发行募集文件所列资金用途使用；改变资金用途，必须经股东大会作出决议。擅自改变用途，未作纠正的，或者未经股东大会认可的，不得公开发行新股。

（二）公开发行存托凭证条件

公开发行存托凭证的，应当符合首次公开发行新股的条件以及国务院证券监督管理机构规定的其他条件。

（三）公开发行公司债券条件

公开发行公司债券，应当符合下列条件：①具备健全且运行良好的组织机构；②最近3年平均可分配利润足以支付公司债券1年的利息；③国务院规定的其他条件。

公开发行公司债券筹集的资金，必须按照公司债券募集办法所列资金用途使用；改变资金用途，必须经债券持有人会议作出决议。公开发行公司债券筹集的资金，不得用于弥补亏损和非生产性支出。

上市公司发行可转换为股票的公司债券，除应当符合前述债券发行条件外，还应当遵守上市公司发行新股条件的规定。

有下列情形之一的，不得再次公开发行公司债券：①对已公开发行的公司债券或者其他债务有违约或者延迟支付本息的事实，仍处于继续状态；②违反《证券法》规定，改变公开发行公司债券所募资金的用途。

四、证券承销工作实务

（一）证券承销概述

证券承销是指证券公司根据证券发行人的委托，在证券市场上向投资者公开推介和销售发行人拟发行证券的行为。承销商由依法设立并且经核准可以从事证券承销业务的证券公司担任。发行人向不特定对象发行证券，法律、行政法规规定应当由证券公司承销的，发行人应当同证券公司签订承销协议。证券的发行人有权依法自主选择承销的证券公司。

向不特定对象发行证券聘请承销团承销的，承销团由主承销和参与承销的证券公司组成。

（二）承销方式

证券承销的方式包括代销和包销两种。

证券代销是指证券公司代发行人发售证券，在承销期结束时，将未售出的证券全部退还给发行人的承销方式。

证券包销是指证券公司将发行人的证券按照协议全部购入或者在承销期结束时将售后剩余证券全部自行购入的承销方式。

实质上，证券代销的，发行人与证券公司之间是一种代理关系；而证券包销的，两者之间的关系已经是买卖关系。对于证券公司来说，证券包销的风险相对要大一些。

（三）承销规则

1. 证券公司尽职调查规则。证券公司承销证券，应当对公开发行募集文件的真实性、准确性、完整性进行核查；发现有虚假记载、误导性陈述或者重大遗漏的，不得进行销售活动；已经销售的，必须立即停止销售活动，并采取纠正措施。

2. 先行售予投资人规则。证券公司在代销、包销期内，对所代销、包销的证券应当保证先行出售给认购人，证券公司不得为本公司预留所代销的证券和预先购入并留存所包销的证券。

3. 发行价格确定规则。证券发行中，证券发行价格是一个牵动多方利益的敏感问题。发行人希望实现较高的发行价，以获得尽可能多的资金；证券公司希望发行价格不要太高，以求市场接受、证券顺利发行；而投资者当然希望发行价格越低越好。对于证券发行价格的确定，我国已经逐渐改变了以往的政府过多限价的做法，向市场定价方向发展。《证券法》规定，股票发行采取溢价发行的，其发行价格由发行人与承销的证券公司协商确定。中国证券监督管理委员会在《证券发行与承销管理办法》[1]中规定：首次公开发行证券，可以通过询价的方式确定证券发行价格，也可以通过发行人与主承销商自主协商直接定价等其他合法可行的方式确定发行价格。

4. 发行期限和股票发行失败规则。证券的代销、包销期限最长不得超过90日。股票发行采用代销方式，代销期限届满，向投资者出售的股票数量未达到拟公开发行股票数量70%的，为发行失败。发行人应当按照发行价并加算银行同期存款利息返还股票认购人。

五、证券发行和上市的保荐

为提高证券发行人的素质、加强对发行人信息公开的监管、提高证券质量，我国对证券发行和上市实行保荐制度。

（一）应当实行保荐制度的行为

依照《证券法》第10条第1款的规定，发行人申请公开发行股票、可转换为股票的公司债券，依法采取承销方式的，或者公开发行法律、行政法规规定实行保荐制度的其他证券的，应当聘请证券公司担任保荐人。

（二）保荐人职责

保荐人的职责包括：

1. 依法对发行人申请文件、证券发行募集文件进行核查，向中国证监会、证券交

---

[1] 该办法于2006年9月17日发布，后历经2010年、2012年、2014年、2015年、2017年、2018年、2023年2月17日多次修订、修正。

易所出具保荐意见，保证所出具的文件真实、准确、完整。

2. 尽职推荐发行人证券发行上市。

3. 在推荐发行人首次公开发行股票并上市前，对发行人进行辅导，对其人员进行法规知识、证券市场知识培训。

4. 在发行人证券上市后，持续督导发行人履行规范运作、信守承诺、信息披露等义务。

导入案例分析

导入案例中，王某某及其纵横软件股份有限公司违反了证券发行的相关规定。依照《证券法》的规定，向不特定对象发行证券和向累计超过200人的特定对象发行证券均属于公开发行证券。王某某及其纵横软件股份有限公司向近2000人的社会公众发行股票，显然属于公开发行股票。2019年修改前的《证券法》第10条第1款规定：公开发行证券，必须符合法律、行政法规规定的条件，并依法报经国务院证券监督管理机构或者国务院授权的部门核准；未经依法核准，任何单位和个人不得公开发行证券。不管公开发行的股票是否上市，王某某及其纵横软件股份有限公司公开发行股票，均应依法向国务院证券监督管理机构报送募股申请和相关文件，获得核准之后方可发行。

拓展学习

IPO

IPO 是 Initial Public Offerings 的缩写，即首次公开发行股票。股份公司首次公开发行股票并上市，必须符合《证券法》《公司法》《首次公开发行股票注册管理办法》等法律法规规定的发行条件、上市条件以及相关信息披露要求，依法经交易所发行上市审核，并报中国证监会注册。

【拓展阅读】

1. 王保树：《发行公司信息公开与投资者的保护》，载《商事法论集》（第1卷），法律出版社1997年版。

2. 彭冰：《非法集资活动规制研究》，载《中国法学》2008年第4期。

3. 曹阳：《我国股票发行从核准制到注册制发展的初步研究——兼论我国证券法关于股票发行制度的修改与完善》，载《改革与战略》2015年第9期。

【思考与练习】

《证券法》注重对公开发行证券还是对非公开发行证券进行规制？为什么？

情境训练

2006年5月，余某等3人注册成立美杰商贸有限公司（以下简称美杰公司），向客户销售高价保健品，同时，也向客户配售美杰公司原始股。只要购买美杰公司 3 单以上保健产品便有资格成为该公司的股东，可以购买原始股。购买产品 3~13 单的客户可以购买 1 万份美杰公司原始股，每股 1 元；购买越多产品的客户可以购买越多数量的原始股；每个月购买 21 单公司产品的前 100 名客户，另外获赠 5000 股美杰公司股票。2007 年 6 月，余某等人向客户宣称美杰公司准备到美国上市。余某花了 30 多万美元在境外购买了一家在美国场外柜台交易系统（以下简称 OTCBB）挂牌的达利国际集团公司（以下简称达利公司）作为"壳"公司，并将美杰公司原始股票转为达利公司的股票，继续销售。2009 年，余某等人向客户称，达利公司要争取在美国纳斯达克股票市场（以下简称 NASDAQ）上市；NASDAQ 是比 OTCBB 更高级的股票市场，股票在纳斯达克上市后股价能马上翻到 6~7 倍；公司将来扩大，股票拆分，能有 20 倍甚至上百倍收益。而纳斯达克市场对上市公司的业绩要求很高，股东必须发动他人购买和自己购买达利公司产品，以提高业绩。余某又成立达利小额贷款有限公司，向股东、客户提供贷款，贷款只能用于购买达利公司高价产品，客户贷款必须用自己的房产、车子或收入作抵押。

【训练目的及要求】

1. 通过分析实际案例，结合本项目证券发行的相关知识，训练学生透过行为表象分析行为实质的能力。

2. 使学生掌握证券发行的条件和规则，并能判断具体市场行为的合法性。

【训练步骤】

1. 学生分为 4 组，熟悉案情、搜集资料、形成基本观点。

2. 各组之间就案例进行分析讨论。

3. 老师对学生的观点进行点评。

【工作任务】

1. 公司对公众发行原始股应经过哪些法定程序？

2. 销售境外上市公司的股票是否应经过证券监督管理机构批准？

3. 余某及其美杰公司、达利公司向客户销售美杰公司、达利公司股票的行为是否合法？

项目四　证券交易规则

导入案例 [1]

中谊集团是上市公司三源股份的控股股东。2008 年 6 月 2 日，集团开会通过了把

---

[1]《中国证监会行政处罚决定书（岳远斌）》，载中国证券监督管理委员会网，http://www.csrc.gov.cn/csrc/c101928/c1043215/content.shtml，访问时间：2023 年 11 月 14 日。

集团的焦化资产注入三源股份的方案，确定6月3日闭市后向证券交易所递交三源股份重大资产重组的停牌申请，并于6月4日停牌。财务顾问马某参加了会议。6月4日，三源股份发布《重大资产重组事项暨停牌公告》，自6月4日起至7月2日停牌。7月3日，三源股份收盘涨幅为5.43%，当日上证综指收盘涨幅为1.95%。三源股份停牌期间上证综指涨幅为-21.33%。余某与马某曾同在某证券公司工作，后各自离职。2008年6月3日13：29：30至13：44：13，余某与马某通电话。6月3日14：08至14：54，余某操作其岳母林某账户挂出15笔卖单，以远低于成本价的价格将账户内原有股票全部抛售，卖出亏损达32.49%。6月3日14：10至14：56，林某账户挂出16笔买单，将卖出资金全部买入428 439股三源股份。至当日收盘，林某账户持有三源股份市值占其账户总资产的99.90%。林某账户资金来自余某财产，自开户日至2008年6月2日，从未买卖过三源股份，且一般同时持有多只股票。2009年2月10日，余某将林某账户内的三源股份股票全部卖出，实际获利-620 330.49元。证券监督管理机构认定余某的行为构成内幕交易行为，对其作出行政处罚。

【问题】

1. 内幕交易行为的主体有哪些类型？
2. 没有获利也会构成内幕交易吗？

基本原理

一、证券交易概述

（一）认识证券交易

证券交易，是指证券持有人依照《证券法》和证券交易规则，在依法设立的证券交易场所将证券转让给其他投资者的行为。

证券交易是与证券发行相对的概念，证券交易具有以下特征：

1. 参与证券交易的当事人是符合资格的投资者。证券交易场所、证券公司和证券登记结算机构的从业人员、证券监督管理机构的工作人员等法律、法规规定不得持有或买卖股票的人员，禁止参与证券交易。

2. 当事人交易的是依法发行并交付且允许流通的证券。非依法发行的证券，不得买卖。依法发行的证券，法律对其转让期限有限制性规定的，在限定的期限内不得转让。上市公司持有5%以上股份的股东、实际控制人、董事、监事、高级管理人员，以及其他持有发行人首次公开发行前发行的股份或者上市公司向特定对象发行的股份的股东，转让其持有的本公司股份的，不得违反法律、行政法规和国务院证券监督管理机构关于持有期限、卖出时间、卖出数量、卖出方式、信息披露等方面的规定。

3. 证券交易的场所必须符合法律规定。公开发行的证券，应当在依法设立的证交易所上市交易或者在国务院批准的其他全国性证券交易场所交易。非公开发行的证券，可以在证券交易所、国务院批准的其他全国性证券交易场所、按照国务院规定设立的区域性股权市场转让。

4. 证券交易的方式和程序必须符合证券法律规定和证券交易规则。

（二）证券交易的种类

1. 按照交易的证券种类不同，证券交易可以分为股票交易、债券交易、投资基金份额交易等。

2. 按照交易的场所不同，证券交易可以分为场内交易与场外交易。场内交易是通过证券交易所进行的证券集中交易；场外交易是不通过证券交易所进行的证券交易。场外交易主要是柜台交易，是在证券商的柜台上进行的交易，即通过证券商进行的交易，其交易的证券主要是非上市证券。场外交易具有条件限制低、投资者可以直接进入、费用低的特点，其对投资者的吸引力、交易规模和交易速度也比场内交易要低得多。

（三）上市证券交易的基本程序

证券在证券交易所上市交易，采用公开的集中交易方式或者证券监督管理机构批准的其他方式。投资者买卖证券，最主要的方式是委托证券公司在证券交易所内买卖以公开的集中交易方式交易的上市证券。投资者买卖上市证券的基本程序是：

1. 开户。投资者须在证券交易所指定的证券登记结算机构开立证券账户（通常通过证券公司代理），并在接受交易委托的证券公司开立资金账户。

2. 委托。投资者须与有资格进入证券交易所交易的证券公司签订证券交易委托代理协议，如果要进行证券交易，须向证券公司下达委托指令。投资者可以采用限价委托或市价委托的方式委托证券公司买卖证券。限价委托是指投资者委托证券公司按其限定的价格买卖证券，证券公司必须按限定的价格或低于限定的价格申报买入证券，按限定的价格或高于限定的价格申报卖出证券。市价委托是指投资者委托证券公司按市场价格买卖证券。投资者可以撤销委托的未成交部分。

3. 申报。证券公司按照投资者委托的时间先后顺序及时向证券交易所申报投资者的交易委托指令。通常，证券交易所对证券交易实行价格涨跌幅限制。例如，沪深两市限定股票、基金交易价格的涨跌幅比例为10%。买卖有价格涨跌幅限制的证券，在价格涨跌幅限制以内的申报为有效申报，超过价格涨跌幅限制的申报为无效申报。

4. 竞价。证券竞价交易采用集合竞价和连续竞价两种方式。集合竞价是指在规定时间内接受的证券买卖申报一次性集中撮合的竞价方式。连续竞价是指对证券买卖申报逐笔连续撮合的竞价方式。集合竞价期间未成交的买卖申报，自动进入连续竞价。

5. 成交。证券竞价交易按价格优先、时间优先的原则撮合成交。成交时价格优先的原则为：较高价格买入申报优先于较低价格买入申报，较低价格卖出申报优先于较高价格卖出申报。成交时时间优先的原则为：买卖方向、价格相同的，先申报者优先于后申报者。买卖申报经证券交易所撮合成交后，交易即告成立。

6. 清算交割。证券交易成交后，由证券登记结算机构办理清算交收和过户手续。

二、证券上市及终止上市

（一）证券上市

证券上市，是指证券发行人为使其公开发行的证券能在证券交易所公开挂牌交易而依照法定条件和程序进行的行为，是证券获准上市交易资格的过程。证券一旦获准上市交易，即成为上市证券。发行的股票获准上市交易的公司称为上市公司。

证券上市能增强发行人的融资能力，扩大上市公司的影响力。

证券的上市条件由证券交易所规定；证券能否在证券交易所上市，由证券交易所审核决定。申请证券上市交易，应当向证券交易所提出申请，由证券交易所依法审核同意，并由双方签订上市协议。申请证券上市交易，应当符合证券交易所上市规则规定的上市条件。证券交易所上市规则规定的上市条件，对发行人的经营年限、财务状况、最低公开发行比例和公司治理、诚信记录等提出要求。

（二）终止上市

终止上市也称退市，是指终止某只证券上市交易的资格，包括强制终止上市（强制退市）和主动终止上市（主动退市）。

上市交易的证券，有证券交易所规定的终止上市情形的，由证券交易所按照业务规则终止其上市交易，并及时公告、报国务院证券监督管理机构备案。

三、发行人、上市公司的信息披露规则

信息披露即信息公开，是指证券发行人及其他信息披露义务人依法将可能影响证券发行或上市证券交易价格的重大信息予以公开的制度。

依法进行信息披露是证券发行人及其他信息披露义务人在证券市场上的首要义务，2019年修订的《证券法》设专章对信息披露作出较之前的《证券法》更为严格的规定。

（一）信息披露的基本要求

发行人及法律、行政法规和国务院证券监督管理机构规定的其他信息披露义务人应当及时依法履行信息披露义务。

信息披露义务人披露的信息，应当真实、准确、完整，简明清晰，通俗易懂，不得有虚假记载、误导性陈述或者重大遗漏。

证券同时在境内境外公开发行、交易的，其信息披露义务人在境外披露的信息，应当在境内同时披露。

信息披露义务人披露的信息应当同时向所有投资者披露，不得提前向任何单位和个人泄露。

（二）定期信息披露

上市公司、公司债券上市交易的公司、股票在国务院批准的其他全国性证券交易场所交易的公司，负有定期将公司的经营情况和财务状况等信息公开披露的义务，应当按照规定的内容和格式编制定期报告，并按照以下规定报送和公告：在每一会计年度结束之日起4个月内，报送并公告年度报告，其中的年度财务会计报告应当经符合《证券法》规定的会计师事务所审计；在每一会计年度的上半年结束之日起2个月内，报送并公告中期报告。

（三）临时信息披露

发生可能对上市公司、股票在国务院批准的其他全国性证券交易场所交易的公司的股票交易价格产生较大影响的重大事件，公司应当立即将有关该重大事件的情况向国务院证券监督管理机构和证券交易场所报送临时报告，并予公告。公司的控股股东或者实际控制人对重大事件的发生、进展产生较大影响的，应当及时将其知悉的有关情况书面告知公司，并配合公司履行信息披露义务。

前述所称的重大事件包括：公司的经营方针和经营范围的重大变化；公司的重大投资行为；公司订立重要合同、提供重大担保或者从事关联交易；公司发生重大债务和未能清偿到期重大债务的违约情况；公司发生重大亏损或者重大损失；公司的董事、1/3以上监事或者经理发生变动，董事长或者经理无法履行职责；公司分配股利、增资的计划，公司股权结构的重要变化；涉及公司的重大诉讼、仲裁；公司涉嫌犯罪被依法立案调查，公司的控股股东、实际控制人、董事、监事、高级管理人员涉嫌犯罪被依法采取强制措施；等等。

发生可能对上市交易公司债券的交易价格产生较大影响的重大事件，公司应当立即将有关该重大事件的情况向国务院证券监督管理机构和证券交易场所报送临时报告，并予公告。

（四）自愿信息披露和公开承诺披露

除法律强制披露的信息之外，信息披露义务人可以自愿披露与投资者作出价值判断和投资决策有关的信息，但不得与依法披露的信息相冲突，不得误导投资者。

发行人及其控股股东、实际控制人、董事、监事、高级管理人员等作出公开承诺的，应当披露。不履行承诺给投资者造成损失的，应当依法承担赔偿责任。

（五）发行人的董事、监事、高级管理人员对信息披露的保证责任

发行人的董事、监事和高级管理人员应当保证发行人及时、公平地披露信息，所披露的信息真实、准确、完整。

董事、监事和高级管理人员无法保证证券发行文件和定期报告内容的真实性、准确性、完整性或者有异议的，应当在书面确认意见中发表意见并陈述理由，发行人应当披露。发行人不予披露的，董事、监事和高级管理人员可以直接申请披露。

（六）信息披露违法者的赔偿责任

信息披露义务人未按照规定披露信息，或者公告的证券发行文件、定期报告、临时报告及其他信息披露资料存在虚假记载、误导性陈述或者重大遗漏，致使投资者在证券交易中遭受损失的，信息披露义务人应当承担赔偿责任；发行人的控股股东、实际控制人、董事、监事、高级管理人员和其他直接责任人员以及保荐人、承销的证券公司及其直接责任人员，应当与发行人承担连带赔偿责任，但是能够证明自己没有过错的除外。

四、禁止的交易行为

《证券法》禁止内幕交易、操纵市场、虚假陈述、损害客户等损害投资者利益的证券欺诈行为。

（一）内幕交易行为的认定

内幕交易是指证券交易内幕信息的知情人和非法获取内幕信息的人利用内幕信息从事证券交易活动。

具备下列三个要件即可认定行为人的行为构成内幕交易：①行为人属于内幕信息的知情人或非法获取内幕信息的人；②行为人知悉的是内幕信息；③行为人在内幕信息自形成至公开的"内幕信息敏感期"实施了故意利用内幕信息进行证券交易的行为，包括买卖该公司的证券、泄露该信息、建议他人买卖该证券。

内幕信息的知情人是指能够凭借自己的身份、职位或工作便利而获知内幕信息的人，包括：①发行人及其董事、监事、高级管理人员；②持有公司5%以上股份的股东及其董事、监事、高级管理人员，公司的实际控制人及其董事、监事、高级管理人员；③发行人控股或者实际控制的公司及其董事、监事、高级管理人员；④由于所任公司职务或者因与公司业务往来可以获取公司有关内幕信息的人员；⑤上市公司收购人或者重大资产交易方及其控股股东、实际控制人、董事、监事和高级管理人员；⑥因职务、工作可以获取内幕信息的证券交易场所、证券公司、证券登记结算机构、证券服务机构的有关人员；⑦因职责、工作可以获取内幕信息的证券监督管理机构工作人员；⑧因法定职责对证券的发行、交易或者对上市公司及其收购、重大资产交易进行管理，可以获取内幕信息的有关主管部门、监管机构的工作人员；⑨国务院证券监督管理机构规定的可以获取内幕信息的其他人员。

非法获取内幕信息的人既包括采用盗窃、窃听、黑客、骗取、贿赂等违法手段积极获取内幕信息的人，也包括并未采取违法手段、只是因"证券交易内幕信息的知情人"的泄露行为而间接获悉内幕信息，但是本身又不具有获取内幕信息的合法资格、合法理由的人。

内幕信息是指证券交易活动中，涉及发行人的经营、财务或者对该公司证券的市场价格有重大影响的尚未公开的信息。

（二）操纵市场行为的认定

操纵市场是指行为人以影响证券交易价格为目的，采用违法手段买卖证券，人为地使证券价格偏离市场供求关系的行为。

认定操纵市场行为应当注意：操纵市场行为人主观上属于故意，客观上采用了操纵市场的违法手段进行证券交易，影响或者意图影响证券交易价格或者证券交易量。

操纵市场的手段包括：①单独或者通过合谋，集中资金优势、持股优势或者利用信息优势联合或者连续买卖；②与他人串通，以事先约定的时间、价格和方式相互进行证券交易；③在自己实际控制的账户之间进行证券交易；④不以成交为目的，频繁或者大量申报并撤销申报；⑤利用虚假或者不确定的重大信息，诱导投资者进行证券交易；⑥对证券、发行人公开作出评价、预测或者投资建议，并进行反向证券交易；⑦利用在其他相关市场的活动操纵证券市场；⑧其他手段。

（三）虚假陈述行为的认定

虚假陈述是指信息披露义务人违反证券法律规定，在证券发行或者交易过程中，对重大事件作出违背事实真相的虚假记载、误导性陈述，或者在披露信息时发生重大遗漏、不正当披露信息的行为。

认定虚假陈述行为应当注意：虚假陈述的行为人是负有信息披露法定义务的主体；行为人主观上属于故意，是出于证券欺诈的目的；客观上行为人实施了虚假记载、误导性陈述、重大遗漏、不正当披露信息的行为。

信息披露义务人虚假陈述的，信息披露义务人应当承担法律责任；发行人的控股股东、实际控制人、董事、监事、高级管理人员和其他直接责任人员以及保荐人、承销的证券公司及其直接责任人员，也应当承担法律责任，但是能够证明自己没有过错的除外。证券交易场所、证券公司、证券登记结算机构、证券服务机构及其从业人员，证券业协会、证券监督管理机构及其工作人员，在证券交易活动中作出虚假陈述或者信息误导的，应当承担法律责任。

（四）欺诈客户行为的认定

欺诈客户是指证券公司及其从业人员实施的损害客户利益的欺诈行为。

证券公司及其从业人员实施的下列行为属于欺诈客户行为：①违背客户的委托为其买卖证券；②不在规定时间内向客户提供交易的确认文件；③未经客户的委托，擅自为客户买卖证券，或者假借客户的名义买卖证券；④为牟取佣金收入，诱使客户进行不必要的证券买卖；⑤其他违背客户真实意思表示，损害客户利益的行为。

五、上市公司收购

上市公司收购是指投资者通过股份转让活动持有上市公司发行在外的股份达到一定比例或者程度，导致投资者获得或者可能获得对该公司的实际控制权的行为。

上市公司收购本质上为证券买卖，由于上市公司收购可能影响多方主体的利益，特别是影响目标公司中小股东的利益，所以法律对其规制更加严格。

（一）上市公司收购的方式

《证券法》规定，投资者可以采取要约收购、协议收购及其他合法方式收购上市公司。

1. 要约收购。要约收购是指收购人向上市公司所有股东发出收购该上市公司全部或者部分股份的要约而收购公司股份的方式。

要约收购使被收购公司的股东获得平等的退出机会和一致的交易条件。按照要约收购是否出于收购人的自愿，要约收购可以分为自愿要约收购和强制要约收购。

2. 协议收购。协议收购是指收购人依照法律法规的规定同被收购公司的股东以协议方式进行股份转让的收购方式。

（二）上市公司收购的规则

1. 权益披露规则。投资者在一个上市公司中拥有的权益，包括登记在其名下的股份和虽未登记在其名下但该投资者可以实际支配表决权的股份。通过证券交易所的证券交易，投资者持有或者通过协议、其他安排与他人共同持有1个上市公司已发行的有表决权股份达到5%时，应当在该事实发生之日起3日内，向国务院证券监督管理机构、证券交易所作出书面报告，通知该上市公司，并予公告；在上述期限内，不得再行买卖该上市公司的股票。投资者持有或者通过协议、其他安排与他人共同持有1个上市公司已发行的有表决权股份达到5%后，其所持该上市公司已发行的有表决权股份比例每增加或者减少1%，应当依法通知上市公司和公告。

2. 强制要约收购规则。通过证券交易所的证券交易或采取协议收购方式，投资者持有或者通过协议、其他安排与他人共同持有1个上市公司已发行的有表决权股份达到30%时，继续进行收购的，应当依法向该上市公司所有股东发出收购上市公司全部或者部分股份的要约。

收购要约约定的收购期限不得少于30日，并不得超过60日。在收购要约确定的承诺期限内，收购人不得撤销其收购要约。收购要约提出的各项收购条件，适用于被收购公司的所有股东，持有同一种类股份的股东应当得到同等对待。

3. 剩余股份强制收购规则。收购期限届满，被收购公司股权分布不符合上市交易要求的，该上市公司的股票应当由证券交易所依法终止上市交易；其余仍持有被收购公司股票的股东，有权向收购人以收购要约的同等条件出售其股票，收购人应当收购。

4. 禁售规则。在上市公司收购中，收购人持有的被收购的上市公司的股票，在收购行为完成后的18个月内不得转让。

六、投资者保护

为了维护证券市场中的公平，保护投资者尤其是中小投资者的合法权益，《证券法》设立了投资者保护的规则，主要包括：

1. 投资者适当性管理。证券公司向投资者销售证券、提供服务时，应当按照规定充分了解投资者的基本情况、财产状况、金融资产状况、投资知识和经验、专业能力等相关信息；如实说明证券、服务的重要内容，充分揭示投资风险；销售、提供与投资者上述状况相匹配的证券、服务。

2. 区分普通投资者和专业投资者。依照证券监督管理机构规定的标准，根据财产状况、金融资产状况、投资知识和经验、专业能力等因素，将投资者分为普通投资者和专业投资者。普通投资者与证券公司发生纠纷的，证券公司应当证明其行为合法合规，不存在误导、欺诈等情形。证券公司不能证明的，应当承担相应的赔偿责任。普通投资者与证券公司发生证券业务纠纷，普通投资者提出由投资者保护机构调解的请求的，证券公司不得拒绝。

3. 上市公司股东权利征集。上市公司董事会、独立董事、持有1%以上有表决权股份的股东或者投资者保护机构可以作为征集人，公开向上市公司股东征集股东权利，代其出席股东大会，并代为行使提案权、表决权等股东权利。股东权利征集不得有偿征集。

4. 保障股东的资产收益权。上市公司应当在章程中明确分配现金股利的具体安排和决策程序，依法保障股东的资产收益权。上市公司当年税后利润，在弥补亏损及提取法定公积金后有盈余的，应当按照公司章程的规定分配现金股利。

5. 设立债券持有人会议和债券受托管理人。公开发行公司债券的，应当设立债券持有人会议；发行人应当为债券持有人聘请债券受托管理人，债券持有人会议可以决议变更债券受托管理人。债券受托管理人履行受托管理职责；可以接受全部或者部分债券持有人的委托，以自己名义代表债券持有人提起、参加民事诉讼或者清算程序。

6. 先行赔付制度。发行人因欺诈发行、虚假陈述或者其他重大违法行为给投资者造成损失的，发行人的控股股东、实际控制人、相关的证券公司可以委托投资者保护机构，就赔偿事宜与受到损失的投资者达成协议，予以先行赔付。先行赔付后，可以依法向发行人以及其他连带责任人追偿。

7. 投资者保护机构的调解职能和提起股东派生诉讼的资格。投资者保护机构可以依当事人的申请调解投资者与发行人、证券公司之间的证券业务纠纷。发行人的董监高、发行人的控股股东、实际控制人等侵犯公司合法权益给公司造成损失，投资者保护机构持有该公司股份的，可以为公司的利益以自己的名义向人民法院提起诉讼，并不受《公司法》有关股东提起派生诉讼需连续持股 180 日、持股 1% 以上的规定的限制。

8. "默示加入、明示退出"的特别代表人诉讼制度。在虚假陈述等证券民事赔偿诉讼中，投资者保护机构受投资者委托，可以作为代表人参加诉讼，并按"默示加入、明示退出"的原则为经证券登记结算机构确认的众多投资者向法院登记参加诉讼，但投资者明确表示不愿意参加该诉讼的除外。

导入案例分析

导入案例中，余某是内幕交易行为的主体。内幕交易的主体包括内幕信息的知情人和非法获取内幕信息的人两类。案件中，马某属于《证券法》规定的"证券交易内幕信息的知情人"，而余某虽未采取违法手段、只是因马某的信息泄露行为而知悉内幕信息，但是，由于余某并不具备获悉本案相关内幕信息的合法身份或者合法理由，故属于"非法获取内幕信息的人"。余某非法获取内幕信息之后，在内幕信息敏感期内交易相关股票，其行为构成内幕交易。内幕交易违法属行为违法而非结果违法，只要行为人在知悉内幕信息后、内幕信息公开以前，实施了买卖、建议或者泄露行为，违法行为即完成，社会危害即发生，不以是否盈利为要件。

拓展学习

一、公司股票上市的好处

1. 丰富融资渠道，增强融资信誉。筹集资金，迅速提升实力，做大做强；提高自身信用状况，享受低成本的融资便利；拥有更丰富的融资、再融资、快速扩张渠道。

2. 规范企业运营，吸引优秀人才。完善内部控制、规范治理结构以及完善各项管理制度，提高运营效率；利用股票期权等方式实现对员工和管理层的有效激励，有助于企业吸引优秀人才，增强企业的发展后劲。

3. 证明企业实力，提升企业形象。上市是对企业管理水平、发展前景、盈利能力的有力证明；可提高企业知名度，提升企业形象，扩大市场影响力。

4. 发现股票价值，增强其流动性。借助市场化评价机制发现企业股票的真实价值；增加股票流动性，是兑现资本、实现股权回报最大化的有效途径。

5. 改善资本结构，提高抗风险度。企业建立直接融资平台，有利于提高企业自有资本比例，改善资本结构，提高自身抗风险能力。

二、股票指数

股票指数即股票价格指数，是由证券交易所或金融服务机构编制的表明股票行情变动的一种供参考的指示数字。例如，上海证券综合指数（以下简称上证综指）是由上海证券交易所编制的股票指数，于 1991 年 7 月 15 日发布。该股票指数的样本为 A 股、B 股等上交所全部上市股票，以总股本为权重加权计算。上证综指反映了上海证券交易市场的总体走势，是中国资本市场影响力最大的指数，是中国资本市场的象征。

【拓展阅读】

1. 杨亮：《内幕交易论》，北京大学出版社2001年版。

2. 程啸：《证券市场虚假陈述侵权损害赔偿责任》，人民法院出版社2004年版。

3. 田宏杰：《操纵证券市场罪：行为本质及其司法认定》，载《中国人民大学学报》2014年第4期。

4. 曾洋：《内幕交易侵权责任的因果关系》，载《法学研究》2014年第6期。

5. 王林清：《内幕交易侵权责任因果关系的司法观察》，载《中外法学》2015年第3期。

【思考与练习】

1. 申请证券上市交易，应当向哪个机构提出申请并由其依法审核同意、与其签订上市协议？

2. 在证券交易中，哪些主体负有信息披露义务？

3. 内幕交易、操纵市场等证券交易违法行为的行为人是否应当承担民事赔偿责任？

情境训练[1]

2015年6月26日（周五）14时51分至14时59分，周某利用资金优势，控制并操作本人证券账户，大笔、连续申报买入"新农开发"，在涨停价大笔封单锁定"新农开发"股票价格。2015年6月29日（周一）9时24分至10时36分，周某将上一交易日买入的"新农开发"全部高价卖出，获利2 205 675.29元。

在操纵时段内，周某分8笔连续大量申报买入"新农开发"。

1. 14时51分45秒以18.40元的价格申买230 000股，申买前买一档申报价为18.38元，买一档申报量为1000股，前五档买申报总量为148 500股，卖一档申报量为16 200股，前五档卖申报总量为20 500股。

2. 14时52分以18.50元的价格申买340 000股，申买前买一档申报价为18.49元，买一档申报量为1100股，前五档买申报总量为99 500股，卖一档申报量为203 810股，前五档卖申报总量为271 910股。

3. 14时52分21秒以18.60元的价格申买340 000股，申买前买一档申报价为18.58元，买一档申报量为1000股，前五档买申报总量为112 948股，卖一档申报量为38 000股，前五档卖申报总量为48 600股。

4. 14时52分47秒以18.73元的价格申买340 000股，申买前买一档申报价为18.70元，买一档申报量为7600股，前五档买申报总量为106 000股，卖一档申报量为

---

[1]《中国证监会行政处罚决定书（周晨）》，载中国证券监督管理委员会网，http://www.csrc.gov.cn/csrc/c101928/c1042668/content.shtml，访问时间：2023年11月14日。

5100 股，前五档卖申报总量为 241 600 股。

5. 14 时 53 分 7 秒以涨停价 18.77 元的价格申买 560 000 股，申买前买一档申报价为 18.75 元，买一档申报量为 60 400 股，前五档买申报总量为 420 500 股，卖一档申报量为 71 775 股，前五档卖申报总量为 71 775 股。

6. 14 时 53 分 38 秒以涨停价 18.77 元的价格申买 450 000 股。

7. 14 时 54 分 54 秒，在上一笔申报买入的 450 000 股尚未成交的情况下，以涨停价 18.77 元的价格继续申买 450 000 股。

8. 14 时 57 分 19 秒，在上一笔申报买入的 450 000 股尚未成交的情况下，以涨停价 18.77 元继续申买 560 000 股。

在上述操纵时段内，周某申买"新农开发"总计 3 270 000 股，占市场同期总申买量的 23.53%；成交量总计 1 868 310 股，占市场同期总成交量的 27.08%。周某以涨停价申买"新农开发"的股数为市场第一，占市场涨停价位申买总量的 23%。经过前述操作后，该股价格从周某第一次申买前的市场价 18.40 元上涨至 18.77 元，涨幅为 2.01%。

以上违法事实，有周某询问笔录、账户交易流水、银行账户资金流水、证券交易所统计数据等证据证明。

证券监督管理委员会认为周某的行为属于违反《证券法》的行为，对其作出没收违法所得 2 205 675.29 元，并处以 2 205 675.29 元罚款的行政处罚。

【训练目的及要求】

1. 通过运用证券交易法律知识分析实际案例，训练学生分析证券交易实际问题、寻找解决问题的路径的能力。

2. 使学生理解并掌握证券交易的法律规则，掌握证券交易违法行为的表现形式。

【训练步骤】

1. 学生分组，分析案情。

2. 各组就案例中周某行为的性质进行讨论。

3. 老师点评。

【工作任务】

1. 周某操作"新农开发"股票的行为属于何种证券交易违法行为？

2. 在实际操作中，查实并认定周某行为是否违法的关键点是什么？

单元五

保险法律实务

知识目标

1. 掌握保险的基本原理。
2. 掌握保险法的基本原则、保险合同的基本原理和人身保险、财产保险以及保险业监管的基本制度。

能力目标

本单元的能力目标是培养学生处理保险相关法律实务的能力。通过本单元的学习，使学生掌握保险合同设立、变更、履行的基本规则，并能运用保险法律知识分析和处理人身保险合同、财产保险合同的法律实务。

内容结构图

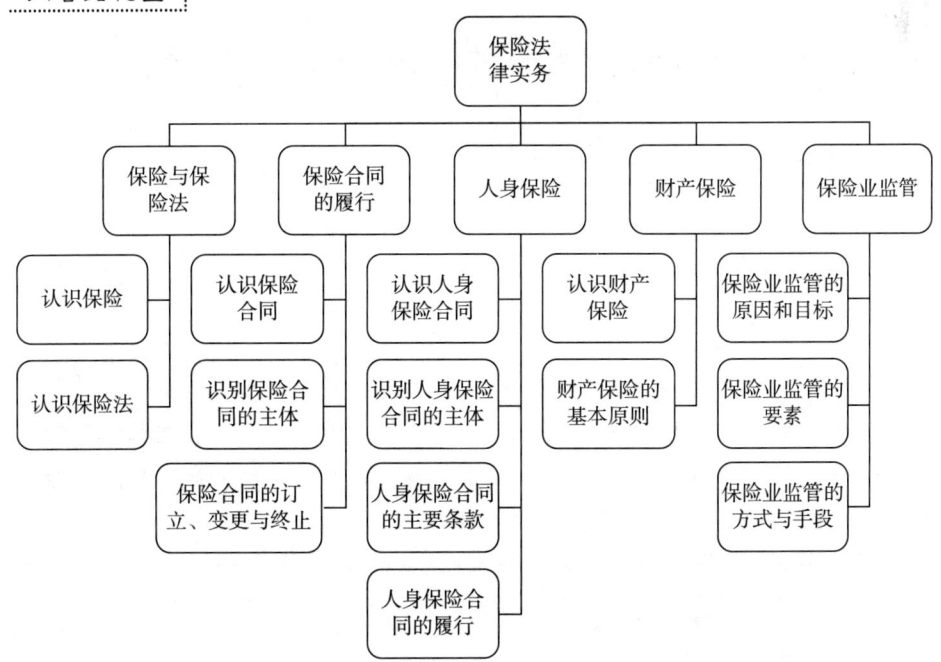

```
                          保险法
                          律实务
        ┌──────────┬──────────┬──────────┬──────────┐
     保险与保险   保险合同     人身保险    财产保险    保险业监管
       法        的履行
     ┌────┐    ┌────┐    ┌────┐    ┌────┐    ┌────┐
     认识保险   认识保险    认识人身    认识财产    保险业监管的
              合同       保险合同    保险       原因和目标

     认识保险法  识别保险合同  识别人身保险  财产保险的   保险业监管的
              的主体      合同的主体   基本原则    要素

              保险合同的    人身保险合同            保险业监管的
              订立、变更    的主要条款             方式与手段
              与终止

                         人身保险合
                         同的履行
```

项目一　保险与保险法

导入案例[1]

原告马某与被告王某原系夫妻关系。2008年1月17日，王某向某保险公司投保两份99鸿福终身保险。其中，以马某为被保险人的一份保险单（正本）载明："保险名称：为了明天（99）型；保险单号码：030007207；被保险人：马某；投保人：王某；保险金额：壹万元整；交费期：10年；保险费：1130元；保险期间：终身；交费方式：10年交；保险责任起止时间：2008年1月17日起保。"同时，王某还为马某投保了附加住院医疗保险和附加住院医疗津贴保险。保险合同订立后，投保人按约交纳了各项保险费，保险公司则向投保人发放了资料。2013年11月16日，马某与王某协议离婚。其后，以马某为被保险人的保险合同的保险费由马某自行交纳至今，保险公司在马某交纳保费后均向其出具了发票或收据。

马某诉称：其与被告王某原系夫妻关系，双方离婚后以其为被保险人的保险合同的保费一直由其交纳，其曾多次要求王某变更保险合同的主体，但王某不予理睬，保险公司也不允许，故诉至法院。请求判令：保险公司将保险合同中的投保人变更为马某。

王某辩称：马某所诉属实，但保险合同自其与马某离婚后丧失保险利益，保险合同无效，投保人身份无法变更。

【问题】

1. 保险合同订立后，投保人丧失对被保险人的保险利益，会不会影响保险合同的效力？
2. 马某的主张能否得到法院支持？

导入案例[2]

原告：黄某

被告：某保险公司

2005年10月9日，田某为辽K××××3出租车在被告某保险公司处投保了机动车保险，保险期间1年，自2005年10月9日起至2006年10月8日止。第三者责任保险责任限额20万元。后该车变更牌照号为辽KT×××9，田某将该车卖给寇某，寇某又将车

---

[1] 参见最高人民法院民事审判第二庭编著：《最高人民法院关于保险法司法解释（三）理解与适用》，人民法院出版社2015年版，第99~100页。

[2] 参见最高人民法院民事审判第二庭编著：《最高人民法院关于保险法司法解释（四）理解与适用》，人民法院出版社2018年版，第40~42页。

卖给原告黄某，均未办理过户登记，原告黄某为该车的实际车主。2006年10月4日，原告雇佣的司机杨某驾驶该车在辽阳县农行路口处与周某无证驾驶无牌两轮摩托车发生交通事故，造成周某和摩托车乘坐人陈某受伤。经辽阳市公安交通警察支队认定，辽KT×××9车辆驾驶人杨某负事故主要责任，周某负事故次要责任。黄某垫付了周某医疗费2.5万元。嗣后，周某和陈某分别向辽阳县人民法院提起诉讼，要求田某、黄某、杨某分别赔偿损失19 564.65元、86 729.52元。2008年4月11日，辽阳县人民法院分别作出（2008）辽县民初字第395、396号民事判决，判决黄某按80%分别给付周某、陈某各项损失16 510.80元、76 880.10元，合计93 390.90元。2008年4月14日，黄某一次性给付周某、陈某各项损失8万元。原告给付上述赔偿款后，多次找被告要求理赔，被告未予赔偿。

【问题】

1. 黄某对保险标的即案涉出租车是否具有保险利益？
2. 某保险公司能否以未办理过户登记为由拒绝向受让人赔付？

基本原理

一、认识保险

（一）保险

保险，又称商业保险，是一种合同关系，投保人向保险人投保，按照保险合同的约定支付保险费，保险人按照合同约定的条件对被保险人承担赔偿或者给付保险金的责任。

《中华人民共和国保险法》（以下简称《保险法》）第2条规定："本法所称保险，是指投保人根据合同约定，向保险人支付保险费，保险人对于合同约定的可能发生的事故因其发生所造成的财产损失承担赔偿保险金责任，或者当被保险人死亡、伤残、疾病或者达到合同约定的年龄、期限等条件时承担给付保险金责任的商业保险行为。"

商业保险最早产生于公元14世纪的意大利沿海城市。当时，在海上贸易中经常会遇到海难和海盗袭击，人货损失严重。商人们为了避免损失，创立了互保会、互保基金等合作性组织。随着贸易量和经济活动中风险的增加，这些组织逐步发展成专门的保险组织。1871年，英国制定了《劳合社法》，出现了最早的保险公司。商人们通过商会和协会等自律组织，形成交易规则，把承接风险者称为保险人，把转移风险者称为投保人，把转移风险的交易称为保险，将交易费用称为保险费。现代保险法律制度便由此而来。

保险具有以下特征：

1. 以可保危险为前提。"无危险即无保险"，保险就是人类为了应对和抗击自然灾难或者意外风险的一种制度选择，人称"人类文明发展至今最佳之制度"。当然，保险也不可能对一切危险都予以承保。所谓可保危险，是指保险公司同意承保的未来可能发生并且会导致被保险人或者投保人蒙受损害的意外风险，具有未来性、不确定性及意外性的特点。

2. 团体共济，分散风险。保险就是集合投保人交付的保险费形成保险基金，用以赔付发生保险事故的被保险人。故此，保险的基本原理就是集合危险、分散损失、团体共济，其体现的是一种"自助助人，人溺己溺；有福同享，有难同当"的"我为人人、人人为我"的精神。

3. 商业经营行为。我们一般所说的保险就是指商业保险，是在保险合同的基础上，由专门的营利性保险公司经营的保险类别。商业保险以营利为直接目的，它不同于以社会保障为目的的社会保险。

（二）保险的类型

1. 根据保险标的的不同，保险可以分为人身保险和财产保险。人身保险是以人的寿命和身体为保险标的的保险，包括人寿保险、健康保险、意外伤害保险等。当人们遭受保险事故或因约定的疾病、伤残、年老而失去工作能力、退休或死亡后，保险人依据保险合同对被保险人或受益人给付保险金或年金，以供其本人或家属的生活所需。

财产保险是以财产及其相关利益为保险标的的保险，包括财产损失保险、责任保险、信用保险、海上保险等。

2. 根据保险实施方式的不同，保险可以分为自愿保险与强制保险。自愿保险是投保人与保险人按自愿原则形成的保险合同关系。

强制保险，又称法定保险，是国家通过立法或者行政命令，在投保人与保险人之间强制建立的保险关系，如我国的机动车交通事故责任强制保险。

3. 根据保险人承担保险责任的顺序不同，保险可以分为原保险与再保险。原保险是指针对被保险人的保险事故风险，由保险人承担损失赔偿责任的保险。在原保险中，保险人对被保险人或者受益人承担直接的、原始的赔偿或给付责任。

再保险是指针对原保险人的保险责任风险，由再保险人承担分保责任的保险。在再保险中，原保险人将自己承保的赔偿风险，全部或部分地转移给再保险人，由再保险人与其共担风险，以避免自己因面临重大灾难或事故的巨额赔偿而陷入财务困境。须注意的是，再保险的保险标的是原保险人的保险责任，再保险人面对的是原保险人，与原保险的投保人不发生关系。

二、认识保险法

（一）保险法

保险法是调整商业保险关系的法律规范的总称。商业保险关系包括保险经营关系和保险管理关系。与此相应，保险法可划分为保险合同法和保险业法两大类。保险合同法以保险合同关系为规范对象，调整保险人与投保人和被保险人之间基于保险合同而形成的社会关系，内容主要包括人身保险、财产保险和再保险合同；保险业法以商业保险经营者为规范对象，调整国家对保险公司的监督、管理而形成的社会关系，内容主要包括市场主体组织形式、市场准入、保险产品管理、偿付能力监管、市场行为监管、保险中介监管等。

1995年6月30日，我国第八届全国人民代表大会常务委员会第十四次会议通过了《保险法》；2002年10月28日，第九届全国人民代表大会常务委员会第三十次会议通过了《关于修改〈中华人民共和国保险法〉的决定》；2009年2月28日，第十一届全国人民代表大会常务委员会第七次会议对《保险法》进行了修订。第十二届全国人大常委会又分别于2014年8月31日和2015年4月24日对《保险法》作出第二次和第三次修正。作为保险业的基本法，我国《保险法》采用两法合一的模式，在同一部法律中既规范了保险合同关系，为保护投保人与保险人的合法权益提供基本保障，同时也规范了保险业监管关系，为保险企业的自主经营和监管机构的职责履行设定了基本规则。

为了正确理解适用保险法，确保正确审理保险合同纠纷案件，最高人民法院先后发布《关于适用〈中华人民共和国保险法〉若干问题的解释（一）》（法释〔2009〕12号）、《关于适用〈中华人民共和国保险法〉若干问题的解释（二）》（法释〔2013〕14号）、《关于适用〈中华人民共和国保险法〉若干问题的解释（三）》（法释〔2015〕21号）、《关于适用〈中华人民共和国保险法〉若干问题的解释（四）》（法释〔2018〕13号）。

2020年12月23日最高人民法院审判委员会第1823次会议通过《最高人民法院关于修改〈最高人民法院关于破产企业国有划拨土地使用权应否列入破产财产等问题的批复〉等二十九件商事类司法解释的决定》（法释〔2020〕18号），对《最高人民法院关于适用〈中华人民共和国保险法〉若干问题的解释（二）》、《最高人民法院关于适用〈中华人民共和国保险法〉若干问题的解释（三）》、《最高人民法院关于适用〈中华人民共和国保险法〉若干问题的解释（四）》作出修正，2021年1月1日起施行。

（二）保险法的基本原则

理论界对保险法的基本原则应当包括哪些内容分歧很大，一般认为，保险法的基本原则主要有：保险利益原则、最大诚实信用原则、损失补偿原则、近因原则。下面重点介绍保险利益原则和最大诚实信用两项基本原则。

1. 保险利益原则。保险利益，又称可保利益，是指投保人或被保险人对保险标的具有法律上承认的利益，包括财产利益和人身利益。按照保险利益原则，任何人不得为自己无合法利益的保险客体设定保险，此即"无保险利益即无保险"。各国保险法规定，保险利益是保险合同的效力要件，投保人或者被保险人对保险标的不具有保险利益的，保险合同无效。我国《保险法》也一直将保险利益作为保险合同的生效要件。

保险利益原则的意义与作用，首先在于防止赌博行为。如果不要求投保人或被保险人对所投保的保险标的具有保险利益，就会产生一些无关的人以他人的财产或者人身投保，而在保险事故发生后获得赔偿。这种结果将使保险与赌博无异。其次在于防范道德风险。有保险利益的人，通常都不希望保险事故发生。保险的目的，不在于让没有损失的人获利，更不是为了鼓励人们利用与己无关的偶然事件侥幸发财。没有保险利益，拿别人的生命或者财产投保的人，就有可能为获取保险赔偿金而毁损他人财产、恶意伤害他人身体甚至危及他人生命。故此，确立保险利益原则，是为了防止道德风险，维护社会公共秩序和善良风俗。

2. 最大诚实信用原则。最大诚实信用原则是指保险合同的双方当事人在保险合同的订立和履行过程中，应当以最大的诚意，履行自己的义务，互不欺骗和隐瞒，恪守合同约定。因为在保险交易中存在明显的信息不对称：一方面，保险人获取信息的最主要来源是投保人或者被保险人的陈述，投保方可能利用自己更了解保险标的危险情况，影响保险人的判断和风险估算；另一方面，投保人和被保险人在保险专业上与保险人相比明显处于劣势，保险人也可能利用自己的专业知识优势，在缔约中给予被保险人不公平对待，损害其合法权益。

最大诚实信用原则的意义在于，建立以信息交换平衡为目的的制度体系，防范保险人和被保险人各方利用保险谋取不正当利益。可以说，为保证保险制度的良性发展，整个保险合同法的制度设计，都必须以最大诚实信用原则为核心。

最大诚实信用原则的立法表现主要体现为以下制度设计：《保险法》对投保人规定了缔约告知义务和保证制度；对于保险人，《保险法》则规定了缔约说明义务、弃权与禁反言制度。

法条链接

《中华人民共和国保险法》

第四条 从事保险活动必须遵守法律、行政法规，尊重社会公德，不得损害社会公共利益。

第五条 保险活动当事人行使权利、履行义务应当遵循诚实信用原则。

第十二条 人身保险的投保人在保险合同订立时，对被保险人应当具有保险利益。财产保险的被保险人在保险事故发生时，对保险标的应当具有保险利益。人身保险是以人的寿命和身体为保险标的的保险。财产保险是以财产及其有关利益为保险标的的保险。被保险人是指其财产或者人身受保险合同保障，享有保险金请求权的人。投保人可以为被保险人。保险利益是指投保人或者被保险人对保险标的具有的法律上承认的利益。

《最高人民法院关于适用〈中华人民共和国保险法〉若干问题的解释（四）》

第一条 保险标的已交付受让人，但尚未依法办理所有权变更登记，承担保险标的毁损灭失风险的受让人，依照保险法第四十八条、第四十九条的规定主张行使被保险人权利的，人民法院应予支持。

▶ 导入案例分析

导入案例1中，法院经审理认为，王某与保险公司的人身保险合同合法有效。根据合同相对性原理，合同权利只有当事人才能享有，合同义务只有当事人才能承担。除了法律另有规定，合同之外的人不享有合同中的权利，亦不承担合同义务，包括不享有行使变更、解除及转让合同等权利。就人身保险合同而言，被保险人虽然依法享有保险金请求权，因其并非为保险合同的当事人，故不能行使变更、解除及转让保险合同等投保人应当享有的权利。但是，在某种情形下，应当允许被保险人转化身份为投保人并享有投保人的合同权利、承担投保人的合同义务。原因在于，人身保险合同通常保险期限较长，而分期交纳保费为该种保险经常采用的交费方式。合同履行过程中，如投保人因自身状况发生变化而不能或不愿承担交费义务，则明显损害被保险人的利益。本案中，王某为马某投保时系在双方夫妻关系存续期间，王某对马某具有保险利益。2013年11月16日，双方协议离婚。此时，如果投保人王某不能或不愿承担交费义务而又不允许被保险人转化身份为投保人的话，则该保险合同的效力只能中止进而合同被解除。从保险人角度来讲，其承担的是被保险人的风险，收取的保费是保险人承担风险的对价。至于保费由谁交纳，并不影响保险公司对保险标的危险程度的判断，亦不损害保险公司的利益。从马某角度来讲，马某与王某离婚后，保险费一直由其自行向保险公司交纳。允许马某转化身份成为投保人，符合权利义务对等原则和公平原则。因此，根据《民法通则》第4条"民事活动应当遵循自愿、公平、等价有偿、诚实信用的原则"的规定，对于马某要求王某、保险公司变更保险合同投保人的主张，予以支持。

导入案例2中，法院审理认为，2005年10月9日，田某为辽K××××3出租车与被告某保险公司订立了机动车保险合同，后该车变更车牌照号为辽KT×××9，并由原告黄某取得该车所有权，虽未办理过户登记，但黄某已为该车实际车主，承继原被保险人的权利和义务。原告与被告就该车的保险合同是双方当事人的真实意思表示，且不违反法律、行政法规的强制性规定，应为有效。2006年10月4日，原告雇佣的司机杨某驾驶辽KT×××9出租车与周某驾驶两轮摩托车发生交通事故，造成周某和摩托车乘坐人陈某受伤。经交警部门认定，杨某负事故主要责任，周某负事故次要责任。对此责任认定，法院确认其证明力。案涉车辆事故发生在保险期间内，原告黄某对保险标的具有保险利益。原告黄某已垫付周某医疗费 2.5 万元，并赔付周某、陈某各项损失计 8 万元，合计 10.5 万元。原告黄某要求被告给付保险理赔款 120 515.60 元的请求，因原告赔付周某、陈某的损失计 10.5 万元，此部分符合保险合同约定的保险责任，被告应予赔偿，对此法院予以支持。原告超出 10.5 万元的赔偿请求，缺乏法律依据，法院不予支持。

拓展学习

保险法的基本原则：损失补偿原则与近因原则

1. 损失补偿原则。损失补偿原则，是指在补偿性的保险合同中，当保险事故发生造成保险标的或被保险人损失时，保险人承担的赔偿数额不能超过被保险人遭受的经济损失。损失补偿原则是财产保险坚持的一项重要原则。

损失补偿原则的意义，一是切实发挥保险的经济补偿职能，二是防止诱发道德风险。就后者而论，如果被保险人可获取的赔偿仅限于自己的实际损失，他就不可能因保险事故而获取额外利益。这样他就会维持一个理智之人应有的谨慎和勤勉，而不会放任或促使保险事故发生。

2. 近因原则。近因，是指直接造成结果发生的原因，亦即效果上有支配力的原因。在保险法上，只有当一个原因对损害后果的发生有决定性意义，而这个原因又是保险合同承保的风险时，保险人才承担保险责任。这个规则称为"近因原则"。

近因原则作为保险法的一项基本原则，为世界各国所公认。我国《保险法》虽然没有直接规定近因原则，但该原则也为我国司法实践所承认。坚持这一原则的意义在于，防止人们漫无边际地对保险人索赔。如果说保险利益原则是通过排除局外之人来防范道德风险，近因原则就是通过排除无关之事来防范道德风险。

【拓展阅读】

1. 温世扬主编：《保险法》，法律出版社 2003 年版。

2. 贾林青、朱铭来、罗健主编：《保险法》，中国人民大学出版社 2015 年版。

3. 范健、王建文、张莉莉：《保险法》，法律出版社 2017 年版。

4. 最高人民法院保险法司法解释起草小组编著：《〈中华人民共和国保险法〉保险合同章条文理解与适用》，中国法制出版社 2010 年版。

5. 最高人民法院民事审判第二庭编著：《最高人民法院关于保险法司法解释（二）理解与适用》，人民法院出版社 2015 年版。

6. 最高人民法院民事审判第二庭编著：《最高人民法院关于保险法司法解释（三）理解与适用》，人民法院出版社 2015 年版。

7. 最高人民法院民事审判第二庭编著：《最高人民法院关于保险法司法解释（四）理解与适用》，人民法院出版社 2018 年版。

8. 夏庆锋：《保险合同效力因素之保险利益原则》，载《安徽大学学报（哲学社会科学版）》2014 年第 4 期。

9. 任自力：《保险损失补偿原则适用范围思考》，载《中国法学》2019 年第 5 期。

10. 于海纯：《论人身保险不应适用损失补偿原则及其意义》，载《政治与法律》2014 年第 12 期。

【思考与练习】

1. 甲为其妻乙投保意外伤害保险，指定其子丙为受益人。对此，下列哪些选项是正确的？（　　）（2010 年司法考试真题）

　　A. 甲指定受益人时须经乙同意

　　B. 如因第三人导致乙死亡，保险公司承担保险金赔付责任后有权向该第三人代位求偿

　　C. 如乙变更受益人无须甲同意

　　D. 如丙先于乙死亡，则出现保险事故时保险金作为乙的遗产由甲继承

2. 依据《保险法》规定，保险合同成立后，保险人原则上不得解除合同。下列哪些情形下保险人可以解除合同？（　　）（2011 年司法考试真题）

　　A. 人身保险中投保人在交纳首期保险费后未按期交纳后续保费

　　B. 投保人虚报被保险人年龄，保险合同成立已 1 年 6 个月

　　C. 投保人在投保时故意未告知投保汽车曾遇严重交通事故致发动机受损的事实

　　D. 投保人未履行对保险标的安全维护之责任

3. 保险利益原则要求投保人或者被保险人对保险标的具有法律上承认的利益，否则保险合同无效，保险公司可以拒绝赔偿。关于该原则，下列判断正确的是（　　）。

　　A. 该原则的根本目的是解决理赔难问题以及维护投保人和被保险人的利益

　　B. 法院在审理人身保险合同纠纷案件时，需要主动审查投保人订立合同时是否具有保险利益

　　C. 人身保险合同订立后，投保人丧失对被保险人的保险利益可导致保险合同无效

　　D. 人身保险事故发生时，被保险人对保险标的不具有保险利益的，保险公司不再赔偿保险金

4. 保险，是指（　　）根据合同约定，向（　　）支付保险费，保险人对于合同约定的可能发生的事故因其发生所造成的财产损失承担赔偿保险金责任，或者被保险人死亡、伤残、疾病或者达到合同约定的年龄、期限等条件时承担给付保险金责任的（　　）。

　　A. 投保人　　保险人　　商业保险行为

　　B. 投保人　　保险人　　商业行为

　　C. 保险人　　投保人　　商业保险行为

　　D. 投保人　　保险人　　保险行为

5.《保险法》关于保险活动应当遵循的行为准则包括（　　）。

A. 遵守法律、行政法规

B. 尊重社会公德

C. 遵循诚实信用原则

D. 不得损害社会公共利益

情境训练[1]

陈某诉中国平安人寿保险股份有限公司乐山中心支公司人身保险合同纠纷案

陈某之父陈某康，因右肺腺癌于 2010 年 8 月 10 日入院治疗，至 2010 年 8 月 24 日病情平稳后出院。2010 年 8 月 25 日，陈某为陈某康在被告处投保了 8 万元的身故险和附加重大疾病险。陈某和陈某康均在"询问事项"栏就病史、住院检查和治疗经历等项目勾选为"否"。两人均签字确认其在投保书中的健康、财务及其他告知内容的真实性，并确认被告及其代理人已提供保险条款，对免除保险人责任条款、合同解除条款进行了明确说明。双方确认合同自 2010 年 9 月 2 日起生效。合同 7.1 条及 7.2 条就保险人的明确说明义务、投保人的如实告知义务以及保险人的合同解除权进行了约定。

2010 年 9 月 6 日至 2012 年 6 月 6 日，陈某康因右肺腺癌先后 9 次入院治疗。2012 年 9 月 11 日，陈某康以 2012 年 3 月 28 日的住院病历为据向被告申请赔付重大疾病保险金。保险公司经调查发现，陈某康于 2010 年 3 月 10 日入院治疗，被确认为"肝炎、肝硬化、原发性肝癌不除外"，因此，被告于 2012 年 9 月 17 日以陈某康投保前存在影响该公司承保决定的健康情况，而在投保时未书面告知为由，向原告送达解除保险合同并拒赔的通知。陈某康、陈某于 2012 年 10 月 24 日诉请判令被告继续履行保险合同并给付重大疾病保险金 3 万元，后在二审中申请撤诉，二审法院于 2012 年 12 月 18 日裁定撤诉。2014 年 3 月 11 日至 3 月 14 日，陈某康再次因右肺腺癌入院治疗，其出院诊断为：右肺腺癌伴全身多次转移（Ⅳ期，含骨转移）。2014 年 3 月 24 日，陈某康因病死亡。原告陈某遂诉至法院，请求被告给付陈某康的身故保险金 8 万元。

【训练目的及要求】

1. 通过运用保险法知识分析实际案例，训练学生分析保险合同实际问题、寻找解决问题的路径的能力。

2. 使学生理解并掌握保险法基本原则，掌握最大诚信原则在保险合同中的实际应用。

【训练步骤】

1. 学生分组，分析案情。

---

[1] 参见人民法院出版社编：《最高人民法院发布的典型案例汇编》，人民法院出版社 2021 年版，第 581~583 页。

2. 各组之间就案例应否适用《保险法》第16条第3款进行讨论。

3. 老师点评。

【工作任务】

1. 本案的投保人在投保时是否已尽告知义务？
2. 本案中的保险公司是否丧失合同解除权？
3. 本案中原告的诉讼请求能否获得法院支持？为什么？

项目二 保险合同的履行

导入案例[1]

2001年10月5日，谢某向信诚人寿保险公司申请投保人寿险100万元，附加长期意外伤害保险200万元，并填写了投保书。2001年10月6日，谢某缴纳了首期保险费共计11 944元。信诚人寿审核谢某的投保资料时发现，谢某投保的保险金额高达300万元，却没有提供相应的财务状况证明。2001年10月10日，信诚人寿要求谢某10天内补充提交有关财务状况的证明，并按核保程序要求进行身体检查。2001年10月17日，谢某到信诚人寿公司进行了身体检查，但未提交财务状况证明。2001年10月18日凌晨，谢某被杀身亡。2001年11月13日，谢母向信诚人寿方面告知保险事故并提出索赔申请。

2002年1月14日，信诚人寿保险公司经调查后在理赔答复中称，信诚人寿同意通融赔付主合同保险金100万元；同时，信诚人寿认为，事故发生时其尚未同意承保（未开出保单），故拒绝赔付附加合同的保金200万元。

2003年5月20日，广州市天河区法院对本案作出一审判决，认定：投保人谢某与被告的保险代理人黄某共同签署了投保书，投保书已列明投保人谢某及被告的各项权利义务，双方已就保险合同的条款达成一致意见，符合《保险法》第13条的规定。而且，投保人谢某已于签署上述投保书的次日，向被告交付了首期保费，履行了其作为投保人在保险合同成立后应负的主要义务，因此，投保人谢某与被告的保险合同及其附加合同成立。法院判决保险人信诚人寿应该在按主合同赔付100万元之后再追加赔付附加合同的200万元。

信诚人寿不服一审判决，并向广州市中级人民法院提起上诉，要求撤销一审判决，驳回谢母的诉讼请求。

---

[1] 参见最高人民法院保险法司法解释起草小组编著：《〈中华人民共和国保险法〉保险合同章条文理解与适用》，中国法制出版社2010年版，第65～66页。

【问题】

1. 上诉人与投保人之间的保险合同有无成立及生效?
2. 信诚人寿的上诉请求能否得到二审法院支持?

基本原理

一、认识保险合同

(一) 保险合同

保险合同,是投保人与保险人双方达成的一种契约关系,投保人向保险人支付约定的保险费,保险人在约定的保险事故发生或人身保险事件出现时履行向被保险人或者受益人给付保险金的义务。《保险法》第 10 条第 1 款规定:"保险合同是投保人与保险人约定保险权利义务关系的协议。"保险合同具有以下主要特征:

1. 保险合同是双务合同。在保险合同中,投保人承担无条件给付保险费的义务,而保险人则在保险合同期间负有承担危险的义务,并在保险事故发生或者保险事件出现时,按照约定履行向被保险人或者受益人给付保险金的义务。

2. 保险合同是有偿合同。保险合同以约定交付保险费为有效要件,如果没有关于交付保险费的约定,保险合同应当被认定为无效。因为保险人承担保险责任的基础是保险基金,而保险基金的来源则主要是投保人交付的保险费。

3. 保险合同是诺成性合同。以合同的成立是否须交付标的物或履行其他给付为标准,合同可以分为诺成性合同和实践性合同。所谓诺成性合同,是指不以交付标的物或者履行其他给付为成立要件的合同,又称不要物合同。《保险法》第 13 条第 1 款规定,投保人提出保险要求,经保险人同意承保,保险合同成立。据此,保险合同经双方意思表示一致即宣告成立,而不以交付保险费为要件。因而,保险合同属于诺成性合同。

4. 保险合同是附和合同。所谓附和合同,是指一方当事人提出合同的主要条件时,另一方当事人要么从整体上接受对方的条件,要么不接受对方的条件,没有商量的余地。在保险合同订立过程中,保险合同的主要内容通常都是由保险人一方事先拟定准备好,投保人只能就这些合同内容作是否同意的意思表示。

5. 保险合同是射幸合同。所谓射幸,即"侥幸",意指碰运气。射幸合同,就是指当事人一方是否履行义务有赖于偶然事件的出现的一种合同,这种合同的效果在于订约时带有不确定性。保险合同就是典型的射幸合同,因为保险合同中约定的保险事故是否会发生、何时发生、发生后受损失程度如何,均是不确定的,具有偶然性。

6. 保险合同是非要式合同。要式合同,是指法律要求必须具备一定的形式和手续的合同。根据《保险法》第 13 条第 1 款的规定,投保人提出保险要求,经保险人同意承保，保险合同成立。保险人应当及时向投保人签发保险单或者其他保险凭证。据此，《保险法》对保险合同的成立没有任何形式的要求，保险合同属于非要式合同。

7. 保险合同是最大诚信合同。诚实信用是民法的基本原则，一般合同都应当遵守诚实信用原则。而保险合同因为具有射幸性，是约定保险人对未来可能发生的保险事故进行损失补偿或保险金给付的合同。因此，保险合同对当事人的诚实信用有更高的要求。它一方面要求投保人在订立合同时，对保险人的询问及有关标的的情况如实告知保险人，在保险标的危险增加时通知保险人，并履行就保险标的的过去情况、未来的事项与保险人所约定的保证义务。另一方面，它要求保险人在订立保险合同时，向投保人说明保险合同的内容，在约定的保险事故发生时，履行赔偿或给付保险金的义务。

（二）保险合同的类型

1. 依保险合同的性质进行分类，保险合同可以分为补偿性保险合同与给付性保险合同。补偿性保险合同，是指保险事故发生时，保险人的责任是在保险金额限度内，赔付被保险人实际经济损失的保险合同。财产保险合同都属于补偿性保险合同，人身保险中的健康保险合同和意外伤害保险合同也具有补偿性保险合同的性质。给付性保险合同，又称定额保险合同，是指保险金额由双方预先约定，在保险事故发生或者约定的保险期限届满时，保险人按照合同规定标准金额给付保险金的保险合同。人寿保险合同就是典型的给付性保险合同。

2. 根据保险标的的不同，保险合同分为财产保险合同与人身保险合同。财产保险合同，是以财产及有关的经济利益为保险标的的保险合同。财产保险合同可以分为财产损失保险合同、责任保险合同、信用保险合同等。人身保险合同是以人的寿命和身体为保险标的的保险合同。人身保险合同可分为人寿保险合同、健康保险合同、意外伤害保险合同等。

3. 根据保险价值在保险合同订立时是否确定，保险合同可以分为定值保险合同与不定值保险合同。定值保险合同，是指投保人与保险人在订立保险合同时，即已确定保险标的的保险价值，并将其载明在合同中的保险合同。定值保险合同一般适用于海上保险、货物运输保险以及不易确定保险标的价值的财产保险（如字画、古玩保险）。不定值保险合同，是指投保人与保险人在订立保险合同时不预先确定保险标的价值，仅载明保险金额作为保险事故发生后赔偿最高限额的保险合同。大多财产保险合同都是采用不定值保险合同的形式。

4. 根据保险金额与保险价值之间的关系，保险合同可以分为足额保险合同、不足额保险合同与超额保险合同。足额保险合同，就是保险合同约定的保险金额等于保险价值的保险合同。不足额保险合同，是指保险合同约定的保险金额低于保险标的的实际价值的保险合同。超额保险合同，则是指保险合同所约定的保险金额超过保险价值的保险合同。根据《保险法》第 55 条第 3 款、第 4 款的规定，保险金额不得超过保险价值。超过保险价值的，超过部分无效。保险金额低于保险价值的，除合同另有约定外，保险人按照保险金额与保险价值的比例承担赔偿保险金的责任。

5. 根据保险人承担保险责任次序的不同，保险合同分为原保险合同与再保险合同。原保险合同，是指投保人与保险人直接订立的保险合同。再保险合同，是指保险人为了将其所承担的保险责任全部或者部分转移给其他的保险人而订立的保险合同。

我国《保险法》只承认部分再保险合同，不允许保险人通过再保险将自己的保险责任全部转移给其他保险人。

二、识别保险合同的主体

保险合同的主体就是在保险合同中享受权利、承担义务的人。保险合同的主体分为两类：保险合同的当事人与保险合同的关系人。

（一）保险合同的当事人

保险合同的当事人，就是订立保险合同，直接享受权利、承担义务的人，包括投保人和保险人。

1. 投保人。投保人又称要保人，是指与保险人订立保险合同，并负有交付保险费义务的人。其主要法律特征如下：①投保人可以是自然人，也可以是法人或者其他组织；②投保人是保险合同的当事人，是保险人的相对人；③投保人须对保险标的具有保险利益；④投保人须负交付保险费的义务。

2. 保险人。保险人又称承保人，是指根据保险合同约定，享有收取保险费的权利，并在保险事故发生或约定的期限届满时，向被保险人或受益人履行给付保险金义务的人。保险人主要有以下几个法律特征：①保险人是依法设立的保险公司或者其他保险组织。《保险法》第 6 条规定："保险业务由依照本法设立的保险公司以及法律、行政法规规定的其他保险组织经营，其他单位和个人不得经营保险业务。"②保险人是经营保险事业的人。保险人是专业经营保险业务的人，保险人对保险资金的运营，应当严格遵守相关法律规定。③保险人是商法人。保险人是经营实体，保险事业是保险人以营利为目的的经营活动。④保险人是于保险合同成立后，享有保险费交付请求权的人。⑤保险人是承担给付保险金义务之人。在保险事故发生时或者保险期限届满后，保险人应当依约定履行赔偿或者给付保险金的义务。

（二）保险合同的关系人

保险合同的关系人，是指因保险合同的成立而享受合同所生利益或者承担某些义务的人，包括被保险人和受益人。

1. 被保险人。被保险人是指其财产利益或者人身受保险合同保障，于保险事故发生（或约定期限届满）时，受有损失，从而享有保险金请求权的人。被保险人的法律特征如下：①被保险人是受保险合同保障的人。保险合同保障的是被保险人的利益。②被保险人是保险事故发生时受有损失的人。在财产保险中，保险事故发生会使得被保险人财产利益受损；在人身保险合同中，一旦发生保险事故，将使被保险人的生命或者身体健康受损。③被保险人是享有保险金给付请求权的当然受益人。④被保险人是享有影响保险合同效力的同意权之人。例如，以死亡为给付保险金条件的合同，未经被保险人同意并认可保险金额的，合同无效。⑤被保险人可以是投保人。无论是财产保险合同还是人身保险合同，被保险人都可以是投保人。

2. 受益人。受益人又称保险金受领人，是指由投保人或被保险人于保险合同中指定的，在保险事故发生后，享有保险金给付请求权的人。

在保险实务中，应当处理好如下几个关键问题：

（1）受益人享有的保险金给付请求权是受益人直接依据保险合同产生的固有权利，其因此而获得的保险金，不得纳入投保人或被保险人的遗产范围，也不得用于偿还投保人或被保险人的生前债务。

（2）受益人的产生。根据《保险法》第39条的规定，受益人须经投保人或被保险人指定而产生，且由投保人指定的受益人，还需经被保险人同意。可见，受益人产生的最终决定权在于被保险人，究其原因则在于，控制道德危险，以保护被保险人的人身安全。

（3）受益人的变更。投保人和被保险人既然享有受益人的指定权，当然也应当享有受益人的变更权，且原受益人不得反对。投保人变更受益人的，须经被保险人同意。无论是投保人，还是被保险人变更受益人，均无须经过保险人同意。

（4）受益权的消灭。受益人的受益权因下列原因消灭：①受益人先于被保险人死亡或受益人破产或解散的；②受益人放弃受益权；③受益人故意造成被保险人死亡或伤残的，或者故意杀害被保险人未遂的；④受益权因受益人的行使而消灭。

三、保险合同的订立、履行、变更和终止

（一）保险合同的订立与生效

1. 投保与承保。保险合同的订立，是指投保人与保险人双方协商一致，达成保险协议的过程。保险合同订立过程分为要约与承诺两个阶段，即投保与承保。

投保，就是投保人向保险人提出保险要求，是一种要约。在实践中，投保通常表现为投保人填写保险人事先印制好的投保单，并将填写完毕的投保单送交保险人。

承保，就是保险人接受投保人的投保申请，向投保人作出的愿意承保的意思表示，是一种承诺。

2. 保险合同的书面凭证。保险合同的书面凭证主要表现为投保单与保险单。投保单，又称投保书，是投保人向保险人发出的表示愿意与保险人订立保险合同的书面凭

证。投保单经保险人签章承诺后，保险合同即告成立，投保单也就成为保险合同的组成部分。

保险单，简称保单，是在保险合同成立后，保险人向投保人签发的证明保险合同关系的书面凭证。保险单载明当事人之间的权利义务关系。

3. 保险合同的生效。《保险法》第13条规定，投保人提出保险要求，经保险人同意承保，保险合同成立。依法成立的保险合同，自成立时生效。投保人是否交付保险费不影响保险合同的成立与生效。因为交付保险费是投保人履行保险合同的义务。

（二）保险合同的履行

保险合同的履行就是投保人与保险人各自履行保险合同规定的义务。

1. 投保人的义务。

（1）如实告知义务。如实告知义务，是指投保人在订立保险合同时，应当将保险标的的信息向保险人作出如实陈述和说明的义务。在实务中应注意以下几点：

第一，如实告知义务存在于保险合同的订立阶段，其性质不是合同义务，而是先合同义务。投保人的如实告知义务也是出于法律规定，而非合同约定。故此，如实告知义务属于法定义务。

第二，如实告知义务的主体仅限于投保人。

第三，如实告知义务的范围适用询问告知主义。《保险法》第16条第1款规定："订立保险合同，保险人就保险标的或者被保险人的有关情况提出询问的，投保人应当如实告知。"据此，我国《保险法》对投保人的如实告知义务采取的是询问告知主义，即投保人只对保险人所询问的事项负告知义务。

第四，《保险法》对投保人违反如实告知义务的法律后果区别不同情况处理：①投保人故意或者因重大过失未履行如实告知义务，足以影响保险人决定是否同意承保或者提高保险费率的，保险人有权解除保险合同。②投保人故意不履行如实告知义务的，保险人对于保险合同解除前发生的保险事故，不承担赔偿或者给付保险金的责任，并不退还保险费。③投保人因重大过失未履行如实告知义务，对保险事故的发生有严重影响的，保险人对于保险合同解除前发生的保险事故，不承担赔偿或者给付保险金的责任，但应当退还保险费。④保险人在订立保险合同时已经知道投保人存在未如实告知的情况的，保险人不得解除保险合同；发生保险事故的，保险人应当承担赔偿或者给付保险金的责任。

（2）交付保险费义务。交付保险费，是投保人在保险合同中的主要义务。投保人应当按照保险合同约定的数额、期限、地点和方式，向保险人交付保险费。

（3）维护保险标的的安全义务。维护保险标的的安全义务，又称防灾减损义务，是投保人的一项重要合同义务。根据《保险法》第51条的规定，关于维护保险标的的安全义务，应当注意以下几点：①维护保险标的的安全义务主体，不仅限于投保人，还包括被保险人。②投保人、被保险人应当主动履行维护保险标的的安全义务，遵守国家有关消防、安全、生产操作、劳动保护等方面的规定，维护保险标的的安全。③保险人有权监督、协助投保人、被保险人履行维护保险标的安全义务。保险人可以按照合同约定对保险标的的安全状况进行检查，及时向投保人、被保险人提出消除不安全因素和隐患的书面建议。保险人为维护保险标的的安全，经被保险人同意，可以采取安全预防措施。④投保人、被保险人未按照约定履行其对保险标的的安全应尽责任的，保险人有权要求增加保险费或者解除合同。

（4）危险增加通知义务。根据《保险法》第52条的规定，在保险合同有效期内，保险标的的危险程度显著增加的，被保险人应当按照合同约定及时通知保险人，保险人可以按照合同约定增加保险费或者解除合同。保险人解除保险合同的，应当将已收取的保险费，按照合同约定扣除自保险责任开始之日起至合同解除之日止应收的部分后，退还投保人。被保险人未履行危险增加通知义务的，因保险标的的危险程度显著增加而发生的保险事故，保险人不承担赔偿保险金的责任。

（5）保险事故发生通知义务。《保险法》第21条规定，投保人、被保险人或者受益人知道保险事故发生后，应当及时通知保险人。故意或者因重大过失未及时通知，致使保险事故的性质、原因、损失程度等难以确定的，保险人对无法确定的部分，不承担赔偿或者给付保险金的责任，但保险人通过其他途径已经及时知道或者应当及时知道保险事故发生的除外。

（6）出险施救义务。所谓出险施救义务，又称防止损失扩大义务，是指保险事故发生后，投保人、被保险人应当采取必要的合理措施，以防止或者减少损失。为鼓励投保人、被保险人在保险事故发生后，积极施救以减少损失，《保险法》第57条第2款规定："保险事故发生后，被保险人为防止或者减少保险标的的损失所支付的必要的、合理的费用，由保险人承担；保险人所承担的费用数额在保险标的损失赔偿金额以外另行计算，最高不超过保险金额的数额。"

（7）提供单证义务。保险事故发生后，按照保险合同请求保险人赔偿或者给付保险金时，投保人、被保险人或者受益人应当向保险人提供其所能提供的与确认保险事故的性质、原因、损失程度等有关的证明和资料。

2. 保险人的主要义务。

（1）承担赔偿或给付保险金义务。赔偿或给付保险金是保险人最基本的义务。这一义务在财产保险中表现为对被保险人因保险事故发生而遭受的损失的赔偿，在人身保险中表现为对被保险人死亡、伤残、疾病者；或达到合同约定的年龄、期限时给付保险金。需要特别指出的是，财产保险中的赔偿包括两个方面的内容：一方面，赔偿被保险人因保险事故造成的经济损失，包括财产保险中保险标的及其相关利益的损失、责任保险中被保险人依法对第三者承担的经济赔偿责任、信用保险中权利人因义务人违约造成的经济损失；另一方面，赔偿被保险人因保险事故发生而引起的各种费用，包括财产保险中被保险人为防止或减少保险标的的损失所支付的必要的合理费用、责任保险中被保险人支付的仲裁或诉讼费用和其他必要的合理费用，以及为了确定保险责任范围内的损失被保险人所支付的受损标的的查勘、检验、鉴定、估价等其他费用。

（2）说明合同内容的义务。订立保险合同时，保险人应当向投保人说明保险合同的条款内容，特别是对责任免除条款必须明确说明；否则，责任免除条款不产生效力。

（3）及时签单义务。保险合同成立后，及时签发保险单证是保险人的法定义务。保险单证是保险合同成立的证明，也是履行保险合同的依据。保险单证中应当载明保险当事人双方约定的合同内容。

（4）为投保人或被保险人保密义务。保险人在办理保险业务中对得知的投保人或被保险人的业务情况、财产情况、家庭状况、身体健康状况等，负有保密义务。为投保人或被保险人保密，也是保险人的一项法定义务。

被保险人或者受益人请求保险人履行赔付保险金义务受到保险时效的限制。保险事故发生后，被保险人或者受益人应当在保险时效期间及时向保险人行使索赔保险金的权利。索赔权人请求给付保险金的权利不及时行使在保险时效期间届满后将消灭。

法条链接

《中华人民共和国保险法》

第二十六条 人寿保险以外的其他保险的被保险人或者受益人，向保险人请求赔偿或者给付保险金的诉讼时效期间为二年，自其知道或者应当知道保险事故发生之日起计算。

人寿保险的被保险人或者受益人向保险人请求给付保险金的诉讼时效期间为五年，自其知道或者应当知道保险事故发生之日起计算。

（三）保险合同的变更

1. 保险合同变更的概念。保险合同的变更有广义和狭义之分，广义的变更是指保险合同的主体和内容的变更；狭义的变更仅指内容的变更。我们在此仅指狭义的变更，即所谓保险合同的变更，是指在保险合同的有效期限内，当事人根据主客观情况的变化，依照法律规定的条件和程序，在协商一致的基础上，对保险合同的某些条款进行的修改和补充。

2. 保险合同变更的条件。保险合同的变更需要具备以下条件：①保险合同的变更必须以当事人已经存在的合同关系为基础。②保险合同的变更必须依据法律的规定或当事人的约定。③保险合同的变更必须经过当事人双方协商一致。④保险合同的变更必须符合法定形式。根据我国《保险法》第20条的规定，保险合同的变更必须采用书面形式。⑤保险合同的变更必须引起合同内容的变化。

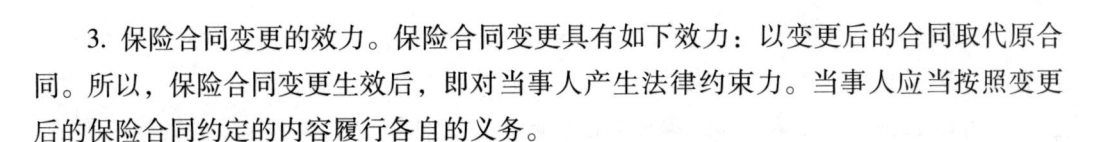

3. 保险合同变更的效力。保险合同变更具有如下效力：以变更后的合同取代原合同。所以，保险合同变更生效后，即对当事人产生法律约束力。当事人应当按照变更后的保险合同约定的内容履行各自的义务。

4. 保险合同的转让。

（1）保险合同转让的概念和转让的形态。所谓保险合同的转让，即保险合同主体的变更，是指保险合同当事人一方依法将其合同的权利和义务全部或部分地转让给第三人的行为。根据我国《民法典》的规定，合同的转让主要包括以下三种形态：合同权利的转让、合同义务的转让、合同权利义务的概括转让。

（2）财产保险合同的转让。财产保险合同的转让一般是由保险标的的权属变动即转让引起的。在现代经济生活中，财产转让十分普遍。由于财产保险的保险利益主要体现为人与财产的关系，所以，当保险标的转让时，原投保人（被保险人）即对保险标的失去保险利益。此时，保险标的的权属承继人一般会取代原权属人的地位，变成保险合同的主体。

（3）人身保险合同的转让。与财产保险合同相比，人身保险合同的转让主要体现在受益人和保险人的变更。

受益人的变更。人身保险合同的受益人是由被保险人或者投保人指定的。如果被保险人与受益人之间的法律关系或者信赖关系发生变化，被保险人或者投保人可以根据自己的意志来变更受益人。

保险人的变更。保险人的变更即保险合同的转移，实质上是承担赔偿责任的主体的变更。它直接关系到被保险人的合法权益能否保障的问题，在法律上十分复杂，有的国家通过专门的立法来解决保险合同的转移。

法条链接

《中华人民共和国保险法》

第四十一条 被保险人或者投保人可以变更受益人并书面通知保险人。保险人收到变更受益人的书面通知后，应当在保险单或者其他保险凭证上批注或者附贴批单。

投保人变更受益人时须经被保险人同意。

第四十九条 保险标的转让的，保险标的的受让人承继被保险人的权利和义务。

保险标的转让的，被保险人或者受让人应当及时通知保险人，但货物运输保险合同和另有约定的合同除外。

因保险标的转让导致危险程度显著增加的，保险人自收到前款规定的通知之日起三十日内，可以按照合同约定增加保险费或者解除合同。保险人解除合同的，应当将已收取的保险费，按照合同约定扣除自保险责任开始之日起至合同解除之日止应收的部分后，退还投保人。

被保险人、受让人未履行本条第二款规定的通知义务的,因转让导致保险标的危险程度显著增加而发生的保险事故,保险人不承担赔偿保险金的责任。

第九十二条 经营有人寿保险业务的保险公司被依法撤销或者被依法宣告破产的,其持有的人寿保险合同及责任准备金,必须转让给其他经营有人寿保险业务的保险公司;不能同其他保险公司达成转让协议的,由国务院保险监督管理机构指定经营有人寿保险业务的保险公司接受转让。

转让或者由国务院保险监督管理机构指定接受转让前款规定的人寿保险合同及责任准备金的,应当维护被保险人、受益人的合法权益。

（四）保险合同的终止

1. 保险合同的解除。

（1）保险合同解除的概念。所谓保险合同的解除,是指在保险合同生效后,有效期限届满之前,经过双方当事人的协商,或者由一方当事人根据法律规定或合同的约定行使解除权,从而提前结束合同效力的法律行为。

（2）保险合同解除的种类。保险合同依法成立后即具有法律约束力,当事人不得随意解除合同。当事人解除合同应当依照法律的规定或当事人的约定。基于法定事由解除保险合同的,为法定解除;基于约定原因而解除保险合同的,为约定解除。

（3）保险合同解除的条件。任何有效合同均可依法解除,但必须具备一定的解除条件。在约定解除中,解除条件是当事人在合同中的共同约定,即当约定的解除条件成就时,当事人即可行使解除权。在当事人未约定合同的解除条件或约定不明时,合同的解除通常适用法定解除条件,即由法律直接规定的合同解除的行使条件。

第一,投保人法定解除权的行使条件。我国《保险法》第15条规定,除《保险法》另有规定或者保险合同另有约定外,保险合同成立后,投保人可以解除保险合同。这就是说,保险合同成立后,原则上投保人可以随时解除合同。但必须明确的是,这种解除权的行使必须以法律或者合同无另外规定为限制。例如,对于货物运输保险合同和运输工具航程保险合同,在保险责任开始后,合同当事人均不得解除合同。

第二,保险人法定解除权的行使条件。《保险法》第15条规定:"除本法另有规定或者保险合同另有约定外,保险合同成立后,投保人可以解除合同,保险人不得解除合同。"这就是说,保险合同成立后,原则上保险人不得解除合同,但是,法律另有规定或者合同另有约定的除外。例如,《保险法》规定,在投保人违反如实告知义务,被保险人违反危险增加通知义务,被保险人或受益人谎报发生保险事故骗取保险金给付,投保人、被保险人或者受益人故意制造保险事故,人身保险合同的投保人申报的被保险人年龄不真实以及合同效力中止后逾期未复效等情形下,保险人可以依法解除保险合同。

（4）保险合同解除的法律后果。我国《保险法》关于保险合同解除的法律后果,规定了如下两种情况:

一般情况下，保险合同的解除不产生溯及既往的效力，即保险人对于合同解除之前发生的保险事故承担保险责任，仅退还合同解除日之日起至保险期限结束的保险费。例如，我国《保险法》第 54 条规定："保险责任开始前，投保人要求解除合同的，应当按照合同约定向保险人支付手续费，保险人应当退还保险费。保险责任开始后，投保人要求解除合同的，保险人应当将已收取的保险费，按照合同约定扣除自保险责任开始之日起至合同解除之日止应收的部分后，退还投保人。"又如，《保险法》第 47 条规定："投保人解除合同的，保险人应当自收到解除合同通知之日起三十日内，按照合同约定退还保险单的现金价值。"

特殊情况下，保险合同的解除产生溯及既往的后果，具体表现为保险人对于合同解除前发生的保险事故不承担赔偿责任。例如，《保险法》第 52 条规定的对保险标的的危险程度显著增加时被保险人未履行通知义务致保险人解除保险合同的，保险人对于合同解除前发生的保险事故不承担赔偿责任。

2. 保险合同的终止。

（1）保险合同终止的概念。所谓保险合同的终止，是指保险合同效力的永久性的停止，从而使得保险合同规定的当事人之间的权利义务关系绝对消灭。

（2）保险合同终止的原因。保险合同终止的原因有：①保险合同的有效期限届满。这是引起保险合同终止最普遍、最基本的原因。②保险合同约定的义务已履行。这主要是指保险人具体赔付保险金义务的履行。③保险合同因解除而终止。④被保险人死亡或保险标的灭失。这里所说的被保险人死亡或保险标的灭失，主要是指非因保险事故所致的结果。即在人身保险合同中，被保险人因非保险事故或事件死亡的，保险合同终止。在财产保险合同中，保险标的因非保险事故而全部灭失或损毁的，保险合同终止。⑤保险人破产。

（3）保险合同终止的效力。保险合同终止的，自终止效力发生之时起，保险合同关系消灭，即终止只对将来失去效力，并不溯及既往，当事人不承担恢复原状的义务。对终止前投保人所交付的保险费，保险人无须返还，发生保险事故，由保险人承担保险责任；但终止后的保险费已给付的，则投保人有权请求返还。

导入案例分析

导入案例中，广州市中级人民法院经过审理后，认为：本案争议的焦点在于：①上诉人与投保人之间的保险合同有无成立及生效；②保险公司应否向被上诉人赔付附加长期意外伤害保险的保险金。

1. 关于本案所涉保险合同成立与生效的问题。依照《合同法》第 25 条关于"承诺生效时合同成立"以及《保险法》第 13 条关于"投保人提出保险要求，经保险人同意承保，保险合同成立"，上诉人与投保人签订的《投保书》投保须知一栏中第 4 条关于"本保险合同自投保人缴纳首期保险费并经保险公司审核同意承保后方成立"的规定，本案保险合同须经上诉人作出同意承保的承诺时成立。保险合同订立需经过投保、核保、承保三个阶段，其中，投保是要约、承保是承诺。上诉人与投保人签订《投保书》后，投保人须按照上诉人的安排进行体检，还须向上诉人提供相关的财务证明，故《投保书》所能充分说明的是投保人向上诉人投保的事实，并不当然意味着上诉人已同意承保。从签订《投保书》至投保人遇害身亡时，本案保险合同仍处于核保阶段，上诉人尚未作出同意承保的意思表示。根据《保险法》第14条关于"保险合同成立后，投保人按照约定交付保险费，保险人按照约定的时间开始承担保险责任"的规定以及第35条关于"投保人可以按照合同约定向保险人一次支付全部保险费或者分期支付保险费"的规定，在保险合同成立后，投保人才按照约定支付保险费，即保险合同的成立不以缴付保险费为必要条件，投保人缴付保险费与否，不影响保险合同的成立，保险公司只要同意承保，即使未交保险费，保险合同也成立。反之，投保人交了保险费，但保险公司不同意承保，保险合同依然不成立，保险费的缴付与合同的成立没有必然的联系。投保人在与上诉人签订《投保书》后，向上诉人缴纳了相当于首期保费11 944元的行为并不足以认定上诉人已作出承保的承诺。在本案中，根据投保人的体检结果，投保人还须向上诉人补缴保费亦说明上诉人在接受投保人所交付的11 944元后仍可继续行使核保的权利。根据《投保书》投保须知一栏中第4条关于"合同生效日及保险责任开始日以保险单所载日期为准"的规定，至投保人遇害身亡时，上诉人尚未作出核保的承诺，亦未出具保单，故不存在保险合同有无生效的问题。综上所述，被上诉人认为本案所涉保险合同因投保人已实际履行了保险合同的主要义务而成立、生效的理由不能成立，本院不予支持。

2. 关于保险公司应否向被上诉人赔付附加长期意外伤害保险的保险金的问题。上诉人与投保人签订的《投保书》投保须知一栏第1条约定"本投保书为保险合同的组成部分"，虽然上诉人与投保人之间的保险合同尚未成立，但《投保书》是双方真实意思表示，对上诉人、投保人仍有约束力。《投保书》投保须知一栏第5条约定，"本投保书所列各项保险合同（主合同/附加合同），其权利、义务及释义依其条款约定办理"，故投保书所列各项保险合同的条款对上诉人、投保人同样具有约束力。《信诚[运筹]智选投资连结保险》第22条第2款约定："投保人在本公司签发保险单前先缴付相当于第一期保险费，且投保人及被保险人已签署投保书，履行如实告知义务并符合本公司承保要求时，若发生下列情形之一，本公司将负保险责任：①被保险人因意外伤害事故而发生保险事故（意外伤害事故是指遭受外来的、不可预知的、突发的、非本意的非由疾病引起的使身体受到伤害的客观事件）。②被保险人因疾病身故，但被保险人已完成本公司要求之身体检查，且身体检查结果不影响本公司是否承保的决定。"从上诉人向被上诉人发出的理赔通知的内容来看，上诉人是根据该款约定决定赔付给被上诉人信诚[运筹]智选投资连结保险的保险金100万元，故上诉人称其向被上诉人赔付100万元是"通融赔付"的理由不能成立。虽然上诉人向被上诉人赔付了信诚［运筹］智选投资连结保险的保险金100万元，但上诉人是否还须向被上诉人赔付信诚附加意外伤害保险的保险金，仍需根据投保书及有关合同条款的内容来确定。根据《信诚附加长期意外伤害保险》第1条第2款关于"主合同（主保险合同）的条款也适用于本附加合同，若互有冲突时，以本附加合同为准"的规定，《信诚［运筹］智选投资连结保险》条款的规定只有在与《信诚附加长期意外伤害保险》条款不冲突时才能适用。《信诚附加长期意外伤害保险》第5条第1款仅约定："本公司对本附加合同应付的保险责任，自投保人缴付首期保险费且本公司同意承保后开始，本公司应签发保险单作为承保的凭证。本附加合同自保险单生效日的24时起产生效力。"该条款并没有类似《信诚［运筹］智选投资连结保险》第22条第2款的规定，《信诚［运筹］智选投资连结保险》和《信诚附加长期意外伤害保险》约定的是不同的险种，保险范围、保险金额、保险责任均不相同，在《信诚附加长期意外伤害保险》保险条款中，并未对上诉人在投保人已签署投保书并缴付相当于第一期保险费，上诉人尚未就签发保险单期间所发生的意外伤害事故应否承担保险责任作出约定，实际上就是排除了《信诚［运筹］智选投资连结保险》第22条第2款关于这种特殊情形的规定，故《信诚［运筹］智选投资连结保险》和《信诚附加长期意外伤害保险》对保险责任开始时间的约定存在冲突，故《信诚［运筹］智选投资连结保险》第22条第2款的规定不能适用《信诚附加长期意外伤害保险》。上诉人在投保人遇害身亡之前尚未作出同意承保的承诺，故上诉人对投保人投保的信诚附加长期意外伤害保险承担保险责任期间尚未开始，上诉人对于发生在保险责任期间之外的意外伤害事故无需承担保险责任。故被上诉人认为《信诚［运筹］智选投资连结保险》和《信诚附加长期意外伤害保险》对保险责任开始时间的约定没有冲突，上诉人应当依照《信诚［运筹］智选投资连结保险》第22条第2款的规定赔付附加长期意外伤害保险金给被上诉人的理由不能成立。

综上所述，上诉人的上诉理由成立，原审认定事实不清，适用法律不当，二审依法予以纠正。

据此，广州市中级人民法院依照《合同法》第25条，《保险法》第13条第1款、第14条，《中华人民共和国民事诉讼法》第153条第1款第2、3项的规定，并经本院审判委员会讨论决定，判决如下：①撤销广州市天河区人民法院（2002）天法经初字第1018号民事判决；②驳回原告的诉讼请求。

拓展学习

保险合同的中止与复效

1. 保险合同的中止。保险合同的中止是指在保险合同存续期间，由于某种原因的发生而使保险契约的效力暂时归于停止。在人身保险合同中，保险期限一般较长，投保人可能因为种种主客观原因不能按期缴纳续期保险费。为了保障保险合同双方当事人的合法权益，并给投保人一定的回旋余地，各国的保险法一般都对缴费的宽限期及合同中止作了明确规定。《保险法》第36条规定："合同约定分期支付保险费，投保人支付首期保险费后，除合同另有约定外，投保人自保险人催告之日起超过三十日未支付当期保险费，或者超过约定的期限六十日未支付当期保险费的，合同效力中止，或者由保险人按照合同约定的条件减少保险金额……"并且该条规定，在保险合同中止前的宽限期内如果发生保险事故，保险人应承担赔付责任，但要扣减欠交的保费；但在合同中止期间发生的保险事故，保险人不承担赔付责任。保险合同的中止在人身保险合同中表现得尤为突出。需要指出的是，保险合同的中止并不意味着保险合同的解除，经过一定的程序依然可以恢复其法律效力。

2. 保险合同的复效。在保险合同中止后，投保人想要恢复保险合同的效力，通常自合同效力中止之日起2年内提出复效申请。保险合同的复效是指保险合同效力的恢复。保险合同效力中止后，经过保险公司审核，并经由保险人与投保人协商并达成协议，在投保人补缴保险费及其利息后，可以恢复保险合同的效力。复效后的保险合同与原保险合同具有相同的法律效力，可继续履行。但必须在合理的期限内申请恢复方可有效。这点可援引《保险法》第37条第1款的规定："合同效力依照本法第三十六条规定中止的，经保险人与投保人协商并达成协议，在投保人补交保险费后，合同效力恢复。但是，自合同效力中止之日起满二年双方未达成协议的，保险人有权解除合同。"当然，被中止的保险合同也可能因投保人不再申请复效，或保险人不能接受已发生变化的保险标的的危险程度，或其他原因而被解除，不再有效。由此可见，被中止的保险合同是可撤销的保险合同，该合同可以继续履行，也可能被解除。

【拓展阅读】

1. 钟丹：《浅析保险利益的效力范围》，载《牡丹江大学学报》2011年第4期。

2. 孙积禄：《保险合同效力研究》，载《政法论坛》2012年第3期。

3. 吴庆宝：《论保险合同的不利解释原则》，载《商事审判热点难点研究》，人民法院出版社2002年版。

4. 曹平：《财产保险合同中危险增加通知义务问题研究》，载《新"国十条"宣传暨浙江省2014年保险法学术年会论文集》。

5. 王静：《保险合同中危险增加的通知义务》，载《人民司法》2015年第15期。

6. 陆晓峰、施文璋：《无保险利益并不导致财产保险合同无效》，载《人民司法》2019年第29期。

7. 夏庆锋：《保险合同条款争议的中间立场解释方法》，载《保险研究》2019年第11期。

8. 陈见博：《保险合同条款不利于保险人解释原则的适用与司法实践》，载《西安电子科技大学学报（社会科学版）》2021年第2期。

9. 黄穗、张薇：《保险法上投保人如实告知之重要事实认定规则完善——艾珂羽诉长城人寿保险股份有限公司等人身保险合同纠纷案》，载《法律适用》2020年第24期。

【思考与练习】

1. （　　）是投保人作为保险合同当事人最基本的义务。
A. 如实告知义务　　　　　　　　B. 交付保险费义务
C. 维护保险标的安全义务　　　　D. 保险事故的通知义务

2. 投保方的权利不包括（　　）。
A. 行使解除权　　　　　　　　　B. 行使终止权
C. 行使赔偿请求权　　　　　　　D. 增费权

3. 下列选项中，（　　）不属于履行保险合同时投保人应履行的义务。
A. 保险事故发生的通知义务　　　B. 出险施救
C. 提供单证　　　　　　　　　　D. 按期续保

4. （　　）是保险人各项基本义务中最重要的义务。
A. 说明义务　　　　　　　　　　B. 及时签单义务
C. 保密义务　　　　　　　　　　D. 赔偿或给付保险金义务

5. 根据《保险法》的规定，订立保险合同时保险人就保险标的或者被保险人的有关情况提出询问的，投保人应当如实告知。下列关于投保人如实告知义务的判断，符合法律规定的是（　　）。

A. 若投保人和保险人对询问范围及内容有争议的，应当由投保人负举证责任

B. 保险人在保险合同成立后知道或者应当知道投保人未履行如实告知义务，仍然收取保险费的，不得主张解除合同

C. 投保人未就投保单询问表中所列概括性条款履行如实告知义务的，保险人可以请求解除合同

D. 人身保险合同订立时，被保险人是在保险人指定的医疗机构进行体检的，投保人据此可以免除如实告知义务

6. 保险事故发生后，履行通知义务的主体不包括（　　）。
A. 投保人　　　B. 受益人　　　C. 保险人　　　D. 被保险人

7. 根据《保险法》中关于损失证明材料提供义务的规定，以下错误的说法是（　　）。

A. 保险事故发生后，投保人、被保险人或者受益人应当向保险人提供与损失程度相关的证明和资料

B. 保险事故发生后，投保人、被保险人或者受益人应当向保险人提供与确认保险事故原因相关的证明材料

C. 如果按照合同约定，保险人认为有关的证明和资料不完整的，可以多次要求投保人、被保险人或者受益人补充提供

D. 如果按照合同约定，保险人认为有关的证明和资料不完整的，应当及时一次性通知投保人、被保险人或者受益人补充提供

8. 保险人对其承担的保险业务，以（　　）形式部分转移给其他保险人的，为再保险。

A. 分保　　　　　B. 续保　　　　　C. 再保　　　　　D. 承保

情境训练

××××年12月2日，个体运输户高某到保险公司办理小客车车辆损失险和第三者责任险的保险手续，当保险单填好，保险方按规定收取保险费时，高某声称钱未带够，并对保险公司的业务股长要求说："我急着出车，先把保险单给我，下午一定将钱送来。"该业务股长一再叮嘱："下午一定把钱交来。"高某便只交了保险费100元（应交285元）领走了保险单。次年1~2月，保险公司曾3次催促高某交纳拖欠的保险费，但高某仍未交。同年4月，高某的小客车因零件脱落而翻车，造成车辆损失达6000元。高某持保险单向保险公司提出索赔请求，保险公司以高某拖欠保险费为由拒赔。理由是：依照中国人民保险公司《机动车辆保险条款》第17条规定的"被保险人应在签订保险合同时一次交清保险费"，既然没有一次交清保险费，订立保险合同的过程尚未完成，因此，合同尚未成立。

【训练目的及要求】

通过对实际案件诉讼的模拟操作，理解《保险法》关于保险合同成立具体规定的含义及在实务中的运用，掌握实践中办理保险案件的技巧。熟悉《保险法》及相关法律规定，对保险行业经营管理的基本知识有所了解，认真研读案例。

【训练步骤】

1. 根据班级人数分组，5~8人为1组，选出1人担任小组长。
2. 各小组成员分别扮演保险公司与高某，运用保险法的原理，原、被告发表各自主张。
3. 各小组派1名成员发言。
4. 指导老师根据各小组综合表现评分并进行点评。

【工作任务】

辅导学生书写保险案件诉状、答辩状等法律文书。

项目三　人身保险

导入案例[1]

2005年4月，乔某为其子小乔在某保险公司投保了3万元康宁终身保险，约定若

---

[1] 参见最高人民法院保险法司法解释起草小组编著：《〈中华人民共和国保险法〉保险合同章条文理解与适用》，中国法制出版社2010年版，第225页。

被保险人身故,保险公司按基本保额的3倍赔付。乔某每年还为小乔在该保险公司买了2万元保额的学生平安保险。两险累计小乔身故保险金为11万元。2008年5月6日下午,小乔下河游泳时不幸溺水身亡。同年6月,保险公司向乔某赔付学生平安险保险金2万元,康宁终身险保险金33 280元,其中的3280元是退还4年所交保险费。乔某认为保监会〔1999〕43号文是以前制定的,与现实不符,应予修正;且"5·12"地震后保险公司理赔也超过了5万元限额,小乔身故理应按9万元赔付而不是3万元。乔某诉至法院。

【问题】

1. 保险合同是否有效?
2. 乔某的主张能否获得法院支持?

导入案例

原告:冯×顺

被告:光大永明人寿保险有限公司(以下简称光大永明)

2005年1月20日,原告向被告提交投保书,申请投保光大永明永宁康顺综合个人意外伤害保险(精英计划),并预交了保险费388元。被告于2005年1月27日向原告出具保单确定,被告承保原告投保的光大永明永宁康顺综合个人意外伤害保险(精英计划),保险期间自2005年1月26日至2006年1月25日。意外伤害医疗保险金为5000元,住院给付金额为每天20元。保险条款第15条第7项第1款规定,被保险人因遭受本合同认定的意外事故,需经医院进行必要的治疗,本公司对其自事故发生之日起180日内支出的必须且合理的实际医疗费用100元以上部分向被保险人给付意外伤害医疗保险金。被保险人意外伤害医疗保险金的累计给付以保险单载明的意外伤害医疗保险金金额为限。2005年6月24日,原告发生交通事故入院治疗,至同年7月28日出院,共计发生住院费用6690.41元,门诊费用491.6元。对此交通事故,天津市公安交通管理局河西支队于2005年7月13日出具公交西(2005)第384号《交通事故认定书》,认定肇事司机黄宝岐负责全部责任,原告不负交通事故责任。原告于2005年8月1日向被告提交理赔给付申请书申请理赔,并于2005年9月14日就理赔资料事项出具声明,表示不能提供其与肇事司机签订的调解协议、费用收据和诊断证明,也不能提供肇事司机赔偿的金额。2005年9月21日、11月7日,被告向原告出具理赔通知书提出,原告需提供事故调解书,以及治疗费的原件,否则暂不理赔。被告于2005年10月24日向原告出具理赔批单,表明被告已赔付原告每日住院给付金额600元。2005年12月7日,原告与肇事司机黄×岐经公安机关交通管理部门主持达成调解协议,约定原告前期治疗费(凭票据)由黄×岐承担,黄×岐一次性赔偿原告误工6个月(凭证明),陪伴第1个月2人,第2个月1人(凭证明),后期治疗费、交通费、车款费、营养费等所有损失共计18 500元。该款项黄×岐已给付原告。

原告向法院起诉被告,认为原告与被告之间订立的个人意外伤害保险合同中并没有载明"被保险人由于第三者伤害,依法应由第三者承担赔偿责任时,保险人免责"的内容,故被告应当依照保险合同理赔。请求法院判令被告赔偿原告医疗费 5000 元。

【问题】

1. 原告因涉案交通事故受伤后,在已经获得交通事故肇事司机赔偿损失的情况下,能否再向被告要求理赔?
2. 原告诉讼请求应否获得法院支持?

基本原理

一、认识人身保险合同

(一) 人身保险合同

人身保险合同是以人的寿命和身体为保险标的的保险合同。在人身保险合同中,投保人向保险人交付保险费,当被保险人遭受保险事故或因疾病、年老以致丧失工作能力、伤残、死亡或者年老退休时,根据保险合同条款的规定,保险人对被保险人或者受益人给付预定的保险金或年金,以解决病、残、老、死所造成的经济困难。人身保险合同的主要特征:

1. 人身保险的保险金具有定额给付性质。在发生保险事故时,保险人按照合同约定的金额给付保险金,不同于财产保险的保险金所具有的补偿性质。

2. 人身保险的保险金额主要是由双方当事人在订立保险合同时,根据被保险人的经济收入水平和危险发生后经济补偿的需求协商确定。而财产保险的保险金额则是根据保险标的的价值大小确定的。

3. 人身保险的期限具有长期性。保险有效期往往可以持续几年或几十年甚至终身,这主要是为了降低费用和保障老年人的利益。普通财产保险的保险期限大多为 1 年,不可能是长期的。

4. 人身保险承保的危险具有稳定性和有规律的变动性。计算人身保险费率基础之一的人的生存或死亡或然率是以生命表为依据,它符合大多数法则的要求,因而呈现出相对的稳定性和有规律的变动性。

5. 人身保险只要求在合同订立时,投保人对被保险人有可保利益,且没有金额上的限制,因而不存在超额保险和重复保险问题。普通财产保险是禁止超额保险的。

6. 人身保险不仅是一种社会保障制度,还是一种半强制性的储蓄。投保人所缴纳的保险费,保险人最终将以各种形式返还给被保险人或其受益人。人身保险合同是一种给付性质的保险合同,只要发生合同订明的事故或达到合同约定的期限,保险人都要给付保险金,而不管被保险人是否有损失或虽有损失但已从其他途径得到补偿。因

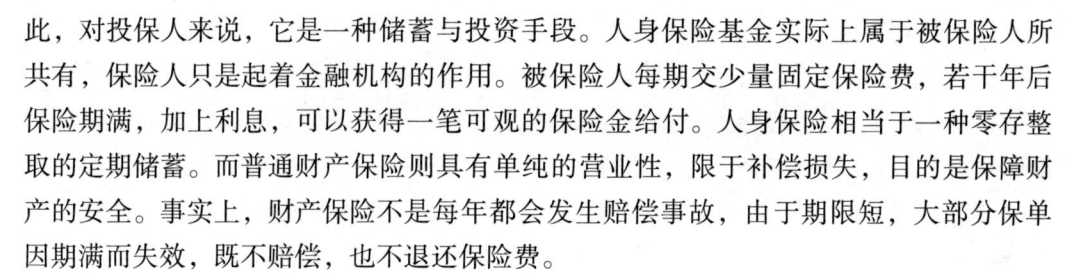

此,对投保人来说,它是一种储蓄与投资手段。人身保险基金实际上属于被保险人所共有,保险人只是起着金融机构的作用。被保险人每期交少量固定保险费,若干年后保险期满,加上利息,可以获得一笔可观的保险金给付。人身保险相当于一种零存整取的定期储蓄。而普通财产保险则具有单纯的营业性,限于补偿损失,目的是保障财产的安全。事实上,财产保险不是每年都会发生赔偿事故,由于期限短,大部分保单因期满而失效,既不赔偿,也不退还保险费。

(二)人身保险合同的类型

1. 根据保险危险的种类不同,人身保险合同可以分为人寿保险合同、意外伤害保险合同和健康保险合同。

人寿保险合同是人身保险中最基本的险种,是以被保险人在一定期间内死亡或生存为给付条件的人身保险合同。

意外伤害保险合同是以被保险人遭受意外伤害并致残或死亡为给付保险金条件的人身保险合同。

健康保险合同是以被保险人因疾病、分娩而致残或死亡为给付保险金条件的人身保险合同。

2. 根据被保险人的多寡,人身保险合同可以分为单独保险合同和团体保险合同。

在单独人身保险合同中,被保险人都是单一的。简易人身保险一般是单独保险。

团体人身保险合同是以社会组织(企业、事业单位等)的全体成员为被保险人的保险合同。

3. 根据保险实施的方式不同,人身保险合同可以分为自愿保险合同和强制保险合同。

我国人身保险中绝大多数都是自愿投保的,目前,只有旅客意外伤害保险一种强制保险。而发达国家实行的强制人身保险种类较多,如劳工保险、雇主责任保险等。在我国,某些人身保险则归入了社会保险范围。

二、识别人身保险合同的主体

(一)人身保险合同的当事人

1. 投保人。根据我国《保险法》的规定,人身保险的投保人在保险合同订立时,对被保险人应当具有保险利益。订立人身保险合同时,投保人对被保险人不具有保险利益的,合同无效。

法条链接

《中华人民共和国保险法》

第三十一条 投保人对下列人员具有保险利益:

（一）本人；

（二）配偶、子女、父母；

（三）前项以外与投保人有抚养、赡养或者扶养关系的家庭其他成员、近亲属；

（四）与投保人有劳动关系的劳动者。

除前款规定外，被保险人同意投保人为其订立合同的，视为投保人对被保险人具有保险利益。

订立合同时，投保人对被保险人不具有保险利益的，合同无效。

2. 保险人。保险人，即保险公司。在我国，设立保险公司应当经国务院保险监督管理机构批准。保险公司应当在国务院保险监督管理机构依法批准的业务范围内从事保险经营活动。

保险人不得同时兼营人身保险业务和财产保险业务。但是，经营财产保险业务的保险公司经国务院保险监督管理机构批准，可以经营短期健康保险业务和意外伤害保险业务。

（二）人身保险合同的关系人

1. 被保险人。人身保险的被保险人，是指在人身保险合同中以其寿命或者身体为保险标的的人。我国《保险法》规定，人身保险合同要受到下列限制：

（1）投保人不得为无民事行为能力人投保以死亡为给付保险金条件的人身保险，保险人也不得承保。

（2）父母可以为其未成年子女投保以死亡为给付保险金条件的人身保险。但是，因被保险人死亡给付的保险金总和不得超过国务院保险监督管理机构规定的限额。

（3）以死亡为给付保险金条件的合同，未经被保险人同意并认可保险金额的，合同无效。

（4）按照以死亡为给付保险金条件的合同所签发的保险单，未经被保险人书面同意，不得转让或者质押。

2. 受益人。受益人，在人身保险合同中是由被保险人或者投保人指定的享有保险金请求权的人。我国《保险法》规定，人身保险合同的受益人受到下列限制：

（1）人身保险的受益人由被保险人或者投保人指定。投保人、被保险人可以为受益人。

（2）投保人指定受益人时须经被保险人同意。

（3）投保人为与其有劳动关系的劳动者投保人身保险，不得指定被保险人及其近亲属以外的人为受益人。

（4）被保险人或者投保人可以变更受益人并书面通知保险人。保险人收到变更受益人的书面通知后，应当在保险单或者其他保险凭证上批注或者附贴批单。

（5）投保人变更受益人时须经被保险人同意。

三、人身保险合同的主要条款

（一）不可抗辩条款

《保险法》第 16 条规定，投保人故意或者因重大过失未履行法律规定的如实告知义务，足以影响保险人决定是否同意承保或者提高保险费率的，保险人有权解除合同。但保险人的合同解除权自保险人知道有解除事由之日起，超过 30 天不行使而消灭。自合同成立之日起超过 2 年的，保险人不得解除合同。保险人在合同订立时已经知道投保人未如实告知的情况的，保险人不得解除保险合同。

具体到人身保险合同，所谓"不可抗辩条款"，是指在被保险人生存期间，从人身保险合同订立之日起满 2 年后，除非投保人停止缴纳续期保险费，否则保险人不得以投保人在投保时的误告、漏告和隐瞒事实等为由，主张人身保险合同无效或拒绝给付保险金。合同订立的前 2 年为可抗辩期，超过 2 年后就变成不可抗辩期。

（二）年龄误告条款

年龄误告条款，是指投保人在投保时错误地申报了被保险人的年龄，被保险人的申报年龄与实际年龄不符的条款。

1. 根据《保险法》第 32 条的规定，自人身保险合同成立之日起 2 年内，投保人申报的被保险人年龄不真实，并且其真实年龄不符合合同约定的年龄限制的，保险人可以解除合同，并按照合同约定退还保险单的现金价值。但保险人在合同订立时已经知道投保人未如实告知的情况除外。

2. 投保人申报的被保险人年龄不真实，致使投保人支付的保险费少于应付保险费的，保险人有权更正并要求投保人补交保险费，或者在给付保险金时按照实付保险费与应付保险费的比例支付。

3. 投保人申报的被保险人年龄不真实，致使投保人支付的保险费多于应付的保险费的，保险人应当将多收的保险费退还投保人。

（三）宽限期条款

宽限期条款，又称交纳保险费宽限期条款，是指保险人和投保人在保险合同中约定的，允许投保人向保险人缓交保险费的期限的条款。

（四）复效条款

复效条款，是指投保人因不能如期交纳保险费而导致保险合同中止后，重新恢复合同效力的条款。

（五）不丧失价值条款

不丧失价值条款，又称不丧失价值任选条款，是指投保人有权在合同有效期内选择有利于自己的方式处置保单上的现金价值的条款。

(六) 贷款条款

人寿保险保险单具有现金价值,一般规定在保险单经过2年后,可将保单抵押给保险人申请贷款。

实际操作中,一般贷款额度不超出保单现金价值的一定比例,比如80%。当贷款本利和达到保单现金价值时,投保人应按照保险人通知的日期归还款项,否则保单失效。领取保险金时如果款项未还清,则保险金将扣除该款项后支付。保单贷款期限一般为6个月,时间短、额度小、笔数多,一般贷款净收益低于保险人投资收益,所以,该条款是保险人给投保人的优惠。《保险法》没有规定此项条款,实践中,各保险公司自己规定此项条款。

(七) 自杀条款

自杀条款,是指在人身保险合同中,人身保险的被保险人在投保后一定期间内自杀的,保险人不承担保险金的给付义务,仅退还保险单的现金价值。

(八) 战争条款

战争条款,是指在人身保险合同有效期间,如果被保险人因战争或军事行动死亡或残废,保险人不承担给付保险金责任的条款。

法条链接

《中华人民共和国保险法》

第三十六条 合同约定分期支付保险费,投保人支付首期保险费后,除合同另有约定外,投保人自保险人催告之日起超过三十日未支付当期保险费,或者超过约定的期限六十日未支付当期保险费的,合同效力中止,或者由保险人按照合同约定的条件减少保险金额。

被保险人在前款规定期限内发生保险事故的,保险人应当按照合同约定给付保险金,但可以扣减欠交的保险费。

第三十七条 合同效力依照本法第三十六条规定中止的,经保险人与投保人协商并达成协议,在投保人补交保险费后,合同效力恢复。但是,自合同效力中止之日起满二年双方未达成协议的,保险人有权解除合同。

保险人依照前款规定解除合同的,应当按照合同约定退还保险单的现金价值。

第四十四条 以被保险人死亡为给付保险金条件的合同,自合同成立或者合同效力恢复之日起二年内,被保险人自杀的,保险人不承担给付保险金的责任,但被保险人自杀时为无民事行为能力人的除外。

保险人依照前款规定不承担给付保险金责任的,应当按照合同约定退还保险单的现金价值。

第四十七条 投保人解除合同的，保险人应当自收到解除合同通知之日起三十日内，按照合同约定退还保险单的现金价值。

四、人身保险合同的履行

1. 投保人应当履行如实告知义务。订立保险合同时，投保人对于保险人就被保险人的有关情况提出的询问，应当如实告知。诚如前述，投保人违反如实告知义务，会导致保险合同无效。

在保险实务中应当注意：

（1）对于不属于投保人知道或应当知道的情况，保险人以投保人未履行如实告知义务为由主张解除合同或免除责任的，人民法院不予支持。

（2）人身保险合同投保人以保险人指定有关机构对其进行体检为由，主张免除其如实告知义务的，人民法院不予支持。

（3）《保险法》第16条第2款规定的投保人违反如实告知义务而未告知保险人的事实，应当是足以影响保险人决定是否同意承保或者提高保险费率的重要事实，保险人对此应负举证责任。

（4）《保险法》第16条第5款规定的投保人因重大过失未履行如实告知义务的，未履行告知义务的有关事项与保险事故没有直接因果关系，保险人以投保人未尽如实告知义务为由拒绝承担保险责任的，人民法院不予支持。

（5）保险合同订立或效力恢复时，投保人、被保险人的如实告知义务应以保险人书面（包括投保单、风险调查问卷或其他书面形式）询问为限。

2. 投保人按期交付保险费。在人身保险合同中，保险费大多是以分期支付方式支付。首期保险费应当在合同成立时支付，以后各期保险费应当按合同约定的时间及时缴纳。

但是，保险人对人寿保险的保险费不得以诉讼方式强制投保人交付。

3. 被保险人或受益人依法索赔。保险事故发生后，被保险人或者受益人应当在保险时效期间及时向保险人请求给付保险金。索赔时，索赔权人应当对保险事故的发生负举证责任。

4. 保险人依法理赔。保险人收到被保险人或受益人的索赔请求后，应当及时对索赔人提交的单证进行审核，履行给付保险金的义务。

▶ **导入案例分析**

导入案例1中，关于保险合同死亡给付保险金额超出保监会规定限额的约定是否有效，法院审理认为：为了保护未成年人的合法权益，2002年修正的《保险法》第55条规定，"投保人不得为无民事行为能力人投保以死亡为给付保险金条件的人身保险，保险人也不得承保。父母为其未成年子女投保的人身保险，不受前款规定限制，但是死亡给付保险金总和不得超过保险监督管理机构规定的限额"。2009年修订的《保险法》第33条也作了相同规定。中国保险监督管理委员会"保监发〔1999〕43号"文件规定,未成年人死亡保额不得超过人民币5万元,若累计死亡保额超过5万元的,公司将在给付5万元身故保险金后,将剩余保险金额对应的保费无息退还给投保人。由此可见,未成年人死亡给付保险金总和不得超过5万元属法律禁止性规定,当事人订立合同时不得违反。《保险合同》第3页第4条约定:"被保险人身故,本公司按基本保额的3倍给付身故保险金,但应扣除已给付的重大疾病保险金,本合同终止。"此系格式条款中实际承保的风险金额,适用于不同年龄段的保险合同当事人,但法律将未成年人排除在外,因此,此条款不适用于未成年人。本案中,小乔系未成年人,当然不能适用。此外,2008年"5·12"汶川大地震发生后,根据此次自然灾害事故的特殊性,中国保险监督管理委员会同意:"本次地震事故中死亡的未成年人,公司按实际承保的风险金额给付,不受5万元特约的限制。"此按实际承保的风险保额给付,不受5万元特约限制的规定,仅是针对"5·12"地震的个案特例,不具有普遍适用性。小乔于2008年5月6日下午溺水身亡,非"5·12"地震所为,不能适用"不受5万元特约的限制"的规定。法院因此驳回了乔某的诉讼请求。[1]

导入案例2中,法院认为:原、被告签订的保险合同合法有效,受国家法律保护。被告承保原告投保的光大永明永宁康顺综合个人意外伤害保险(精英计划)是人身保险合同,不具有财产保险的性质,也不适用财产保险的一次性补偿原则。交通事故损害赔偿义务人对原告所支付的赔偿,是基于侵权行为的发生而产生的侵权责任赔偿。《保险法》第46条"被保险人因第三者的行为而发生死亡、伤残或者疾病等保险事故的,保险人向被保险人或者受益人给付保险金后,不享有向第三者追偿的权利,但被保险人或者受益人仍有权向第三者请求赔偿"的规定,并未限制原告因侵权行为得到赔偿而不得向保险人要求支付保险赔偿的权利。而本案是基于原告与被告签订的保险合同所发生的纠纷,原告出现的保险事故是该险种保险条款所规定的保险事故,被告对此也不存异议,故被告应承担相应的保险责任,给付原告保险金。原告因交通事故入院治疗发生的治疗费用已逾7000元,而保险合同规定赔偿的最高限额为5000元,故被告应给付原告保险金5000元。

拓展学习

人身保险合同的主要险种

一、人寿保险

人寿保险是以被保险人的寿命为保险标的,以人的生存、死亡两种形态为给付保

---

〔1〕 参见最高人民法院保险法司法解释起草小组编著:《〈中华人民共和国保险法〉保险合同章条文理解与适用》,中国法制出版社2010年版,第225~226页。

险金条件的保险。当发生保险合同约定的事故或合同约定的条件满足时，保险人对被保险人履行给付保险金责任。

二、意外伤害保险

意外伤害保险是被保险人在保险有效期内，因遭受非本意的、外来的、突然发生的意外事故，致使身体蒙受伤害而残废或死亡时，保险人按照保险合同的规定给付保险金的一种人身保险。

三、健康保险

健康保险是指被保险人在患疾病时发生医疗费用支出，或因疾病所致残疾或死亡时，或因疾病、伤害不能工作而减少收入时，由保险人负责给付保险金的一种保险。

【拓展阅读】

1. 孙积禄：《投保人告知义务研究》，载《政法论坛》2003年第3期。

2. 岳卫：《人身保险中故意免责的举证责任》，载《法学》2010年第5期。

3. 黄英：《论人身保险中的道德风险》，载《西南政法大学学报》2003年第6期。

4. 于海纯：《论人身保险不应适用损失补偿原则及其意义》，载《政治与法律》2014年第12期。

5. 张婧雅：《浅析人身保险合同复效时的告知义务》，载《新"国十条"宣传暨浙江省2014年保险法学学术年会论文集》。

6. 项宏：《人身保险合同复效时投保人告知义务研究》，载《浙江省2013年保险法学学术年会论文集》。

7. 陈广鹏：《人身保险利益适用对象规则的完善——基于中美两国的比较》，载《新金融》2021年第3期。

8. 尹中安：《人身保险投保人合同任意解除权质疑——兼论人身保险被保险人的法律地位》，载《法商研究》2020年第1期。

9. 尹迪：《从约定到法定：人身保险犹豫期制度的构建》，载《法商研究》2020年第3期。

10. 于海纯、罗淑秀：《英国保险法中人身保险利益制度改革研究》，载《金融论坛》2020年第7期。

11. 杨梅瑰：《论比例原则在人身保险合同现金价值强制执行中的适用》，载《法学杂志》2020年第9期。

【思考与练习】

1. 选择题

（1）2015年1月5日，张某为其子张一投保了以其死亡为给付保险金条件的人身保险。保险期间内，张一因感情受挫自杀。对此下列说法正确的是（　　）。

A. 虽张一因自杀死亡，但若其自杀发生在2017年1月5日之后，保险公司仍应承担赔偿责任

B. 若张一自杀发生在2017年1月4日前,则保险公司一概免责

C. 若保险公司以张一自杀作为抗辩事由,应当由保险公司承担张一自杀的举证责任

D. 若受益人张某认为张一自杀时为无民事行为能力人,则由张某承担举证责任

(2) 下列关于人身保险合同的说法,正确的有(   )。

A. 只要是履行监护职责的人均可为未成年人订立以死亡为给付保险金条件的合同

B. 未经小强(22岁)同意,其父母可以为小强投保死亡险

C. 非急诊情形,被保险人未在保险合同约定的医疗服务机构接受治疗的,保险人可以拒绝给付保险金

D. 人身保险合同因为未缴保费效力中止的,自保险人在收到复效申请30日内未明确拒绝之日起恢复效力

(3) 2016年,张三给妻子李四购买了20万元死亡保险,指定受益人是儿子张小弟(20岁)。张三交齐全部保费。后张三因为急需用钱,想要解除合同。李四和张小弟不同意。下列说法正确的有(   )。

A. 若妻子不同意,张三不能解除合同

B. 张三不能解除合同,因儿子不同意

C. 若妻子把等同于20万元保险单现金价值的东西交给张三并通知保险公司,张三则不能解除合同

D. 原则上张三可以自行解除合同

2. 案例分析

赵先生购买了一份终身生死两全保险,选择10年分期交纳保费方式,保险金额为15万元。2000年5月8日,赵先生交纳首期保险费6500元,保险合同生效。该合同规定,被保险人如在60岁前身故,其受益人将获得2倍于保险金额的保险金30万元。2003年5月3日,赵先生因出差没有按时交纳保险费。5月11日,赵先生在返回途中因车祸遇难。[1]

问题:

1. 本案保险合同在赵先生遇难时是否还有效?

2. 保险公司是否应承担赔付责任?本案应当如何处理?

情境训练[2]

2007年3月13日,孙某经某保险公司业务员(代理人)康某、董某营销,由康某

---

[1] 参见最高人民法院保险法司法解释起草小组编著:《〈中华人民共和国保险法〉保险合同章条文理解与适用》,中国法制出版社2010年版,第247页。

[2] 参见最高人民法院保险法司法解释起草小组编著:《〈中华人民共和国保险法〉保险合同章条文理解与适用》,中国法制出版社2010年版,第233~234页。

代孙某填写了投保单第 8 页保费合计之前的内容，董某代孙某填写了投保单其余部分。按照业务员要求，孙某在投保单投保人签名处签名，被保险人签名处由孙某代签了被保险人孙某某的姓名。次日，康某前往被保险人孙某某家中调查，康某向被保险人孙某某告知孙某为其投保了人身保险，保险金额为 20 万元，并将投保单上的有关注意事项向被保险人进行了告知，并询问孙某某是否同意孙某为其投保，孙某某表示同意投保，康某让孙某某在投保单被保险人签名处按了指印。康某还调查了被保险人孙某某的身体健康状况，但未要求孙某某提交书面同意孙某为其投保的材料。2007 年 3 月 15 日，孙某向保险公司交纳了首期保险费 5200 元。2007 年 3 月 7 日，经保险公司审核，同意承保。保险公司向孙某签发了个人人身保险单。2008 年 9 月 11 日，被保险人孙某某因左侧脓胸、感染性休克，死于家中。2008 年 9 月 16 日，孙某向保险公司申请理赔，保险公司出具了拒赔通知书，拒赔理由是"由于本案中，被保险人在投保前已经因外伤导致智力低下、听力差、眼斜、跛行，且在投保时未作如实告知，同时投保单上的签字也非投保人和被保险人亲笔签名"，故依据《保险法》和如实告知条款，决定予以拒赔。孙某遂提起诉讼。另查明，孙某与被保险人孙某某系同胞兄弟，孙某某死亡前系单身，与孙某共同生活。

【训练目的及要求】

通过对实际案件诉讼的模拟操作，理解《保险法》关于保险利益及投保人、被保险人告知义务的规定对保险合同成立及其效力的影响，保险法律规定在实务中的运用。

【训练步骤】

1. 根据案情角色需要，选出原告、被告、法官人选。
2. 各角色各自准备相应的起诉状、答辩状、庭审准备。
3. 开庭。
4. 指导老师根据各角色综合表现评分并进行点评。

【工作任务】

辅导学生准备庭审事项，书写相关法律文书。

项目四　财产保险

导入案例 [1]

刘某于 2009 年 11 月 16 日为自有轿车（以下简称保险车辆）向中国平安财产保险股份有限公司北京分公司（以下简称保险公司）投保了车辆损失险等保险，保险期间

---

[1] 黄冠猛：《保险合同中隐性免责条款及效力的认定——北京西城法院判决刘宇诉保险公司财产保险合同纠纷案》，载《人民法院报》2011 年 6 月 16 日，第 6 版。

为 2009 年 11 月 18 日至 2010 年 11 月 17 日。保险合同条款在"赔偿处理"部分约定：保险车辆发生道路交通事故，保险人根据驾驶人在交通事故中所负责任比例相应承担赔偿责任。被保险人或者保险车辆驾驶人根据有关法律规定自行协商或由公安交通管理部门处理事故未确定事故责任比例的，保险车辆方负全部事故责任的、主要事故责任的、同等事故责任的、次要事故责任的，事故责任比例分别不超过 100%、70%、50%、30%。

2010 年 2 月 1 日，刘某驾驶保险车辆行驶至北京市西城区复兴路与南礼士路路口时，车的前部与陶某驾驶的车辆相撞。陶某负事故全部责任，刘某无责任。刘某为修理保险车辆花费修理费 16.7 万元。

保险公司认为，保险合同条款约定，保险车辆发生道路交通事故，保险人根据驾驶人在交通事故中所负责任比例相应承担赔偿责任。保险车辆一方在交通事故中无责任，故保险公司对此次事故中刘宇的损失不承担赔偿责任。刘宇遂向法院起诉，要求判令保险公司赔偿车辆损失 16.7 万元。

【问题】
1. 保险公司对此次事故中刘某的损失需不需承担赔偿责任？
2. 刘某的主张能否得到法院的支持？

基本原理

一、认识财产保险

（一）财产保险的概述

财产保险合同是以财产及其相关利益为保险标的的保险合同。财产保险合同具有以下法律特征：

1. 财产保险合同的保险标的是财产及其有关利益。财产或者财产利益的价值是可以确定的，发生保险事故时，保险标的的损失也是可以确定的，因此，财产保险合同适用损失填补原则；财产或者财产利益是可以转让的，财产保险合同的保险标的可以随其所有权的转移而转移。《保险法》第 49 条第 1 款、第 2 款规定，保险标的转让的，保险标的的受让人承继被保险人的权利和义务。保险标的转让的，被保险人或者受让人应当及时通知保险人，但货物运输保险合同和另有约定的合同除外。

2. 财产保险合同是典型的补偿性合同。财产保险合同适用损害填补原则，无损失即无保险。《保险法》第 55 条规定，保险金额不得超过保险价值。超过保险价值的，超过部分无效，保险人应当退还相应的保险费。第 56 条第 2 款规定，重复保险的各保险人赔偿金的总和不得超过保险价值。

3. 财产保险合同是限定最高赔偿责任的合同。保险金额是保险人承担赔偿或者给付保险金责任的最高限额。保险金额不得超过保险价值。超过保险价值的，超过部分无效。保险金额低于保险价值的，除合同另有约定外，保险人按照保险金额与保险价值的比例承担赔偿保险金的责任。

4. 财产保险合同中保险人享有代位权。代位权包括物上代位权与代位求偿权两种。

（1）物上代位权。《保险法》第59条规定："保险事故发生后，保险人已支付了全部保险金额，并且保险金额等于保险价值的，受损保险标的的全部权利归于保险人；保险金额低于保险价值的，保险人按照保险金额与保险价值的比例取得受损保险标的的部分权利。"

（2）代位求偿权。《保险法》第60条第1款、第2款规定，因第三者对保险标的的损害而造成保险事故的，保险人自向被保险人赔偿保险金之日起，在赔偿金额范围内代位行使被保险人对第三者请求赔偿的权利。前款规定的保险事故发生后，被保险人已经从第三者取得损害赔偿的，保险人赔偿保险金时，可以相应扣减被保险人从第三者已取得的赔偿金额。但是，应当注意，除被保险人的家庭成员或者其组成人员故意造成保险事故外，保险人不得对被保险人的家庭成员或者其组成人员行使代位请求赔偿的权利。

（二）财产保险合同的类型

以保险标的以及保险责任范围为标准，财产保险合同可以划分为财产损失保险合同、责任保险合同、信用保险合同及海上保险合同四类。

财产损失保险合同，是指以各种有形财产为保险标的的财产保险合同。财产损失保险主要包括企业财产保险、家庭财产保险、运输工具财产保险、货物运输保险及农业保险等。

责任保险合同，是指以被保险人的民事赔偿责任为保险标的，为被保险人可能承担民事损害赔偿责任而丧失的利益提供经济补偿的一种保险合同。责任保险主要有：公众责任保险、产品责任保险、职业责任保险、雇主责任保险等。

信用保险合同，是指以债务人的信用为保险标的，当被保险人在信用贷款或售货交易过程中未能如约履行债务时，由保险人向债权人提供风险保障，给予赔偿的一种财产保险合同。

海上保险合同，是指保险人按照约定，对被保险人遭受保险事故造成保险标的的损失和产生的责任负责赔偿，而由被保险人支付保险费的合同。

二、财产保险合同的基本原则

（一）最大诚实信用原则

在财产保险合同中，最大诚实信用原则主要体现为投保人的如实告知义务和保险人的说明义务。

1. 投保人的如实告知义务。财产保险与其他保险一样，投保人必须遵守最大诚实信用原则。投保人因故意或重大过失不履行告知义务的，保险人有权解除保险合同或不负赔偿责任。在实践中，投保人在申请办理财产保险时，应尽的如实告知义务主要体现为以下几个方面：

（1）保险人询问内容不限于保险人在投保单中设置的询问内容，但保险人须对存在投保单中设置的询问内容以外的询问事项负举证责任。

（2）《保险法》第16条规定的投保人应当如实告知事实应为保险标的的重要事实，主要指足以影响保险人决定是否同意承保或者提高保险费率等事实情况。保险人应对此负举证责任。

（3）投保人因重大过失未履行如实告知义务的内容不属保险事故发生主要原因，对保险人承担保险责任不具有决定性因果关系的，保险人不得以投保人未尽如实告知义务为由拒绝承担保险责任。

（4）对保险代理人介入的情况下，投保人在订立保险合同时违反如实告知义务的责任可因代理人对其行为的影响而消灭或减弱。在需投保人亲自回答问题的场合，如保险代理人对内容不明问题以自己理解或解释来确定，或对投保人在回答时所产生疑问自动加以排除的，则投保人可免责。保险代理人代为填写告知书等保险凭证并经投保人亲笔签名确认的，代为填写的内容视为投保人、被保险人的意思表示，但能够证明代理人误导投保人的除外。

（5）投保人对保险人所询问的下列事项不作回答，不应认定为如实告知义务的违反：①为保险人所已知的；②依常理判断保险人已知的；③经保险人声明不必进行告知的。

2. 保险人的说明义务。根据最大诚实信用原则，保险人在订立保险合同时，应当对其提供的格式条款及合同中的免除责任的条款履行说明义务。尤其是对于免责条款，保险人应当履行明确说明的义务。在实践中，保险人对免责条款的说明义务应当做到：

（1）保险人在投保单、保险单或其他保险凭证对免责条款有显著标志（如字体加粗、加大、相异颜色等），对全部免责条款及对条款的说明内容集中单独印刷，并对此附有"投保人声明"，或附有单独制作"投保人声明书"，投保人已签字确认并同时表示对免责条款的概念、内容及其法律后果均已经明了的，一般可认定保险人已履行明确说明义务，除非投保人、被保险人能提供充分的反驳证据。

（2）在下列情形下，保险人的明确说明义务可适当减轻但不得免除：①同一投保人签订2次以上同类保险合同的；②机动车辆保险合同中规定严重违反交通法规的免责条款，如无证驾驶、酒后驾车、肇事后逃逸等。

（二）可保利益原则

在家庭财产保险中，可保利益产生和存在的依据概括起来有三种，即所有权、占有权、按合同规定产生的利益。

1. 所有权。不管财产是个人所有，还是与人共有，享有所有权的人均具有可保利益。

2. 占有权。它包括对财产的安全负有责任的人，如仓库保管员对客户的物品；对财产享有留置权（因债务而将他人之物留置自己处）的人。

3. 按合同规定产生的利益。例如，房屋的承租人，对承租的房屋具有一定的可保利益。

（三）赔偿原则

赔偿原则由全面赔偿原则和实际赔偿原则构成。

1. 全面赔偿原则。被保险人由于保险合同规定的风险事故所造成的各种经济损失，通过保险金补偿的方式得到赔偿。

2. 实际赔偿原则。保险人对于被保险人的赔偿不得超过被保险人的实际损失，被保险人不能由于保险人的赔偿而获得额外的利益。实际赔偿原则的具体内容包括如下几点：

（1）保险人的赔偿只是恢复被保险人的实际损失，这是实际赔偿原则的核心。被保险人的财产要得到赔偿，必须符合三个条件：①被保险人对损失的保险标的具有实际的保险利益；②保险标的遭受损失原因，必须在保险合同规定的保险责任范围之内；③遭受的损失必须可以用货币进行衡量。

（2）保险人有权选择对于被保险人的赔偿方式。保险人只要能够满足损失赔偿的目的，就可以有权选择赔偿的具体方式，如支付货币、修复和换置等。

（3）保险人对于赔偿金额限度的控制。保险人在处理财产保险的赔偿申请时，在对实际损失、保险金额和保险利益进行比较后，选择实际货币量最小的一方为最终的赔偿控制限度。

（4）被保险人不能通过赔偿而额外获利。

（四）代位求偿原则

代位求偿，是指当保险事故是由第三者造成的情况下，保险人在先向被保险人履行赔偿责任后，在赔偿金额范围内有权代替被保险人向第三者要求赔偿。进行"代位求偿"有三个前提：首先，第三方对于保险标的所造成的损失，必须符合保险合同规定的保险责任范围；其次，保险责任的形成，必须是由第三方所造成的；最后，保险人必须首先向被保险人履行赔偿责任。保险人在行使代位求偿权利的过程中，所获得的超出其向被保险人履行赔偿责任的金额，必须返还被保险人，即保险人不能运用代位求偿权利而获得超出其所承担的实际赔偿责任的利益。

（五）重复保险分摊原则

重复保险分摊原则也是由补偿原则派生出来的，它不适用于人身保险，而与财产保险业务中发生的重复保险密切相关。重复保险是指投保人对同一标的、同一保险利益、同一保险事故分别向2个以上保险人订立合同的保险。重复投保原则上是不允许的，但在事实上是存在的。其原因通常是由于投保人或者被保险人的疏忽，或者源于投保人求得心理上更大安全感的欲望。重复保险的投保人应当将重复保险的有关情况通知各保险人。

重复保险分摊原则是指投保人向多个保险人重复保险时，投保人的索赔只能在保险人之间分摊，赔偿金额不得超过损失金额。

在重复保险的情况下，当发生保险事故时，对于保险标的所受损失，由各保险人分摊。如果保险金额总和超过保险价值的，各保险人承担的赔偿金额总和不得超过保险价值。这是补偿原则在重复保险中的运用，以防止被保险人因重复保险而获得额外利益。

导入案例分析

导入案例中，所谓保险合同中的免责条款，是指保险公司对于本属于保险责任范围内的保险事故所造成的保险标的的损失，因某种原因不承担或者少承担保险责任的情形。免责条款的本质在于，保险责任范围内的保险事故发生之后，属于保险责任范围内的、保险公司本应当赔付的保险金，由于某种特定事由出现，保险公司赔付保险金的责任完全或者部分免除。判断一个合同条款是否属于免责条款，既不能仅依据其是否被置于保险合同条款中的"责任免除"这一部分，也不能仅依据其是否被冠以"责任免除"的名称，而要依据该条款所约定的权利义务具体内容来判断该合同条款是否具有免责条款的特征。如果该条款符合免责条款的本质，则属于《保险法》所规定的免责条款；如果不具有免责条款的特征，则不属于免责条款。

本案中，保险合同条款在"赔偿处理"部分约定：保险车辆发生道路交通事故，保险人根据驾驶人在交通事故中所负责任比例相应承担赔偿责任。根据该条款的约定，保险责任范围内的道路交通事故发生之后，如果保险车辆一方无责任或者承担次要责任，保险公司就可以根据该条款免除或者减轻赔偿责任。根据免责条款的本质，该条款属于免责条款。

据此，北京市西城区人民法院经审理认为：保险合同条款在"赔偿处理"部分约定的"保险人依据保险机动车一方在事故中所负责任比例，承担相应的赔偿责任"，实质上减轻或免除了保险公司的赔偿责任，符合免责条款的本质特征。保险公司未对上述条款履行提示及明确说明义务，故上述内容不生效，保险公司不能援引上述内容拒绝承担赔偿保险金的责任。刘某车辆损失中的2000元由交强险负责赔偿。对于余额16.5万元，保险公司应在机动车损失险项下予以赔偿。2010年8月20日，法院判决：保险公司赔偿刘某16.5万元。

拓展学习

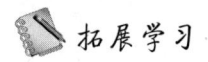

交强险

交强险，也是财产保险的一种特殊险种。所谓交强险即机动车交通事故责任强制保险，是指由保险公司对被保险机动车发生道路交通事故造成本车人员、被保险人以外的受害人的人身伤亡、财产损失，在责任限额内予以赔偿的强制性责任保险。交强险的特点：

1. 赔偿对象特定。交强险的赔偿对象只能是本车人员、被保险人以外的受害人。该受害人是因被保险机动车发生交通事故遭受人身伤亡或者财产损失的人，但不包括被保险机动车本车车上人员、被保险人。

2. 责任有限。交强险的赔偿责任是有限的，被保险机动车发生交通事故，保险人对每次保险事故所有受害人的人身伤亡和财产损失所承担的赔偿金额有最高限额限制。

3. 保险强制。交强险对投保人和保险公司均具有强制性。

投保人投保交强险是强制的。《机动车交通事故责任强制保险条例》规定，机动车所有人、管理人未按照规定投保交强险的，由公安机关交通管理部门扣留机动车，通知机动车所有人、管理人依照规定投保，处依照规定投保最低责任限额应缴纳的保险费的2倍罚款。而且根据该条例第16条，投保人不得解除交强险合同，除非符合下列情况之一：①被保险机动车被依法注销登记的；②被保险机动车办理停驶的；③被保险机动车经公安机关证实丢失的。

保险公司承保交强险也是强制的。根据《机动车交通事故责任强制保险条例》第37条的规定，保险公司有下列行为之一：①违法拒绝或者拖延承保交强险的；②未按照统一的保险条款和基础保险费率从事交强险业务的；③未将机动车较强险业务和其他保险业务分开管理，单独核算的；④强制投保人们立商业保险合同的；⑤违反规定解除交强险合同的；⑥拒不履行约定的赔偿保险金义务的；⑦未按照规定及时支付或者垫付抢救费用的，由保监会责令改正，处5万元以上30万元以下罚款；情节严重的，可以限制业务范围、责令停止接受新业务或者吊销经营保险业务许可证。

【拓展阅读】

1. 赵亚军、白恒晶：《财产保险中保险利益的移转与保险合同的效力》，载《法学杂志》2006年第1期。

2. 潘红艳：《论重复保险——兼评我国〈保险法〉第41条之缺失》，载《当代法学》2006年第3期。

3. 王乐宇：《论保险代位求偿权行使的权利限制》，载《法学论坛》2007年第5期。

4. 韩长印：《我国交强险立法定位问题研究》，载《中国法学》2012年第5期。

5. 韩长印、易萍：《交强险中恶意肇事的保险垫付责任》，载《法学》2010年第

10 期。

6. 唐秀红、陆钰：《浅析财产保险合同中投保人的解除权——以一起建筑工程质量潜在缺陷保险案为视角》，载《中国律师》2022 年第 8 期。

7. 张力毅：《困境与出路：财产保险合同中的保险利益判断——兼评〈保险法司法解释四〉及其征求意见稿相关规定》，载《上海财经大学学报》2020 年第 3 期。

8. 李博苋：《交强险保险人追偿权行使的构成要件》，载《人民司法》2021 年第 22 期。

9. 马宁：《机动车第三者责任保险能排除连带责任吗？》，载《法律科学（西北政法大学学报）》2022 年第 3 期。

10. 赵银仁：《交强险"第三者"认定的困境与逻辑回归——基于〈民法典〉第 1213 条的展开》，载《甘肃政法大学学报》2022 年第 4 期。

11. 张力毅：《比较、定位与出路：论我国交强险的立法模式——写在〈交强险条例〉出台 15 周年之际》，载《保险研究》2021 年第 1 期。

【思考与练习】

1. 根据我国《保险法》的规定，自保险责任开始后，合同当事人不得解除的保险合同是（   ）。

   A. 人身保险合同

   B. 以古玩、字画为标的保险合同

   C. 运输工具航程保险合同

   D. 责任保险合同

2. 不属于责任保险的赔偿范围的情况是（   ）。

   A. 被保险人因对第三者造成的人身损害而依法应承担的赔偿责任

   B. 被保险人因对第三者的财产损失而依法应承担的赔偿责任

   C. 第三者因对被保险人造成的人身损害和财产损失而依法应承担的赔偿责任

   D. 因赔偿纠纷引起的诉讼、律师费用及其事先经保险人同意支付的费用

3. 借款人根据银行的要求，请求保险人担保自己信用而购买的保险属于（   ）。

   A. 保证保险　　　　　　　　　B. 信用保险

   C. 责任保险　　　　　　　　　D. 担保保险

4. 钱某为其自驾车向大地保险公司投保车辆损失险。某晚，钱某聚会后通过网约车软件叫了代驾，CC 代驾公司接单派出代驾司机陈师傅代为驾驶投保车辆，陈师傅在代驾过程中发生交通事故，造成车损和路基损失，经认定陈师傅负全部责任。大地保险公司依保险合同向钱某进行了赔付。下列判断正确的是（   ）。

   A. 代驾人是保险合同允许的合法驾驶人，大地保险公司赔付后无权向代驾公司进行代为追偿

   B. 代驾人过失导致车损，大地保险公司赔偿后无权代为追偿

C. 若大地保险人提起代位求偿权之诉时，钱某已经向 CC 代驾公司提起诉讼的，该两案可以合并审理

D. 大地保险公司赔付后有权向代驾公司进行代为追偿

5. 甲企业向乙保险公司投保了企业财产保险，在保险期间内，甲企业仓库内因雷击引起火灾，仓库内商品价值为人民币 30 万元，但甲企业为了获取更多的保险赔偿，向保险公司申报仓库内的商品价值为人民币 60 万元。后被保险公司查明。保险公司就是否赔偿产生分歧，下列处理方法中正确的是（　　）。

A. 甲企业的行为是骗取保险赔偿金的欺诈行为，该行为导致保险合同无效

B. 仅赔偿甲企业的实际损失，对其虚报的部分不予赔偿

C. 乙保险公司无权解除合同，但不承担赔偿责任，只是在扣除手续费后退还保险费

D. 乙保险公司有权解除合同，并且不承担赔偿责任

6. 潘某请好友刘某观赏自己收藏的一件古玩，不料刘某一时大意致其落地摔毁。后得知，潘某已在甲保险公司就该古玩投保了不足额财产险。关于本案，下列哪些表述是正确的？（　　）

A. 潘某可请求甲公司赔偿全部损失

B. 若刘某已对潘某进行全部赔偿，则甲公司可拒绝向潘某支付保险赔偿金

C. 甲公司对潘某赔偿保险金后，在向刘某行使保险代位求偿权时，既可以自己的名义，也可以潘某的名义

D. 若甲公司支付的保险金不足以弥补潘某的全部损失，则就未取得赔偿的部分，潘某对刘某仍有赔偿请求权

情境训练[1]

原告：郑某宝

被告：徐某良

被告：中国人民财产保险股份有限公司长兴支公司（以下简称财保长兴支公司）

2005 年 6 月 12 日 2 时 58 分，原告郑某宝乘坐车牌号为浙 EB1662 的大型汽车，沿 312 国道由西向东行驶，行至唯亭立交桥东堍处时，驾驶该车的司机杨某平对路面动态疏于观察，遇紧急情况时采取措施不当，致车辆失控，将乘坐在车内的原告甩出车外，原告随后又被该车碾压致重伤。交警工业园区大队就涉案交通事故出具事故认定书，认定杨某平负事故全部责任，原告不负事故责任。事故发生后，原告被送往苏州大学附属第一医院治疗，共住院 63 天，发生医疗费 64 990.91 元、交通费 1677 元。2005 年 10 月 26 日，交警工业园区大队出具交通事故伤残评定书，认定原告左上肢截肢构成五

---

[1] 参见杜万华主编：《保险案件审判指导最新》，法律出版社 2018 年版，第 327~334 页。

级伤残，脾切除构成八级伤残，肝修补构成十级伤残，面部形成疤痕构成十级伤残，胸部形成疤痕构成十级伤残。

原告郑某宝的左上肢截肢需安装假肢，可安装浙江省残疾人现代假肢矫形器装配中心的上臂肌电假肢，该假肢价格为 26 500 元，平均使用寿命为 3~5 年，维修费用为装配价的 4%，总计费用需 153 700 元。

涉案肇事车辆浙 EB1662 大型汽车系被告徐某良所有，杨某平系被告徐伟良聘请驾驶该车的驾驶员。事故发生后，被告徐某良以借款形式给付原告郑某宝 50 000 元。

2004 年 12 月 8 日，被告徐某良为涉案肇事车辆向被告财保长兴支公司投保机动车辆第三者责任险，保险金额（责任限额）为 500 000 元，且不计算免赔额，同时，还为该车投保了车上人员险，保险金额（责任限额）为每座 50 000 元，共投保 3 座。以上保险期间自 2005 年 1 月 1 日 0 时起至 2005 年 12 月 31 日 24 时止。两被告在保险合同的机动车辆第三者责任保险条款中约定："……本保险合同中的第三者是指除投保人、被保险人、保险人以外的，因保险车辆发生意外事故遭受人身伤亡或财产损失的保险车辆下的受害者；……被保险人或其允许的驾驶人员在使用保险车辆过程中发生意外事故，致使第三者遭受人身伤亡或财产直接损毁，依法应当由被保险人承担经济赔偿责任，保险人负责赔偿；……保险车辆造成本车上其他人员的人身伤亡或财产损失，不论在法律上是否应当由被保险人承担赔偿责任，保险人均不负责赔偿；……保险人依据保险车辆驾驶人员在事故中所负的责任比例，承担相应的赔偿责任；……"同时，在车上人员责任险条款中约定："……保险责任即发生意外事故，造成保险车辆人员的人身伤亡，依法应当由被保险人承担经济赔偿责任，保险人负责赔偿；……责任限额即车上人员每人责任限额和投保座位数由投保人和保险人在投保时协商确定，投保人座位数以保险车辆的核定载客数为限；……"

【训练目的及要求】

熟练运用保险法不利解释原则、责任保险原理及相关法律规定，运用所学知识分析问题，解决问题。

【训练步骤】

1. 全班自愿组合分成两组，各组分头寻找法律依据，准备材料。
2. 各组发表自己的系统性意见。
3. 老师点评。

【工作任务】

各组准备并书写本组的详细意见。

项目五　保险业监管

导入案例[1]

2010年12月6日,投保人唐甲通过中国人寿保险股份有限公司广州市分公司南沙支公司(以下简称南沙支公司)保险代理人唐乙投保了两份"国寿瑞鑫两全保险(分红型)",投保单号分别为1110440100993×××和1104401009937×××。在销售过程中,唐乙向投保人介绍保险产品时存在"保险是强制存款,不能随便拿出来""是存在保险公司"等话术。上述违法事实有事实确认书和保险代理人唐乙调查记录等证据在案证明。

中国保监会广东监管局(以下简称广东监管局)于2012年6月15日向南沙支公司送达《行政处罚事先告知书》,南沙支公司于2012年6月25日向广东监管局提出陈述和申辩。南沙支公司在陈述申辩中称:南沙支公司严格按保监会的相关要求对代理人进行继续教育,同时按照中国人寿公司的要求,每月对代理人进行职业道德和风险防范方面的教育,公司已尽到了培训教育的责任,代理人唐乙个人销售过程中表达内容过程缺失行为不能被认定为南沙支公司对代理人培训管理不严格。南沙支公司在申辩中附了唐乙参加保险中介从业人员继续教育电子培训的证书、国寿广州市分公司2009年12月下发的《关于下发12月份〈每月说法违规案例培训教案〉的通知》、每月说法培训签到表及照片。

经核查,唐乙参加保险中介从业人员继续教育电子培训是保监会对保险营销员继续教育的基本要求;另外,南沙支公司提供的《关于下发12月份〈每月说法违规案例培训教案〉的通知》只能证明南沙支公司在2009年12月开展了每月说法培训,但不能说明在本案(2010年12月)前南沙支公司的营销员培训与教育情况,且签到表和照片的时间均无显示。故陈述申辩不能证明南沙支公司依据规定充分履行了对代理人的培训管理职责。因此,申辩理由不成立。

综上,南沙支公司保险代理人唐乙上述混淆保险产品与存款差别向投保人做宣传的行为违反了《保险法》第131条第1项的有关规定。依据《保险法》第174条第1款的规定,广东监管局责令唐乙改正,决定给予唐乙警告并罚款2000元的行政处罚。

南沙支公司对保险代理人培训管理不严格的行为违反了《保险公司管理规定》第53条的相关规定。根据《保险公司管理规定》第69条的规定,广东监管局责令南沙支公司改正,决定给予南沙支公司警告并罚款1万元的行政处罚,给予对上述行为负管理责任的南沙支公司经理蔡某警告并罚款3000元的行政处罚。

---

[1] 参见中国保监会广东监管局行政处罚决定,粤保监罚〔2012〕68号。

【问题】
1. 保险公司、保险代理人在保险业务中有何诚信义务？
2. 保监会对保险公司、保险代理人可否进行行政处罚？

> 基本原理

一、保险业监管的原因和目标

保险经营与风险密不可分，保险事故的偶发性、损失程度的不可知性、理赔的差异性使得保险经营本身存在着不确定性，加上激烈的同业竞争和保险道德风险及欺诈的存在，保险业成为高风险行业。保险公司经营亏损、倒闭不但直接损害公司自身的存在和利益，而且严重损害广大被保险人的利益，危害相关产业的发展，从而影响社会经济的稳定和人民生活的安定。故此，保险业具有极强的公众性和社会性。国家对保险业进行严格的监管，是有效地保护与保险活动相关的行业和公众利益的需要。

国家对保险业进行严格的监管也是培育、发展和规范保险市场的需要。国家对保险业的严格监管有利于依法规范保险活动，创造和维护平等的竞争环境，防止盲目竞争和破坏性竞争，有利于保险市场的发育、成熟。

保险经营具有很强的专业性和技术性，参加保险的投保人往往缺乏保险专业知识。保险经营和保险业的技术性与专业性决定了国家对保险业进行严格监管的必要性。

发达市场经济国家对保险业的监管目标基本包括三方面：维护被保险人的合法权益；维护公平竞争的市场秩序；维护保险体系的整体安全与稳定。新兴市场经济国家的保险监管机构除了履行法定监管职责之外，还承担着推动本国保险业发展的任务。中国的保险监管机构就拥有这两方面的职能。

国家金融监督管理机构具有政府行政管理和保险监管的双重职能。作为保险监管机构，它应维护被保险人的合法权益，维护公平竞争的市场秩序和保险体系的整体安全与稳定；作为行业行政管理部门，它担负着研究和制定保险发展的中长期规划，研究保险发展的重大战略、基本任务和产业政策，通过规划、指导和信息服务引导保险业发展的方向的重任。

（一）维护被保险人的合法权益

国家通过制定法律和规则，对保险公司、保险中介机构的行为进行必要的制约，强制相关信息披露，以满足投保人、被保险人的知情权。同时，鼓励投保人、被保险人自觉掌握保险相关的信息和专业知识，提高判断力，防止被保险人的利益因不知情而受到保险机构和保险中介公司的恶意侵害。

（二）维护公平竞争的市场秩序

维护公平竞争的市场秩序，确保保险业市场主体开展充分、公平、正当的市场竞争。

（三）维护保险体系的整体安全与稳定

维护保险体系的整体安全与稳定是维护被保险人合法权益、维护公平竞争的市场秩序的客观要求和自然延伸。监管机构在维护保险体系的整体安全与稳定的同时，让经营不善的保险公司和保险中介机构自动退出市场或强制其退出市场。

二、保险业监管的要素

保险业监管的要素包括主体、客体和内容。

（一）保险业监管的主体

1. 保险监管机关。自 1980 年我国全面恢复国内保险业务以来，由中国人民银行行使保险业的监督管理职能。1998 年 11 月 18 日，中国保险监督管理委员会成立，简称保监会，取代了中国人民银行对保险业的监管地位。2018 年 3 月，第十三届全国人民代表大会第一次会议表决通过了《关于国务院机构改革方案的决定》，中国银行业监督管理委员会和中国保险监督管理委员会合并，设立中国银行保险监督管理委员会。2023 年 3 月 10 日，第十四届全国人民代表大会第一次会议审议通过《国务院关于提请审议国务院机构改革方案的议案》，取消中国银行保险监督管理委员会，批准在银保监会基础上组建国家金融监督管理总局，作为国务院直属机构。主要职责：统一负责除证券业之外的金融业监管，强化机构监管、行为监管、功能监管、穿透式监管、持续监管，统筹负责金融消费者权益保护，加强风险管理和防范处置，依法查处违法违规行为。

2. 保险业自律组织。保险行业自律组织，是指在保险及其相关领域中从事管理活动的非官方组织，是保险行业自身管理的具体实施机构。在我国，保险业自律组织就是保险行业协会，属于社会团体法人。《保险法》规定，保险公司应当加入保险行业协会，保险代理人、保险经纪人、保险公估机构可以加入保险行业协会。

3. 保险信用评级机构。保险评级是由独立的社会信用评级机构采用一定的评级办法对保险公司信用等级进行评定，并用一定的符号予以表示。世界比较著名的保险信用评级机构主要有：AM. 贝思特公司（A. M. BEST）、标准普尔公司（Standard & Poor's）、穆迪公司（Mody's Investors Service）。

（二）保险业监管的客体

保险业监管的客体，就是保险业监管的对象，也就是保险合同的当事人及关系人，包括保险人、保险中介人、投保人、被保险人及受益人。

（三）保险业监管的内容

保险业监管的内容包括：组织监管、业务监管和财务监管。

1. 组织监管。组织监管分为组织形式、保险企业设立、停业清算、从业人员资格及外资保险企业的监管。

2. 业务监管。业务监管包括保险公司营业范围、保险条款和保险费率、再保险业务、保险中介人、精算制度等方面的监管。

3. 财务监管。财务监管包括保证金/资本金、准备金、偿付能力、保险投资、财务核算等方面的监管。

三、保险业监管的方式与手段

（一）保险业监管的方式

1. 公告管理方式。国家对保险业实体仅规定按照政府的格式及内容定期将资产负债、营业结果等内容公告。

2. 规范管理方式。由政府规定保险业经营的准则，要求保险业共同遵守。政府对保险经营的重大事项，如最低资本额、资产负债比例、投资运用等均有明确规定。

3. 实体管理方式。国家制定完善的保险管理规则，保险管理机关有较高的权威，对保险企业的设立、经营、财务、业务及破产清算等均进行监管。

（二）保险业监管的手段

1. 法律手段。国家通过保险法规对保险公司的开业资本金、管理人员、经营范围、保险费率、保险条款等实质性问题作出规定。我国现行的《保险法》采用保险公司法与保险合同法合二为一的体例，是我国保险法律体系的核心部分。

2. 行政手段。国家运用行政手段，为保险运行创造良好的外部环境和社会条件，及时纠正控制保险市场的不良现象，确保保险市场健康运行、充满活力。

3. 经济手段。根据市场客观经济规律的需要，国家运用财政、税收、信贷等各种经济杠杆，正确处理各种经济关系来管理保险业。经济手段是国家对保险业进行监管的主要方法。

▶ 导入案例分析

导入案例中，保险公司、保险代理人在保险业务中负有诚信义务。《保险法》第131条，保险代理人、保险经纪人及其从业人员在办理保险业务活动中不得有下列行为：①欺骗保险人、投保人、被保险人或者受益人；②隐瞒与保险合同有关的重要情况；③阻碍投保人履行本法规定的如实告知义务，或者诱导其不履行本法规定的如实告知义务；④给予或者承诺给予投保人、被保险人或者受益人保险合同约定以外的利益；⑤利用行政权力、职务或者职业便利以及其他不正当手段强迫、引诱或者限制投保人订立保险合同；⑥伪造、擅自变更保险合同，或者为保险合同当事人提供虚假证明材料；⑦挪用、截留、侵占保险费或者保险金；⑧利用业务便利为其他机构或者个人车取不正当利益;⑨串通投保人、被保险人或者受益人,骗取保险金;⑩泄露在业务活动中知悉的保险人、投保人、被保险人的商业秘密。

保监会(现为国家金融监督管理总局)作为国家保险业监督管理机关,有权对保险公司、保险代理人的违法行为作出行政处罚。依据《保险法》第174条,个人保险代理人违反本法规定的,由保险监督管理机构给予警告,可以并处2万元以下的罚款;情节严重的,处2万元以上10万元以下的罚款,并可以吊销其资格证书。

拓展学习

保险公司经营规则

保险公司,是指经中国保险监督管理机构批准设立,并依法登记注册的商业保险公司,包括直接保险公司和再保险公司。

1. 保险公司的设立及变更。

(1) 保险公司的设立。根据《保险法》第68条的规定,设立保险公司,应当具备下列条件:①主要股东具有持续盈利能力,信誉良好,最近3年内无重大违法违规记录,净资产不低于人民币2亿元;②有符合本法和《公司法》规定的章程;③有符合本法规定的注册资本;④有具备任职专业知识和业务工作经验的董事、监事和高级管理人员;⑤有健全的组织机构和管理制度;⑥有符合要求的营业场所和与经营业务有关的其他设施;⑦法律、行政法规和国务院保险监督管理机构规定的其他条件。

《保险法》第69条规定,设立保险公司,其注册资本的最低限额为人民币2亿元。保险公司的注册资本必须为实缴货币资本。

在设立程序上,我们国家对保险公司采取许可设立原则,保险公司的设立除了必须具备法律规定的条件,必须向国务院保险监督管理机构提出设立申请,经其审查作出批准筹建决定,在法定期限内完成保险公司的筹建工作。保险公司经国务院保险监督管理机构颁发经营保险业务许可证,方可注册登记成立。

保险公司设立分支机构,也要向保险监督管理机构提出申请,经批准颁发分支机构经营保险业务许可证,才可以注册成立。

保险公司在国外设立子公司、分支机构,应当经国务院保险监督管理机构批准。

外国保险机构在我国境内设立代表机构,也必须经国务院保险监督管理机构批准。

(2) 保险公司的变更。保险公司的变更,也要经过政府主管部门审批。《保险法》第84条规定,保险公司有下列情形之一的,应当经保险监督管理机构批准:①变更名称;②变更注册资本;③变更公司或者分支机构的营业场所;④撤销分支机构;⑤公司分立或者合并;⑥修改公司章程;⑦变更出资额占有限责任公司资本总额5%以上的股东,或者变更持有股份有限公司股份5%以上的股东;⑧国务院保险监督管理机构规定的其他情形。

2. 保险公司的业务范围。

（1）人身保险业务，包括人寿保险、健康保险、意外伤害保险等保险业务。

（2）财产保险业务，包括财产损失保险、责任保险、信用保险、保证保险等保险业务。

（3）国务院保险监督管理机构批准的与保险有关的其他业务。

保险人不得兼营人身保险业务和财产保险业务。但是，经营财产保险业务的保险公司经国务院保险监督管理机构批准，可以经营短期健康保险业务和意外伤害保险业务。

保险公司应当在国务院保险监督管理机构依法批准的业务范围内从事保险经营活动。

3. 保险公司应当按照其注册资本总额的 20% 提取保证金，存入国务院保险监督管理机构指定的银行，除公司清算时用于清偿债务外，不得动用。

4. 保险公司应当提取各项责任准备金，依法提取公积金，缴纳保险保障基金。

5. 经营财产保险业务的保险公司当年自留保险费，不得超过其实有资本金加公积金总和的 4 倍。

6. 保险公司应当具有与其业务规模和风险程度相适应的最低偿付能力。

7. 保险公司的资金运用必须稳健，遵循安全性原则。

保险公司的资金运用限于下列形式：①银行存款；②买卖债券、股票、证券投资基金份额等有价证券；③投资不动产；④国务院规定的其他资金运用形式。

【拓展阅读】

1. 孙晋、王薇丹：《公开规制理念下保险资金直接入市监管制度之构建》，载《法学评论》2007 年第 1 期。

2. 郭宏彬：《论保险监管的理论根源》，载《政法论坛》2004 年第 4 期。

3. 宋佩玉：《新中国成立初期上海外资保险业监管的历史实践与基本经验》，载《江西社会科学》2019 年第 9 期。

4. 李志强：《对价平衡原则的证成——从保险合同到保险业监管的考察》，载《法学》2017 年第 9 期。

5. 赵畅：《我国金融监管的发展探讨——以银保监会的组建为例》，载《中国市场》2019 年第 19 期。

6. 冯娜娜：《银保监管的历史回眸》，载《中国保险报》2019 年 9 月 26 日，第 5 版。

7. 阳光资产管理公司课题组、邱晓华：《中国式现代化下的保险业发展研究》，载《保险研究》2023 年第 1 期。

8. 罗琰、赵涵：《中国保险业差异化监管研究》，载《西南金融》2023 年第 2 期。

9. 陈蓉、颜鹏飞：《近代中国保险业百余年历史特征的考察》，载《财经问题研究》2022 年第 12 期。

10. 魏飞龙：《新加坡 RBC2 的实施对中国保险业的启示与借鉴——基于国际趋同视角》，载《现代商业》2021 年第 35 期。

【思考与练习】

1. 下列行为中，不经金融监管部门批准即可进行的是（　　）。

　　A. 设立保险公司

　　B. 保险公司在境内外设立代表机构

　　C. 保险公司增减注册资本金

　　D. 保险公司招募中层干部

2. 保险公司成立后须按照其注册资本金总额的（　　）提取保证金，存入保监会指定的银行。

　　A. 20%　　　　　　B. 30%　　　　　　C. 25%　　　　　　D. 10%

3. 对偿付能力不足的保险公司，国务院保险监督管理机构应当将其列为重点监管对象，并可以根据具体情况采取（　　）措施。

　　A. 责令增加资本金、办理再保险

　　B. 限制业务范围

　　C. 限制向股东分红

　　D. 限制商业性广告

4. 设立保险公司，其注册资本的最低限额为人民币（　　）元。

　　A. 2 亿　　　　　　B. 3 亿　　　　　　C. 4 亿　　　　　　D. 5 亿

5. 保险公司在中华人民共和国境内设立分支机构，应当经（　　）批准。

　　A. 当地人民政府　　　　　　　　B. 当地市场监管部门

　　C. 保险业协会　　　　　　　　　D. 保险监督管理机构

6. 经营财产保险业务的保险公司不可以经营（　　）。

　　A. 短期健康保险业务　　　　　　B. 意外伤害保险业务

　　C. 责任保险业务　　　　　　　　D. 养老保险业务

情境训练[1]

2009 年 11 月，匿名信访人向监管部门反映：平顶山市某产险公司经理何某自 2008

---

[1]《关于对中国人保财产保险股份有限公司平顶山市卫东支公司行政处罚的决定》（豫保监罚〔2010〕6 号），载国家金融监督管理总局河南监管局网，http://www.cbirc.gov.cn/branch/henan/view/pages/common/ItemDetail.html? docId=655381&itemId=1383，访问时间：2023 年 11 月 14 日。《关于对中国人民财产保险股份有限公司卫东支公司经理何发明行政处罚的决定》（豫保监罚〔2010〕7 号），载国家金融监督管理总局河南监管局网，http://www.cbirc.gov.cn/branch/henan/view/pages/common/ItemDetail.html? docId=655382&itemId=1383，访问时间：2023 年 11 月 14 日。

年12月至2009年5月,利用收入保费不入账,对已收回应收保费保单进行违规注销处理。经查,2008年5月,平顶山市某产险公司经理何某,为应付上级机构对其应收保费指标的考核,以清理死滞应收为名,向平顶山市公司车险部请求清理垃圾数据。经上级公司批准后,分两次对公司190笔商业车险和43笔交强险业务进行违规批改,批退保费共计124.19万元。由于部分业务保险责任未终了,该公司又采取补录短期保单的方式,对未到期责任予以承保,以防止这些保单出险后无法赔付。经核实,该公司违规批退的应收款以及现有存量应收款中,部分保费已经收回,这部分保费未入公司财务系统,被用于账外列支。

【训练目的及要求】

学生能够熟悉《保险法》规定的保险业经营规则,并能熟练应用实践案例分析判断问题和解决问题。

【训练步骤】

分组讨论分析保险公司是否存在问题?存在哪些问题?应当给予什么处罚?

【工作任务】

各组就分析的结论各自草拟一份处罚决定书,老师点评。

单元六

票据法律实务

知识目标

1. 认识票据和票据法的概念、性质,掌握票据的基本原理。
2. 掌握票据关系与票据基础关系、票据行为、票据权利、票据抗辩及其限制、票据丧失及其补救等票据法律制度的内容。
3. 了解和熟悉汇票、本票和支票中的出票、背书、承兑、保证、付款等规则。

能力目标

本单元的能力目标是培养学生处理票据相关法律实务的能力。通过本单元的学习,使学生掌握票据关系与票据基础关系等基本规则,并能运用票据法律知识分析和处理汇票、本票和支票的出票、背书、承兑、保证、付款等票据实务问题的技能。

内容结构图

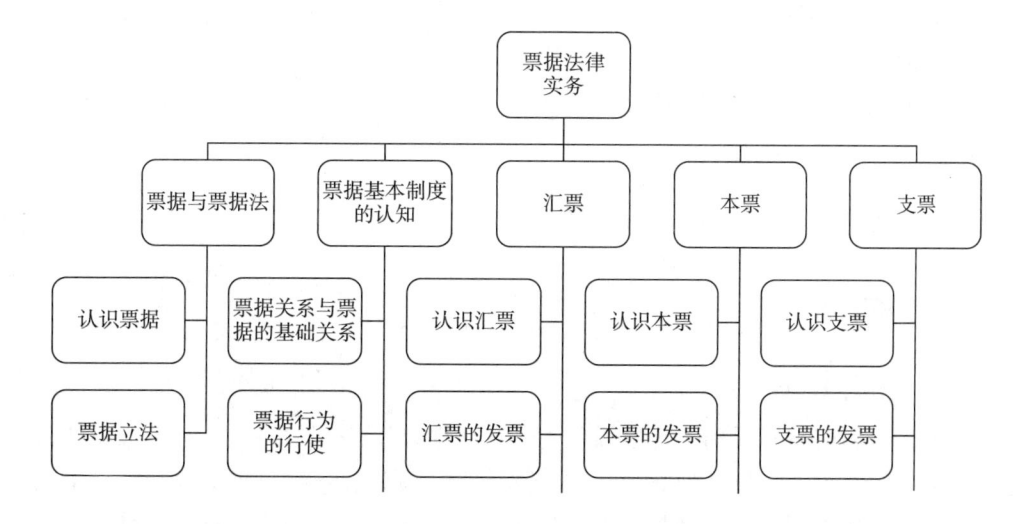

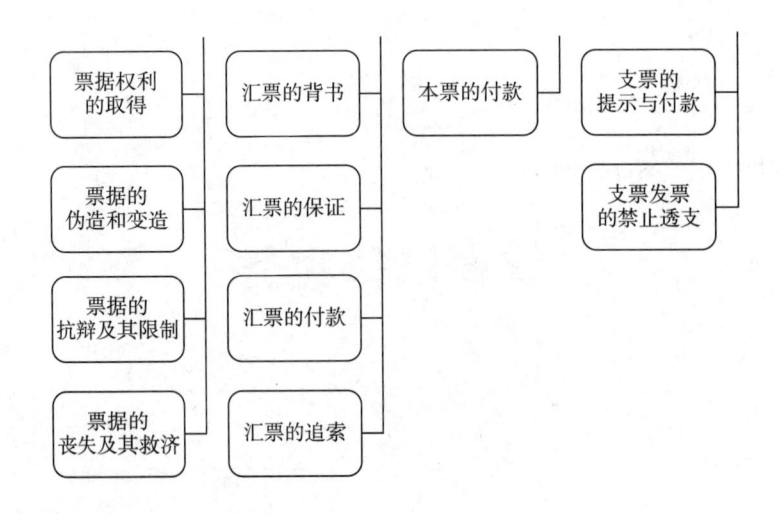

```
┌─────────┐   ┌─────────┐   ┌─────────┐   ┌─────────┐
│ 票据权利 │   │ 汇票的背书│   │ 本票的付款│   │  支票的  │
│ 的取得  │   │         │   │         │   │ 提示与付款│
└─────────┘   └─────────┘   └─────────┘   └─────────┘

┌─────────┐   ┌─────────┐                 ┌─────────┐
│ 票据的  │   │ 汇票的保证│                 │支票发票  │
│伪造和变造│   │         │                 │的禁止透支│
└─────────┘   └─────────┘                 └─────────┘

┌─────────┐   ┌─────────┐
│ 票据的  │   │ 汇票的付款│
│抗辩及其限制│ │         │
└─────────┘   └─────────┘

┌─────────┐   ┌─────────┐
│ 票据的  │   │ 汇票的追索│
│丧失及其救济│ │         │
└─────────┘   └─────────┘
```

项目一 票据与票据法

导入案例

2020年7月20日，飞云服装厂与美嘉布料厂签订了购销70万元布料的合同。飞云服装厂向美嘉布料厂出具了一张以工行某分行为承兑人的银行承兑汇票00883109号。该汇票的记载事项完全符合《票据法》的要求。美嘉布料厂将该汇票贴现给了建行某分行。在建行某分行向承兑行提示付款时，工行某分行拒付。拒付理由是：美嘉布料厂所供布料存在瑕疵，飞云服装厂来函告知，00883109号汇票不能解付，请协助退回汇票。建行某分行认为，工行某分行拒付违反《票据法》的有关规定，故向法院起诉，要求法院判决。

【问题】
1. 工行某分行的做法是否符合《票据法》的有关规定？
2. 法院应如何判决？

基本原理

一、认识票据

（一）票据的概念

票据是商品交易发展到一定阶段的产物。"票据"一词的含义，有广义、狭义之分。广义上的票据，泛指各种有价证券，如债券、股票、仓单、提单等。狭义上的票据，仅指以支付金钱为目的的汇票、本票、支票的统称。票据法所称之票据，为狭义上的票据。本书所谓之票据，也为狭义上的票据。

通说认为，票据是指出票人签发的，约定自己或委托他人于到期日无条件按票载金额向收款人或持票人付款的有价证券。

因此，我们可以知道：①票据是一种有价证券。②票据所反映的权利为金钱债权。票据权利以权利人受领金钱给付、请求票据债务人金钱给付为内容。票据法所称票据责任，是指票据债务人向持票人支付票据金额的义务。③票据是一种无条件付款的约定或委托。票据的付款人可以是出票人自己，也可以是他人。本票，是约定自己付款的票据；汇票、支票是委托他人付款的票据。

（二）票据的特征

1. 票据是一种设权证券。票据所反映的权利由票据行为所创设，是票据形成后新产生的权利，不是在票据形成前已有的权利。票据的设权性是票据流通的需要。票据作为信用工具在流通中发挥重要的作用。为促进票据的流通，必须简化票据转让手续，确保交易安全，这便要求票据权利同票据凭证合为一体。这样，只要移转权利凭证便能发生票据权利转让的效力，而不必以基础关系中的债权转让作为票据权利移转的前提。于是，票据的转让变得简便快捷，票据的受让人在取得票据过程中只要无主观恶意及支付了相应的代价，便可以取得票据权利。票据权利和票据凭证的一体性，必须以票据的设权性为前提。

2. 票据是一种完全证券。票据是完全证券，具有权券一体性。票据权利和反映票据权利的凭证不能分离。票据签发、转让、行使权利等均须交付、出示票据。票据的流通要求票据交易的安全，以及票据交易的迅捷。在票据交易中，不能要求票据受让人对票据转让人是否拥有票据权利进行实质性审查，否则不利于市场经济的发展。

3. 票据是一种无因证券。票据签发、背书、承兑、保证等往往基于一定的原因关系，如交易关系中的各种款项与费用支付义务。在票据法中原因关系的无效、被撤销不影响票据的效力，这就是票据的无因性。立法者基于维护交易安全、促进交易发展的立法政策考虑，将原因关系与票据关系割裂，使票据关系的建立不依赖于原因关系。

因票据的无效而使票据权利不能兑现的风险需要在法律上采取一些措施来避免，因此，法律只需依据票据的外观定其效力。商事主体在取得票据时只需要审核票据的外观，无需了解票据以外的事情。付款人只能凭借票据的外观确定其效力。无因性规则的确立，旨在维护交易安全。

4. 票据是一种要式证券、文义证券。票据格式的统一、票据记载事项的法定说明了票据的要式性。票据的要式性是加速票据流转、确保票据交易安全的需要。票据是一种按票载文义确定效力的证券。即便票据上所作记载与实际情况不一致，仍应按票载文义定其效力。确立这一规则，仍然是基于维护交易安全的需要。

5. 票据是一种流通证券。票据的流通，是市场经济的需要，各国票据制度无不鼓励、促进票据的流通。美国甚至将票据直接称为"流通证券"，将调整票据关系的法律称为"流通证券法"。

(三) 票据的种类

1. 以票据由自己付款还是委托他人付款为划分标准,票据可以分为预约证券和委托证券。出票人约定自己于到期日无条件地按票载金额付款的,为预约证券。出票人委托他人于到期日无条件地按票载金额付款的,为委托证券。

2. 以票据的功能为划分标准,票据可以分为信用证券和支付证券。票据主要作为信用工具的,为信用证券。本票、汇票属信用证券。票据主要功能为金钱之支付,人们主要将它作为支付工具的,为支付证券。支票属支付证券。

3. 以票据的到期日为划分标准,票据可以分为远期票据和即期票据。以将来某一期日届至为付款日的,属远期票据。见票即付的票据属即期票据。比如,见票即付的汇票、本票、支票。我国《票据法》规定,本票、支票都是即期票据。

各国票据法对票据分类规定不尽一致。德国、法国、日本在票据立法上采取"三票二法"制,这些国家所称票据仅指汇票与本票,不包括支票。支票则属另一种证券,由支票法调整。我国《票据法》将票据分为汇票、本票、支票三种。

(四) 票据的作用

1. 汇兑。在异地交易中,票据具有汇兑作用。通过要求银行签发汇票,委托另一地的银行代理付款,或是自己签发票据委托与自己有资金关系的在另一地的第三人付款等票据运作,交易当事人可以使金钱简洁、方便、迅速、安全地到达另一地,从而使票据具有汇款的功能。在国际交往中,一国的货币往往需要兑换成另一国的货币。票据的上述运作,也解决了货币兑换问题。

2. 支付。商事活动存在着大量的支付情形。由于现金支付存在诸多困难,票据的签发和背书能够准确、及时、安全地完成支付活动成为其自身的一大亮点。

3. 信用。获得到期日明确、金额确定、无条件支付金钱的票据,以及在到期日届至通过票据权利的行使取得现金利益、转让票据获得对价、贴现转化现金等选择中实现利益,使得票据的信用功能得以极大的发挥。票据的信用对于促进商品经济的发展具有积极的意义。

4. 融资。票据的出票人不仅可以通过签发票据的方式与交易相对人换取实物、劳务等物质利益,而且还可以通过签发票据的方式与交易相对人换取金钱利益。票据持有人可通过有偿转让票据权利的方式实现资金的周转,也可以持票向银行申请贴现获取现金。

二、票据立法

(一) 票据法的概念

票据法是关于票据的专门立法。各国票据法或票据制度无一例外地将规范对象确定为：①票据关系；②在票据运作中所形成的非票据关系。

票据法是指调整票据关系及票据运作中形成的非票据关系的法律规范的总称。

在我国，票据法有实质意义的票据法和形式意义的票据法之分。实质意义的票据法是指规范票据关系和票据运作中与票据关系相关的非票据关系的一切规范。形式意义的票据法仅指 1995 年 5 月 10 日第八届全国人民代表大会常务委员会第十三次会议通过，1996 年 1 月 1 日起施行的《票据法》。本书所谓票据法是指实质意义的票据法。

（二）票据法的特征

依据上述定义，票据法具有以下法律特征：

1. 票据法具有强行性。法律规范有授权性规范和义务性规范。票据法属于商法的一种。为将商事交易纳入有序的轨道，保证交易安全，商事法律制度必须具有强行性。为确保流通安全，规避流通风险，维护流通秩序，票据法中的不少规则是强制性规则。

票据法的强行性并非是对私法自治的否定。各国法律仅仅规定当事人在实施票据行为时应当受到强行法的限制，而不要求当事人必须实施票据行为；当事人未依照票据制度的规定实施票据行为的，该行为无效，如果该行为符合其他行为要求的，当事人愿意接受其他行为后果的，则依其他行为发生效力。

2. 票据法具有技术性。由于这种商事交易的严密体现了精湛的交易技术，因而作为规范该交易的规则也具有极强的技术性。票据法对票据的签发、背书、承兑、付款等规则作了严密而又详尽的规定，确保票据在流转和使用中的安全。

3. 票据法具有二元性。票据法在性质上为私法，但有公法色彩。票据法以保护个人权益（即私益）为目的，所调整的对象是平等主体之间的关系。为了维护交易秩序，确保交易安全，票据法虽然以私法条款为核心，但又有一些公法性质的条款。票据法为任意性规范，却又含有强行规范。票据行为属法律行为的一种，以意思表示为要素。但为了使票据权利义务确定，维护票据交易安全，票据法又有强制性规定。票据法是实体法，但又有程序性规定。票据法是国内法，但又包含着国际统一性规则。

法条链接

《中华人民共和国票据法》

第二条第二款　在中华人民共和国境内的票据活动，适用本法。本法所称票据，是指汇票、本票和支票。

《最高人民法院关于审理票据纠纷案件若干问题的规定》

第二条　依照票据法第十条的规定，票据债务人（即出票人）以在票据未转让时的基础关系违法、双方不具有真实的交易关系和债权债务关系、持票人应付对价而未付对价为由,要求返还票据而提起诉讼的,人民法院应当依法受理。

导入案例分析

导入案例分析:其一,不符合法律的规定。根据票据的无因性,票据债务人不得以原因关系对抗善意第三人。本案中,建行某分行并不知美嘉布料厂违约供货的事实通过贴现善意取得00883109号汇票,该汇票是具备票据法上规定票据记载事项的有效票据,工行某市分行在审核背书连续及持票人合法身份后就应该予以付款,而无权以美嘉布料厂与飞云服装厂之间购销合同具有瑕疵而拒绝付款。其二,我国《票据法》第61条第1款规定:"汇票到期被拒绝付款的,持票人可以对背书人、出票人以及汇票的其他债务人行使追索权。"第68条第1、2款规定:"汇票的出票人、背书人、承兑人和保证人对持票人承担连带责任。持票人可以不按照汇票债务人的先后顺序,对其中任何一人、数人或者全体行使追索权。"因此,本案中,建行某分行再遭拒付,其有权向出票人飞云服装厂行使追索权,也可对工行某市分行提起民事诉讼。

拓展学习

认识有价证券

有价证券,是指表彰权利,具有财产价值,能成为交易客体的书面凭证。有价证券有广义与狭义两种概念,广义的有价证券包括商品证券、货币证券和资本证券。商品证券是证明持券人有商品所有权或使用权的凭证,取得这种证券就等于取得这种商品的所有权,持券者对这种证券所代表的商品所有权受法律保护。属于商品证券的有提货单、运货单、仓库栈单等。货币证券是指本身能使持券人或第三者取得货币索取权的有价证券,货币证券主要包括两大类:一类是商业证券,主要包括商业汇票和商业本票;另一类是银行证券,主要包括银行汇票、银行本票和支票。资本证券是指由金融投资或与金融投资有直接联系的活动而产生的证券。持券人对发行人有一定的收入请求权,它包括股票、债券及其衍生品种如基金证券、可转换证券等。资本证券是有价证券的主要形式,狭义的有价证券即指资本证券。在日常生活中,人们通常把狭义的有价证券——资本证券直接称为有价证券乃至证券。有价证券具有如下特征:

1. 有价证券是一种权利凭证。有价证券是表彰权利的凭证。它具体记载着一定的法律关系。比如,债券记载着债券发行单位与债券持有人之间的债权债务关系,其中还详细记载着债权数额和种类,以及双方当事人应享有的权利和应承担的义务。

2. 有价证券具有财产价值。有价证券与权利高度结合。权利的凭证有两种,一种是仅仅作为权利的证明性文件而存在,如房地产权证、书面合同等;另一种是能成为交易对象的权利凭证,如汇票、本票、提单等。两者的区别在于:前者行使权利时不以出示权利凭证为要件,后者行使请求权时须提示证券;前者权利的凭证与权利可以分离,后者权利与凭证高度结合。

3. 不记名有价证券以占有为权属之公示方式。有价证券有记名与不记名之分。不记名有价证券以占有作为权属之公示方式。占有不记名有价证券的,推定占有人拥有该有价证券。不记名有价证券的占有人即便对其占有的有价证券无处分权,其后手基于无权处分人对该不记名有价证券的占有外观而有偿受让该有价证券的,适用善意取得制度。

4. 有价证券具有流通性。一般而言,财产权可以移转。财产权虽具有财产性,但其无形的特点给流转带来诸多不便。于是,有价证券作为权利的载体便应运而生。借助书面形态,权利被记载其中,便于识别,便于交易。有价证券之存在价值,在于其流通性。

【拓展阅读】

1. 张红、程乐:《区块链票据对传统票据的挑战与回归》,载《辽宁师范大学学报(社会科学版)》2020年第1期。

2. 董惠江:《中国票据法理念与立法技术的反思》,载《环球法律评论》2020年第5期。

【思考与练习】

1. 票据权利属于(   )。

    A. 债权   B. 物权   C. 商品权   D. 人格权

2. 属于支付证券的是(   )。

    A. 银行本票   B. 银行汇票   C. 商业汇票   D. 支票

3. 票据原因关系(   )。

    A. 是票据法上的非票据关系

    B. 是票据发行当事人之间的关系

    C. 与票据关系在一般情况下相分离,在特定情况下相联系

    D. 对票据关系没有影响

4. 票据的信用主要体现在哪里?如何发挥票据的信用功能?

情境训练

2019年5月9日,A酒店向B商场购买了价值150万元的空调,并向B商场开具了以C银行为承兑行的汇票。B商场收到汇票后,将汇票作为向D电视机厂购买电视机的货款先行付款。D电视机厂收到该张汇票后,恰逢当地某税务机关收税,便将该汇票抵交税款。汇票到期后,某税务机关欲向C银行提示付款,不料C银行因从事非法活动而被责令终止业务活动。考虑到B商场效益很好,且在本地纳税,遂向B商场行使追索权。B商场认为,D电视机厂发来的电视机不符合标准,自己不应支付货款,某税务机关是从D电视机厂处取得汇票,所以本商场不承担支付责任。某税务机关认

为，票据具有无因性，自己依法取得票据，享有票据权利，B 商场不能以它与 D 电视机厂之间的购销合同纠纷对抗善意持票人，所以应向本机关承担付款责任。双方争执不下，某税务机关诉至法院，请求依法判决。

【训练目的及要求】

1. 通过对该案例的分析，从案例中有关票据法的相关知识说起，逐步引导学生对票据有一个概括性的了解和认识，并在教师的指导下了解一些国外票据法的相关理论和法律规定。

2. 理解票据的性质和特征，并识别我国实务中主要的几种票据印制格式。

【训练步骤】

1. 将学生分为若干小组，分别扮演 A 酒店、B 商场、某税务机关、D 电视机厂和 C 银行等角色。

2. 要求已分组完毕的学生以各自身份主张票据权利或承担相应票据责任。

3. 教师按照票据法理论和相关法律规定对各组学生的辩论进行点评、总结。

【工作任务】

1. 针对该案例有如下问题需要思考回答：①目前我国法律规定了哪些可以无偿取得票据的行为方式？本案中某税务机关取得票据的行为方式是否符合法律规定？②D 电视机厂与某税务机关之间是什么关系？D 电视机厂能否向 B 商场主张票据权利？

2. 通过介绍该案例所反映出的一些票据法律制度，引导学生进一步熟悉票据的性质与特征，区分票据法律制度及其运行规则与相关的一般民事法律制度及其运行规则。

项目二　票据的基本制度的认知

导入案例

建设银行甲市 A 支行李某与同学刘某密谋，盗用该行已公告作废的业务印签和银行现行票据格式凭证，于 2018 年 12 月签署了金额为 80 万元的银行承兑汇票 1 张。汇票上记载的出票的付款人及承兑人均为该 A 支行，收款人为刘某所开办的家具厂。刘某找到 B 电力公司请求其在票据上签署了保证。之后，刘某持票向 C 农商银行申请贴现，得到贴现款 77 万元。汇票到期，C 农商银行向该 A 支行提示付款，遭拒绝。

【问题】

1. 李某签署汇票的行为是票据伪造还是票据变造？

2. 本案有哪些票据行为？并说明其效力。

3. C 农商银行是否享有票据权利？如何行使？

4. 李某应承担什么责任？

基本原理

一、票据关系与票据的基础关系

（一）票据关系

票据关系，是指由票据法调整，以票据权利义务为内容的商事关系。在票据关系中，享有权利的人是票据债权人，如收款人、持票人；承担义务的人是票据债务人，如出票人、背书人、承兑人。我国《票据法》第4条第5款规定："本法所称票据责任，是指票据债务人向持票人支付票据金额的义务。"

票据关系为商事关系的一种，具有以下特征：

1. 票据关系主要基于票据行为而发生。引起票据关系的发生主要是票据行为，如票据的签发引发出票人与收款人之间的票据关系。某些法律事实也会引起票据关系的发生。如持票人死亡后，其继承人继承持票人的遗产后便发生票据债务人与持票人之继承人的票据关系的发生。

2. 票据关系以票据权利、票据义务为内容。票据关系的内容为票据债务人与票据债权人之间，以票据金额给付与受领为对象的权利与义务。票据关系的形成和消灭，票据关系的内容与性质均有特殊性决定了它需要特殊的规则来进行规范、调整。

3. 票据关系以金钱债权为内容。票据权利性质上为债权，是一种特定权利主体请求特定义务主体为特定行为的权利。权利的内容是受领和请求义务人按票据上记载的金额支付金钱。票据债务人不履行票据义务时，权利人所行使的追索权依然是金钱债权。

4. 票据关系内容具有多重性和义务承担者的多数性。为确保票据付款，各国票据法都规定收款人或持票人享有票据付款请求权和追索权的权利效用的双重性。为确保付款，法律规定除无民事行为能力人、限制民事行为能力人所作签章以外，一切在票据上签章的人都是票据债务人。票据债务人就票据债务承担连带责任。

（二）民法上的非票据关系

民法上的非票据关系是指不为票据法调整，与票据行为、票据关系有密切联系的民事法律关系。民法上的非票据关系主要有：票据原因关系、票据预约关系、票据资金关系。上述非票据关系又称为票据基础关系。

1. 票据原因关系。票据原因关系是指票据当事人实施票据行为和接受票据的基本关系。票据的签发、背书、保证、承兑、参加承兑一般均基于一定的原因。如买受人为了支付货款而向出卖人签发票据或通过背书行为转让票据权利。

2. 票据预约关系。票据预约关系是指当事人之间以接受票据为标的的协议关系。在授受票据之前，当事人双方往往存在是否授受票据，授受何种票据，授受的票据之金额、付款日、付款人、付款地等方面的约定。

3. 票据资金关系。票据资金关系，是指汇票或支票的付款人与出票人之间委托付款中的资金供给与补偿关系。在票据关系中，付款人无付款义务。为了确保付款人付款，出票人与付款人需要建立资金的供给关系，由出票人向付款人提供资金，由付款人为票据付款。对于资金关系的理解，不能局限于文义。"资金关系"是表达上的用语，并不限于金钱的提供与补偿，应包含一切利益的给付。

二、票据行为的行使

（一）票据行为的概念

票据行为有广义、狭义之分。广义的票据行为是指能引起票据法律关系发生、变更、消灭的一切行为。狭义的票据行为仅指产生和变更票据权利义务关系的行为。本书所称票据行为为狭义的票据行为。票据行为，是指设定、让与票据权利，或将票据权利授予他人行使的法律行为。除通过单纯交付票据方式移转票据权利的让与行为之外，票据行为均属为行为人自己设定票据债务的要式行为。

（二）票据行为的特征

票据行为是法律行为的一种，除具有法律行为的特征外，还具有其自身的法律特征。

1. 票据行为具有要式性和文义性。根据我国《票据法》的规定，票据行为必须以书面的方式进行。票据行为的要式性还表现为按一定的款式做出记载。

票据行为意思表示的内容以票据上记载的文字意义为准。

2. 票据行为具有抽象性。票据的运作，纯属技术性操作。因此，不得以票据行为的内容违法或违反公序良俗为由而否定其效力。如 A 从事法律禁止的违法交易而向交易相对人 B 签发票据一张，不能因为双方的交易违法而否定票据行为的效力。

3. 票据行为具有独立性。票据行为彼此独立。前一项票据行为无效，不影响后一项票据行为的效力。基于票据行为的独立性，票据的签发行为无效，不影响票据背书行为的效力；票据背书无效，不影响票据签发行为以及其他票据行为的效力，等等。

4. 票据行为具有无因性。将原因关系与票据关系割裂，确立票据的无因性使票据关系的建立不依赖于原因关系，是立法者基于维护交易安全、促进交易发展的立法政策考虑，是票据本质属性的体现。据此，票据的无因性是商品经济的必然结果，是票据性质使然。票据行为虽具有无因性，但是，在票据关系当事人中的直接前后手之间，票据债务人可基于基础关系中的抗辩事由对抗票据权利人。

（三）票据行为的有效条件

1. 实质要件。

（1）行为人应具备票据能力。票据能力，是指票据权利能力与票据行为能力。

自然人的票据行为能力，我国票据法未另作规定，适用民法的规定。我国票据法允许任何一个法人享有票据权利、承担票据义务。根据我国票据法的规定，法人的分支机构等非法人组织也能实施票据行为，承担票据责任。[1]

（2）意思表示真实。票据行为以意思表示为要素。票据行为人在实施票据行为时其内心的想法与外部表示应当一致。当真意与表意不一致时，该票据行为便有瑕疵。票据原因行为有瑕疵的，票据行为的效力不受其影响。

2. 形式要件。

（1）票据记载。票据行为首先表现为一种记载行为，进行符合票据法规定的票据记载，当然成为票据行为的成立要件之一。

（2）票据签章。票据签章相对于票据记载来说是更为重要的票据行为成立的要件，因为外界主要通过行为人在票据上的签章的真实性来确定行为人的意思表示是否真实，并判断实际的票据行为人与票据上记载的行为人是否具有同一性。

（3）票据交付。我国《票据法》第20条、第27条都有将票据交付作为票据行为生效要件的规定。

（四）票据行为行使的特别表现——票据代理

1. 票据代理的概念。票据代理，是指基于本人的授权，以本人之名义，向相对人实施的明示代理之旨意的票据行为。无论是票据的签发、背书、承兑，还是票据的保证均可代理。

2. 票据代理的要件。

（1）票据代理的成立条件：

第一，须代理人为意思表示，并在票据上签章。代理行为是代理人实施的行为，应当由代理人为意思表示。票据代理之意思表示为代理人的意思表示，则应当由代理人为票据签章。

第二，须在票据上记载本人的姓名或名称，以本人名义进行意思表示。代理行为的后果直接由本人承担，因此，票据交易的相对人有权知道本人是谁。由于票据行为属于书面的要式行为，因而代理人在以本人的名义进行票据代理行为时必须记载本人的姓名或名称，使行为相对人明确行为后果的承受者为何人。票据行为代理过程中，代理人未以本人的名义进行票据行为时，应当自己承担票据责任。

第三，须在票据上表明代理之旨。票据代理时，纵使交易相对人明知行为人所实施的是代理行为，也必须将"代理之旨"载明于票上。我国《票据法》第5条第1款规定："票据当事人可以委托其代理人在票据上签章，并应当在票据上表明其代理关系。"

（2）票据代理的生效要件：

第一，须有本人之存在。票据代理行为所生之后果由本人承担，因而本人必须客

---

[1]《票据法》第7条。

观存在。

第二，须有票据代理权。票据代理权的发生根据和民事代理的发生根据一样，基于本人的授权或法律的直接规定、有关单位的指定。没有代理权而进行票据代理行为的，由实施无权代理行为的人承担票据责任。

三、票据权利的取得

（一）票据权利的取得事由

票据权利的取得，即票据权利的发生。引起票据权利发生的事由有票据行为和其他法律事实。票据权利主要因以下事由而取得：

1. 因票据行为而取得票据权利。票据行为是引起票据权利发生的最常见、最频繁的法律事实。主要表现为因票据的签发而取得票据权利、因票据权利的转让而取得票据权利、因汇票承兑或参加承兑而取得票据权利、因票据保证而取得票据权利以及因支票保付行为而取得票据权利等。

2. 因其他法律事实而取得票据权利。这样的情形主要有：①票据权利的善意取得。持票人善意地从无票据处分权人处受让票据的，为票据权利的善意取得。②票据权利因清偿而取得。清偿是票据债务人依票载文义偿付票据金额的行为。③票据权利因非票据法规定的权利发生事由而取得。这主要表现为法人的合并、继承等事由。

（二）票据权利取得的分类

票据权利的取得可以分为原始取得和继受取得两种。

1. 原始取得。票据原始取得是指票据权利的取得不以原权利的存在或者不以原权利人的意志为依据的情形。原始取得的情形有两种：一是票据以及票据权利在取得前该票据以及该权利不存在，属于新作成的票据以及新发生的权利；二是票据权利的善意取得。

2. 继受取得。票据权利的继受取得是指票据权利基于原权利人的意志而取得。票据权利的继受取得必须同时具备两个条件：其一，在票据权利获得之前，该权利已经存在；其二，票据权利的取得必须以原权利人的意志为依据，经原权利人同意。票据权利的背书转让就是票据权利的继受取得。

（三）票据权利取得的限制

票据权利取得的限制主要表现在以下两个方面：

1. 恶意或因重大过失取得票据的，不享有票据权利。原则上，持有票据的，即可享有票据上的权利。然而，绝对地遵循这一规则，有悖诚实信用原则，交易安全也因此受到损害。"恶意取得票据"，是指以有悖诚信原则方式而取得票据，或明知前手无实质上的票据权利，仍从其手中取得票据。"重大过失"，是指持票人取得票据时未尽交易上最低限度的注意。

票据权利取得的限制规定只适用于收款人或持票人取得票据的当时。票据已经取得后才知道票据的出让人无实质上的票据权利或票据权利有瑕疵，该持票人仍享有票据权利。

2. 持票人取得票据时未支付对价的，不享有票据权利或不享有优于前手的权利。所谓"无优于前手的权利"，是指持票人的地位不高于前手，所享有的票据权利可能因前手的权利瑕疵而受影响。详言之，倘若持票人前手的票据权利无瑕疵，则持票人的权利亦无瑕疵，此时持票人虽然无对价取得票据，仍享有其前手原本享有的权利；倘若持票人前手的权利有瑕疵，则持票人的权利也有瑕疵，此时，持票人虽然可以向票据债务人行使票据权利，但票据债务人可以基于对持票人前手的抗辩事由对抗持票人；倘若持票人的前手根本无实质上的票据权利，则持票人也无票据权利。

四、票据的伪造和变造

（一）票据的伪造

票据的伪造，是指未经他人授权以他人名义进行票据行为的违法行为。票据的伪造有狭义的伪造和广义的伪造两种。狭义的伪造，仅指票据签发的伪造。广义的伪造不仅包括票据签发的伪造，而且还包括背书、承兑、保证等任何一种书面票据行为的伪造。本书所指票据的伪造，为广义的伪造。例如，某甲伪刻乙公司的财务专用章和乙公司法定代表人的印章，向丙公司签发一张汇票。

1. 票据伪造的构成要件。

（1）所实施的行为必须是伪为票据行为。伪造票据的实质，是伪为票据行为，包括伪为票据的签发、背书、承兑和保证。除伪造记载及伪造签章这一行为不符合法律规定以外，票据行为的其他方面的记载都满足了票据法的要求。

（2）有假冒他人名义进行活动的行为。票据的伪造是行为人假冒他人的名义进行的票据行为。票据伪造中的被伪造人，有的是一个客观存在的自然人、法人或非法人组织；有的是一个已经死亡的自然人；有的是一个已经消灭的法人或非法人组织；有的则是一个客观上根本就不存在的，纯属杜撰出来的虚拟主体。

（3）伪造票据的目的是使用该票据。伪造票据的目的必须是供行使之用。此处所谓使用，是指以票据固有之效用而利用。伪造者只要具备将伪造的票据按照票据固有的用途加以利用的意图，就构成本要件，而不问伪造者是否为了谋取利益。

2. 票据伪造的后果。

（1）对于被伪造人的后果。由于票据不是被伪造人签发的，因此被伪造人不承担票据责任。票据行为，是负担票据责任的行为。承担票据责任必须在票据上签章。

（2）对于伪造人的效力。伪造的票据无法律上的效力，伪造人因未在票据上签名，故也不承担票据责任。但是，行为人伪造票据构成犯罪的应当承担刑事责任。行为人伪造票据触犯行政法的，依法应承担行政责任。伪造票据损害他人财产权的，应当承担民事责任，赔偿受害人的一切损失。

（3）对于其他票据关系人的效力：①对于真正签名人的效力：基于票据行为的独立性，票据上有伪造的签章的，不影响票据上其他真实签章的效力。真正签名人在伪造的票据上签章的应承担票据责任。②对于付款人或参加人的效力：付款人或承兑人为票据付款的，如果该票据上存在真正签名人的，不能认为该付款无效。票据付款后，票据关系消灭；对于被伪造人，付款人或承兑人自负责任。③对于收款人或持票人的效力：票据收款人或持票人无论是否善意，对于被伪造人和伪造人均不享有票据权利，对于票据上之真正签名人享有票据权利。

（二）票据的变造

票据的变造，是指无变更权的人在票据上变更他人所记载的事项的行为。比如，变更付款人名称、付款地等。

1. 票据变造的构成要件。

（1）变造的记载事项必须为法律允许变更的记载事项。我国《票据法》规定，变造金额、日期、收款人名称记载事项的，变造行为无效，且该票据也无效。

（2）票据行为人变更他人的签名以外的已记载事项。票据的变造是票据行为人之行为。在票据变造中，票据行为人变更的记载事项并非其自己记载的票据事项，而是他人业已记载的票据事项。变更签名的不属于票据的变造，而是票据的伪造。

（3）变造的目的在于使用变造后的票据。票据变造人变造票据的目的在于让票据按照变造后的记载使用。变造票据而不实施票据行为的，该变造没有任何意义。例如，持票人变造票据的目的虽然在于按照变造后的记载行使权利，但是，这并不构成票据的变造，不可能使持票人按照变造后的记载行使权利。

2. 票据变造的效力。

（1）在变造前签章的票据债务人的责任。所谓"在变造前签章"，是指票据行为的实施时间在票据变造行为实施之前。签名在票据变造前的票据债务人，按照原有的文义承担票据责任。

（2）在变造后签章的票据债务人的责任。我国《票据法》第14条第3款规定，在变造之后签章的人，对变造之后的记载事项负责。因为，在票据记载事项被变造后实施票据行为的，表明行为人愿意按照变造后的内容承担票据付款责任或担保责任。我国《票据法》第14条第3款规定，不能辨别是在票据被变造之前或者之后签章的，视同在变造之前签章。

五、票据的抗辩及其限制

（一）票据抗辩

票据抗辩是一方防御及对抗他方行使票据权利的行为。"抗辩"与"抗辩权"不是同一概念。前者是一种对抗活动，这种活动在诉讼或仲裁中被称为"答辩"，后者是一项民事实体权利，该民事权利行使的过程就是抗辩的过程。

1. 票据抗辩的种类。根据不同的划分标准，票据抗辩可分为不同的种类。

（1）阻却的抗辩与灭却的抗辩。享有抗辩权的主体行使抗辩权后并不导致相对人的民事权利消灭而仅阻止权利人权利的行使的，为阻却的抗辩。此又被称为"迟延的抗辩"。抗辩权的行使致对方权利消灭的为灭却的抗辩。时效届满的抗辩为灭却的抗辩。

（2）绝对抗辩与相对抗辩。

绝对抗辩是指可对抗任何一个持票人的抗辩。绝对抗辩又被称为"对物的抗辩"或"客观抗辩"，它因某些客观因素对抗一切持票人，不因持票人的变更而受影响。此种抗辩的事由基于票据或票据关系本身，即便取得票据的人是善意的，仍不得以善意为由而否定在票据上签章的人之抗辩。票据权利因时效期间的届满而消灭的抗辩、票据记载不符合法律规定的抗辩等均为绝对抗辩。绝对抗辩，又可以分为如下两种：

第一，任何一个在票据上签章的人可以对抗任何一个持票人的绝对抗辩。这种抗辩还可以细分为三种情形：

第一种情形：由于票据未按照法定的形式要求记载而导致票据权利自始未曾发生。

第二种情形：由于票据的某些记载事项被更改、法院的除权判决等事由的发生，致使业已成立的票据权利归于消灭。

第三种情形：票据的到期日未届至。

第二，特定的签章人对任何一个持票人均得抗辩的绝对抗辩。如签章人为无民事行为能力人或限制民事行为能力人、无权代理中所谓的被代理人、票据权利时效届满后享有时效利益的债务人等均可以对抗任何一个票据权利人。

相对抗辩是指只能对抗特定持票人的抗辩。相对抗辩又称"对人的抗辩""主观抗辩"，此种抗辩，因持票人的变更而受影响。相对抗辩有如下两种：

第一，任何一个在票据上签章的人都可以对特定的持票人进行的抗辩。这种抗辩的对象只能是特定的当事人，享有抗辩权的主体则是在票据上签章的任何一个人。如对因盗窃而取得票据的持票人，任何一个票据债务人都有权抗辩。

第二，特定签章人对抗特定持票人的抗辩。此种抗辩，并非任何一个被请求履行票据债务的人都可以行使，只有特定的被请求人才得以行使。例如，票据直接前后手之间的票据债务人基于基础关系中的抗辩事由对抗持票人。

(3) 权利否认之抗辩与拒绝履行义务之抗辩。

票据权利否认之抗辩是指被请求人（被告、被申请人、其他被请求人）从根本上否认请求人（原告、申请人、其他请求人）票据权利的存在，从而对抗请求人（原告、申请人、其他请求人）的请求。比如，甲伪造乙的签名向丙签发一张票据，当丙向乙行使权利时，乙可以进行权利否认之抗辩。

拒绝履行票据义务之抗辩是指被请求人（被告、被申请人、其他被请求人）不否认请求人（原告、申请人、其他请求人）票据权利的存在，只是认为自己有法定的拒绝履行义务的权利而对抗请求人（原告、申请人、其他请求人）的请求。

(二) 票据抗辩的限制

票据是一种商业信用工具。为维护票据交易安全，各国票据法对票据的抗辩都作了限制。各国关于票据抗辩限制的立法例大体有两种：①积极限制。积极限制，即采用积极的方法进行抗辩限制。所谓积极的方法，即以确定持票人的权利和地位的方法来限制票据债务人的抗辩。②消极限制。消极限制，即采用消极的方法进行抗辩限制。所谓消极的方法，即通过明确规定债务人不得为何种抗辩的情形来限制票据债务人的抗辩。

我国《票据法》采取消极限制的方法，该法第13条第1款规定："票据债务人不得以自己与出票人或者与持票人的前手之间的抗辩事由，对抗持票人。但是，持票人明知存在抗辩事由而取得票据的除外。"这一规定表明，受法律限制不得进行抗辩的事由有两项：

1. 票据债务人不得以自己与出票人之间的抗辩事由对抗持票人。在委托付款的汇票关系中，票据债务人与承兑人之间往往存在某种权利义务关系。然而，在出票人与承兑人之间的某种权利义务关系中，若出票人不履行义务，承兑人便不能以其对出票人的抗辩事由来对抗持票人。

2. 票据债务人不得以自己与持票人的前手之间的抗辩事由对抗持票人。为了尽可能地减少和消除商业风险，使之成为有法律保障的可期待的信用，法律对持票人的票据权利予以特别保护。票据经背书转让后，会产生票据债务人的抗辩权限制的效力（即抗辩的切断）。票据转让中的抗辩切断，意味着票据权利之瑕疵通过票据权利的转让而被涤除。

上述对票据抗辩限制的两个方面，充分反映了票据抗辩与一般民法上抗辩的差异，这种差异适应了商事交易活动的需要。

六、票据的丧失及其救济

(一) 票据的丧失

票据的丧失，是指当事人无抛弃票据的意思而丧失票据占有的客观状态。如票据的遗失、被盗、烧毁等。

票据的丧失具有两个特征：其一，当事人丧失对票据的占有。当事人已经不再占有票据是票据丧失的客观特征。当事人丧失票据的情形有两种：一种是绝对丧失，是指票据被毁灭的情形，如撕毁、烧毁等；另一种是相对丧失，指的是票据脱离持票人占有的情形，如遗失、被盗等。其二，当事人未占有票据的现象与当事人意志相悖。当事人是在违背自己意志的状态下丧失对票据的占有。倘若票据的毁灭出自当事人的故意行为，则非票据的丧失。

（二）票据丧失的救济

我国《票据法》规定票据失票人在丧失票据后可以以挂失止付、公示催告、诉讼的方法来救济。

1. 挂失止付。

（1）挂失止付的概念。挂失止付是指失票人于票据丧失后将失票情形告知付款人，并请求付款人停止支付失票上记载的金额，付款人基于失票人的请求依法暂停付款的制度。挂失止付是失票人的一项权利而不是义务，付款人不能强制失票人挂失止付。

失票救济的目的是防止非权利人假冒票据权利人的身份或者冒充自己是权利人而获取票据利益，进而保护票据权利人的权利。

依据《支付结算办法》第48条的规定，可以办理挂失的票据是商业汇票、支票、填明"现金"字样和代理付款人的银行汇票以及填明"现金"字样的银行本票。已过票据时效期间的票据遗失的，可以成为挂失止付的对象。

挂失止付的通知对象是汇票的付款人或承兑人、付款代理人、本票的出票人、支票的付款人。

（2）挂失止付的程序与效力。失票人需要挂失止付的，应当填写挂失止付的通知书并签章。挂失止付通知书应当载明：①票据丧失的时间、地点、原因；②票据的种类、号码、金额、出票日期、付款日期、付款人名称、收款人名称；③挂失止付人的姓名、营业场所或者住所以及联系方法。

付款人或者代理付款人收到挂失止付通知书后，应立即暂停支付。付款人或者代理付款人自收到挂失止付通知书之日起12日内没有收到人民法院的止付通知书的，自第13日起，付款人或代理付款人可以向提示付款的持票人付款。

2. 公示催告。

（1）公示催告的概念。公示催告，是指法院根据票据失票人的申请，以公示方法告知并催促利害关系人于一定期间内，向法院申报权利；利害关系人在规定的期间内申报权利，法院经审查认为符合申报条件的，终结公示催告程序；逾期无人申报的，根据申请人的请求作出除权判决的诉讼制度。失票人申请公示催告的目的在于使法院作出除权判决，而作出除权判决的目的，是使票据上不再存在权利，使失票人失去的票据权利恢复。

（2）公示催告的申请与受理。失票人有权在通知挂失止付后 3 日内，也可以在票据丧失后，依法向人民法院申请公示催告。

申请公示催告必须具备如下条件：①必须有丧失票据的事实；②丧失的票据必须是有效的票据；③申请人必须是按照规定可以背书转让的票据在丧失票据占有以前的最后合法持票人；④必须向有管辖权的法院提出申请。公示催告程序的级别管辖为基层人民法院，地域管辖为票据支付地人民法院。

失票人向人民法院申请公示催告的，公示催告申请书应当记载下列内容：①票面金额；②出票人、持票人、背书人；③申请的理由、事实；④通知票据付款人或者代理付款人挂失止付的时间；⑤付款人或者代理付款人的名称、通信地址、电话号码等。

人民法院收到公示催告的申请后，应当进行审查，并决定是否受理。经审查认为符合受理条件的应当决定受理并通知申请人；对不符合受理条件的应当在 7 日内裁定驳回申请。

（3）公示催告的审理。

第一，通知止付。人民法院受理申请后，应当同时通知付款人、代理付款人停止支付。收款人或者代理付款人收到人民法院发出的止付通知，应当立即停止支付，直至公示催告程序终结。

第二，发布公告。人民法院自立案之日起 3 日内发出公告，催促利害关系人申报权利。

第三，申报权利。公示催告期间利害关系人可以向人民法院申报权利，人民法院应当依法进行审查。同时具备如下三个条件的，人民法院应当裁定终结公示催告程序：其一，在公示催告期间内，或者申报期届满后判决作出前申报权利。其二，由持票人申报。比如善意取得人申报票据权利。其三，申请公示催告的票据与利害关系人申报的票据一致。

第四，审查权利。利害关系人申报权利的，人民法院应当通知其向法院出示票据，并通知公示催告申请人在指定期间查看该票据。法院经审查认为申报的权利符合上述条件的，终结公示催告程序；不符合上述条件的，裁定驳回利害关系人的申报。

（4）除权判决。公示催告期间届满后没有民事主体申报权利，或者虽有票据权利的申报，但已经被裁定驳回的，人民法院应当根据失票人的申请作出判决，宣告票据无效。判决应当公告，并通知付款人或代理付款人。失票人依据判决请求付款人付款。

3. 请求出票人签发票据或请求票据债务人承担票据责任。失票人丧失票据后，在票据权利时效届满以前，失票人有权在提供相应担保的前提下，要求出票人重新签发一张票据，也有权在提供担保的前提下要求票据债务人履行票据义务。出票人拒绝签发票据或者票据债务人拒绝履行票据义务的，失票人可以向人民法院提起民事诉讼。

法条链接

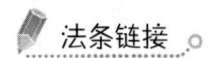

《中华人民共和国票据法》

第十三条 票据债务人不得以自己与出票人或者与持票人的前手之间的抗辩事由，对抗持票人。但是，持票人明知存在抗辩事由而取得票据的除外。

票据债务人可以对不履行约定义务的与自己有直接债权债务关系的持票人，进行抗辩。

本法所称抗辩，是指票据债务人根据本法规定对票据债权人拒绝履行义务的行为。

第十五条 票据丧失，失票人可以及时通知票据的付款人挂失止付，但是，未记载付款人或者无法确定付款人及其代理付款人的票据除外。

收到挂失止付通知的付款人，应当暂停支付。

失票人应当在通知挂失止付后三日内，也可以在票据丧失后，依法向人民法院申请公示催告，或者向人民法院提起诉讼。

导入案例分析

导入案例分析，其一，是票据伪造。李某假冒出票人的名义进行原始的票据创设，是票据本身的伪造。其二，李某伪造签章进行的出票和承兑行为。相对于建设银行甲市 A 支行的现行有效印鉴而言，李某使用的作废印鉴为假印鉴。出票和承兑行为属伪造，行为本身无效。B 电力公司的票据保证行为有效。家具厂的贴现行为有效。虽然该家具厂恶意取得票据，不得享有票据权利，但其背书签章真实，符合形式要件，且有行为能力，故有效。其三，C 农商银行不知情，为善意持票人，且给付了相当对价，故享有票据权利。可以向保证人或背书人行使追索权。其四，李某在票据上无签章，不负票据上的责任。

拓展学习

票据法上的非票据关系

票据法上的非票据关系，是指由票据法调整的非票据关系。此类法律关系的内容虽然为非票据权利和义务，但仍与票据权利和义务相关。引起这类关系发生的法律事实为事件（如"时"的经过）和行为，但不包括票据行为。一旦发生纠纷而涉讼，人民法院应当依法受理，由被告住所地人民法院管辖，所适用的法律为票据法。

票据法上的非票据关系主要有以下各类：

1. 汇票回单签发关系。汇票的收款人或持票人向汇票付款人提示承兑的，付款人有权在一定时间内考虑是否给予承兑，并非当即答复是否承兑。

2. 票据返还关系。由于票据的完全证券性，票据若落入他人之手将会使正当权利人不能行使票据权利，使无票据权利者不当得利。因而票据法确立了此项法律关系，以维护当事人的合法权益。

3. 票据复本签发关系。为鼓励票据交易和促进票据流通，多数国家法律允许持票人要求出票人签发票据复本，出票人在持票人提出签发复本请求后，应当签发复本。持票人与出票人的这一关系为票据复本签发请求权关系。

4. 票据复本返还关系。票据复本与原本具有同等效力，因而各复本均有独立的效力。为了不使票据债务人重复付款，付款人在付款时，或被追索的票据债务人在偿还钱款时有权请求持票人交出全部票据复本，彼此间形成票据复本返还关系。

5. 誊本的持票人与原本接收人之间的票据原本返还关系。票据原本交付款人提示承兑后，持票人可用票据的誊本背书转让，受让的持票人可以基于票据誊本要求付款人（即原本接收人）返还票据原本。

6. 利益偿还关系。持票人因未及时行使权利而致票据权利罹于时效，或因手续的欠缺而使票据权利消灭的，有请求出票人或承兑人偿还所获得利益的权利。

7. 损害赔偿关系。票据当事人违反票据法规定致他人受损的，应赔偿受害人的损失。诸如，当持票人不获承兑或不获付款未依法通知前手而因此致前手损失的，应赔偿损失。

8. 支票付款人未按照票据规则付款而在付款人与收款人或持票人之间形成的权利义务关系。

9. 代理付款人（担当付款人）因过错而错误付款致人损害的，应当对受害人承担赔偿责任。

10. 金融机构的过错致人损害的赔偿责任关系。我国《票据法》第104条规定，金融机构工作人员在票据业务中玩忽职守，对违反《票据法》规定的票据予以承兑、付款或者保证给当事人造成损失的，由该金融机构和直接责任人员依法承担赔偿责任。

11. 付款人故意压票、拖延支付的赔偿责任关系。我国《票据法》第105条规定，票据的付款人对见票即付或者到期的票据，故意压票，拖延支付，给收款人或持票人造成损失的，依法承担赔偿责任。

12. 其他违反票据法的行为给他人造成损失的赔偿关系。我国《票据法》第106条规定："依照本法规定承担赔偿责任以外的其他违反本法规定的行为，给他人造成损失的，应当依法承担民事责任。"

【拓展阅读】

1. 张雪楳：《票据纠纷案件新型疑难问题研究》，载《中国应用法学》2021年第5期。

2. 陈甦：《票据质押效力范畴界分辨析》，载《政法论坛》2022年第5期。

【思考与练习】

1. 下列各项中，属于票据关系中的基本当事人的包括（   ）。

　　A. 出票人　　　　　B. 保证人　　　　　C. 被背书人　　　　　D. 背书人

2. 没有代理权以代理人名义在票据上签章的后果是（   ）。

　　A. 票据无效，签章人对持票人承担赔偿责任

　　B. 票据无效，本人和签章人对持票人承担连带赔偿责任

　　C. 票据有效，签章人向持票人承担票据责任

　　D. 票据有效，本人向持票人承担票据责任后可向签章人追偿

3. 票据丧失后受理公示催告的是（   ）。

　　A. 付款地基层人民法院

　　B. 出票地基层人民法院

　　C. 申请人所在地基层人民法院

　　D. 中国人民银行票据交易市场信息中心

4. 简述票据抗辩的限制的事由。

情境训练

华美公司是 MLS 公司化妆品在江苏地区的代理销售商。2021 年华美公司以购买 MLS 化妆品为由，先后对 MLS 公司签发了 4 张商业承兑汇票，并在汇票上签章承诺，本汇票已经本单位承兑，到期日无条件付款。MLS 公司收票后，即按约定发出货物。华美公司对收到的货物提出质量异议，双方数次传真往来，未能协商一致。华美公司将 MLS 公司生产的化妆品送国家化妆品质量监督检验中心检验，检验结果为不合格。MLS 公司持上述 4 张汇票到期后，委托银行收款时，均被银行以付款人无款支付、该账号已结清等为由拒付，MLS 公司遂以票据纠纷为由诉至法院。

MLS 公司诉称：被告开出的商业承兑汇票已经被告承兑，到期应无条件支付。被告作为票据债务人，应依《票据法》的规定，向我公司支付拒付的汇票，并承担利息。

华美公司辩称，原告货物出现了质量问题，我公司提出了质量异议，并要求退回我公司开出的汇票。我公司作为票据债务人，可以对不履行约定义务的与自己有直接债权债务关系的持票人进行抗辩，故我公司拒绝履行 4 张票据的票据义务是合理的。

【训练目的及要求】

1. 通过对该案例的分析，加强对我国《票据法》中票据基础关系（民法上的票据关系）进一步的理解，并在教师的指导下了解一些国外票据法的相关理论和法律规定。

2. 理解《票据法》中相关法律条文的含义，运用票据基础关系理论和规则分析票据关系人之间的权利和义务，以及掌握在实务中解决类似法律问题的操作步骤。

【训练步骤】

1. 课堂回答与讨论。对于该案例华美公司与 MLS 公司两个主体之间票据上和票据

法上的关系及其对应的相关业务资金往来概况，教师可以予以相应指导，并考查学生思考我国票据法相关理论、查阅有关法律规定进行解答的能力，最后由教师做整理总结。

2. 课后作业。对于该案例中两个主体之间的票据往来状况及其票据抗辩类型，学生在课后交出图表作业予以清晰的标注。

【工作任务】

针对该案例回答如下问题：

1. 华美公司签发的商业承兑汇票是否有效？

2. 华美公司以其签发承兑汇票因 MLS 公司货物出现了质量问题为由拒绝履行 4 张票据的票据义务，其理由能否成立？

3. 华美公司对 MLS 公司的票据抗辩能否对于其他主体行使？为什么？

项目三 汇 票

导入案例

乙公司向甲公司购买化肥，价值 50 万元，乙公司开具了一张银行承兑汇票，汇票上背书"不得背书转让"字样。甲公司在汇票到期日前将此汇票背书转让给丙公司，丙公司为了偿付贷款，又背书转让给某农机厂。某农机厂于汇票付款期届至时，去银行提示付款，银行以该汇票上有不得背书转让的记载拒绝付款。某农机厂向丙公司、甲公司和乙公司追索，均遭拒绝，某农机厂无奈之下，将丙公司告上法庭。

【问题】

1. 汇票上记载"不得转让"字样，甲公司、丙公司能否将此汇票转让？说明法律依据。

2. 本案中，甲公司和丙公司应承担什么责任？

3. 某农机厂能否行使提示付款权和追索权？

4. 银行拒绝付款的做法是否正确？说明理由。

5. 某农机厂应怎样实现其债权？

基本原理

一、认识汇票

汇票（Bill of Exchange，Draft）是出票人签发的，委托付款人在见票时或者在指定日期无条件支付确定的金额给收款人或者持票人的票据。从以上定义可知，汇票是一种无条件支付的委托，涉及三个当事人：出票人、付款人和收款人。

汇票有如下特征：

1. 汇票是票据的一种。世界各国关于票据包括哪些证券，看法并不一致；我国现有的票据法规定票据包括汇票、本票、支票。无论哪种观点，都承认汇票是票据的一种。

2. 汇票是委托他人支付的票据。汇票的出票人仅为签发票据的人，而不是票据的付款人，其必须另行委托他人来支付票据金额。汇票是委托证券而不是自付证券。

3. 汇票是在指定的到期日无条件支付给持票人一定金额的票据。汇票不以见票即付为限，多数汇票上都有确定的到期日，这体现了票据的信用职能，所以又称之为信用证券。

汇票从不同角度可分成以下几种类型：

1. 按出票人不同，可分成银行汇票和商业汇票。银行汇票（Bank's Draft），出票人是银行，付款人也是银行。商业汇票（Commercial Draft），出票人是企业或个人，付款人可以是企业、个人或银行。

2. 按是否附有包括运输单据在内的商业单据，可分为光票和跟单汇票。光票（Clean Draft），指不附带商业单据的汇票。银行汇票多是光票。跟单汇票（Documentary Draft），指附有包括运输单据在内的商业单据的汇票。跟单汇票多是商业汇票。

3. 按付款日期不同，汇票可分为即期汇票和远期汇票。汇票上付款日期有四种记载方式：见票即付（at sight）、见票后若干天付款（at days after sight）、出票后若干天付款（at days after date）、定日付款（at a fixed day）。若汇票上未记载付款日期，则视作见票即付。见票即付的汇票为即期汇票。其他三种记载方式为远期汇票。

4. 按承兑人的不同，汇票可分成商业承兑汇票和银行承兑汇票。远期的商业汇票，经企业或个人承兑后，称为商业承兑汇票。远期的商业汇票，经银行承兑后，称为银行承兑汇票。银行承兑后成为该汇票的主债务人，所以银行承兑汇票是一种银行信用。

二、汇票的发票

票据的发票，又称为票据的出票、票据的签发和票据的发行等。我国《票据法》第20条规定："出票是指出票人签发票据并将其交付给收款人的票据行为。"此规定不仅适用于汇票也适用于本票和支票。

汇票发票的款式，是指出票人根据票据法的规定在汇票上应为的或可以为的各种记载。根据我国《票据法》的规定，可将汇票发票的款式分为绝对应当记载的事项、相对应当记载的事项、绝对有益记载事项、相对有益记载事项及无益记载事项。

1. 绝对必要记载事项。这些必须记载的事项就是汇票的绝对必要记载事项，如果没有记载则票据无效：

（1）表明"汇票"的字样。它作为绝对必要记载事项是因为它是表明票据性质的文句。出票人必须表明所出票据的种类。

（2）无条件支付的委托。无条件委托的记载事项是表明汇票本质的文句，它表明付款人不得在付款时提出任何条件，从而保障了票据的流通性，简化了票据关系。

（3）确定的票据金额。票据金额的记载是票据权利行使不可缺少的内容，它表明了票据权利的内容。

（4）付款人名称。汇票是委托他人付款的票据，当然要求载明出票人委托的付款人。

（5）收款人名称。收款人的名称是证明背书连续性的文义凭证，是第一手背书人。因此，没有收款人名称，就无法证明票据权利的真实性。

（6）出票日期。出票日期对于汇票非常重要，它是确定出票后定期付款的汇票到期日的依据。

（7）出票人签章。

2. 相对必要记载事项。

（1）付款日期。汇票的付款日期也称为到期日，即汇票上付款人应当支付票据金额的日期。如果当事人没有记载付款日期这一相对必要记载事项，则根据我国《票据法》第23条第2款，应视为见票即付的汇票。

（2）付款地。付款地对于票据诉讼的管辖，票据义务的履行，拒绝证书的做成等均有意义。根据我国《票据法》第23条第3款，票据上未记载付款地的，付款人的营业场所、住所或者经常居住地即为付款地。

（3）出票地。出票地对于涉外票据的法律适用准据法有着重要意义。根据我国《票据法》第23条第4款，如果没有记载则为出票人的营业场所、住所或者经常居住地。

3. 绝对有益记载事项。绝对有益记载事项是指票据法规定的，可以由出票人选择记载的事项。我国票据法规定了三项绝对有益记载事项：

（1）禁止转让文句。汇票的出票人在出票时为了限制持票人的范围可以在票据上记载禁止转让的文句。《票据法》第27条第2款规定出票人在汇票上记载"不得转让"字样的，汇票不得转让。

（2）外币支付的文句。我国《票据法》第59条第2款允许当事人就支付票据金额的币种进行约定，并且根据当事人的约定发生效力。

（3）代理付款人的文句。根据我国《票据法》第57条的规定，票据上记载代理付款人的，该记载发生效力，持票人应当向代理付款人提示请求付款。

4. 相对有益记载事项及无益记载事项。根据我国《票据法》第24条的规定，汇票上可以记载本法规定事项以外的其他出票事项，但是该记载事项不具有汇票上的效力。如果属于绝对无益记载事项甚至可能使票据无效，比如，有条件支付票据金额的记载。

三、汇票的背书

（一）背书的种类

背书按照不同性质有不同分类，一般学理上根据签发背书的目的把背书分为实质背书和形式背书两类。

1. 实质背书。实质背书以票据权利转移为目的，因而又称为转让背书，实质背书依其不同特征还可以再分为：

（1）一般背书。依照票据法规定的背书内容，进行完整的背书记载的背书，即最一般意义上的背书。

（2）特别背书。是指在一般背书以外的，在背书记载及背书人等方面有特别情况的背书。在我国票据法上，特别背书通常有以下几种：①限制背书。即在背书中附加某些特别的记载，从而对票据的转让效力给予一定限制的背书。例如，在背书中记载"不得转让"的字样。②回头背书。即以先前在票据上签名的票据义务人为被背书人的背书。例如，甲出票给乙，乙背书转让给丙，丙背书转让给丁，丁背书转让给乙。③期后背书。即在票据被拒绝承兑、被拒绝付款或者超过付款提示期限以后进行的背书，这种背书也称为受阻背书。④空白背书。即背书人在背书中没有指定被背书人，而在被背书人处留有空白的背书。

2. 形式背书。形式背书不以票据权利转移为目的，仅在形式上具有背书的外观，而在实质上不转让票据权利的背书。形式背书主要包括委托收款背书和设定质权背书。

（二）一般背书

1. 背书人。根据我国《支付结算办法》第33条第2款规定，第一手背书人应当是票据上记载的收款人，而在第一次背书转让后，其后的每一次背书的背书人均为前一背书所记载的被背书人。

2. 背书的记载格式与事项。

（1）背书应当在背面或者粘单上进行，而且在印制好格式的汇票中背书也应当在背书栏中依次进行，而不能随意在空白位置上进行，如果需要粘单的，应当由粘单上的第一记载人在粘接处签章，以证明粘单与票据的衔接。

（2）背书的必要记载事项：①背书人；②被背书人；③背书未记载日期的，视为在汇票到期日前背书。

此外，背书时可以有如下记载：①禁止转让记载；②委托收款记载；③设定质押记载。另外，我国票据法明文规定如果记载如下内容，将导致背书行为无效：①部分背书的记载；②分别背书的记载。

（三）形式背书

1. 委托收款背书。委托收款背书应有以下内容和效力：

（1）委托收款背书应当进行背书人、被背书人及"委托收款"字样的记载。

（2）委托收款背书的被背书人有权代背书人行使付款请求权、追索权、利益返还请求权和怠于通知的损害赔偿请求权，还包括代背书人进行诉讼等几乎一切背书人可以行使的权利。但是被背书人不得进行转让背书和设质背书。在有关诉讼中，非经背书人特别授权,其不能在实质上对权利进行处分。

(3) 委托收款背书无需另行出具委托手续,付款人基于该背书付款的,无论被背书人是否有代理权均可以免责。

2. 设定质押背书。

(1) 设定质押背书应当进行背书人、被背书人及"质押"字样的记载。

(2) 设定质押背书的被背书人与委托收款背书的被背书人不同,其可能成为真正的票据权利人,一旦质押到期,被背书人可以依法实现质权成为票据的真实权利人。

四、汇票的承兑

承兑(Acceptance)是指远期汇票的付款人承诺于付款到期日时,将无条件支付票据金额,并将该意思表示记载于汇票上的一种附属票据行为。根据我国目前的票据法规定,必须承兑的汇票只有商业汇票,其包括商业承兑汇票和银行承兑汇票两种。

1. 承兑是一种附属票据行为。它以出票行为的合法成立为前提,作用在于确认出票行为所确定的无条件支付的委托。

2. 承兑是付款人从事的单方票据行为。与出票行为和其他附属票据行为不同,承兑是付款人(第一债务人)的单方法律行为。

3. 承兑以付款人承诺负担票据金额支付义务为基本内容。

4. 承兑是对远期票据上付款请求权加以确认和保全的必备要件。

(一) 承兑提示规则

承兑提示又称为"见票",它是指持票人依法向付款人实际出示和交付票据,请求付款人承兑的行为。票据法理论上认为,承兑提示是完成承兑的必要前提,但提示本身并非票据行为,其行为要件中也不含有提示人票据上记载或签章之内容。我国票据法对承兑提示规定了较为严格的行为规则:

1. 提示期间规则。《票据法》第39条第1款和第40条第1款规定,持票人的承兑提示必须在规定的承兑提示期间内进行。其中"定日付款或者出票后定期付款的汇票,持票人应当在汇票到期日前向付款人提示承兑","见票后定期付款的汇票,持票人应当自出票日起一个月内向付款人提示承兑"。

2. 提示交付规则。《票据法》第41条规定,"付款人对向其提示承兑的汇票,应当自收到提示承兑的汇票之日起三日内承兑或者拒绝承兑"。而"付款人收到持票人提示承兑的汇票时,应当向持票人签发收到汇票的回单。回单上应当记明汇票提示承兑日期并签章"。

(二) 承兑规则

1. 承兑期间。承兑期间又称为"承兑犹豫期间"。它是指票据法所规定的,付款人在收到提示承兑的汇票后可以考虑决定其是否承兑该汇票的准备期间。《票据法》第

41 条第 1 款规定:"付款人对向其提示承兑的汇票,应当自收到提示承兑的汇票之日起三日内承兑或拒绝承兑。"

2. 承兑记载事项与签章。凡付款人同意于到期日无条件支付票据金额而对票据进行承兑的,应遵循下列记载事项与签章规则:

(1) 必要记载事项:

第一,承兑文句。付款人承兑汇票的,应当在汇票正面记载"承兑"字样。与承兑主句相联系,我国的承兑汇票记载中实际上还包括到期无条件支付票据金额之文句并作为要式条款统一印制于票据上。

第二,承兑人签章。《票据法》第 42 条第 1 款规定,"付款人承兑汇票的,应当在汇票正面记载'承兑'字样和承兑日期并签章"。

第三,付款到期日。《票据法》规定将付款到期日规定为见票后定期付款汇票的绝对必要记载事项。

第四,承兑日期。《票据法》规定,承兑日期为相对必要记载事项,付款人在承兑汇票时应当记载该日期。

(2) 禁止记载事项。我国《票据法》对承兑记载采取严格的要式主义和单纯承兑主义。法律否定"不单纯承兑"(部分承兑)、"附条件承兑"和其他有悖于承兑本质的记载事项的效力。

(三) 拒绝承兑

汇票的拒绝承兑是指付款人对持票人提示的远期汇票依法所作的不同意到期付款并签署拒绝承兑证书的意思表示行为。

持票人提示承兑后被拒绝承兑的,"承兑人或者付款人必须出具拒绝证明,或者出具退票理由书。未出具拒绝证明或者退票理由书的,应当承担由此产生的民事责任"。

(四) 承兑的效力

1. 对付款人的效力。付款人在完成承兑后将成为汇票的承兑人,应"承担到期付款的责任"。

2. 对持票人的效力。票据承兑将使持票人的付款请求权转变为现实确定的权利,于到期日届满时,持票人可向承兑人请求付款。

3. 对出票人和背书人的效力。出票人和背书人在完成其票据交付行为后,即对后手持票人负有了法定担保责任。在付款人完成承兑行为后,出票人和背书人将成为确定的"第二债务人"。

五、汇票的保证

(一) 汇票保证的概念和特征

根据我国的票据法规定和票据法理论的认识,汇票保证是指票据债务人以外的人为担保特定票据债务人债务的履行,以负担与其同一内容的票据债务为目的的一种附属票据行为。

汇票保证具有以下法律特征:

1. 汇票保证是一种单方票据行为,它具有要式行为、独立行为和单方行为的特征。

2. 汇票保证是一种附属票据行为。一方面,汇票保证只能在合法成立的票据上作成,其效力以原始票据行为的形式合法有效为前提;另一方面,汇票保证的债务也同样从属于票据上的主债务。

3. 汇票保证是为担保特定票据债务的履行而为的票据行为,不具有民法上保证的"先诉抗辩权"。

(二)汇票保证的作成规则

汇票保证作为一种附属票据行为,应当遵循法律规定的严格要式规则。我国票据法实践中汇票保证的作成规则主要包括以下事项:

1. 必要记载事项。根据《票据法》第46条的规定,我国汇票保证的必要记载事项包括以下五项:表明"保证"的字样、保证人名称和住所、保证人签章、被保证人的名称、保证日期。其中前三项是绝对必要记载事项,"保证人必须在汇票或者粘单上记载",后两项为相对必要记载事项,保证人未予记载时可依法律推定其内容。

2. 记载无效事项。《票据法》第48条规定:"保证不得附有条件;附有条件的,不影响对汇票的保证责任。"依此规定,保证人在票据保证记载中,不得部分保证或附条件保证。保证记载中附有条件的,该附条件内容属于记载无效事项,但不影响其余保证记载的效力,这一规定体现了加重保证人责任的立法宗旨。

3. 汇票保证的格式。汇票保证应当记载"在汇票或者粘单上"。但是对于上述保证记载究竟应记载于汇票的正面抑或是背面,法律上则未作规定。

(三)汇票保证的效力

1. 保证人的基本责任。在汇票保证成立后,"保证人应当与被保证人对持票人承担连带责任",并且保证人的此项责任不具有先诉抗辩权内容。当"汇票到期后得不到付款的,持票人有权向保证人请求付款,保证人应当足额付款"。

2. 共同保证人的责任。《票据法》第51条规定:"保证人为二人以上的,保证人之间承担连带责任。"共同保证人的出现,能够增加两个以上与被保证人地位相同的连带债务人,以此保障持票人的票据权利。

3. 保证人的追索权。《票据法》第52条规定:"保证人清偿汇票债务后,可以行使持票人对被保证人及其前手的追索权。"除上述效果外,根据票据法原理,保证人在履行了保证债务并代位取得追索权后,"切断抗辩权"效果也及于保证人,所有前手对被保证人的原有抗辩事由,不得对抗保证人。

六、汇票的付款

（一）汇票付款的概念与特征

汇票付款（Payment）是指付款人或担当付款人根据汇票持票人的提示请求依法向其支付票据金额，以消灭票据关系的行为。票据付款行为在性质上不属于法律行为而属于事实行为。

1. 汇票付款是由付款人或担当付款人（我国《票据法》上称"代理付款人"）所为的行为。

2. 汇票付款是票据债务人支付票据金额的债务履行行为。

3. 汇票付款是一种消灭票据上权利义务关系的行为。

（二）汇票的付款提示

1. 付款提示的概念。汇票付款提示是指持票人向付款人或担当付款人依法出示汇票并向其请求付款的行为，它本质上是行使付款请求权的行为。基于如下理由，付款提示必不可少：①票据为提示证券，票据上权利与票据不可分，故持票人行使票据权利应当提示票据；②票据转让不以通知债务人为要件，故付款人有权要求票据权利人提示票据以证明其具有正当持票人身份；③按照我国《票据法》的规定，付款人在履行汇票付款前必须对汇票进行审查，因此须给付款人一定的审查期间。

2. 汇票的付款提示规则。根据《票据法》的规定，持票人提示付款应当在汇票上载明的被提示人付款地进行，汇票上未记载付款地的，该提示付款应当在被提示人的营业场所、住所或经常居住地进行。汇票的付款提示应当在付款提示期间内进行，该提示期间自汇票的付款到期日始至法律规定的期间届满时止。见票即付的汇票以其出票日为付款到期日，持票人应自出票日起的 1 个月内向付款人提示付款；定日付款、出票后定期付款或者见票后定期付款的汇票应以票据上载明的日期为付款到期日，持票人应自到期日起的 10 日内向承兑付款人提示付款。

持票人在行使付款提示请求权时，应当现实地向付款人（或委托收款人）提示票据，并且应当交付票据，以保障付款人在履行付款前有必要的审查期间。在付款人经审查同意付款的情况下，持票人在获得付款时应当在汇票的正面签章，并将汇票交付付款人。

3. 付款提示的效力。对于持票人而言，付款提示具有行使付款请求权的效力，持票人的付款提示本质上是行使请求权行为。此外，付款提示还具有保全票据上追索权的效果。对付款人而言，付款提示具有请求付款人履行义务，明确付款日期的效果。

（三）汇票付款的规则

付款人或代理付款人在收到持票提示交付的汇票后，应当依法进行审查，其审查内容主要包括：①汇票格式与汇票上记载是否符合形式合法规则。②汇票上签章和背书是否连续。③提示付款人的合法身份证明或有效证件是否与持票人相符合。④提示付款人的汇票提示是否符合提示期间规则。

付款银行在收到合法提示的汇票并经过审查后,对于有效的汇票应当及时支付票款。付款人的此项付款义务应遵循以下规则:①付款人支付票款以持票人的提示行为合法,所提示汇票的形式合法为前提。②付款人或委托收款银行应当严格按照汇票上载明的金额向提示人全额付款。③对于持票人直接提示付款的,付款人必须在当日足额付款。

付款银行对合法有效的汇票履行付款时,有权要求持票人在汇票上签收,并将该已付讫的汇票交付于付款人。

(四)汇票付款的效力

根据票据法原理,付款人依法足额付款后,全体汇票债务人的责任解除。但是,我国《票据法》第57条第2款规定,"付款人及其代理付款人以恶意或者有重大过失付款的,应当自行承担责任"。

七、汇票的追索

(一)追索权的概念与特征

追索权(Right to Recourse)是指持票人在经过提示而未获承兑或未获付款时,或者因其他法定原因而无法行使票据兑付请求权时,依法向其前手请求偿还票据金额、利息及费用的一种票据上权利。

追索权本质上是持票人依票据享有的第二请求权,其法律特征主要有:

1. 追索权是一种票据上权利,是票据请求权。

2. 追索权是票据权利人向其前手请求偿还票据金额、利息和费用的请求权。

3. 追索权是在票据到期不获付款、期前不获承兑或者发生其他法定事由时,依法定程序行使的票据权利。

(二)汇票追索权的行使条件

1. 汇票在提示期间经合法提示。持票人为保全其汇票追索权的效力,必须在汇票的承兑提示期内和付款提示期内向付款人依法进行承兑提示和付款提示。

2. 汇票上兑付请求权被拒绝或不能实现。只有在汇票持票人经合法汇票提示而被第一债务人拒绝兑付或者因法定事由发生致使持票人无法行使兑付请求权时,第二债务人的担保责任方可实现,持票人的追索权方可依法行使。

3. 票据权利人依法取得拒绝证明。根据我国《票据法》的规定,取得并出示拒绝证书或拒绝证明文件是证明汇票权利人的兑付请求权被拒绝或不能实现的形式要件,也是汇票权利人行使追索权的必要条件。

4. 追索权的行使未超过时效期间。《票据法》第66条第1、2款规定,"持票人应当自收到被拒绝承兑或者被拒绝付款的有关证明之日起三日内,将被拒绝事由书面通知其前手;其前手应当自收到通知之日起三日内书面通知其再前手。持票人也可以同时向各汇票债务人发出书面通知"。若是"未按照前款规定期限通知的,持票人仍可以行使追索权",但是"因延期通知给其前手或者出票人造成损失的,由没有按照规定期限通知的汇票当事人,承担对该损失的赔偿责任","所赔偿的金额以汇票金额为限"。

（三）追索权的行使之程序

根据《票据法》和有关法规的规定,汇票追索权的行使应当遵循以下程序规则:

1. 拒绝事实的通知。汇票持票人应在收到拒绝证明等文件之日起3日内书面通知其前手,也可向汇票的第二债务人同时发出该通知。

2. 追索请求权的提出。一般汇票持票人可以不分顺序地向其前手提出追索请求,并明确地提出追索的范围与金额。

3. 给付与受领。在被追索人履行清偿给付的情况下,追索人应当在受领时向被追索人交付汇票和拒绝证明等文件,同时应向被追索人出具收款发票和收据,被追索人可以据此行使再追索权。

（四）追索权的效力与丧失

对于追索人而言,追索权的行使和受偿将使得追索权人的汇票上债权实现,其享有的汇票上权利将归于消灭。对于被追索人而言,一方面,追索权的行使和实现将导致被追索人的债务因履行而消灭;另一方面,追索权的行使和实现将使得履行了债务的被追索人代位取得汇票上的再追索权。

根据我国《票据法》的规定,可导致汇票上追索权丧失的法定事由主要包括两种情况:一是追索权因未经合法提示保全而丧失;二是追索权因其时效期间届满而消灭。

法条链接

《中华人民共和国票据法》

第二十六条 出票人签发汇票后,即承担保证该汇票承兑和付款的责任。……

第三十七条 背书人以背书转让汇票后,即承担保证其后手所持汇票承兑和付款的责任。……

第三十九条 定日付款或者出票后定期付款的汇票,持票人应当在汇票到期日前向付款人提示承兑。

提示承兑是指持票人向付款人出示汇票,并要求付款人承诺付款的行为。

第五十条 被保证的汇票,保证人应当与被保证人对持票人承担连带责任。汇票到期后得不到付款的,持票人有权向保证人请求付款,保证人应当足额付款。

《最高人民法院关于审理票据纠纷案件若干问题的规定》

第四十七条 依照票据法第二十七条的规定，票据的出票人在票据上记载"不得转让"字样，票据持有人背书转让的，背书行为无效。背书转让后的受让人不得享有票据权利，票据的出票人、承兑人对受让人不承担票据责任。

▶ 导入案例分析

导入案例中，其一，《票据法》规定，出票人在汇票上记载"不得转让"字样的汇票不得转让。甲公司不能将此票据转让给丙公司。丙公司不能将此票据转让给某农机厂。其二，甲公司在转让票据后，负有保证票据到期能够得到付款的责任，在票据不能得到付款时，应承担连带债务人的责任。丙公司须对此票据承担付款的责任。其三，由于票据上记载不得背书转让，所以某农机厂不能行使提示付款权。其追索权的行使也有一定限制。《票据法》规定，记载有不得背书转让字样的票据，被背书人继续转让的，其后手不得向背书人追索。其四，正确。依照《票据法》第27条第2款的规定，票据的出票人在票据上记载"不得转让"字样，票据持有人背书转让的，背书行为无效。背书转让后的受让人不得享有票据权利，票据的出票人、承兑人对受让人不承担票据责任。其五，某农机厂应向其直接前手行使追索权，或依票据法的规定提起诉讼。

📔 拓展学习

汇票的拒绝证明

汇票权利人行使追索权以取得并出示拒绝证书或拒绝证明文件为必要前提和基本形式要件，此类证明文件不仅具有证明汇票权利人第一请求权被拒绝或无法实现的效力，而且具有证明汇票权利人的追索权已经生效并已起算时效期间的效力。在我国票据法中，它不仅包括传统票据法上的承兑拒绝证书和付款拒绝证书，而且还包括退票理由书和由相关部门出具的表明汇票权利人的兑付请求权因法定事由不能实现的其他证明文件，分述如下：

一、拒绝证书

在我国票据法中，拒绝证书被称为"拒绝证明"，它仅指由票据付款人在拒绝持票人的承兑请求或付款请求时依法出具的证明该拒绝事实的要式证明文件。根据我国《票据法》《票据管理实施办法》和《支付结算办法》的规定，汇票拒绝证书的作成规则主要包括以下内容：

第一，汇票承兑人或付款人如果拒绝持票人的提示承兑或提示付款的，必须依法作成拒绝证明或者退票理由书，并应交付持票人；未出具拒绝证明或者退票理由书的，应当承担由此产生的民事责任。

第二，汇票承兑人或付款人在收到持票人提示的汇票后，原则上应在法律规定的"犹豫期间"内作成拒绝证书。

第三，汇票承兑人或付款人应当依据法律要求的记载内容作成拒绝证书并将其与汇票一同交付持票人。

二、退票理由书

我国票据法实践中的退票理由书原本仅适用于银行间的支付结算关系，但根据我国银行间结算的惯例，在持票人通过其委托收款银行（经票据交换所）进行提示或者由付款人的代理银行进行代理付款时，如果代理银行拒绝承兑或拒绝付款的，代理银行通常采取作出退票理由书的形式。从实践来看，由于退票理由书的作成和交付存在着通知、邮寄、转交等程序，其犹豫期间实际上较长，显然不利于保护持票人的合法权益。

三、其他法定证明

根据票据法的规定，在汇票到期日前或者汇票付款提示期届满前，如果发生了承兑人或付款人死亡、逃匿、依法被宣告破产或者因违法被责令终止业务活动等情形，持票人可取得相关部门出具的证明，并依该证明行使追索权，此类法定证明也具有拒绝证明的效力。

【拓展阅读】

1. 李伟群、黄章伟：《票据无权代理与票据伪造之异同点比较研究》，载《政法学刊》2017年第2期。

2. 于永芹、李退桢：《论电子商业汇票融资功能的法律制度保障》，载《烟台大学学报（哲学社会科学版）》2016年第1期。

【思考与练习】

1. 一银行汇票出票日为2021年3月3日，持票人提示付款应当在（　　）。

A. 2021年3月13日前　　　　　　B. 2021年4月3日前

C. 2021年5月3日前　　　　　　D. 2021年9月3日前

2. 甲为履行与乙的合同向乙付款，签发了商业汇票，由银行承兑。甲乙之间的合同因违反法律强制性规定而被认定无效。这份银行承兑汇票（　　）。

A. 无效　　　　　　　　　　　　B. 应作除权判决

C. 有效　　　　　　　　　　　　D. 必须通过诉讼确定效力

3. 关于票据保证，说法正确的是（　　）。

A. 票据保证是单方法律行为

B. 票据保证可以附条件

C. 票据保证效力从属于被保证人票据责任效力

D. 票据保证人承担保证责任后只能向被保证人求偿

4. 汇票的付款提示是指什么？简述汇票的付款提示规则。

情境训练

甲签发一张面额 100 万元的汇票交付给乙，付款人为丙，付款期限为出票后 60 天。乙将该汇票提示承兑后转让给 A，A 背书转让给 B。B 不慎遗失，被 C 拾到，C 假冒 B 的签名将汇票据为己有，并背书转让给 D。D 以 40 万元货物作为对价受让该汇票，并背书转让给 E，以抵消自己欠 E 的 100 万元的债务。

【训练目的及要求】

1. 通过对该案例的分析，对我国《票据法》中票据追索权的性质与行使程序、规则以及对于票据伪造的相关规定能够有基本的理解，并在教师的指导下探求票据追索权相关理论及目前我国票据法中有关票据追索权法律规定的一些不足。

2. 理解《票据法》中对追索权的法律规定的含义，掌握票据追索权的行使程序及规则，熟悉票据实务中行使追索权的基本前提和步骤。

【训练步骤】

1. 勾画图表。对于汇票从发票直至付款的基本流程，学生运用课堂所学知识至少做一个样式图表的勾画，并对应本案例情境勾画相应的图表，将甲、乙、丙、A、B、C、D 和 E 等填入该图表相应汇票法律关系人位置。

2. 剖析案情。将针对本案例情境勾画的图表中各汇票法律关系人的票据权利或票据责任按照我国《票据法》的有关规定确定下来，结合案情解答 D 能否依据法律向其任何一位前手行使追索权。

【工作任务】

针对该案例回答如下问题：①该汇票在承兑前，谁是主债务人，应承担什么责任？②持票人 E 的权利是否有缺陷？假如该汇票遭拒付，他如何实现自己的权利？③B 对该汇票是否承担保证责任，是否有权要求 E、C、D 返还汇票？他如何保护自己的权利？④C 在本案中承担什么法律责任？这个案例涉及行使汇票追索权、票据伪造等相关问题。学生应当明了追索权的性质，行使追索权的规则和程序，如拒绝证书的获得？

项目四　本　票

导入案例

甲市的 A 向某农行申请了一张本票，准备拿到乙市去做生意。该本票上记载的内容有：出票日期是 2022 年 3 月 5 日；金额 5000 元；"本票"字样；无条件支付的承诺；出票地为甲市某农行所在地。A 将此本票背书转让给了乙市的 B，B 又转让给了同市的 C。

【问题】

1. 该本票的出票行为有效吗？为什么？若是欠缺某些事项，又是哪些？

2. 若该本票为一张有效的本票，那么此本票必须在什么时候提示见票？

3. 若该本票为一张有效的本票，而该本票上并未记载付款地，那么，票据法上对此是如何规定的？C能否在乙市向乙市的农行申请付款？

4. 假设C在2022年6月1日拿着该票赶到甲市向某农行请求付款，某农行应不应该付款？若某农行拒绝付款，C能否向B行使追索权？

5. 如果B将该本票转让给C时是5月20日，会发生什么后果？

基本原理

一、认识本票

（一）本票的概念

我国《票据法》第73条第1款规定："本票是出票人签发的，承诺自己在见票时无条件支付确定的金额给收款人或者持票人的票据。"

（二）本票的特征

与汇票、支票相比，本票有自己的一些特征：

1. 就承付的条件而言，本票是无条件的支付承诺，因此本票的付款人是出票人本人，该承诺对出票人本人具有法律约束力。

2. 本票的基本当事人无论在形式上还是实质上都只有两方，即出票人和收款人。

3. 本票是自己付款的票据。

4. 本票中没有承兑制度。

（三）本票的分类

1. 根据本票上是否记载权利人为标准，可以将本票分为记名本票、无记名本票和指示本票。

2. 根据本票出票人的身份不同，可以将本票分为银行本票和商业本票。

3. 根据本票上记载的到期日方式的不同，可以将本票分为即期本票和远期本票。

4. 根据本票上记载的金额是否固定，本票可以分为定额本票和不定额本票。

（四）本票的转让

本票的转让，即本票的背书转让。按照规定，银行本票一律记名，允许背书转让。银行本票的持有人转让本票，应在本票背面"背书"栏内背书，加盖本单位预留银行印鉴，注明背书日期，在"被背书人"栏内填写受票单位名称，之后将银行本票直接交给被背书单位。被背书单位对收受的银行本票应认真进行审查，其审查内容与收款单位审查内容相同。按照规定，银行本票的背书必须连续，也就是说银行本票上的任意一个被背书人就是紧随其后的背书人，并连续不断。如果本票的签发人在本票的正面注有"不准转让"字样,则该本票不得背书转让。背书人也可以在背书时注明"不准转让",以禁止本票背书转让后再转让。

二、本票的发票

本票的发票是出票人表示自己负担支付本票金额债务的票据行为。本票的发票人,为经中国人民银行当地分支机构批准办理本票业务的银行机构。本票的发票人就是本票的付款人。

签发银行本票由作成和交付两部分构成。票据的作成是指在原始票据上记载法定事项并签章,票据的交付指以成立票据关系为目的而将票据交予他人占有。

本票的发票行为是一种要式行为,本票上必须记载以下事项:①表明"银行本票"的字样;②无条件支付的承诺;③确定的金额;④收款人名称;⑤出票日期;⑥出票人签章。本票上未记载上述规定事项之一的,银行本票无效。本票仅限于见票即付,不得另行记载付款日期,另行记载付款日期的,该记载无效。

填写的银行本票经复核无误后,在第二联(银行本票正联)上加盖本票专用章并由其授权的经办人签名或盖章,签章必须清楚。

出票银行完成上述项目后,将银行本票正联交给申请人,出票行为即告完成。

三、本票的付款

在票据实践中,银行汇票用于异地结算,而银行本票用于同城结算,所以在付款程序上不完全相同。该不同主要体现在两个方面:

1. 提示付款中的被提示人。银行汇票的持票人在提示付款时,如果所持票据上明确记载有代理付款银行名称,持票人必须向代理付款人提示付款;本票的持票人通常只能向出票银行提示付款,只有出票银行所为的付款行为,方能产生消灭票据全部权利义务关系的法律效力。

2. 银行本票的持票人应当自出票日起 2 个月内提示付款。

本票仅限于见票即付。持票人依照《票据法》规定提示付款的,付款人应当在见票当日足额付款。

法条链接

《中华人民共和国票据法》

第七十四条 本票的出票人必须具有支付本票金额的可靠资金来源,并保证支付。

《支付结算办法》

第一百零六条 申请人应将银行本票交付给本票上记明的收款人。

收款人受理银行本票时，应审查下列事项：

（一）收款人是否确为本单位或本人；

（二）银行本票是否在提示付款期限内；

（三）必须记载的事项是否齐全；

（四）出票人签章是否符合规定，不定额银行本票是否有压数机压印的出票金额，并与大写出票金额一致；

（五）出票金额、出票日期、收款人名称是否更改，更改的其他记载事项是否由原记载人签章证明。

导入案例分析

导入案例分析：其一，该本票出票行为无效。因为该本票欠缺绝对必要记载事项。欠缺出票人签章和收款人名称。其二，该本票必须在 2022 年 5 月 5 日之前提示见票。其三，票据法规定以出票人的营业场所为付款地。C 不能在乙市向乙市的农行申请付款。其四，甲市某农行可以付款。若该农行拒绝付款，C 不能向 B 行使追索权。其五，本票超过付款提示期限的，不得背书转让，背书转让的，背书人应当承担本票责任。

本票样本之一如下所示：

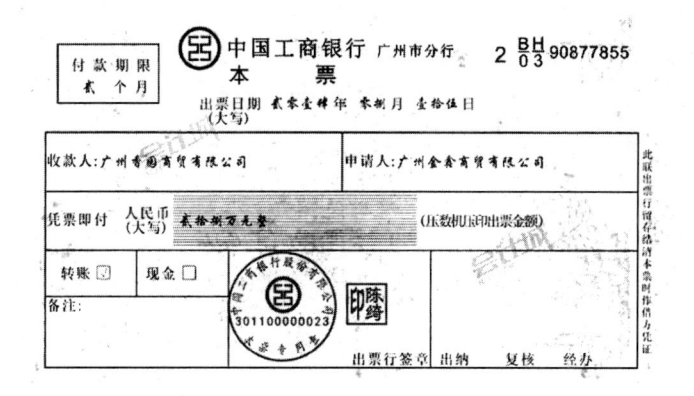

【拓展阅读】

1. 郑孟状、郭站红：《〈民法典〉视野下的票据参加制度构建》，载《浙江学刊》2021 年第 5 期。

2. 王峥焯：《传统与嬗变——票据法修改中立法理念的选择》，载《东北师大学报（哲学社会科学版）》2014 年第 2 期。

【思考与练习】

1. 不属于本票的基本记载事项的是（   ）。

A. 出票日期　　　　B. 承兑人　　　　C. 收款人　　　　D. 出票地

2. 银行本票自出票日起，提示付款期限不得超过（   ）。

A. 1 个月　　　　　B. 2 个月　　　　　C. 6 个月　　　　　D. 2 年

3. 简述本票转让的有关规定。

情境训练

2021 年 1 月 20 日，甲公司与乙公司签订建材理石购销合同。合同约定：乙公司在 2021 年 3 月底前供应各种型号理石共计 1550 平方米；货款总额 32.75 万元；验收标准按乙公司提供的样品；产品自提，不包装；货款在产品交货后 10 日内以本票形式结算。2021 年 3 月 27 日，甲公司从乙公司提取各种型号理石共计 1550 平方米。2021 年 4 月 1 日，甲公司向自己的开户行丙银行申请开出一张面额为 32.75 万元的银行本票并交付给乙公司。由于乙公司购买丁公司设备的货款 32.8 万元已到期尚未给付，乙公司于是将本票背书转让给丁公司。但是丁公司受票后迟迟未到银行请求付款。直至 6 月 2 日，丁公司财务人员才持票到丙银行请求付款。丙银行经审查发现该本票已超过法定 2 个月的付款期限，于是拒绝付款。丁公司在取款未成的情况下，前去找乙公司要求付款而遭到拒绝。最后，丁公司将乙公司和丙银行一起告上法庭，要求他们共同承担付款责任。

【训练目的及要求】

1. 该案涉及本票的见票问题，应当结合我国《票据法》中本票的基本规定进行分析得出结论。训练学生的对比本票的见票与汇票的见票问题及其相应的法律法规条文理解与领悟能力。

2. 理解《票据法》中对于本票的法律规定内容，综合分析法律对于相应票据关系人的保护的规定。

【训练步骤】

1. 该案涉及本票的见票问题，应当结合我国《票据法》中本票的基本规定进行分析得出结论。训练学生的对比本票的见票与汇票的见票问题及其相应的法律法规条文理解与领悟能力。

2. 理解《票据法》中对于本票的法律规定内容，综合分析法律对于相应票据关系人的保护的规定。

【工作任务】

1. 丁公司哪一种行为导致其前手背书人乙公司不再承担保证付款责任？丙银行在本案中是什么样的地位，其需要承担何种责任？

2. 如果丁公司受票后第二天把该本票拿到丙银行请求付款，丙银行如何做是符合法律规定的？

项目五 支票

导入案例

某私营焦炭厂厂长王某,于2021年6月2日不慎遗失空白的支票格式凭证4张,王某没有及时按中国人民银行有关票据格式凭证管理的规定报失及刊登告示。刘某拾到这4张支票格式凭证,并在其中一张上加盖私刻的"某某食品公司"的财务章,金额填写为8万元。支票的收款人处空白。2021年6月11日,刘某持伪造的支票及身份证,到某商场购物并将该商场填写为收款人。商场收到支票后送银行入账时,遭退票。商场遂起诉王某,要求其支付该支票票款或退赔货物。

【问题】

1. 王某是否应承担票据责任?是否承担民事责任?
2. 某商场持有该伪造的支票是否享有票据权利?
3. 刘某的行为是否构成犯罪?如果构成犯罪,应定何罪?
4. 支票绝对应记载的事项有哪些?

基本原理

一、认识支票

(一)支票的概念与特征

我国《票据法》第81条规定:"支票是出票人签发的,委托办理支票存款业务的银行或者其他金融机构在见票时无条件支付确定的金额给收款人或者持票人的票据。"

1. 支票是一种与汇票、本票并列的独立的票据。
2. 支票是委托银行或其他法定金融机构支付票款的票据。
3. 支票是见票即付的票据。

(二)支票的分类

1. 以对权利人的记载方式为标准,可将支票分为记名支票、指示支票和无记名支票。
2. 以支票当事人的资格是否具备为标准,可将支票分为一般支票和变式支票。变式支票又分为对己支票、指己支票和受付支票三种。
3. 以付款时有无特别的保障为标准,可将支票分为普通支票和特殊支票。在特殊支票中,根据其保障的方式,又可分为保付支票、划线支票和转账支票。
4. 以支付的方式为标准,可将支票分为现金支票、转账支票和普通支票。

(三) 支票的转让

除现金支票和用以支取现金的普通支票外的所有支票均可以背书转让，背书人背书转让支票后，即承担保证其后手付款的责任。背书人在支票得不到付款时，应当向持票人清偿相关的票据金额、利息和费用。

背书时应当记载背书日期，未记载背书日期的，视为在支票到期日前背书。背书栏记载"委托收款"字样，被背书人有权利代背书人行使被委托的支票权利。但是，被背书人不得再背书转让支票权利。

支票仅限于在其票据交换区（同城）内背书转让。背书不得附有条件。背书附有条件的，所附条件不具有票据法上的效力。将支票的一部分转让的背书或者将支票金额分别转让给二人以上的背书无效。支票被拒绝付款或超过提示付款期限的，不得再背书转让，背书转让的，背书人应当承担票据责任。

二、支票的发票

支票的发票人，为在经中国人民银行批准办理支票存款业务的银行、城市信用合作社和农村信用合作社中开立支票存款账户的企业、其他组织或者个人。

签发支票由作成和交付两部分构成。票据的作成是指在原始票据上记载法定事项并签章，票据的交付指以成立票据关系为目的而将票据交予他人占有。

出票行为是一种要式行为，支票上必须记载以下事项：表明"支票"的字样；无条件支付的委托；确定的金额；付款人名称；出票日期；出票人签章。支票上未记载上述规定事项之一的，支票无效。支票仅限于见票即付，不得另行记载付款日期。另行记载付款日期的，该记载无效。

支票的金额、收款人名称，可以由出票人授权补记。未补记前不得背书转让和提示付款。支票应该填明用途，支票的用途必须符合国家的有关规定。签发现金支票和用于支取现金的普通支票必须符合国家现金管理的规定。支票仅限于出票人向其票据交换区域内的收款人出票。

支票签发完成，经出票人审核正确后将其交付给收款人，出票的行为就此完成。

三、支票的提示与付款

（一）支票的提示付款

持票人可以委托开户银行收款或直接向付款人提示付款。但是用于支取现金的支票仅限于收款人向付款人提示付款。

1. 持票人委托开户银行收款时，应作成委托收款背书，在支票背面背书人签章栏签章，记载"委托收款"字样、背书日期，在被背书人栏记载开户银行名称，并将支票和填制的进账单送交开户银行。

2. 持票人持用于转账的支票向付款人提示付款时，应在支票背面背书人签章栏签章，并将支票和填制的进账单送交出票人开户银行。

3. 收款人持用于支取现金的支票向付款人提示付款时，应在支票背面"收款人签章"处签章。

支票的持票人应当自出票日起10日内向付款人提示付款。异地使用的支票，其提示付款的期限由中国人民银行另行规定。支票的持票人超过规定的提示付款期限的，丧失对出票人以外的前手的追索权。

（二）支票的付款

支票仅限于见票即付。持票人依照《票据法》规定提示付款的，并且出票人在付款人处的存款足以支付支票金额时，付款人应当在见票当日足额付款。

付款人及代理付款人付款时，应当审查支票背书的连续，并审查提示付款人的合法身份证明或者有效证件。

下列情况票据债务人不得拒绝付款：①与出票人之间有抗辩事由；②与持票人的前手之间有抗辩事由。

四、支票发票的禁止透支

我国《票据法》第87条规定："支票的出票人所签发的支票金额不得超过其付款时在付款人处实有的存款金额。出票人签发的支票金额超过其付款时在付款人处实有的存款金额的，为空头支票。禁止签发空头支票。"

支票的出票人必须与付款人之间存在一定的资金关系。出票人在付款人处开立支票存款账户，出票人与付款人就成立了支票合同。由于空头支票影响支票的信用，扰乱金融秩序，因此各国均对空头支票的签发持否定的态度。我国除了《票据法》明确规定禁止签发空头支票以外，《支付结算办法》第125条规定："出票人签发空头支票……银行应予以退票，并按票面金额处以百分之五但不低于1千元的罚款；持票人有权要求出票人赔偿支票金额2%的赔偿金。对屡次签发的，银行应停止其签发支票。"

法条链接

《中华人民共和国票据法》

第八十五条 支票上的金额可以由出票人授权补记，未补记前的支票，不得使用。

《票据管理实施办法》

第十一条 支票的出票人，为在经中国人民银行批准办理支票存款业务的银行、城市信用合作社和农村信用合作社开立支票存款账户的企业、其他组织和个人。

导入案例分析

导入案例中，王某不承担票据责任。因其丢失的不是已签章的空白支票，而是支票格式凭证，王某未在票据上签章。王某不承担民事责任。商场不享有票据权利。首先，伪造的票据为实质无效票据，直接从伪造出票的人手中取得票据，不能获得支付请求权。其次，在伪造的票据上，无真实票据行为人承担票据义务。刘某行为构成犯罪。刘某构成票据诈骗罪。支票绝对应记载事项有：①表明"支票"的字样；②无条件支付的委托；③确定的金额；④付款人名称；⑤出票日期；⑥出票人签章。

拓展学习

一、空白支票制度

空白支票是空白票据的一种，空白票据又称空白授权票据，是指票据行为人仅在票据上签字，而将票据上其他记载事项，全部或者部分授权他人完成的票据。我国的空白票据仅限于空白支票，而在其他国家还存在空白汇票和空白本票。空白支票是指在签发支票时，出票人对若干应当记载的事项没有进行记载，而是完成签章后就交付，同时授权他人对支票进行补记，使该支票成为有效支票。严格来说，空白票据从形式要件上属于无效票据，因为票据是一种要式证券，如果不符合要式规定，该票据就不能产生法律效力。但是在实践中往往存在出票人在签发票据时，无法准确地确定某些应当记载的事项，又不能坐失商业良机，只好授权其他关系人代为填写的情形。法律为了促进经济的发展，例外地允许这种票据的存在，并规定该票据可以经过一定的补正使效力完整。根据我国《票据法》的规定，空白支票主要有两种，一种是金额空白支票，一种是收款人名称空白支票。

二、空头支票的问题

空头支票是指出票人违反与付款银行（即开户银行）之间的账户资金关系而签发的没有资金保证或超出其账户内资金余额的支票。签发空头支票的透支行为本质上是立户人违反与开户银行之间账户合同关系的违约行为。根据我国《票据法》第87条和《支付结算办法》第122条的规定，支票的出票人签发支票的金额不得超过付款时在付款人处实有的存款金额。禁止签发空头支票。按照多数国家的法律，对于签发空头支票的行为，特别是对恶意透支行为，通常给予民事、行政和刑事法律制裁。

我国票据法规对于签发空头支票的行为给予严格的禁止，并且对于签发空头支票的行为人给予严厉的制裁。我国《票据法》禁止付款人对出票人透支，出票人必须在付款人处存在实有存款，且该存款必须不少于出票人所签发的支票金额。即使是出票人在存款人处有一定存款，但是只要在付款时少于支票金额，仍为法律所禁止。根据《支付结算办法》第125条的规定，出票人签发空头支票的，银行应予以退票，并可对出票人按票面金额处以5%但不低于1000元的罚款；持票人还有权要求出票人赔偿支票金额2%的赔偿金。对屡次签发空头支票的，银行还可停止其签发支票。根据《票据法》第102条的规定，对于签发空头支票的行为和签发无可靠资金来源的其他票据，骗取资金的行为，依法可追究刑事责任。与国外票据法的规定相比，我国票据法规对签发空头支票行为所规定的处罚不仅范围较宽，而且处罚力度也较重。

【拓展阅读】

1. 董惠江：《我国票据伪造、变造制度的设计——围绕〈票据法〉第14条展开》，载《法商研究》2018年第2期。

2. 赵意奋、胡松松：《论票据贴现后持票人的票据退还请求权》，载《宁波大学学报（人文科学版）》2021年第1期。

【思考与练习】

1. 一名无民事行为能力人签发的支票，该行为的后果是（　　）。

A. 支票无效　　　　　　　　　　B. 签章无效

C. 支票效力待定　　　　　　　　D. 签章有效

2. 支票出票人的责任是（　　）。

A. 支付票据金额　　　　　　　　B. 确保票据真实性

C. 担保付款　　　　　　　　　　D. 充当保付人

3. 关于保付支票，说法正确的是（　　）。

A. 保付人是支票上唯一的债务人

B. 保付人由票据债务人以外的人担当

C. 保付人以自己的资金承担票据责任

D. 保付可以附条件

4. 试论述在我国为何不能签发空头支票。

情境训练

广煜公司采购员萧某需要携带2万元金额的支票到某市工业区采购样品。支票由王某负责填写，由广煜公司财务主管加盖了财务章及财务人员印鉴，收款人一栏授权萧某填写。这一切有支票存根上记录为证。萧某持票到某市工业区海腾公司中购买了2万元各类工业样品。海腾公司负责人李某为萧某的朋友，见支票上字迹为萧某所为，于是以资金周转困难为由，要求萧某帮忙将支票上金额改成22万元用于暂时周转。萧某应允，在改动过程中使用了李某提供的"涂改剂"，故外观不露痕迹。尔后，李某为支付工程款将支票背书给了天健建筑工程公司。此事败露后，广煜公司起诉天健建筑工程公司及李某，要求返还多占用的票款。

【训练目的及要求】

1. 通过该案例的分析与讨论，理解支票的性质及其当事人的特殊性、有关伪造票据的法律规定及其制裁方式。

2. 能够掌握空白支票填制的要求,以便在实际中使用空白支票为经济交往服务时,防范空白支票使用不当而带来的风险。

【训练步骤】

1. 课堂设问。首先明确本案例有关空白支票的使用的法律纠纷问题,对于空白支票的性质、使用规则、使用不当的法律后果等问题,教师应通过课堂设问来引导学生予以明确。

2. 分组讨论。针对该案,设想法院在审理过程中,内部形成了两种意见。学生可以分为若干组别,在每一组里就如下两种意见分为两派,依据不同的理论和对法律法规的理解进行辩论,以此增强自身的理论思考水平和对知识综合分析、运用的能力:

一种意见认为,广煜公司违反有关金融法规,签发预留印鉴的空白支票,且其公司被授权的萧某擅自涂改已填写的支票金额,致使他人获得非法利益,对此广煜公司应承担责任。

另一种意见认为,虽然广煜公司签发预留印鉴的空白支票,但是其被授权员工萧某的擅自涂改已填写的支票金额应当是变造票据,应该按照变造票据的有关法律规定处理这一问题。

【工作任务】

讨论该案例如下问题:①广煜公司签发预留印鉴的空白转账支票是一种什么样的行为?②萧某的行为属于什么样的变造票据行为?③广煜公司承担什么样的票据责任?李某应对天健建筑工程公司承担什么样的义务?④萧某与李某还应当承担何种法律责任。

单元七

破产法律实务

知识目标

1. 掌握破产法的基本概念、范畴。
2. 掌握破产程序的基本流程及破产实体制度的主要规则。

能力目标

本单元的能力目标是培养学生处理破产相关法律实务的能力。通过本单元的学习，学生能够掌握破产原因、破产财产、债权申报等基本知识，并能运用破产法律知识分析和处理破产宣告、破产清算和破产财产分配等破产实务问题。

内容结构图

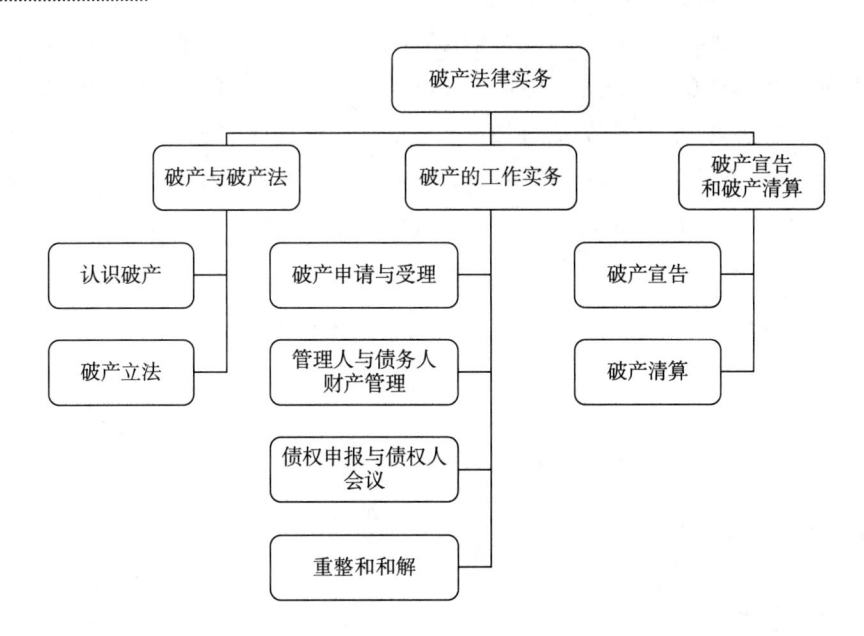

```
                           破产法律实务
            ┌──────────────────┼──────────────────┐
       破产与破产法         破产的工作实务        破产宣告
                                                 和破产清算
       ┌────┐              ┌──────────┐          ┌────┐
       │认识破产│            │破产申请与受理│        │破产宣告│
       └────┘              └──────────┘          └────┘
       ┌────┐              ┌──────────┐          ┌────┐
       │破产立法│            │管理人与债务人│        │破产清算│
       └────┘              │ 财产管理  │          └────┘
                           └──────────┘
                           ┌──────────┐
                           │债权申报与债权人│
                           │    会议    │
                           └──────────┘
                           ┌──────────┐
                           │ 重整和和解 │
                           └──────────┘
```

项目一 破产与破产法

导入案例

2009年3月,安信达公司因涉嫌走私犯罪,被上海松江海关缉私分局立案侦查,总经理刘建中被逮捕。与此同时,安信达公司董事及高级管理人员全体离华,安信达公司因此陷入全面停产。停产后,安信达公司资产状况不断恶化,既有债务无法清结,新的债务又不断产生。2009年8月27日,安信达公司的债权人无锡中信银行向无锡中级人民法院申请对安信达公司进行破产清算。

无锡中信银行提出申请称:安信达公司欠其借款本金3000万元及利息139 420.96元逾期未归还;且安信达公司已停产数月,明显缺乏清偿能力,故申请对安信达公司进行破产清算。无锡中级人民法院于2009年9月2日通知了安信达公司,安信达公司在法定的异议期内未提出异议。据此,无锡中级人民法院认为:安信达公司欠无锡中信银行借款本金3000万元及利息139 420.96元逾期未归还,无锡中信银行以债权人的身份,申请对债务人安信达公司进行破产清算,该申请符合法律规定的受理条件。依照《企业破产法》第7条第2款、第10条第1款的规定,无锡中级人民法院裁定受理无锡中信银行对安信达公司的破产清算申请。

无锡中级人民院在受理上述破产清算申请的同时,指定了安信达公司的管理人。管理人对安信达公司的财产进行了接管与清理,对安信达公司的债务进行了审查。经审计、评估,安信达公司的资产评估值为105 251 104.92元,其中流动资产10 807 804.5元(货币资金8 002 013.81元、应收款2 404 454.97元、存货401 335.72元),固定资产9 444 330.42元(房屋28 128 996.72元、设备42 287 177元、土地使用权24 027 126.7元)。经审查,安信达公司的债务总额为62 038 997.15元,其中有财产担保的破产债权29 037 022.56元,职工债权486 796.37元,国家税款9 089 882.08元,普通破产债权23 425 296.14元。资产评估值大于债务总额。2009年11月2日,无锡中级人民法院召集了安信达公司的第一次债权人会议,就债权核查,财产管理、变价、分配方案等形成了决议。

【问题】

破产条件是什么?

基本原理

一、认识破产

破产作为一种经济现象,是社会发展的产物。破产原指"倾家荡产"或"经营失败"。而法律意义的破产，是指债务人因不能清偿到期债务，并且资产不足以清偿全部债务或者明显缺乏清偿能力，依法定程序宣告企业终止，将破产企业的全部财产有限偿还债权人的法律制度。它包括两个方面的含义：一是指债务人因丧失清偿能力而不能对全部债权人的到期债务进行清偿的状态；二是指依照法律规定由人民法院审理破产案件，在有关组织参与下清理债权债务关系，分配破产财产的法定程序。

破产法律特征主要表现为：① 破产是对债务人全部法律关系的彻底清算，并且可能直接导致债务人民事主体资格消灭的法律后果。② 破产是在特定情况下适用的一种法律程序。债务人不能清偿债务是破产发生的原因，在其他情况下，不能适用破产程序。③ 破产是一种执行程序。破产必须在法院的管辖支配下进行，其他机构没有处理破产事项的权力；同时，作为一种执行程序，破产程序不解决当事人之间的实体的民事争议。④ 破产程序强调的是对债权人的公平清偿和对债务人的公平保护，进而实现对社会利益的维护。破产法中的抵销权、别除权制度解决了多数债权人之间因债务人有限财产不足以清偿全部债务而发生的相互冲突，而和解、重整等制度则是鼓励债务人在破产或重整后积极参加社会经济活动，为社会或个人创造财富。

二、破产立法

（一）我国破产立法沿革

破产法是伴随着商品经济的发展逐步建立起来的，并日益走向完备。现在，世界上许多国家颁布了破产法。总的来说，破产法包括实体规范和程序规范两个方面。关于破产的实体规范，主要有破产条件、破产财产、破产债权、破产费用、法律责任等内容；关于破产的程序规范，主要有破产申请的提出、破产案件的受理、重整与和解、破产宣告、破产清算和破产程序的终结等内容。破产法是破产还债的法律依据。

随着我国改革开放的推进和深入，破产问题开始引起理论界和实务部门的重视，国家有关部门于1985年成立了企业破产法起草小组，1986年12月2日，第六届全国人大常委会第十八次会议通过了《中华人民共和国企业破产法（试行）》。该法适用于全民所有制企业，1988年11月1日开始施行。1991年4月修订《中华人民共和国民事诉讼法》时，增设了企业法人破产还债程序一章，用于规范非全民所有制企业的破产行为。近年来，我国与破产相关的法律制度正逐步完善。2006年8月27日，全国人大常委会通过《中华人民共和国企业破产法》（以下简称《破产法》），自2007年6月1日起施行。总体而言，该法在制度和理念方面有诸多创新。

（二）破产法的作用

《破产法》第1条规定："为规范企业破产程序，公平清理债权债务，保护债权人和债务人的合法权益，维护社会主义市场经济秩序，制定本法。"具体作用如下：

1. 规范企业破产程序。企业破产法的制定，通过规范企业破产程序，完善市场优胜劣汰机制，实现资源优化整合，保障经济秩序的良好运行。

2. 公平清理债权债务。破产是一种概括的执行程序，目的之一就是剥夺不能清偿到期债务的债务人对其全部财产的管理处分权，让全体债权人获得公平受偿的机会。公平是破产应当实现的最为重要的目标，同时也是应当贯穿破产程序始终的基本原则。破产以公平清偿债务为宗旨，债务人不能清偿到期债务时，通过破产程序可以合理地协调多数债权人之间就债务人的有限财产如何受偿的利益冲突。

3. 保障债权人和债务人的利益。破产制度概括性偿债程序的设计，保障了债权人和债务人的利益，稳定了市场经济秩序。一方面它可以督促债务人及时清理债权债务，避免拖欠，防止破产结果。同时当债务人确实不能清偿到期债务时，依法宣告其破产，通过破产清算程序，可以使债权人的债权尽可能得以实现。另一方面对于债务人而言，在不能清偿到期债务的情况下，尽管被宣告破产，但其对未能清偿的债务不再承担偿还责任，这样债务人就可以从困境中彻底解脱，寻找重新振兴的机遇。

（三）破产法的效力

1. 破产法的时间效力。《破产法》第136条规定："本法自2007年6月1日起施行，《中华人民共和国企业破产法（试行）》同时废止。"由此可见，我国《破产法》关于破产时间的规定不具有追溯力。

2. 破产法的域外效力。《破产法》第5条规定："依照本法开始的破产程序，对债务人在中华人民共和国领域外的财产发生效力。对外国法院作出的发生法律效力的破产案件的判决、裁定，涉及债务人在中华人民共和国领域内的财产，申请或者请求人民法院承认和执行的，人民法院依照中华人民共和国缔结或者参加的国际条约，或者按照互惠原则进行审查，认为不违反中华人民共和国法律的基本原则，不损害国家主权、安全和社会公共利益，不损害中华人民共和国领域内债权人的合法权益的，裁定承认和执行。"

3. 破产法的对人效力。《破产法》第2条规定："企业法人不能清偿到期债务，并且资产不足以清偿全部债务或者明显缺乏清偿能力的，依照本法规定清理债务。企业法人有前款规定情形，或者有明显丧失清偿能力可能的，可以依照本法规定进行重整。"

根据上述规定，《破产法》适用于企业法人，如有限责任公司、股份有限公司和其他取得法人资格的各种类型的企业。国有企业、集体企业、外商投资企业的破产均应适用《破产法》。

合伙企业、个人独资企业，由于现行法律规定其合伙人、出资人应对其企业债务承担无限连带责任，没有法人资格，因此，不纳入《破产法》调整的范畴。

三、破产条件

《破产法》第2条规定："企业法人不能清偿到期债务，并且资产不足以清偿全部债务的或者明显缺乏清偿能力的,依照本法规定清理债务。企业法人有前款规定情形,或者有明显丧失清偿能力可能的,可以依照本法规定进行重整。"这里所称"不能清偿到期债务"包含如下要件:

1. 债务的清偿期限已届满,且债权人要求清偿。债务的清偿期限未满,不发生债务人的清偿义务,不能认定其不能清偿债务。已到期的债务,才会有债务人不能清偿的情形。部分债务未到期的,不影响对债务人清偿债务能力的考察。

2. 债务人明显缺乏清偿能力。债务人是否具有清偿能力,与其财产状况、信用程度、知识产权拥有的情况等多种因素相关,不能仅凭其拥有的财产数额来认定,而应对债务人进行综合评价。如有的企业信用好,虽然资产数额小于负债,但其凭借良好的信用,足可使资金快速周转,应付各种债务的清偿,因而不构成"不能清偿到期债务"。

3. 债务人不能清偿到期债务处于连续状态。企业在经营过程中,受各种因素的影响,有时会发生短期的资金周转不灵的状况,这只是一种暂时的财务困难。随着企业运转的好转,这种暂时的财务困难会逐步解决。故暂时的、短期的不能清偿不构成"不能到期清偿债务"。

法条链接

《中华人民共和国企业破产法》

第七条 债务人有本法第二条规定的情形,可以向人民法院提出重整、和解或者破产清算申请。

债务人不能清偿到期债务,债权人可以向人民法院提出对债务人进行重整或者破产清算的申请。

企业法人已解散但未清算或者未清算完毕,资产不足以清偿债务的,依法负有清算责任的人应当向人民法院申请破产清算。

第三十五条 人民法院受理破产申请后,债务人的出资人尚未完全履行出资义务的,管理人应当要求该出资人缴纳所认缴的出资,而不受出资期限的限制。

导入案例分析

导入案例中,安信达公司虽然资产评估值大于债务总额,但资产的主要构成是固定资产,其中土地、房屋和主体设备是维系安信达公司生存之根本,非经破产清算不能处分;而安信达公司的流动资产金额有限,不能满足清偿债务之需,符合不能清偿到期债务且明显缺乏清偿能力这一破产条件。依照《企业破产法》第2条第1款、第107条第1款的规定,法院裁定宣告安信达公司破产。

拓展学习

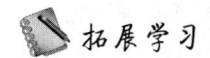

自然人破产制度

自然人破产制度（Natural Person Bankruptcy System），是指破产程序终结后，免除破产人清偿破产程序中未清偿完的债务的责任。通俗地讲，就是某个人在其个人资产无法偿还自有全部债务时，通过法定程序宣告其破产并核销债务的法律制度。在裁定破产后的一定时期内，破产人只有权享受基本生活，不得进行奢侈消费和商业行为。虽然"破产"说起来不好听，但实际上，这一制度有利于保护资不抵债的个人免受无休止的追债，从而保护个人的相关利益和生存的可能。当作为债务人的自然人的全部资产不能清偿到期债务时，由法院依法宣告其破产并对其财产进行清算和分配，对其债务进行豁免以及确定当事人在破产过程中和以后应尽义务。

个人破产制度最早起源于古罗马，当时罗马帝国商品经济发达，当债务人无力清偿债务时，经两个以上债权人申请，或由债务人承诺以其全部财产供债权人分配后，裁判官则可扣押债务人的全部财产悉数变卖，公平地分配给各债主。该制度在中世纪时的意大利与英国得到较大发展。1978年，美国破产法将消费者破产纳入其中。如今，个人破产制度已成为现代破产法不可分离的一部分。

2006年8月，我国通过了企业破产法，但该法只适用于企业法人，其中未涉及个人资不抵债和财务困境问题，因此对于个人破产问题，目前我国立法方面还是空白。

事实上，关于我国未来破产法修订是否应纳入个人破产制度一直存在争议。主流观点认为，建立个人破产法律制度有利于保护诚实和因各种原因而陷入财务困境的消费者。但也有人认为，该制度的建立可能会鼓励债务人恶意逃债，在我国市场经济还没有完全建立起来、信用体系也不完善的情况下，我国不应建立个人破产制度。

【拓展阅读】

1. 曹思源：《破产法在中国的发展》，载《学术研究》1996年第4期。
2. 齐树洁主编：《破产法研究》，厦门大学出版社2004年版。
3. 付翠英编著：《破产法比较研究》，中国人民公安大学出版社2004年版。
4. 曾祥生、胡志超：《破产程序向执行程序的转化——以债务人财产不足以清偿破产费用为视角》，载《人民司法》2015年第19期。
5. 赵树文、王嘉伟：《僵尸企业治理法治化保障研究——以破产法及其实施机制的完善为研究路径》，载《河北法学》2017年第2期。

【思考与练习】

1. 破产立法的首要目的是（　　）。

   A. 对债务人的救济

   B. 债权人公正分配要求的满足

C. 实现资源配置的优化

D. 让债务人东山再起

2. 根据我国《企业破产法》的规定，企业破产的标准是（　　）。

A. 不能清偿到期债务

B. 严重亏损

C. 不能清偿到期债务，并且资产不能清偿全部债务或者明显缺乏偿债能力

D. 因经营管理不善造成严重亏损

3. 某企业法人被债权人申请宣告破产，有权受理该案的法院是（　　）。

A. 债务人主要营业机构所在地

B. 债务人主要办事机构所在地

C. 债权人主要营业机构所在地

D. 债权人的住所地

4. 某企业被债权人申请破产，人民法院受理了申请，下列说法正确的有（　　）。

A. 即使为了生产经营的需要，该企业也不可以对个别债权人清偿

B. 有关该企业的执行程序应当终止

C. 有关该企业的民事诉讼，必须向受理法院提起

D. 有关企业的保全措施应当解除

情境训练

某国际投资信托公司于1980年7月经某省人民政府批准，在所在市工商行政管理局注册成立，系全民所有企业法人；1983年，经中国人民银行批准为非银行金融机构并享有外汇经营权；1984年3月经某省工商行政管理局注册登记更改名称为某信托投资公司（下称"信托投资公司"），注册资金为12亿元人民币。2002年以来，信托投资公司由于经营管理混乱，存在大量高息揽存、账外经营、乱拆借资金、乱投资等违规经营活动，导致不能支付到期巨额境内外债务，严重资不抵债。

2008年10月6日，中国人民银行决定关闭该信托投资公司，并组织清算组对其进行关闭清算。关闭清算期间，信托投资公司的金融业务和相关的债权债务由中国银行托管，信托投资公司下属的证券交易营业部由某证券有限责任公司托管，其业务经营活动照常进行。经2008年10月6日至2009年1月6日为期3个月的关闭清算，查明信托投资公司的总资产为214.71亿元，负债361.65亿元，总资产负债率168.44%，资不抵债146.94亿元。2009年1月11日，信托投资公司以严重资不抵债、无法偿付到期巨额债务为由，向某省高级人民法院申请破产。2009年1月11日，中国银行发布《关于清偿原省国投自然人债权的公告》，鉴于信托投资公司已严重资不抵债、无力偿还巨额债务，因此其对自然人债权的清偿，只支付本金，不支付利息。中国银行清偿信托投资公司自然人债权后，中国银行某省分行代某省财政厅依法申报债权，以普通

债权人的身份按破产清偿顺序受偿。

【训练目的及要求】

要求了解破产咨询的重要性，要求学生能够结合具体案件了解当事人的感受和运用咨询的基本技巧。

【训练步骤】

1. 根据班级人数分组，5~8人为一组，每组2名"律师"，2名"当事人"，1名观察员。
2. 各小组成员运用《破产法》的原理对本案例进行讨论并汇集咨询计划。
3. 各小组派一名成员发言。
4. 指导老师根据各小组综合表现评分并进行点评。

【工作任务】

辅导学生"当事人"组进行角色模拟和"律师"组制定咨询计划；辅导学生撰写相关文书。

项目二 破产的工作实务

导入案例

2015年3月10日，某电力线路器材厂（以下简称"某器材厂"）向隶属甲市中级人民法院的乙市基层人民法院提出破产申请。乙市人民法院立案受理后，债权人中国农业银行某市办事处（以下简称"银行办事处"）即提出书面异议，认为某器材厂有转移资产、恶意破产的行为，请求法院驳回某器材厂的破产申请，同时提供了相应的证据。

经查，甲市中级人民法院曾分别于2014年6月8日、10月28日作出民事判决书、调解书，要求某器材厂向某银行办事处归还借款本金680.5万元，并支付相应的利息。上述法律文书发生法律效力后，某器材厂未能自觉履行，银行办事处于2014年12月向甲市中级人民法院申请执行。甲市中级人民法院受理申请后，委托丁会计师事务所对电力器材厂的实物资产进行了评估。

此后，乙市人民法院委托戊会计师事务所对某器材厂进行了审计。该所于2015年4月12日出具的审计报告反映，截至2015年3月31日，某器材厂账面资产总额为10 243 088.60元，负债总额为10 145 617.57元，所有者权益为97 471.03元；审计调整后的资产总额为5 730 356.36元，负债总额为11 643 377.5元，所有者权益为-5 913 021.14元。

审计报告还反映，某器材厂于2013年11月30日、2014年5月30日、2014年8月31日分别向其关联企业A公司、B公司、C公司转让了价值4 961 941.83元、5 870 455.93元、2 699 882.78元的存货和应收账款等资产，同时向上述三公司分别转让了与资产等额的应付账款、应付工资、应付福利费等债务，相关的转让手续均已办理，某器材厂也进行了账务调整。

乙市人民法院经审理认为：某器材厂经营管理不善，严重资不抵债，不能清偿到期债务，符合宣告破产的条件，宣告某器材厂破产还债。

随后，银行办事处向甲市中级人民法院提起申诉，认为某器材厂申请破产是逃避债务，其行为损害了债权人的利益，请求撤销乙市人民法院宣告某器材厂破产的裁定。

【问题】

1. 银行办事处是否有权申请撤销法院的破产宣告裁定书？
2. 银行办事处如何救济自己的权利？

基本原理

一、申请和受理

（一）破产案件的申请

我国破产法在破产程序启动问题上，采取申请主义原则。人民法院应当依据当事人的申请启动破产程序。无人申请时，人民法院不得自动启动破产程序。

1. 破产申请人。根据我国《破产法》的规定，债务人不能清偿到期债务时，并且资产不足以清偿全部债务或者明显缺乏清偿能力的，可以向人民法院提出重整、和解或者破产清算申请。债务人不能清偿到期债务，债权人可以向人民法院提出对债务人进行重整或者破产清算的申请。企业法人已解散但未清算或者未清算完毕，资产不足以清偿债务的，依法负有清算责任的人应当向人民法院申请破产清算。

此外，《公司法》第237条第1款规定，清算组在清理公司财产、编制资产负债表和财产清单后，发现公司财产不足清偿债务的，应当依法向人民法院申请破产清算。也就是说，清算组在某种条件下有申请破产的义务，理论上把清算组视为准债务人。

2. 提出破产申请应提交的文件。《破产法》第8条第1款规定："向人民法院提出破产申请，应当提交破产申请书和有关证据。"因此，向人民法院提出破产申请，应当采用书面形式，同时提供有关的文件。申请破产应当提供的文件，因申请人不同而有所不同。

向人民法院提出破产申请，应当提交破产申请书和有关证据。破产申请书应当载明下列事项：①申请人、被申请人的基本情况；②申请目的；③申请的事实和理由；④人民法院认为应当载明的其他事项。

债务人提出申请的，还应当向人民法院提交财产状况说明、债务清册、债权清册、有关财务会计报告、职工安置预案以及职工工资的支付和社会保险费用的缴纳情况。

债权人或债务人提供上述材料，是人民法院立案的根据，同时，也关系到破产案件的审理工作。所以破产申请人对这些材料要详细整理提交,并做好其他有关准备事项。

3. 破产申请的撤回。《破产法》第 9 条规定:"人民法院受理破产申请前,申请人可以请求撤回申请。"申请人提出破产申请,是行使法律所规定的权利,撤回申请是处分自己权利的一种表现。法律规定申请人可以在人民法院受理破产申请以前撤回申请。这主要是由于我国采取的是破产受理主义,即法院收到破产申请后,破产程序并未开始,法院受理破产申请以后,破产程序才开始。按照《民事诉讼法》的规定,当事人可以撤诉。

(二) 破产案件的受理

1. 对破产案件的审查。破产程序的开始不以破产申请的提出为标志,破产申请只有在符合法定条件并由人民法院受理后,才产生破产程序开始的效力。人民法院接到破产申请后,应当对破产申请进行形式审查和实质审查,具体内容包括:申请人的资格、被申请人的破产能力、接受申请法院的管辖、申请是否符合法定要求、债务人是否达到破产界限、是否存在破产障碍要件等。

人民法院经审查发现有下列情况的,不予受理破产申请:①债务人有隐匿、转移财产等行为,为了逃避债务而申请破产的;②债权人借破产申请毁损债务人商业信誉,意图损害公平竞争的。

债权人提出破产申请的,人民法院应当自收到申请之日起 5 日内通知债务人。债务人对申请有异议的,应当自收到人民法院的通知之日起 7 日内向人民法院提出。人民法院应当自异议期满之日起 10 日内裁定是否受理。除上述规定的情形外,人民法院应当自收到破产申请之日起 15 日内裁定是否受理。有特殊情况需要延长前两款规定的裁定受理期限的,经上一级人民法院批准,可以延长 15 日。

人民法院受理破产申请的,应当自裁定作出之日起 5 日内送达申请人。债权人提出申请的,人民法院应当自裁定作出之日起 5 日内送达债务人。债务人应当自裁定送达之日起 15 日内,向人民法院提交财产状况说明、债务清册、债权清册、有关财务会计报告以及职工工资的支付和社会保险费用的缴纳情况。

人民法院经审查认为破产申请需要更正、补充材料的,可以责令申请人限期更正、补充。按期更正、补充材料的,自收到更正补充材料的次日起 7 日内决定是否立案,逾期未予更正、补充的,视为撤回申请。仍有破产要求,需重新向人民法院办理破产申请手续。

人民法院裁定不受理破产申请的,应当自裁定作出之日起 5 日内送达申请人并说明理由。申请人对裁定不服的,可以自裁定送达之日起 10 日内向上一级人民法院提起上诉。人民法院受理破产申请后至破产宣告前,经审查发现债务人不符合破产条件的,可以裁定驳回申请。申请人对裁定不服的,可以自裁定送达之日起 10 日内向上一级人民法院提起上诉。人民法院裁定受理破产申请的,应当同时指定管理人。

2. 发布通知和公告。人民法院受理破产案件后,应当组成合议庭进行审理。人民法院应当自裁定受理破产申请之日起 25 日内通知已知债权人,并予以公告。

通知和公告应当载明下列事项:①申请人、被申请人的名称或者姓名;②人民法院受理破产申请的时间;③申报债权的期限、地点和注意事项;④管理人的名称或者姓名及其处理事务的地址;⑤债务人的债务人或者财产持有人应当向管理人清偿债务或者交付财产的要求;⑥第一次债权人会议召开的时间和地点;⑦人民法院认为应当通知和公告的其他事项。

公告除了在受理破产案件的人民法院公告栏内张贴外,还应根据具体案情(如债权人所分布的区域、破产财产所在的区域等)在地方或全国性报刊上登载。

二、管理人与债务人财产管理

(一)管理人

破产管理人制度是当前许多国家在破产法律制度中采纳的一项十分重要的法律制度。在破产案件中,破产案件的清理、处置、变价、分配等具体工作都直接关系到债权人、债务人及其他利害关系人的切身利益,上述破产活动能否及时、高效、公正开展便显得极为重要。因此,一个专业的、公正的、私法性质的破产管理人便应运产生。

1. 管理人的产生。关于管理人的选任方式,我国《破产法》采取的是法院指定和债权人会议选任结合的模式。

破产程序是法院主导下清理债权债务的司法程序,为了保证管理人对法院负责,依法公正地履行职责,处理有关破产事务,破产管理人应当由人民法院指定。管理人可以由有关部门、机构的人员组成的清算组或者依法设立的律师事务所、会计师事务所、破产清算事务所等社会中介机构担任。人民法院根据债务人的实际情况,可以在征询有关社会中介机构的意见后,指定该机构具备相关专业知识并取得执业资格的人员担任管理人。

债权人会议对管理人享有申请更换权。债权人会议认为管理人不能依法、公正执行职务或者有其他不能胜任职务情形的,可以申请人民法院予以更换。

管理人的报酬由人民法院确定。债权人会议对管理人的报酬有异议的,有权向人民法院提出。管理人没有正当理由不得辞去职务。管理人辞去职务应当经人民法院许可。

2. 管理人的职责。管理人履行下列职责:①接管债务人的财产、印章和账簿、文书等资料;②调查债务人财产状况,制作财产状况报告;③决定债务人的内部管理事务;④决定债务人的日常开支和其他必要开支;⑤在第一次债权人会议召开之前,决定继续或者停止债务人的营业;⑥管理和处分债务人的财产;⑦代表债务人参加诉讼、仲裁或者其他法律程序；⑧提议召开债权人会议；⑨人民法院认为管理人应当履行的其他职责。

管理人依照规定执行职务，向人民法院报告工作，并接受债权人会议和债权人委员会的监督。

管理人应当列席债权人会议，向债权人会议报告职务执行情况，并回答询问。在第一次债权人会议召开之前，管理人决定继续或者停止债务人的营业或者有《破产法》第69条规定行为之一的，应当经人民法院许可。管理人应当勤勉尽责、忠实执行职务。管理人经人民法院许可，可以聘用必要的工作人员。

3. 不能担任管理人的情形。有下列情形之一的，不得担任管理人：①因故意犯罪受过刑事处罚；②曾被吊销相关专业执业证书；③与本案有利害关系；④人民法院认为不宜担任管理人的其他情形。

个人担任管理人的，应当参加执业责任保险。

(二) 债务人财产管理

1. 债务人财产的范围。债务人财产在破产法理论上又称为破产财团或者破产财产。破产申请受理时属于债务人的全部财产，以及破产申请受理后至破产程序终结前债务人取得的财产，为债务人财产。

企业法人的财产在破产申请受理后至破产宣告前被称为"债务人财产"，在破产宣告后则被称为"破产财产"。由此可见，《破产法》区分企业法人的财产在破产宣告前后的不同阶段，并据此分别赋予其不同的称谓。

2. 破产撤销权。破产撤销权是指破产管理人对破产债务人在破产程序开始前一定期限内所为的有损于债务人财产利益的行为予以撤销，使之归为无效的权利。撤销权是人民法院享有的限制债务人从事有损于财产利益的行为的权利，目的在于通过对债务人财产利益的保护，最大限度地实现债权人的利益，确保债权人通过集体清偿程序公平的实现债权。《破产法》第31条和32条明确规定了破产撤销权适用的范围，具体为：人民法院受理破产申请前1年内，涉及债务人财产的下列行为，管理人有权请求人民法院予以撤销：①无偿转让财产的；②以明显不合理的价格进行交易的；③对没有财产担保的债务提供财产担保的；④对未到期的债务提前清偿的；⑤放弃债权的。人民法院受理破产申请前6个月内，债务人有不能清偿到期债务，并且资产不足以清偿全部债务或者明显缺乏清偿能力的情形，仍对个别债权人进行清偿的，管理人有权请求人民法院予以撤销。但是，个别清偿使债务人财产受益的除外。

因上述行为而取得的债务人的财产，管理人有权追回。

3. 破产取回权。破产取回权是指财产权利人从破产管理人接管的财产中取回不属于破产人的财产的请求权。取回权是基于物权的绝对性而产生的一种优先的排他性权利，因此权利人可以通过破产管理人直接取回属于自己的财产，不需要经过破产清算程序。《破产法》第 38 条规定，破产申请受理后，破产程序终结前，取回权人可以随时向管理人请求取回财产。管理人收到取回权人的请求后，经查明属实的，应予以返回。如果原物在破产申请受理前被处分或者因债务人的责任毁损灭失的，权利人应以直接损失为限申报债权，作为破产债权受偿；如果原物在破产申请受理后被处分或因管理人的责任毁损灭失的，权利人按共益债务获得赔偿。

4. 破产抵销权。破产抵销权是指破产债权人在破产申请受理前对债务人负有债务的，无论债的种类和到期时间，可以在清算分配前以破产债权抵销其所负债务的权利。破产抵销制度是破产债权只能依破产程序受偿的例外。《破产法》第 40 条规定：债权人在破产申请受理前对债务人负有债务的，可以向管理人主张抵销。由于破产抵销权能使债权人得到优于破产分配的结果，因此，破产抵销权的行使不仅关系到破产抵销权人的利益，而且关系到破产财产及全体债权人的利益。为了防止破产抵销权的被滥用，从而损害其他债权人的合法权益，破产抵销权的行使应该受到一定限制。《破产法》第 40 条规定：有下列情形之一的，不得抵销：①债务人的债务人在破产申请受理后取得他人对债务人的债权的。②债权人已知债务人有不能清偿到期债务或者破产申请的事实，对债务人负担债务的；但是，债权人因为法律规定或者有破产申请 1 年前所发生的原因而负担债务的除外。③债务人的债务人已知债务人有不能清偿到期债务或者破产申请的事实，对债务人取得债权的；但是，债务人的债务人因为法律规定或者有破产申请 1 年前所发生的原因而取得债权的除外。

5. 认定无效行为。认定无效行为，是指债务人在破产程序中所为的有害于债权人整体利益的行为在法律上被认定为不发生法律效力。无效行为是法律上确定不发生效力的行为，当事人之间因此而不存在权利义务关系，并且无效行为自始无效，不因当事人的承认或者除斥期间、诉讼时效的经过或者无效原因的消灭而成为有效。

涉及债务人财产的下列行为无效：①为逃避债务而隐匿、转移财产的；②虚构债务或者承认不真实的债务的。

6. 履行出资义务。人民法院受理破产申请后，债务人的出资人尚未完全履行出资义务的，管理人应当要求该出资人缴纳所认缴的出资，而不受出资期限的限制。

"尚未完全履行出资义务"既包括完全未履行义务的情形，也包括已经部分履行出资义务的情形。同时，管理人要求债务人的出资人履行出资义务不受出资期限的限制。也就是说，即使依据有关法律或者公司章程的规定，债务人的出资人应当在一定期限内一次性或者分期缴纳其认缴的出资额，而在人民法院受理破产申请时，一次性缴纳或者分期缴纳的期限尚未届满，管理人仍然有权要求债务人的出资人立即缴纳其出资额。如果依据有关法律或者公司章程的规定，出资人分期缴纳其认缴的出资额，其在人民法院受理破产申请时所应当缴纳的出资额不是其中即将到期的那一部分出资额，而是其对公司应当认缴的所有的出资额。本规定同样适用于债务人的出资人在出资后撤回出资以及抽逃出资的情形。我国《公司法》第 53 条第 1 款规定，公司成立后，股东不得抽逃出资。在一般情况下，也不允许出资人撤回出资。

（三）破产费用和共益债务

债务人进入破产程序后，在破产程序进行中，会发生一些需要随时支付的费用和债务，这些费用和债务称为破产费用和共益债务。

破产费用是指在破产程序中为全体债权人共同利益而支付的旨在保障破产程序顺利进行所必需的程序上的各项费用的总称。《破产法》第41条规定，破产费用主要包括三类：破产案件的诉讼费用；管理、变价和分配债务人财产的费用；管理人执行职务的费用、报酬和聘用工作人员的费用。

共益债务是指人民法院受理破产申请后，为全体债权人的共同利益而管理、变价和分配财产过程中产生的债务。对共益债务的相对方而言，就是共益债权。从发生原因看，破产债权是基于民法上债的发生原因或其他法律规定而发生的债权，而共益债权是基于破产法的规定而产生的；从产生时间看，破产债权发生在破产程序开始之前，而共益债权产生于破产程序开始之后；从清偿方式看，破产债权必须通过破产清算程序公平受偿，而共益债权可以用债务人财产随时清偿。我国《破产法》并没有直接规定共益债权，而是通过列举的方式规定了共益债务，包括因管理人或者债务人请求对方当事人履行双方均未履行完毕的合同所产生的债务；债务人财产受无因管理所产生的债务；因债务人不当得利所产生的债务；为债务人继续营业而应支付的劳动报酬和社会保险费用以及由此产生的其他债务；破产管理人或者相关人员执行职务致人损害所产生的债务；债务人财产致人损害所产生的债务。

破产费用和共益债务由债务人财产随时清偿。债务人财产不足以清偿所有破产费用和共益债务的，先行清偿破产费用。债务人财产不足以清偿所有破产费用或者共益债务的，按照比例清偿。债务人财产不足以清偿破产费用的，管理人应当提请人民法院终结破产程序。人民法院应当自收到请求之日起15日内裁定终结破产程序，并予以公告。

三、债权申报与债权人会议

（一）债权申报

1. 债权申报。人民法院发布立案通知和公告后，债权人应当依照人民法院的通知或公告向人民法院申报债权。人民法院受理破产申请后，应当确定债权人申报债权的期限。债权人应当在人民法院确定的债权申报期限内向管理人申报债权。债权申报期限自人民法院发布受理破产申请公告之日起计算，最短不得少于30日，最长不得超过3个月。超过规定期限未申报债权的，视为自动放弃债权。债权人申报债权时，应当书面说明债权的数额和有无财产担保，并提交有关证据。申报的债权是连带债权的，应当说明。人民法院对有财产担保债权和无财产担保债权的申报，应当分别登记。

在人民法院确定的债权申报期限内，债权人未申报债权的，可以在破产财产最后分配前补充申报；但是，此前已进行的分配，不再对其补充分配。为审查和确认补充申报债权的费用，由补充申报人承担。管理人收到债权申报材料后，应当登记造册，对申报的债权进行审查，并编制债权表。债权表和债权申报材料由管理人保存，供利害关系人查阅。编制的债权表，应当提交第一次债权人会议核查。债务人、债权人对债权表记载的债权无异议的，由人民法院裁定确认。债务人、债权人对债权表记载的债权有异议的，可以向受理破产申请的人民法院提起诉讼。

2. 债权申报的规则：①未到期的债权，在破产申请受理时视为到期。附利息的债权自破产申请受理时起停止计息。②附条件、附期限的债权和诉讼、仲裁未决的债权，债权人可以申报。③债务人所欠职工的工资和医疗、伤残补助、抚恤费用，所欠的应当划入职工个人账户的基本养老保险、基本医疗保险费用，以及法律、行政法规规定应当支付给职工的补偿金，不必申报，由管理人调查后列出清单并予以公示。职工对清单记载有异议的，可以要求管理人更正；管理人不予更正的，职工可以向人民法院提起诉讼。④连带债权人可以由其中一人代表全体连带债权人申报债权，也可以共同申报债权。债务人的保证人或者其他连带债务人已经代替债务人清偿债务的，以其对债务人的求偿权申报债权。债务人的保证人或者其他连带债务人尚未代替债务人清偿债务的，以其对债务人的将来求偿权申报债权。但是，债权人已经向管理人申报全部债权的除外。连带债务人数人被裁定适用《破产法》规定的程序的，其债权人有权就全部债权分别在各破产案件中申报债权。⑤管理人或者债务人依照《破产法》规定解除合同的，对方当事人以因合同解除所产生的损害赔偿请求权申报债权。⑥债务人是委托合同的委托人，被裁定适用《破产法》规定的程序，受托人不知该事实，继续处理委托事务的，受托人以由此产生的请求权申报债权。⑦债务人是票据的出票人，被裁定适用《破产法》规定的程序，该票据的付款人继续付款或者承兑的，付款人以由此产生的请求权申报债权。

（二）债权人会议

1. 债权人会议的概念。债权人会议，是在破产程序进行中，为便于全体债权人参与破产程序以实现其破产程序参与权，维护全体债权人的共同利益而由全体登记在册的债权人组成的表达债权人意志和统一债权人行动的议事机构。

尽管债权人会议不是执行机构，但在破产案件中，其地位仍十分重要。它既是一个清理债权债务的决议机构，又是一个对破产程序的监督机构。作为决议机构，它审查有关债权的证明材料，确认债权性质和债权数额，讨论通过和解协议草案和破产财产的处理、分配方案；作为监督机构，它可以监督管理人的工作，并且对被申请破产的企业的重整工作依法享有监督权，其监督工作可以避免重整过程中发生损害债权人利益的行为。

2. 债权人会议的组成及职权。参加债权人会议的债权人应当符合三个条件：一是其债权须在破产案件受理前成立;二是已于法定期间内申报和登记;三是人民法院已经审查确认其债权人资格。

所有依法申报债权的债权人都是债权人会议的成员,有权参加债权人会议,享有表决权。但在特殊情况下,部分债权人的表决权受到限制。例如,债权尚未确定的债权人,除人民法院能够为其行使表决权而临时确定债权额的外,不得行使表决权;对债务人的特定财产享有担保权的债权人,未放弃优先受偿权利的;对于和解协议、通过破产财产的分配方案不享有表决权。此外,由于债权人会议的内容可能会涉及职工债权的清偿分配方案,涉及职工聘用、工资和生活保障等利益问题,从维护职工利益角度出发,债权人会议应当有债务人的职工和工会的代表参加,对涉及职工利益的事项发表意见。

债权人会议行使下列职权:①核查债权;②申请人民法院更换管理人,审查管理人的费用和报酬;③监督管理人;④选任和更换债权人委员会成员;⑤决定继续或者停止债务人的营业;⑥通过重整计划;⑦通过和解协议;⑧通过债务人财产的管理方案;⑨通过破产财产的变价方案;⑩通过破产财产的分配方案;人民法院认为应当由债权人会议行使的其他职权。

3. 债权人会议的召集。按照《破产法》第62条、第63条的规定,第一次债权人会议由人民法院召集,自债权申报期限届满之日起15日内召开。以后的债权人会议,在人民法院认为必要时,或者管理人、债权人委员会、占债权总额1/4以上的债权人向债权人会议主席提议时召开。召开债权人会议,管理人应当提前15日通知已知的债权人。

债权人会议设主席1人,由人民法院从有表决权的债权人中指定,债权人会议主席主持债权人会议。

4. 债权人会议的决议规则。我国《破产法》采用人数和债权额双重标准,这种双重表决标准中的人数标准,赋予债权人中的多数人对表决结果的控制权,而债权额标准则保证占债权额多数的债权人对表决结果的控制权。由此形成多数中小债权人与少数大债权人之间的相互制衡局面。

债权人会议的决议事项分为一般决议事项和特殊决议事项,分别设定不同的决议规则。

对于一般决议事项的表决,除《破产法》另有规定的外,债权人会议的决议,由出席会议的有表决权的债权人过半数通过,并且其所代表的债权额占无财产担保债权总额的1/2以上。

对于特殊决议事项的表决,如决议重整计划和和解协议,决议规则相对较严。《破产法》第84条第2款规定:"出席会议的同一表决组的债权人过半数同意重整计划草案,并且其所代表的债权额占该组债权总额的三分之二以上的,即为该组通过重整计划草案。"第97条规定:"债权人会议通过和解协议的决议,由出席会议的有表决权的债权人过半数同意,并且其所代表的债权额占无财产担保债权总额的三分之二以上。"

债权人会议的决议,对于全体债权人均有约束力。债权人无论是否出席了会议,是否表决同意决议,均要遵照执行。一般情况下,债权人会议决议符合全体债权人的利益,因为债权人会议具有维护债权人共同利益的职责。但在某些情形下,债权人会议决议可能损害部分债权人的合法权益。债权人认为债权人会议的决议违反法律规定,损害其利益的,可以自债权人会议作出决议之日起15日内,请求人民法院裁定撤销该决议,责令债权人会议依法重新作出决议。

5. 债权人委员会。由于债权人会议不是一个常设机构,一般不能经常性地召集和作出决议,也不可能对债务人财产的日常管理进行经常性的监督,其还不足以保护债权人的团体利益。为此,我国《破产法》规定,债权人会议可以决定设立债权人委员会。债权人委员会就是代表债权人会议行使对债务人财产的管理、处分和破产财产变价、分配的监督权及其他权利的常设机构,是债权人会议的代表机构。

债权人委员会由债权人会议选任的债权人代表和1名债务人的职工代表或者工会代表组成。债权人委员会成员不得超过9人。其中,债权人代表是指由债权人会议选任的能够代表债权人整体利益的债权人。而设置职工代表或者工会代表无疑是为了贯彻《破产法》对债务人企业职工利益的重视,保障债务人职工在破产程序中的知情权、参与权和监督权。债权人委员会的人数限定在9人以内,是为了提高效率,保障破产程序的顺利进行,防止人数过多而造成难以高效开展工作。另外,债权人委员会的人数为单数,也是出于引入民主集中制以形成内部监督机制所做的考量。

债权人委员会行使下列职权:①监督债务人财产的管理和处分;②监督破产财产分配;③提议召开债权人会议;④债权人会议委托的其他职权。

债权人委员会执行职务时,有权要求管理人、债务人的有关人员对其职权范围内的事务作出说明或者提供有关文件。管理人、债务人的有关人员违反《破产法》规定拒绝接受监督的,债权人委员会有权就监督事项请求人民法院作出决定,人民法院应当在5日内作出决定。

四、重整和和解

(一)破产重整程序

1. 重整的概述。重整,又称"司法康复""更生""管理程序"。虽然名称各异,但是其所指向内容大致相同,即当具有一定规模的企业出现破产原因或存有出现破产原因的危险性,同时又具有复兴和挽救的可能性时,经利害关系人的申请,在法院裁定批准后,对债务人的生产经营和债权债务关系进行重新整合,使之摆脱困境,挽救濒临破产企业的积极预防性措施。我国《破产法》规定的企业破产重整制度是破产法律制度中的一种重要程序制度,但并非必经程序。

破产重整制度的产生，有其内在的历史必然性。在市场经济条件下，微观企业在竞争的市场环境中，在特定时期陷入财务困境经常发生。对于不能清偿债务且资不抵债的企业一律任由其破产，这种做法过于简单和粗糙；对于其中仍有重建和再生可能性的企业，为其提供合理的法律手段加以挽救、促成其复兴，对债务人、债权人、债务人股东和职工、相关企业乃至整个社会都将产生积极意义。在预防企业破产的各项制度中，重整是其中最为有力的手段。

2. 破产重整的申请。

（1）初始申请。《破产法》第70条第1款规定，债务人或者债权人可以依照该法规定，直接向人民法院申请对债务人进行重整。在这里，债权人和债务人都能以债务人不能清偿到期债务为由提出初始重整申请。但能够以债务人"有明显丧失清偿能力可能"为由提出初始重整申请可能的，只能是债务人自己。

（2）后续重整申请。《破产法》第70条第2款规定，债权人申请对债务人进行破产清算的，在人民法院受理破产申请后、宣告债务人破产前，债务人或者出资额占债务人注册资本1/10以上的出资人，可以向人民法院申请重整。因而，在这里申请重整所应具备的条件是：①人民法院已经受理破产申请；②人民法院受理的是债权人提出的破产申请；③向人民法院提出的破产申请，以适用破产清算程序为内容；④人民法院尚未对债务人做出破产宣告的裁定。

3. 重整期间。

（1）重整期间事务的管理。自人民法院裁定债务人重整之日起至重整程序终止，为重整期间。在重整期间，经债务人申请，人民法院批准，债务人可以在管理人的监督下自行管理财产和营业事务。在重整期间，已接管债务人财产和营业事务的管理人应当向债务人移交财产和营业事务，管理人的职权由债务人行使。管理人负责管理财产和营业事务的，可以聘任债务人的经营管理人员负责营业事务。

（2）重整期间权利行使的限制。在重整期间，对债务人的特定财产享有的担保权暂停行使。但是，担保物有损坏或者价值明显减少的可能，足以危害担保权人权利的，担保权人可以向人民法院请求恢复行使担保权。在重整期间，债务人或者管理人为继续营业而借款的，可以为该借款设定担保。债务人合法占有的他人财产，该财产的权利人在重整期间要求取回的，应当符合事先约定的条件。

在重整期间，债务人的出资人不得请求投资收益分配。在重整期间，债务人的董事、监事、高级管理人员不得向第三人转让其持有的债务人的股权。但是，经人民法院同意的除外。

（3）重整的终止。在重整期间，有下列情形之一的，经管理人或者利害关系人请求，人民法院应当裁定终止重整程序，并宣告债务人破产：①债务人的经营状况和财产状况继续恶化，缺乏挽救的可能性；②债务人有欺诈、恶意减少债务人财产或者其他显著不利于债权人的行为；③由于债务人的行为致使管理人无法执行职务。

4. 重整计划草案的表决。

（1）表决主体。根据《破产法》的相关规定，下列各类债权的债权人参加讨论重整计划草案的债权人会议，依照下列债权分类，分组对重整计划草案进行表决：①对债务人的特定财产享有担保权的债权；②债务人所欠职工的工资和医疗、伤残补助、抚恤费用，所欠的应当划入职工个人账户的基本养老保险、基本医疗保险费用，以及法律、行政法规规定应当支付给职工的补偿金；③债务人所欠税款；④普通债权。

人民法院在必要时，可以决定在普通债权组中设小额债权组对重整计划草案进行表决。

（2）重整计划草案的表决。人民法院应当自收到重整计划草案之日起 30 日内召开债权人会议，对重整计划草案进行表决。

出席会议的同一表决组的债权人过半数同意重整计划草案，并且其所代表的债权额占该组债权总额的 2/3 以上的，即为该组通过重整计划草案。

债务人或者管理人应当向债权人会议就重整计划草案做出说明，并回答询问。

债务人的出资人代表可以列席讨论重整计划草案的债权人会议。重整计划草案涉及出资人权益调整事项的，应当设出资人组，对该事项进行表决。

各表决组均通过重整计划草案时，重整计划即为通过。

5. 重整计划的执行。经人民法院裁定批准的重整计划对债务人和全体债权人均有约束力。债权人未依照《破产法》规定申报债权的，在重整计划执行期间不得行使权利；在重整计划执行完毕后，可以按照重整计划规定的同类债权的清偿条件行使权利。债权人对债务人的保证人和其他连带债务人所享有的权利，不受重整计划的影响。

重整计划由债务人负责执行。人民法院裁定批准重整计划后，已接管财产和营业事务的管理人应当向债务人移交财产和营业事务。

自人民法院裁定批准重整计划之日起，在重整计划规定的监督期内，由管理人监督重整计划的执行。在监督期内，债务人应当向管理人报告重整计划执行情况和债务人财务状况。监督期届满时，管理人应当向人民法院提交监督报告。

6. 终止重整计划，宣告债务人破产。债务人不能执行或者不执行重整计划的，人民法院经管理人或者利害关系人申请，应当裁定终止重整计划的执行，并宣告债务人破产。人民法院裁定终止重整计划执行的，债权人在重整计划中作出的债权调整的承诺失去效力。债权人因执行重整计划所受的清偿仍然有效，债权未受清偿的部分作为破产债权。

（二）破产和解程序

1. 和解的概述。和解是指具备破产原因的债务人，为避免破产清算而与债权人团体达成以让步方式了结债务的协议，经人民法院认可后生效的法律程序。和解具有如下特征：①和解是破产程序的一种；②由债务人提出请求；③和解请求以避免破产清算为目的；④和解协议采用让步方式了结债务；⑤和解协议是债务人与债权人团体之间达成的协议；⑥和解程序受法定机关监督。

2. 破产和解程序。

（1）和解申请的提出与受理。债务人可以依照《破产法》的规定，直接向人民法院申请和解；也可以在人民法院受理破产申请后、宣告债务人破产前，向人民法院申请和解。债务人申请和解，应当提出和解协议草案。人民法院经审查认为和解申请符合《破产法》规定的，应当裁定和解，予以公告，并召集债权人会议讨论和解协议草案。对债务人的特定财产享有担保权的权利人，自人民法院裁定和解之日起可以行使权利。

（2）和解协议草案的表决。债权人会议通过和解协议的决议，由出席会议的有表决权的债权人过半数同意，并且其所代表的债权额占无财产担保债权总额的2/3以上。

（3）和解协议的约束力。和解协议的约束力主要体现在以下几方面：

第一，经人民法院裁定认可的和解协议，对债务人和全体和解债权人均有约束力。

第二，和解债权人对债务人的保证人和其他连带债务人所享有的权利，不受和解协议的影响。债务人应当按照和解协议规定的条件清偿债务。

第三，债务人不能执行或者不执行和解协议的，人民法院经和解债权人请求，应当裁定终止和解协议的执行，并宣告债务人破产。

第四，人民法院受理破产申请后，债务人与全体债权人就债权债务的处理自行达成协议的，可以请求人民法院裁定认可，并终结破产程序。

第五，按照和解协议减免的债务，自和解协议执行完毕时起，债务人不再承担清偿责任。

（4）破产和解的终止。债权人会议通过和解协议的，由人民法院裁定认可，终止和解程序，并予以公告。管理人应当向债务人移交财产和营业事务，并向人民法院提交执行职务的报告。和解协议草案经债权人会议表决未获得通过，或者已经债权人会议通过的和解协议未获得人民法院认可的，人民法院应当裁定终止和解程序，并宣告债务人破产。因债务人的欺诈或者其他违法行为而成立的和解协议，人民法院应当裁定无效，并宣告债务人破产。

总之，和解程序与破产清算程序相比，制度成本低，能够给债务人带来再生的希望，如果经营状况改善，债权人也会得到更多的清偿，从而也避免了众多员工失业，有利于社会经济秩序的稳定。但是，也应当看到，和解程序对于债务人的挽救是有限度的，其直接目的并不是为了债务人的再生，这与重整制度有很大差异。由此可见，和解对债务人挽救的积极意义是有限度的，其主动权由债权人掌握。

📝 **法条链接**

《中华人民共和国企业破产法》

第三条 破产案件由债务人住所地人民法院管辖。

第十六条 人民法院受理破产申请后，债务人对个别债权人的债务清偿无效。

第十九条 人民法院受理破产申请后，有关债务人财产的保全措施应当解除，执行程序应当中止。

第二十条 人民法院受理破产申请后，已经开始而尚未终结的有关债务人的民事诉讼或者仲裁应当中止；在管理人接管债务人的财产后，该诉讼或者仲裁继续进行。

第三十二条 人民法院受理破产申请前六个月内，债务人有本法第二条第一款规定的情形，仍对个别债权人进行清偿的，管理人有权请求人民法院予以撤销。但是，个别清偿使债务人财产受益的除外。

▶ **导入案例分析**

导入案例中，银行办事处无权对法院作出的破产宣告裁定书提起申诉。根据《破产法》规定，债务人进入破产程序的唯一条件就是债务人具有破产原因，即债务人不能清偿到期债务。因此，只要债务人存在无力清偿到期债务的情形，受理破产申请的法院就应宣告债务人破产。对于为逃避债务而隐匿、转移财产的债务人，不是不准许其进入破产程序，而是用破产无效行为制度，救济其对债权人利益造成的损害。所谓破产无效行为是指，无论债务人在何时"为逃避债务而隐匿、转移财产，或虚构债务或者承认不真实的债务"，都属于破产无效行存在破产原因的债务人，进入破产程序后，发现其有破产无效行为，管理人可以行使追回权，追回债务人转移隐匿的财产，从而使债权人的权益得到切实的保护。

📒 **拓展学习**

破产管理人的法律地位

破产管理人的最早形式是债权人自助，法院根据债权人的请求，发布管理财产命令，允许债权人占有债务人的全部财产。债权人自助容易产生以下不利后果：首先，债权人占有财产对债务人不利，因为债权人的最终目的是得到清偿，债权人占有财产无法保证债务人的利益；其次，当债权人人数众多时无法维持占有时的秩序。因此，允许债权人向法院提出申请，由法院在债权人中选出管理人，即财产管理人充当拍卖财产的特别负责人。这里管理人的职责仅仅是拍卖，不享有分配破产财产的权利。债权人与破产财产有直接的利害关系，因此，在一些拍卖中，出现了专门管理人。这种专门管理人地位中立，又是专业人员，很快便得到法律的认可，逐渐形成今天的破产管理人。

在当今世界的破产法中存在着债权人自力救济和法院公力救济的分野。英美法系破产法崇尚债权人自力救济，因而在破产管理人的任免及监督方面赋予债权人较多的权利。英美法系国家，特别是美国，引入信托概念，破产信托人的法律地位非常明确：破产财团的受托人。而大陆法系破产法中公力救济色彩浓厚，法律在制度上着力维护法院的主导地位。因此，破产管理人的法律地位论争只存在于大陆法系国家的破产法中。

一、代理说

代理说起源于德国，是当时德国法学界的通说，也是破产管理人法律地位最早的学说。这个观点起源于破产程序中的自救主义，将破产管理人当作代理处理债务人财产的人员，去行使债务人同意给予的各种权利。代理说的依据是：破产管理人在处理破产财产时，不管是属于诉讼性质还是非诉讼性质，最后的行为后果都不属于自己，而是属于债务人。从代理对象的角度分，可以分为债权人和债务人共同代理说以及债权人代理说。

二、职务说

破产管理人的职务学说是破产程序公力救济主义的产物，最早形成于德国帝国法院民事审判中。这个观点主要认为破产程序是一种具有法律强制意义的全部债权人对债务人财产的执行程序，将破产管理人当作这个执行程序中的执行人员或者机构，管理人是基于法律赋予的职责而参与破产管理的，不能代表债权人或者债务人任何一方。在理论上，职务学说又可分为公法职务学说与私法职务学说。该种学说曾经是日本的通说。

三、破产财团代表说

破产财团代表说于1964年由德国汉堡大学的法学教授狄奇提出，现已成为各国法律界普遍认可的一种观点。这个学说认为，开始执行破产程序之后，破产者的财产在法律上就被界定为"破产财团"，管理人是这种人格化财产的代表机关，即其法定代表人，以破产财团所有人的名义管理、变价和分配破产财产。

四、管理机构法人人格说

主张该学说的主要是日本学者。该学说认为，将破产财产作为具有法人地位的主体资格并不恰当，而应赋予破产管理人以法人资格。具体来说，就是将破产管理人的概念分为管理机构及其执行者两种，而对作为管理机构的破产管理人，承认其法人资格，并认可其对财产的管理处分权。

五、英美法系的破产受托人学说

在英美法系，破产管理人被称为"破产受托人"。1978年美国制定了《破产法典》，该法典认定破产受托人具备独立于法院外的地位，其在法律上仅以受托人的名义执行破产程序。这种学说实际上是把财产法里的信托关系移植到破产法中。信托在英美法系中是一项特殊且重要的财产制度,主要指破产程序的当事人一方,也就是委托人把财产移交或委托信托人,然后信托人用自己的名义采取法律行为,即为财产受益人处理、分配信托财产,通常信托人的行为是具有法律意义的。总结起来,由委托人、信托人以及受益人组成的以履行财产管理活动的三方关系就是信托关系,在此,信托人的地位是独立于法院之外的。因此,以此为发展模型的破产受托人其地位也同样独立于法院之外。这样可以有效避免与当事人双方的纠纷问题。该学说作为英美法系国家的一般学说存在。

我国《破产法》对破产管理人地位的立场采用了法定机构说,即破产管理人是一个法定的机构,不代表特定方的利益,破产管理人的选任和报酬决定权赋予了法院,债权人会议仅享有更换破产管理人的建议权。

【拓展阅读】

1. 范健主编:《商法》,高等教育出版社、北京大学出版社 2007 年版。

2. 王欣新:《破产法学》,中国人民大学出版社 2004 年版。

3. 陈政:《放权与控权:破产管理人破产财产处分权的合理配置》,载《河北法学》2014 年第 5 期。

4. 刘雯丽:《浅析我国企业重整期间管理人选任制度现状》,载《法制博览》2017 年第 5 期。

5. 李哲:《浅析破产撤销权行使问题》,载《法制博览》2017 年第 10 期。

6. 冯阿华:《关于完善我国别除权制度的建议》,载《法制与经济》2017 年第 5 期。

7. 韩长印:《破产撤销权行使问题研究》,载《法商研究》2013 年第 1 期。

8. 乔博娟:《论破产撤销权之行使——兼析〈最高人民法院关于适用《企业破产法》若干问题的规定(二)〉》,载《法律适用》2014 年第 5 期。

9. 张艳丽:《破产重整制度有效运行的问题与出路》,载《法学杂志》2016 年第 6 期。

【思考与练习】

1. 债权人申请对债务人进行破产清算的,在人民法院受理破产申请后,宣告债务人破产前,可以依法申请对债务人进行重整的有( )。

A. 债权人

B. 债务人

C. 管理人

D. 出资额占债务人注册资本 1/10 以上的出资人

2. 人民法院受理破产申请前 1 年内,管理人有权请求人民法院予以撤销的行为有( )。

A. 无偿转让财产或以明显不合理的价格进行交易的

B. 对没有财产担保的债务提供财产担保的

C. 对未到期的债务提前清偿的

D. 放弃债权的

3. 人民法院应当以书面裁定宣告债务人企业破产的情形有（　　）。

A. 企业不能清偿到期债务，又不具备法律规定的不予宣告破产条件的

B. 企业被人民法院依法裁定终止重整程序的

C. 人民法院依法裁定终止和解协议执行的

D. 企业不能清偿到期债务，由第三人为其提供足额担保的

4. 第一次债权人会议以后的债权人会议召开的法定情形包括（　　）。

A. 在人民法院认为必要时

B. 管理人向债权人会议主席提议时

C. 债权人委员会向债权人会议主席提议时

D. 占债权总额1/4以上的债权人向债权人会议主席提议时

情境训练

2008年中，广东民营企业100强、湛江龙头企业中谷集团资金链断裂，不能清偿到期巨额债务。事发之后，湛江本地及广州、北京、山东、浙江等各地债权人蜂拥而至追债。截至2009年7月，湛江市两级法院受理的以中谷集团及其下属公司为被告的案件达200多宗，涉案标的额12亿元。2009年9月8日，部分债权人向湛江中院提出破产重整申请。湛江市中级人民法院（以下简称湛江中院）组织精干力量组成五人合议庭。2009年10月9日，湛江中院向广东省高级人民法院（以下简称广东高院）请示，拟对中谷集团整体破产重整。6天后，广东高院作出同意的批复。2009年10月30日，广东高院就中谷集团下属的广西两家糖厂的管辖权问题向最高人民法院请示。2009年11月13日，最高人民法院作出批复，同意湛江中院受理包括广西两家糖厂在内的中谷集团及其下属公司的8宗破产重整案。2009年12月22日，湛江中院依法作出裁定：准许债权人对中谷集团破产重整提出申请，同时指定湛江市2家律师事务所、4家会计师事务所共同组成破产管理人。

截至2010年8月27日，应清偿的债权和需支付的费用情况为：①具有债权人资格的共357户，核实总金额为人民币18.49亿元，其中抵押债权人5户，核实金额5.29亿元；普通债权人352户，核实金额人民币13.20亿元。②职工债权总额为1142.6万元。③应付国家税费为1615万元。④拖欠蔗农甘蔗款等款项2454.3万元。⑤应支付破产费用847万元。⑥应支付共益债务约1440万元。

2010年8月27日，湛江中院召开了广东中谷糖业集团有限公司及其下属公司破产重整第二次债权人会议。债权人206户出席了会议。在会议上向债权人宣读了《破产

重整工作报告》《补充申报债权人资格和破产债权数额的审核说明》以及《重整计划草案》，经到会的债权人分组表决，到会的抵押债权人5户一致同意《重整计划草案》，到会的普通债权人201户，其中同意《重整计划草案》的有181户，超过出席会议的同一表决组的债权人的半数，其所代表的债权额超过该组债权总额的2/3，两组表决均通过了《重整计划草案》。

2010年8月31日，湛江中院依法作出裁定：批准中谷集团及其下属公司重整计划，终止重整程序。

【训练目的及要求】

学生能够熟练掌握《破产法》具体规定，了解破产实务工作者应具备的综合素质；学生能够结合具体案件初步掌握商事案情分析方法的实务操作技能。

【训练步骤】

1. 根据班级人数分组，5~8人为一组，选出1人担任小组长。
2. 各小组成员运用破产法的原理对本案例讨论并汇集答案。
3. 各小组派一名成员发言。
4. 指导老师根据各小组综合表现评分并进行点评。

【工作任务】

辅导学生进行角色分工和书写破产案件各阶段相关法律文书。

项目三　破产宣告和破产清算

导入案例

某国有企业被人民法院依法宣告破产。管理人查明：该企业在宣告破产时经营管理的全部财产价值为250万元，其中已作为银行贷款等值担保物的财产价值为160万元。债权人甲的破产债权为56万元，其他债权人的破产债权合计为190万元。由于管理人决定解除该企业与乙所签的一份合同，给乙造成了4万元的经济损失。该企业欠发职工工资55万元，欠交税金35万元。后接到举报，在人民法院受理该企业破产案件前3个月内，该企业无偿转让作价为80万元的财产，遂向人民法院申请予以撤销，并全部追回了该项财产。另外，发生破产费用共计30万元。

【问题】

1. 破产财产和破产债权分别是多少？
2. 本案中甲能获得清偿的数额是多少？为什么？

基本原理

一、破产宣告

1. 破产宣告的概念。破产宣告是指人民法院依照《破产法》的规定，根据当事人的申请，裁定确认债务人符合法律规定能够破产的原因，宣布债务人进入破产清算程序清偿债务并予以公告的司法活动。破产宣告是破产程序开始的标志，人民法院受理破产案件后，破产程序就开始，但是这时人民法院并不一定马上就宣告债务人破产，进入破产清算程序，还有可能通过破产和解、破产重整程序，使债务人与债权人就债务清偿达成协议，避免债务人被宣告破产。

2. 破产宣告的情形。由于我国立法采用的是破产宣告申请主义，法院不得依职权宣告债务人破产，所以必须经利害关系人提出申请，人民法院才可以作出破产宣告。但在重整或和解的特殊程序中，人民法院也可以在出现符合破产法律规定的特殊事由的情况下，无需当事人申请，径行做出破产宣告。依据《破产法》的规定，法院宣告债务人破产的情形包括以下几种：

(1) 债务人不能清偿到期债务，并且资产不足以清偿全部债务或者明显缺乏清偿能力，人民法院认定债务人具备破产宣告原因的。

(2) 债务人进入了破产重整程序，但在重整期间出现了法定事由，而由人民法院宣告债务人破产。这些法定事由包括：①债务人的经营状况和财产状况继续恶化，缺乏挽救的可能性；②债务人有欺诈、恶意减少企业财产或者其他显著不利于债权人的行为；③由于债务人的行为致使管理人无法执行职务的。

(3) 债务人进入了破产重整程序，但是债务人或代理人未能在法定期限内提出重整计划草案。

(4) 重整计划未获通过，并且人民法院没有强制批准计划。参加重整计划草案表决的各表决组通过重整计划草案，重整计划即为通过；同时，如果部分表决组未通过重整计划草案，但重整计划草案符合法定条件，法院可以根据债务人或者管理人的申请强制批准重整计划草案。如果上述条件均未满足，人民法院就应当宣告债务人破产。

(5) 债务人不能执行或者不执行重整计划，人民法院经利害关系人申请，裁定终止重整计划的执行，并宣告债务人破产。

(6) 和解协议草案经债权人会议表决没有通过或者债权人会议通过的和解协议未获得法院认可的，人民法院宣告债务人破产。

(7) 和解协议是因为债务人的欺诈或者其他不法行为而成立的，该协议无效，人民法院应当宣告债务人破产。

(8) 债务人不按或者不能按和解协议规定的条件清偿债务，人民法院根据和解债权人的申请宣告债务人破产。

3. 破产宣告的形式。破产宣告，人民法院应当以裁定的形式作出。《破产法》第 107 条规定："人民法院依照本法规定宣告债务人破产的，应当自裁定作出之日起五日内送达债务人和管理人，自裁定作出之日起十日内通知已知债权人，并予以公告。债务人被宣告破产后，债务人称为破产人，债务人财产称为破产财产，人民法院受理破产申请时对债务人享有的债权称为破产债权。"

4. 破产宣告的障碍。破产宣告的障碍是指阻却法院宣告债务人破产清算的法定事由，是法院依法进行破产宣告时因为债务人出现破产原因而作出的一种司法裁定行为。当破产原因消除后，法院不得进行破产宣告，而且应该裁定终结破产程序并予以公告。《破产法》第 108 条规定："破产宣告前，有下列情形之一的，人民法院应当裁定终结破产程序，并予以公告：（一）第三人为债务人提供足额担保或者为债务人清偿全部到期债务的；（二）债务人已清偿全部到期债务的。"应当注意，破产宣告的障碍只有出现在破产宣告之前，并引起破产程序的终结，这是由于破产程序具有不可逆性所决定的。

5. 别除权。别除权是指债权人破产宣告前就破产财产所属的特定财产设置了担保权，享有的不依破产清算程序先于一般破产债权人就担保标的物受清偿的权利。

我国《破产法》第 109 条规定："对破产人的特定财产享有担保权的权利人，对该特定财产享有优先受偿的权利。"享有优先权利的债权人行使优先受偿权利未能完全受偿的，其未受偿的债权作为普通债权；放弃优先受偿权利的，其债权作为普通债权。

别除权具有下列特征：

（1）别除权是担保物权在破产法上的转化形式。一般债权取得物权法上的保障之后，债权人即可直接对担保标的物的价值行使权利，且此种权利具有优先性和排他性。由于其权利在破产法上行使的特点，才赋予其别除之名。

（2）就权利对象而言，别除权是对破产人设定担保的特定财产所享有的权利。无论担保物的设定是为破产人自己的债务担保，还是为他人的债务担保，只要有特定的担保财产，即可构成破产法上的别除权。别除权的设定应当在破产宣告之前，为防止临近破产宣告时恶意担保的设定，债务人于破产案件受理前至破产宣告之日对于原已存在但无设置财产担保的债权追加提供财产担保的，不构成破产法上的别除权。

（3）别除权的行使受破产程序的约束。破产程序事关债务人的存续与否，而别除权的行使又直接威胁着债务人的财产构成甚至影响着破产人能否获得和解机会，加之为防止破产财产的流失考虑，立法和司法解释要求，别除权人也须参加债权申报，接受债权调查，并且在破产案件受理后至破产宣告前，非经人民法院同意不得行使优先权。

二、破产清算

破产清算是指企业法人不能清偿到期债务被依法宣告破产时，由法院组成清算组对企业法人进行清理，并将破产财产公平地分配给债权人，并最终消灭企业法人资格的程序。

（一）破产财产的变价

破产财产的变价，是指在破产清算程序中，将破产财产中的非金钱财产，以变卖或拍卖的方式，转变为金钱财产的行为或过程。破产财产包括货币财产和非货币财产。破产财产的分配以货币分配为主。但是，债权人会议另有决议的除外。因此，法律必须确定变价方案。变价的原则，是要按照"公平、公开、公正"的方式，在最短的时间内，以最有利的方法、最高的价格、最低的费用进行。破产财产变价方案由管理人及时拟订，提交债权人会议讨论。管理人应当按照债权人会议通过的或者人民法院依法裁定的破产财产变价方案，适时变价出售破产财产。据此，在我国，管理人是破产变价方案的提出者和执行者。

变价出售破产财产应当通过拍卖进行。但是，债权人会议另有决议的除外。

破产企业可以全部或者部分变价出售。企业变价出售时，可以将其中的无形资产和其他财产单独变价出售。按照国家规定不能拍卖或者限制转让的财产，应当按照国家规定的方式处理。

（二）破产财产的分配

破产财产的分配是指破产管理人依照法定的清偿顺序和程序，将变价后的破产财产分配给债权人的过程。破产财产的分配是破产清算的最后阶段，破产财产的分配是破产清算的首要目标，分配结束是破产程序终结的原因之一。

1. 破产财产的清偿顺序。破产财产在优先清偿破产费用和共益债务后，依照下列顺序清偿：

（1）破产人所欠职工的工资和医疗、伤残补助、抚恤费用，所欠的应当划入职工个人账户的基本养老保险、基本医疗保险费用，以及法律、行政法规规定应当支付给职工的补偿金。

（2）破产人欠缴的除前项规定以外的社会保险费用和破产人所欠税款。

（3）普通破产债权。

破产财产不足以清偿同一顺序的清偿要求的，按照比例分配。破产企业的董事、监事和高级管理人员的工资按照该企业职工的平均工资计算。

2. 特殊情况下为受领债权分配额的提存。

（1）对于附生效条件或者解除条件的债权，管理人应当将其分配额提存。提存的分配额，在最后分配公告日，生效条件未成就或者解除条件成就的，应当分配给其他债权人；在最后分配公告日，生效条件成就或者解除条件未成就的，应当交付给债权人。

（2）债权人未受领的破产财产分配额，管理人应当提存。债权人自最后分配公告之日起满 2 个月仍不领取的，视为放弃受领分配的权利，管理人或者人民法院应当将提存的分配额分配给其他债权人。

（3）破产财产分配时，对于诉讼或者仲裁未决的债权，管理人应当将其分配额提存。自破产程序终结之日起满 2 年仍不能受领分配的，人民法院应当将提存的分配额分配给其他债权人。

（三）破产程序的终结

1. 破产终结的概念。破产程序的终结是指人民法院受理破产案件后，由于法定事由的出现，人民法院根据管理人的申请或依职权裁定结束破产程序，从而使破产程序归于终结。

2. 破产程序终结的原因。根据《破产法》规定，我国破产程序终结的原因有以下五种：

（1）因财产不足以支付破产费用而终结。《破产法》第 43 条第 4 款规定，债务人财产不足以清偿破产费用的，管理人应当提请人民法院终结破产程序。

（2）因全体债权人同意而终结。《破产法》第 105 条规定，人民法院受理破产申请后，债务人与全体债权人就债权债务的处理自行达成协议的，可以请求人民法院裁定认可，并终结破产程序。

（3）因债权得到全部清偿而终结。《破产法》第 108 条规定，破产宣告前，有下列情形之一的，人民法院应当裁定终结破产程序，并予以公告：①第三人为债务人提供足额担保或者为债务人清偿全部到期债务的；②债务人已清偿全部到期债务的。

（4）因没有财产可供分配而终结。《破产法》第 120 条第 1 款规定，破产人无财产可供分配的，管理人应当请求人民法院裁定终结破产程序。

（5）因破产财产分配完毕而终结，这是破产程序终结的最常见的原因。《破产法》第 120 条第 2、3 款规定，管理人在最后分配完结后，应当及时向人民法院提交破产财产分配报告，并提请人民法院裁定终结破产程序。人民法院在收到管理人终结破产程序的请求后，经审查没有申请不当的事由的，15 日内作出终结破产程序的裁定并当予以公告。

上述破产程序终结的原因中，前 3 项发生在破产宣告之前，破产程序的终结阻止了破产宣告的发生，债务人的法人人格继续存在，并恢复了对财产的管理处分权，对其未清偿的债权承担继续清偿的责任。

3. 破产案件终结的效力。

（1）对于破产债务人的效力。《破产法》第 121 条规定，人民法院裁定终结破产程序后，破产管理人向工商登记机关申请注销登记，其法人主体资格归于消灭，其所负剩余债务当然免除。

（2）对于破产债权人的效力。破产债权人未得到分配的债权，除破产财产依法被追加分配的情形外，无法再从破产债务人处得到清偿。但破产程序终结后，债权人对破产企业的保证人、连带债务人等享有的权利，原则上不受影响。《破产法》第124条规定，债权人依破产程序未受全额清偿时，可以就未受清偿的债权向保证人和其他连带债务人主张权利。

（3）对破产机构的效力。破产程序终结后，破产管理人、债权人会议等破产机构宣布解散。《破产法》第122条规定，破产管理人于债务人注销登记完毕次日终止执行职务，但在特殊的情况下，管理人仍应将有关事务处理完毕，即债务人存在诉讼或者仲裁未决情况的，管理人应当代表被注销的债务人完成相关活动；如果通过诉讼或仲裁活动有可以追回的财产可供追加分配的，管理人还应完成追加分配善后事宜。

法条链接

《中华人民共和国企业破产法》

第一百一十三条　破产财产在优先清偿破产费用和共益债务后，依照下列顺序清偿：

（一）破产人所欠职工的工资和医疗、伤残补助、抚恤费用，所欠的应当划入职工个人账户的基本养老保险、基本医疗保险费用，以及法律、行政法规规定应当支付给职工的补偿金；

（二）破产人欠缴的除前项规定以外的社会保险费用和破产人所欠税款；

（三）普通破产债权。

破产财产不足以清偿同一顺序的清偿要求的，按照比例分配。

破产企业的董事、监事和高级管理人员的工资按照该企业职工的平均工资计算。

第一百二十三条　自破产程序依照本法第四十三条第四款或者第一百二十条的规定终结之日起二年内，有下列情形之一的，债权人可以请求人民法院按照破产财产分配方案进行追加分配：

（一）发现有依照本法第三十一条、第三十二条、第三十三条、第三十六条规定应当追回的财产的；

（二）发现破产人有应当供分配的其他财产的。

有前款规定情形，但财产数量不足以支付分配费用的，不再进行追加分配，由人民法院将其上交国库。

导入案例分析

导入案例中，依据法律规定，破产企业破产时经营管理的全部财产250万元，属于破产财产。破产企业在前3个月内无偿转让的80万元财产的行为属于可撤销的行为，人民法院应予以撤销，这80万元财产仍属于破产财产。因而，破产企业的破产财产为：250万元+80万元-330万元。

破产债权为：银行贷款160万元、甲债权56万元、其他债权人的破产债权合计为190万元，因而，破产债权合计为：160万元+56万元+190万元-406万元。另外还对乙企业负有4万元债务属于共益债务。并有破产费用30万元。

拓展学习

破产财产范围的立法模式

破产财产是否以破产人在破产宣告时所有的财产为限，分为固定主义与膨胀主义两种模式。

固定主义指破产宣告时，破产人基于破产宣告以前的原因所拥有的财产，包括破产宣告前已存在将来行使请求权的财产。在固定主义之下，破产程序进行较迅速，破产人在破产宣告后新得财产不属于破产财产，可鼓励其尽早恢复经济活动，但其对债权人清偿保障不足，可能出现破产人利用破产宣告与新得财产取得的时间差来规避债务，侵害债权人利益的现象，还可能导致二次破产发生。日本、美国、德国采用此立法原则。

膨胀主义指破产财产不仅包括债务人被宣告破产时所有的财产，而且包括其在破产程序终结前新取得的财产。膨胀主义可增加用于债权人分配的财产，防止出现债务人有钱不还的不公平现象，杜绝二次破产的发生。英国、法国、瑞士采用此种立法模式。固定主义和膨胀主义的焦点在于二者对待破产人的财产和协调新旧债权人的关系的态度上。

我国《破产法》在破产范围上采用的是膨胀主义立法模式。

【拓展阅读】

1. 曾祥生、胡志超：《破产程序向执行程序的转化——以债务人财产不足以清偿破产费用为视角》，载《人民司法》2015年第19期。

2. 邢立新编著：《最新企业破产法实务精答》，法律出版社2007年版。

3. 汤维建主编：《企业破产法新旧专题比较与案例应用》，中国法制出版社2006年版。

【思考与练习】

1. 关于破产清偿顺序，下列说法正确的是（　　）。

A. 破产财产优先清偿破产费用和共益债务

B. 在优先清偿破产费用和共益债务后，应首先清偿职工工资等各项所欠职工债务

C. 在优先清偿破产费用和共益债务后，应首先清偿欠缴的税款

D. 破产财产不足以清偿同一顺序的清偿要求的，按照比例分配

2. 甲企业与乙企业签订买卖合同，约定乙企业应于8月30日前交货，货到7日内

甲企业付款。同年8月10日，甲企业被法院依法宣告破产。对该合同的处理，下列选项哪一个是正确的？（　　）

A. 由管理人决定解除还是继续履行

B. 由甲企业自主决定解除还是继续履行

C. 由债权人会议决定解除还是继续履行

D. 不得继续履行

3. 甲公司被法院宣告破产，管理人在清理该公司财产时，发现的下列哪些财产应列入该公司的破产财产？（　　）

A. 该公司依合同将于3个月后获得的一笔投资收益

B. 该公司提交某银行质押的一辆轿车

C. 该公司对某大桥上的未来20年的收费权

D. 该公司一栋在建的办公楼

4. 华和食品有限公司因经营管理不善，无力偿还到期债务。该公司于2014年8月14日向当地人民法院提交书面破产申请，法院于8月20日裁定受理，同时指定某会计师事务所作为管理人。8月23日将裁定书面通知该企业，9月5日通知已知债权人并发布公告。管理人接管该企业后，经调查核实将该企业的财产、债务等情况汇总如下：①公司资产总额400万元，其中厂房可变现价值200万元，已作为向建设银行借款的抵押担保标的。②公司负债总额780万元。包括：欠建设银行有财产担保的债务200万元；欠付职工工资及社会保险50万元；欠交税金30万元；欠各供货单位货款（普通债务）合计500万元。③发生诉讼费、管理人报酬等破产费用5万元；应支付各项共益债务15万元。

问题：

（1）该破产案件的受理程序及管理人的产生是否符合法律规定？

（2）若人民法院依法宣告该企业破产，应如何对破产财产进行分配？

情境训练

位于河北石家庄市的三鹿集团股份有限公司（以下简称三鹿集团）曾经是中国最大的奶粉制造商，产销量连续15年居全国第一，市场份额达18%，不少产品都属"国家免检"产品。2008年9月，三鹿集团生产的婴幼儿奶粉中，被查出含有化工原料三聚氰胺，导致中国各地大批饮用受污染奶粉的婴儿患上肾结石，但三鹿集团之前却试图隐瞒，事件曝光后，震惊整个社会。2008年9月15日，三鹿集团发表声明，对产品给消费者带来的影响和伤害，表示歉意，并承诺召回全部产品。9月17日，三鹿集团原董事长、总经理田文华被刑事拘留，职务由张振岭接任。

三鹿牌婴幼儿配方奶粉重大食品安全事故发生后，石家庄三鹿集团遭受沉重打击。2008年12月18日，石家庄市中级人民法院根据债权人石家庄市商业银行和平路支行的申请，裁定受理了对三鹿集团的破产清算申请，指定石家庄三鹿清算组为破产管理人。

进入破产程序的三鹿集团，从2009年1月12日起启动债权登记程序。石家庄市中级人民法院向274家三鹿集团债权人发出申报债权通知书，要求各债权人在2009年2月11日之前向管理人书面申报债权，说明债权的数额和有无财产担保，并提交有关证明材料。三鹿集团破产清算案件第一次债权人会议于2月12日上午在石家庄市中级人民法院举行，破产管理人宣读了工作报告，合议庭指定了债权人会议主席，会议通过了三鹿集团破产的资产管理方案和财产变价方案。

在三鹿集团破产清算案件第一次债权人会议召开前，三鹿集团向一些普通债权人（主要是三鹿供货商）发出了《债权转让协议书》和《授权委托协议》。根据协议，河北国信资产运营有限公司愿意以20%的清偿比例收购三鹿债权。河北国信资产运营有限公司为河北国信投资控股集团旗下公司，主要股东之一为石家庄市国资委，注册资金1 000万元。

石家庄市政府在2008年12月披露有关消息称，根据截至2008年10月31日的财务审计和资产评估，三鹿集团资产总额为15.61亿元，总负债为17.62亿元，净资产为-2.01亿元，三鹿集团又借9.02亿元付给全国奶协，用于支付患病婴幼儿的治疗和赔偿费用。综上，三鹿集团净资产为-11.03亿元。业界分析认为，按照《劳动合同法》的规定，三鹿集团破产后将优先清偿职工工资和基本保险费用，最后清偿的才是普通债权。三鹿供货商如果坚持不转让债权，最后有可能一分钱都拿不到，因此接受河北国信资产运营有限公司的条件很有可能是明智之举。石家庄市政府驻三鹿工作组一位工作人员称，河北国信资产运营有限公司收购债权是为了三鹿破产后能平稳过渡，河北国信资产运营有限公司既是独立的企业，又有政府背景，由它来收购债权比较合适，可进可退。

2009年2月17日，三鹿集团职工代表大会在原三鹿集团总部召开，三鹿集团破产管理人向与会人员通报了《石家庄三鹿集团股份有限公司依法破产职工安置方案》，三鹿集团破产职工安置将与破产重组同步进行。三鹿集团破产后，在职工安置费用方面将优先清偿所欠职工的工资及基本保险费用。第二清偿顺序为三鹿集团欠缴的除前述规定以外的社会保险费用和所欠税款。第三清偿顺序为普通债权。

对三鹿集团职工的经济补偿以及养老保险、医疗保险、失业保险等社会保险费用，都将严格按照《劳动合同法》及国家、河北省出台的有关法律法规执行。按照《石家庄三鹿集团股份有限公司依法破产职工安置方案》规定，三鹿集团破产后拟由其他企业进行重组，凡自愿参加重组的与原三鹿集团签订劳动合同的职工，由重组方承诺全员聘用。未与原三鹿集团签订劳动合同的职工，由重组方与职工实行双向选择。离开企业的职工将办理终止劳动合同手续。

2009年3月4日上午，石家庄三鹿集团股份有限公司（三鹿集团）破产首次拍卖会在河北省石家庄市中级人民法院审判庭举行。最终，北京三元集团有限责任公司与河北三元食品有限公司组成的联合竞拍体以 61 650 万元人民币的价格竞拍成功。本次拍卖采取组包整体拍卖的方式，拍卖标的包括以下两部分：一是三鹿集团的土地使用权、房屋建筑物、机器设备等可持续经营的有效资产；二是三鹿集团所持有的新乡市林鹤乳业有限公司 98.80%的投资权益。

【训练目的及要求】

通过对实际案件破产程序的模拟操作，理解《破产法》具体规定的含义及在实务中的运用，掌握实践中办理破产案件的技巧。熟悉《破产法》及相关法律规定，对企业经营管理的基本知识有所了解，认真研读案例。

【训练步骤】

1. 根据班级人数分组，5~8人为一组，选出1人担任小组长。
2. 各小组成员运用《破产法》的原理对本案例讨论并汇集答案。
3. 各小组派一名成员发言。
4. 指导老师根据各小组综合表现评分并进行点评。

【工作任务】

辅导学生书写破产案件申请与受理环节、债权申报环节、债权人会议环节、重整阶段、和解阶段及破产清算阶段相关法律文书。

附 录

商事法律、法规、司法解释

《中华人民共和国市场主体登记管理条例》（2021年7月27日公布，自2022年3月1日起施行）

《中华人民共和国市场主体登记管理条例实施细则》（2022年3月1日公布，自公布之日起施行）

《中华人民共和国民法典》（2020年5月28日公布，自2021年1月1日起施行。）

《中华人民共和国外商投资法》（2019年3月15日公布，自2020年1月1日起施行）

《中华人民共和国合伙企业法》（1997年2月23日公布，2006年8月27日修订，自2007年6月1日起施行）

《中华人民共和国个人独资企业法》（1999年8月30日公布，自2000年1月1日起施行）

《中华人民共和国公司法》（1993年12月29日公布，2023年12月29日第二次修订，自2024年7月1日起施行）

《中华人民共和国证券法》（1998年12月29日公布，2019年12月28日第五次修订，自2020年3月1日起施行）

《中华人民共和国保险法》（1995年6月30日公布，2018年12月29日第五次修正，自公布之日起施行）

《中华人民共和国票据法》（1995年5月10日公布，2004年8月28日修正，自公布之日起施行）

《中华人民共和国企业破产法》（2006年8月27日公布，2007年6月1日起施行）

《中华人民共和国会计法》（1985年1月21日公布，2017年11月4日第三次修正，自2017年11月5日起施行）

《最高人民法院关于适用〈中华人民共和国公司法〉若干问题的规定（一）》（2006年4月28日公布，2014年2月20日修正，自2014年3月1日起施行）

《最高人民法院关于适用〈中华人民共和国公司法〉若干问题的规定（二）》（2008年5月12日公布，2020年12月29日第二次修正，自2021年1月1日起施行）

《最高人民法院关于适用〈中华人民共和国公司法〉若干问题的规定（三）》

（2011 年 1 月 27 日公布，2020 年 12 月 29 日第二次修正，自 2021 年 1 月 1 日起施行）

《最高人民法院关于适用〈中华人民共和国公司法〉若干问题的规定（四）》（2017 年 8 月 25 日公布，2020 年 12 月 23 日修正，自 2021 年 1 月 1 日起施行）

《最高人民法院关于适用〈中华人民共和国公司法〉若干问题的规定（五）》（2019 年 4 月 28 日公布，2020 年 12 月 29 日修正，自 2021 年 1 月 1 日起施行）

《证券期货投资者适当性管理办法》（2016 年 12 月 12 日公布，2022 年 8 月 12 日第二次修正，自公布之日起）

《最高人民法院关于适用〈中华人民共和国保险法〉若干问题的解释（一）》（2009 年 9 月 21 日公布，自 2009 年 10 月 1 日起施行）

《最高人民法院关于适用〈中华人民共和国保险法〉若干问题的解释（二）》（2013 年 5 月 31 日公布，2020 年 12 月 23 日修正，自 2021 年 1 月 1 日起施行）

《最高人民法院关于适用〈中华人民共和国保险法〉若干问题的解释（三）》（2015 年 11 月 25 日公布，2020 年 12 月 23 日修正，自 2021 年 1 月 1 日起施行）

《最高人民法院关于适用〈中华人民共和国保险法〉若干问题的解释（四）》（2018 年 7 月 31 日公布，2020 年 12 月 23 日修正，自 2021 年 1 月 1 日起施行）

《最高人民法院关于适用〈中华人民共和国企业破产法〉若干问题的规定（一）》（2011 年 9 月 9 日公布，自 2011 年 9 月 26 日起施行）

《最高人民法院关于适用〈中华人民共和国企业破产法〉若干问题的规定（二）》（2013 年 9 月 5 日公布，2020 年 12 月 23 日修正，自 2021 年 1 月 1 日起施行）

《最高人民法院关于适用〈中华人民共和国企业破产法〉若干问题的规定（三）》（2019 年 3 月 27 日公布，2020 年 12 月 23 日修正，自 2021 年 1 月 1 日起施行）

《最高人民法院关于审理企业破产案件指定管理人的规定》（2007 年 4 月 12 日公布，自 2007 年 6 月 1 日起施行）

《最高人民法院关于审理企业破产案件确定管理人报酬的规定》（2007 年 4 月 12 日公布，自 2007 年 6 月 1 日起施行）

《证券公司风险控制指标管理办法》（2006 年 7 月 20 日公布，2020 年 3 月 20 日第三次修正，自公布之日起施行）

《企业名称登记管理规定》（1991 年 7 月 22 日公布，2020 年 12 月 28 日第二次修订，自 2021 年 3 月 1 日起施行）

《企业名称登记管理规定实施办法》（2023 年 8 月 29 日公布，自 2023 年 10 月 1 日起施行）

《企业名称禁限用规则》（2017 年 7 月 31 日公布，自公布之日起施行）

《企业名称相同相近比对规则》（2017 年 7 月 31 日公布，自公布之日起施行）

《无证无照经营查处办法》（2017 年 8 月 6 日公布，自 2017 年 10 月 1 日起施行）

参 考 文 献

1. 范健、王建文：《商法总论》，法律出版社 2011 年版。
2. 王保树：《中国商法》，人民法院出版社 2010 年版。
3. 顾功耘主编：《商法教程》，上海人民出版社 2006 年版。
4. 覃有土主编：《商法学》，高等教育出版社 2008 年版。
5. 张民安：《商法总则制度研究》，法律出版社 2007 年版。
6. 王保树主编：《商事法论集》第 17 卷，法律出版社 2010 年版。
7. 王保树主编：《中国商法年刊（2006）——合伙与合作社法律制度研究》，北京大学出版社 2007 年版。
8. 江平主编：《新编公司法教程》，法律出版社 2003 年版。
9. 赵旭东主编：《新公司法讲义》，人民法院出版社 2005 年版。
10. 刘俊海：《现代公司法》，法律出版社 2011 年版。
11. 施天涛：《公司法论》，法律出版社 2014 年版。
12. 刘俊海主编：《公司法一本通——中华人民共和国公司法总成》，法律出版社 2016 年版。
13. 雷兴虎主编：《公司法新论》，中国法制出版社 2001 年版。
14. 蒋大兴：《公司法的展开与评判——方法·判例·制度》，法律出版社 2001 年版。
15. 蔡福华：《公司解散的法律责任》，人民法院出版社 2005 年版。
16. 叶林：《证券法》，中国人民大学出版社 2008 年版。
17. 叶林：《证券法》，中国人民大学出版社 2013 年版。
18. 李东方主编：《证券法学》，中国政法大学出版社 2017 年版。
19. 朱锦清：《证券法学》，北京大学出版社 2011 年版。
20. 彭冰：《中国证券法学》，高等教育出版社 2007 年版。
21. 刘俊海：《现代证券法》，法律出版社 2011 年版。
22. 陈晴主编：《保险法学》，武汉大学出版社 2010 年版。
23. 樊启荣：《保险法》，北京大学出版社 2011 年版。

24. 韩长印、韩永强编著：《保险法新论》，中国政法大学出版社 2010 年版。
25. 傅延中：《保险法论》，清华大学出版社 2011 年版。
26. 肖和保：《保险法诚实信用原则研究》，法律出版社 2007 年版。
27. 许崇苗：《保险法原理及疑难案例解析》，法律出版社 2011 年版。
28. 奚晓明主编：《〈中华人民共和国保险法〉保险合同章条文理解与适用》，中国法制出版社 2010 年版。
29. 奚晓明主编：《最高人民法院关于保险法司法解释（二）理解与适用》，人民法院出版社 2013 年版。
30. 杜万华主编：《最高人民法院关于保险法司法解释（三）理解与适用》，人民法院出版社 2015 年版。
31. 贾林青、朱铭来、罗健主编：《保险法》，中国人民大学出版社 2015 年版。
32. 范健、王建文、张莉莉：《保险法》，法律出版社 2017 年版。
33. 张民安主编：《票据法案例与评析》，中山大学出版社 2006 年版。
34. 赵新华：《票据法论》，吉林大学出版社 2007 年版。
35. 李国光主编：《新企业破产法理解与适用》，人民法院出版社 2006 年版。
36. 赵雷主编：《新企业破产法讲读》，中国工人出版社、人民法院出版社 2006 年版。
37. 许德风：《破产法论——解释与功能比较的视角》，北京大学出版社 2015 年版。
38. 李曙光、郑志斌主编：《公司重整法律评论》（第 3 卷），法律出版社 2013 年版。
39. 朱慈蕴：《有限责任公司全面认缴制该何去何从？———兼评〈公司法（修订草案三审稿）〉第 47 条》，载《现代法学》2023 年第 6 期。
40. 黄辉：《〈公司法〉修订背景下的股东知情权制度检讨：比较与实证的视角》，载《比较法研究》2023 年第 3 期。
41. 齐砺杰：《董事第三人责任条文的理解与适用辩难》，载《中国政法大学学报》2022 年第 5 期。
42. 李建伟：《关联公司法人人格否认的实证研究》，载《法商研究》2021 年第 6 期。
43. 马更新、安振雷：《重塑资本形成：授权资本制的本土化建构》，载《经贸法律评论》2023 年第 3 期。